저자 동방명주

소크라테스 재판의 재구성

소크라테스 재판의 재구성

Copyright © 2024 by 철학이야기
All right reserved.

이 책의 저작권은 철학이야기 출판사에 있으며 저작권법에 의해 보호를 받는 저작물입니다.
무단 전재와 복제는 금합니다. 단, 출처를 밝히고 사용하는 것은 적극 추천 권장합니다.

저자 동방명주

대한민국 최초 메타철학자
동방명주의 〈역사적 철학〉 소설

소크라테스 재판의 재구성

철학이야기

우리 모두가 다 아는

그 소크라테스는
실존 인물이 아니다.

플라톤의 작품 속
주인공일 뿐이다.

귀족독재주의자에게는
질문하지 않고

민주주의자에게만
난감한 질문을 퍼부었던

그 소크라테스

우리가 알던

플라톤 「변론」 속
그 소크라테스의
재판을

재구성하다

직접민주주의가
아름다웠던 나라

고대 그리스 아테네

직접민주주의의 발전은
높은 정치의식을 지닌 시민들과
민주주의를 지향하는 정치인이
있었기에 가능했다.

Contents

소크라테스 재판 전후의 고대 아테네 민주정 간략사 ·············· 20
들어가기 전에 ·· 26

1부. 고대 그리스 아테네 민주정의 역사

1장 | 솔론 시대

솔론, 민주주의 기초 마련 ·· 32
폴리스의 발생 ··· 33
신흥부자평민의 탄생 ·· 34
솔론의 혁신적인 조치 ··· 37
계급제도 혁신 ··· 38
임명되던 아르콘을 선출제로 바꿈 ································ 41
400인 평의회 신설 ··· 43
시민법정 신설, 평민들이 재판관으로 참여 ······················ 44
농민 부채 탕감, 신체담보대출 금지 ······························· 44
가난한 평민들, 다시 불만이 높아짐 ······························· 46
귀족들의 불만도 커짐 ··· 46

※ 참고 | 솔론이 만든 법 ·· 50

1부. 고대 그리스 아테네 민주정의 역사

2장 | 페이시스트라토스 시대

평야당과 해안당의 권력 다툼 ················ 54

시민들의 무장봉기 ················ 57

평야당과 해안당의 야합 ················ 58

다시 갈라선 평야당과 해안당의 권력싸움 ········ 59

해안당 당수, 페이시스트라토스에게 손을 내밀다 ···· 60

해안당 당수, 다시 평야당과 야합 ················ 60

페이시스트라토스, 아테네를 떠남 ················ 61

수많은 자금과 용병 지원 ················ 62

페이시스트라토스를 따르는 시민들, 아테네로 진격함 ···· 63

히피아스, 페이시스트라토스의 뒤를 이음 ········ 65

계속되는 해안당 당수 메가클레스의 음모 ········ 65

메가클레스 일족, 스파르타군을 끌어들임 ········ 66

페이시스트라토스의 아들, 히피아스 일족을 추방함 ···· 67

1부. 고대 그리스 아테네 민주정의 역사

3장 | 클레이스테네스 시대

귀족세력, 숙청을 시작함 ········· 72
귀족세력, 클레이스테네스를 추방함 ········· 73
시민들의 무장봉기 ········· 75
10부족제 신설, 귀족들의 지연 혈연의 틀을 깸 ········· 76
400인 평의회를 500인 평의회로 만듦 ········· 78
500인 평의회와 솔론의 400인 평의회의 차이 ········· 79
시민법정제도 개혁, 전면적인 시민의 사법권 참여 ········· 80
도편추방제 도입 ········· 81
클레이스테네스의 개혁이 아닌 데모스 혁명 ········· 82
[도표] 10부족 데모스 구성 방법 ········· 83

페르시아전쟁 발발

페르시아의 세 번째 침략 전쟁 ········· 86
[지도1] 페르시아전쟁 당시의 지명과 전투 이름 ········· 89
델로스동맹 결성 ········· 90
다시 세력이 커진 아레오파고스 의회 ········· 91

4장 | 페리클레스 시대

페리클레스, 민주주의의 꽃을 피우다 ········· 96
민회 발언권의 확대 ········· 97
에피알테스의 사법개혁으로 아레오파고스 약화 ········· 98

부록 : 아테네 vs. 스파르타 정치제도 비교

1장 | 아테네의 정치제도
: 페리클레스 시대의 직접민주정

1. 민주적인 정치제도
〈1〉 민회 ·· 105
〈2〉 평의회 ·· 108
〈3〉 공무원과 법관 ······································ 110
〈4〉 군대 ·· 112

2. 민주적인 사법제도
〈1〉 그리스 법의 원리 ·································· 113
〈2〉 그리스 아테네 법 제도의 특징 ················· 114
〈3〉 시민법정 ··· 116
〈4〉 도편추방제도 ······································· 120
〈5〉 탄핵재판제도 ······································· 121

2장 | 스파르타의 정치제도
: 왕정(두 명의 왕) + 귀족정(원로회)

1. 스파르타의 정치제도 ······························· 124
2. 왕정과 귀족정이 결합된 정치제도 ············· 127
3. 비밀경찰제도 ·· 129
4. 교육제도와 문화 ···································· 130

2부. 소크라테스 재판의 재구성

PROLOGUE

플라톤은 왜 〈에우티프론-변론-크리톤〉을 썼을까? ·· 136
플라톤의 정치적 정체성은? ············· 137
저자는 왜 「소크라테스 재판의 재구성」을 구상했나? ··· 139
플라톤이 위대한 철학자·작가인 이유 ········· 145
이 책을 집필한 목적 ················ 146
P.S 추신 ······················ 150
  1. 고대 그리스 아테네에서 불경죄로 고발당한 사람들
  2. 디오니소스 축제
  3. 대(大)디오니소스 축제의 연극 경연
  4. 플라톤의 작품은 축제의 연극 경연 작품이다
  5. 플라톤이 '희극작가와 비극작가들을 아테네에서 추방해야 한다'고 생각했던 이유

1장 | 소크라테스 재판의 역사적 배경

1. 펠로폰네소스 전쟁 약사 ············ 155
   스파르타가 아테네를 침략한 전쟁

2. 소크라테스 재판 12년 전(기원전 411년) ···· 162
   400인귀족독재정권의 공포정치

3. 소크라테스 재판 5년 전(기원전 404년) ···· 168
   또다시 시작된 30인귀족독재정권의 공포정치

4. 소크라테스 재판 4년 전(기원전 403년) ···· 172
   정권을 잡은 아니토스, 대사면을 실시하다

5. 소크라테스 재판 2년 전(기원전 401년) ···· 174
   들통난 귀족들의 재집권 반란 계획

6. 소크라테스, 결국 기소당하다(기원전 399년) ···· 176
   존경받던 민주주의 정치인 아니토스, 소크라테스를 기소하다

2부. 소크라테스 재판의 재구성

2장 | 소크라테스 재판

Overture. 소크라테스 불경죄를 저질러 기소당하다 …… 188
민주주의자들을 비난하기 위해 법정에 선 소크라테스

1막. 소크라테스의 1차 변론 …… 196
소크라테스, 법정에 서서 변론을 시작하다

2막. 아니토스의 법정 연설 …… 312
존경받던 민주주의 정치인 아니토스, 소크라테스를
기소한 이유를 설명하다

3막. 소크라테스의 2차 변론 …… 322
마지막까지 아테네 시민을 야단친 소크라테스

4막. 소크라테스의 최후 진술 …… 336
소크라테스, 법정에서 마지막 진술을 시작하다

주요 가문 가계도와 소크라테스 – 편집부 정리 …… 355
- 1-1. 플라톤의 가계도 …… 356
- 1-2. 플라톤 집안 사람들 …… 357
- 2-1. 페리클레스의 가계도 …… 358
- 2-2. 페리클레스 집안 사람들 …… 359
- 3-1. 아테네의 정치지형 속 두 세력 …… 360
- 3-2. 소크라테스는 누구? …… 361

각주 모음(가나다순) …… 363

각주 모음(주제별) …… 388

「소크라테스 재판의 재구성」본문에서 빠진 이야기들

에필로그 1 ········· 405
플라톤이 〈에우티프론-변론-크리톤〉 3부작 극본에서 얘기하고 싶었던 것들

    Chapter 1. 극본 1부 「에우티프론」 ········· 407
    Chapter 2. 극본 2부 「변론」 ········· 415
    Chapter 3. 극본 3부 「크리톤」 ········· 423

에필로그 2 ········· 429
번외편 : 역사적 인물들

    Chapter 1. 테세우스 ········· 431
    Chapter 2. 키몬 ········· 439
    Chapter 3. 에피알테스 ········· 445
    Chapter 4. 페리클레스 ········· 449

에필로그 3 ········· 453
〈역사적 철학〉이란 무엇인가?

    Chapter 1. 모든 학문은 역사적 배경 속에서 탄생한다 ········· 457
    Chapter 2. 역사적 배경을 모른 채 철학을 공부하면? ········· 461

참고 서적 ········· 468
독자 여러분께 ········· 481

※ 지도
[지도1] 페르시아전쟁 당시의 지명과 전투 이름 ········· 89
[지도2] 그리스 아테네와 주변 국가의 위치 ········· 180
[지도3] 페르시아전쟁과 펠로폰네소스전쟁 1 ········· 182
[지도4] 페르시아전쟁과 펠로폰네소스전쟁 2 ········· 183

소크라테스 재판 전후의
고대 아테네 민주정 간략사

기원전 594년   수석 아르콘이 된 솔론,
민주주의의 초석을 놓다.

기원전 561년   페이시스트라토스,
솔론 사후 무력으로 정권을 잡다.

기원전 527년   히피아스,
페이시스트라토스 사후 정권을 잇다.
귀족들에게 아우가 암살된 후 대놓고 귀족들을 억압하다.

기원전 510년   귀족들, 스파르타와 연합해 히피아스를 몰아내다.

기원전 508년   클레이스테네스,
시민들의 요청에 의해 아르콘에 올라 민주주의 제도 정착을 위한 개혁을 시작하다.

기원전 490년   페르시아가 침략했지만 그리스 연합군이 승리하다. 마라톤에서 아테네의 승리로 끝나다.

기원전 480년	페르시아의 재침략. 그리스 도시국가들이 연합군 결성. 스파르타는 육군, 아테네는 해군 지휘. 살라미스 해전에서 대승을 거두고, 그리스의 승리로 끝나다.
기원전 478년	그리스의 도시국가들은 아테네를 중심으로 한 델로스동맹을 맺었다. 이로 인해 그리스에는 펠로폰네소스동맹국, 델로스동맹국, 중립국 등 세 종류의 세력이 존재하게 되다.
기원전 462년	페리클레스, 귀족세력의 거점인 아레오파고스의 권리를 박탈하고 민회, 평의회, 시민법정에 실권을 주도록 하는 법안을 민회에 제출 후 승인받다.
기원전 461년	페리클레스가 귀족주의자 키몬을 도편추방제로 쫓아내다.
기원전 450년경	페리클레스, 수석 아르콘에 올라 직접민주주의를 확대, 민주주의 꽃을 피우다.
기원전 449년	페르시아와 평화조약

기원전 431년   스파르타를 중심으로 한 펠로폰네소스동맹국이 아테네를 침략해 펠로폰네소스전쟁이 시작되다.

기원전 411년   400인의 귀족들이 독재정권 수립, 반대자들을 죽이고 자기들 마음대로 국정을 운영한다. 4개월 뒤 독재정권에 반대하는 아테네 시민들에 의해 실각한다.

기원전 407년   페르시아가 아테네를 침략한(펠레폰네소스전쟁) 스파르타를 지원하다.

기원전 404년   펠로폰네소스전쟁에서 스파르타가 승리하다.
* 스파르타가 지원하는 30인귀족독재정권이 수립된다.

기원전 403년   아니토스를 비롯한 민주주의자들의 반격으로 8개월 뒤 30인귀족독재정권은 실각한다.

기원전 403년   아니토스, 대사면 정책 실시

기원전 401년   귀족독재정권의 반란 계획이 들통 나다.

기원전 395년 코린토스전쟁 발발

* 코린토스전쟁 : 스파르타의 강압적인 정치에 불만을 갖게 된 코린토스, 테베 등의 도시국가들이 아테네를 설득해 스파르타와 전쟁을 일으킨다. 이 전쟁에서 스파르타는 패배하고 아테네는 다시 제2의 해상동맹을 체결하였지만 동맹 도시국가들의 불만으로 또다시 동맹도시국가 간의 전쟁을 치른다.

기원전 337년 코린토스동맹을 주도한 마케도니아에 정복당하다.

기원전 146년 그리스, 로마에 정복당하다.

기원후 300년 로마왕 콘스탄티누스의 수도 이전으로 그리스는 동로마제국의 중심지가 되다.

기원후 1453년 비잔티움제국(동로마제국)이 오스만제국에 점령당하자, 그리스는 다시 오스만제국에 정복당한다.

※ 참고 : 마케도니아의 침략을 받고, 로마의 침략을 받은 뒤, 또다시 오스만 투르크의 지배를 받았기 때문에, 그리스 역사에는 많은 사실들이 누락되어 있다.

이 책에 쓰인 무수한 사항 가운데 내 의도와는 상관없이 독자의 감정을 상하게 하는 부분이 있더라도 그것은 적어도 나쁜 뜻으로 그렇게 한 것이 아니다. (중략)

20여년에 걸쳐 힘들여 완성한 작업을 한순간의 독서로 판단하지 않기를 바란다. 두서너 문장이 아니라 책 전체를 두고 칭찬하거나 비판하길 바란다. (중략)

　사람들people이 사물을 올바르게 판단할 수 있는 능력을 갖추었는가, 갖추지 못했는가는 사소한 일이 아니다. 정치인이 갖는 편견은 사람들people이 갖는 편견에서 비롯된다. 무지의 시대에 사람들은 가장 악독한 행위에도 아무 의구심을 갖지 않는다. 깨달음의 시대에는 가장 선량한 행위를 하면서도 불안에 떤다(저자 주 : 나의 선한 행위가 과연 선한 것인가를 의심하기 때문에). 사람들은 예부터 내려오는 폐습을 감지하며 그것을 교정하고자 하지만, 반면에 교정 자체의 폐해에 대해서도 고심한다. 최악을 두려워하여 악을 방치하고, 최선을 의심하여 선을 방치한다. (중략)

만약 내가 사람들이 자신의 편견에서 벗어날 수 있도록 할 수 있다면, 나는 스스로를 (삶을 누리는) 사람들 가운데 가장 행복한 사람이라고 생각할 것이다. 여기서 편견이라고 하는 것은, 사람들로 하여금 어떤 사항에 대해 무지하게 만드는 것이 아니라, 스스로에 대해 무지하게 만드는 것을 말한다.

- 몽테스키외 「법의 정신」의 머리말에서 발췌 -

들어가기 전에...

만학[모든 학문]의 근본인 철학. 그 철학을 좀 더 온전히 이해하기 위해서는 『철학개론 I』에서도 밝혔듯이, 세 가지를 파악하고 있어야 합니다. (1)하나는 <u>한 철학자의 철학이 탄생하게 된 역사적 배경</u>, (2)다른 하나는 <u>철학사적 맥락</u>, (3)나머지 하나는 <u>철학에서 자주 사용하는 중요한 개념들</u>입니다.

이 세 가지 중 무엇보다 중요한 것은 그 철학자의 철학이 탄생하게 된 (1)<u>역사적 배경을 파악하는 일</u>입니다. 그 철학자가 살았던 시대와 그 시대가 있게 된 역사적 배경을 알아야 그 철학자의 철학을 더 잘 이해할 수 있기 때문입니다.

바꿔 말하면, 한 철학자가 살았던 시대의 역사적 배경을 모르면 그 철학자의 철학을 제대로 이해할 수 없다는 얘기입니다. 아리스토텔레스[혹은 헤겔, 혹은 칸트 …]가 살았던 시대의 역사적 배경을 모르면 아리스토텔레스[혹은 헤겔, 혹은 칸트 …]의 철학을 제대로 이해할 수 없습니다.

플라톤은 왜 정치에 관여했고, 국가의 정체(政體)에 대해 논의했고, 철학자와 소피스트와 정치인이 어떻게 다른지를 논의했으며, 올바른 정치인의 자세를 언급했고, 한 국가의 법률에는 어떤 내용을 담아야 하는지를 고민했을까요?

이 책은 그런 플라톤의 철학적 고민과 주장(특히 플라톤의 『변론』)에 대한 이해를 돕기 위해 집필된 책입니다. 그래서 1부에 플라톤이 살았던 시대의 역사적 배경인 (1)솔론부터 페리클레스까지 민주주의가 어떻게 진행되었는지에 대한 역사와 (2)페르시아전쟁에 대한 내용을 간략하게 설명해 놓았습니다.

그리고 2부에서는 플라톤의 『변론』에 나오는 소크라테스 재판의 역사적 배경에 대한 이해를 돕기 위해 (1)펠로폰네소스전쟁에 대한 역사를 간단하게 설명해 놓았습니다. 그리고 소크라테스 재판에 대한 맥락을 용이하게 하기 위해 (2)수리아스라고 하는 가상의 인물을 재판관으로 등장시켜 소크라테스 재판을 재구성했습니다.

인간 세상에서 역사를 떠나 홀로 존재할 수 있는 사람도 없고, 학문도 없습니다. 역사를 알아야 사람도 제대로 알 수 있고, 개별 학문도 더 잘 알 수 있습니다. 그런 의미에서 '역사 속 철학(Philosophy in History) 혹은 역사적 철학(Historical Philosophy)'의 세계에 오신 것을 환영합니다.

1부

고대
그리스 아테네
민주정의 역사

1장

솔론 시대

솔론
민주주의의 기초를 마련하다

그리스 아테네에는 시민과 시민이 아닌 사람이 있었다
아테네 시민은 다시 재산에 따라 네 계급으로 나뉘었지만
평민은 아무리 재산이 많아도 결코 귀족이 될 수는 없었다

솔론, 민주주의 기초 마련

기원전 598년, 지금으로부터 약 2600년 전, 고대 그리스에 아테네라고 불리는 폴리스[1]에 솔론[2]이라고 불리는 사람이 있었다. 그는 생각이 깊고 조용하고 따뜻한 사람이었다.

솔론이 어른이 되었을 때, 해안가에 자리한 아테네는 해상무역[3]을 통해 부자 폴리스가 되어 가고 있었고, 그에 따라 해상무역을 하는 사람들의 안전을 지키기 위한 해군의 군사력도 강해져 갔다. 그러한 막강한 해군력을 바탕으로 아테네는 해외에 식민지[4]를 만들기 시작했고, 식민지의 수도 점점 많아지고 있었다.

식민지는 그냥 저절로 얻어지는 것이 아니다. 수많은 사람들이 죽어나가는 살육전[5]을 치르고 난 뒤에 얻어지는 영토이

---

1) 폴리스(Polis) : 도시 국가. 한 도시가 국가인 것을 가리키는 말. '언덕'이라는 의미의 그리스어. 언덕을 중심으로 소규모 국가가 형성되자 나중에는 '도시국가'라는 의미로도 사용하게 된다.
2) 솔론(Solon) : (기원전 630년 추정 ~ 기원전 560년 추정) 그리스 7현인(賢人:현명하고 지혜로운 사람)으로 꼽히는 사람 중의 한 사람으로 고대 그리스 아테네의 시인이자 정치가. B.C. 594년 아르콘으로 선정됨. 귀족 출신이었지만 아르콘이 되자 그때까지 있던 법을 폐기하고, 모든 사람에게 공평한 법과 제도를 만들었고, 그 법이 반드시 지켜질 수 있도록 제도적인 장치를 마련한 다음 아르콘에서 물러났다. 모든 사람에게 공평했기 때문에 평민들보다는 귀족들과 부자들에게 욕을 더 많이 먹었다. 솔론이 만든 법은 고대 아테네에 직접민주주의를 꽃피울 수 있게 만드는 전무후무한 강력한 정치제도 및 법률제도였다.
3) 해상무역(海上貿易) : 바다 건너에 있는 나라와 서로 물건을 팔고 사는 것. 해상무역이 발달하기 위해서는 배를 만드는 기술과 항해술(배를 이용해 바다를 돌아다니는 기술)이 뛰어나야 한다.
4) 식민지(植民地) : 식민통치지역. 다른 나라의 지배를 받는 지역을 가리키는 말. '식민통치'와 같은 말은 '신탁통치' 또는 '위임통치'가 있다.
5) 살육전(殺戮戰) : 사람을 죽이는 전쟁

다. 전쟁에서 이기는 쪽이 진 쪽의 모든 것을 다 빼앗을 수 있기에, 이길 수 있다는 확신이 서면 바로 침략했다. 이 정복[6]전쟁에 자신의 돈으로 무기를 구입해 참여하는 평민들이 늘어났다. 전쟁에서 승리[7]하면 재산이 많건 적건, 신분이 높건 낮건, 자신의 지위를 올릴 수도 있고 재물도 획득할 수 있는 좋은 기회였기 때문이다.

폴리스의 발생

그리스는 국토 면적의 80%가 산이었다. 그랬기 때문에 가장 높은 아크로폴리스[8]에 신전[9]을 세웠고, 그 신전 아래에 시청이나 법원 같은 공공기관들을 지었다. 그리고 권력과 부를 가진 귀족들은 그 아래에 자신들의 집을 지었다.

폴리스의 높은 지역에 자리를 잡은 귀족들과 신관들이 힘을 합해 세력을 확장해 나가면서 그리스는 자연스럽게 언덕을 중심으로 도시가 형성되기 시작했다.

---

6) 정복(征服) : 한 나라가 다른 나라에 침략해 그 나라의 땅과 권력과 재산을 모두 빼앗는 행위. 어느 시대에도 정복당한 나라에서는 정복자에게 협력하는 사람은 신분에 관계없이 재산과 권력을 가질 수 있었다. 그러므로 정복전쟁은 이긴 나라든 진 나라든 간에 자신의 신분 상승을 노리고 있던 기회주의자들에게는 좋은 기회였다.

7) 승리(勝利) : 겨루어서 이김

8) 아크로폴리스(Acropolis) : '아크로(acro)'는 '높은', '폴리스(polis)'는 '언덕'이라는 뜻이므로 높은 언덕이라는 의미의 그리스어. 신전과 국가의 주요 공공기관이 위치해 있었기 때문에 종교적으로도 정치적으로도 중요한 공간이 되었다.

9) 신전(神殿) : 신을 모시는 건물로, 제사를 지내고 참배를 하는 곳

여러 가지 사정으로 다른 곳에서 이주[10]해 온 민족들도 대부분 부족 단위로 이동했기 때문에 아테네인들과 마찬가지로 한두 개 부족[11]이 모여 한 마을을 이루어 살았다.

이렇게 그리스의 폴리스들은 부족사회[12]의 모습을 그대로 유지하며 살고 있었기 때문에 그리스 경제와 정치는 대부분 부족제[13]를 기본 단위로 해서 운영되고 있었다.

신흥부자평민의 탄생

정복 전쟁을 통한 식민지가 건설된 뒤, 식민지와 아테네 간의 무역은 더 활발해졌다. 이를 통해 많은 재물과 넓은 땅, 그리고 으리으리한 집과 많은 노예를 가질 정도의 부자가 된 평민들의 수도 점점 더 많아지고 있었다. 새로 형성된 평민 출신의 부자(※ 앞으로 이들을 '신흥부자평민'이라고 부르겠다)들은 귀족들이 누리던 여러 가지 특권들을 요구하기 시작했다. 하지만 귀족들은 신흥[14]부자평민들의 요구를 인정하지 않았다.

또한 식민지 침략 전쟁에 군인으로 참가한 평민들 중, 수많

---

10) 이주(移住) : 다른 곳으로 이동해서 사는 것
11) 부족(部族) : 같은 지역에 살며 같은 언어를 사용해 문화와 전통이 같은 사람들이 모여서 이루어진 집단. 주로 가족 관계로 이루어져 있다.
12) 부족사회(部族社會) : 혈연(가족관계)과 지연(같은 지역에 사는 관계)으로 이루어진 원시사회집단. 소유와 분배가 평등한 것이 특징이다.
13) 부족제(部族制) : 부족을 기본 단위로 해서 부족장 중심으로 운영되는 정치체제를 말한다.
14) 신흥(新興) : 지금까지 없었거나 예전에 있었던 일이 새롭게 일어나는 현상

은 전적[15]을 쌓아 다른 평민 출신 군인들에게 존경과 선망[16]의 대상이 된 사람들도 늘어났다. 이들은 귀족 출신 장군들에게 각 전투에서 재량[17]을 발휘할 수 있는 지휘권을 요구했지만, 받아들여지지 않았다.

결국 귀족들과 신흥부자평민들, 그리고 귀족 출신 장군들과 유능한 평민 출신 군인들은 사사건건 대립하고 싸우게 되었고, 그로 인해 사회는 더 혼란해졌다.

신흥부자평민들은 자신들만의 세력을 만들어 귀족들과 똑같은 권리를 달라고 점점 더 강력하게 요구하기 시작하자, 위험을 느낀 귀족들은 자신들만의 모임을 만들었다. 아테네 사람들은 신흥부자평민들의 모임을 해안당[18]이라 부르고, 귀족들의 모임은 평야당[19]이라 불렀다.

아테네 폴리스가 부자가 되어갈수록 신흥부자평민들과 귀족들은 점점 더 부자가 되어 갔고, 일반평민과 농민들은 점점 더 가난해져 가고 있었다. 먹고 살 것을 구하기 어려워서 자신의 신체를 담보[20]로 돈이나 곡식을 빚져야 했고, 빚을 갚지 못한 이들은 노예가 되어 해외로 팔려 나가는 신세가 되었다. 먹

---

15) 전적(戰績) : 전쟁에서 싸워서 얻어 낸 업적
16) 선망(羨望) : 부러워해서 그렇게 되기를 바라는 것
17) 재량(裁量) : 스스로 알아서 판단하고 행동하거나 일을 처리하는 것
18) 해안당(海岸黨) : 해상무역으로 부자가 된 신흥부자평민들이 모여 세력을 이룬 것을 가리키는 말. 신흥부자평민이 그리스 아테네의 남서 해안을 중심으로 살고 있었기 때문에 붙여진 이름이다. ※ p.55 본문 중 '해안당' 참고
19) 평야당(平野黨) : ※ p.55 본문 중 '평야당' 참고
20) 담보(擔保) : 무엇인가를 빌릴 때, 빌린 것을 갚지 않을 때를 대비해 받아 두는 것

고 사는 것을 해결하지 못한 평민과 농민들 중에는 아예[21] 스스로 신흥부자평민이나 귀족들의 노예로 들어가 사는 일도 허다했다[22].

이미 노예로 팔려간 사람들은 모든 희망을 포기한 채로 살아야 했고, 남은 가족들도 언제 노예로 전락할지 몰라 항상 불안에 떨어야 했다. 가난해져서 노예로 팔려갈 위험이 있는 평민과 농민들의 불만과 원성[23]은 점점 더 많아졌다.

이들은 자신들에게 문제가 있거나 게을러서 가난해진 것이 아니라 신흥부자평민들과 귀족들이 자신들을 아주 심하게 부려먹으면서[24] 월급을 턱없이[25] 적게 주는 부당한 일을 막을 법률이 없기 때문에 문제가 더 커졌다는 걸 알게 되었다. 뿐만 아니라 부자들이 가난한 사람들에게 고리대금[26]하는 것을 막고, 신체담보대출을 막는 법률이 있었다면 문제가 이렇게까지 커지지 않았을 것이라는 사실도 깨닫고 불만을 표출하기 시작했다.

아테네는 이런 여러 가지 사회 문제로 점점 더 혼란스러워졌다.

---

21) 아예 : '처음부터' 또는 '드러내놓고 완전히'라는 뜻을 가진 우리말
22) 허다하다 : '많고 흔하다'라는 뜻을 가진 우리말
23) 원성(怨聲) : 원망하고 미워하는 마음에서 나오는 말
24) 부려먹다 : 마음 놓고 이용하는 행위를 가리키는 우리말
25) 턱없이 : '말도 되지 않게'라는 뜻을 가진 우리말
26) 고리대금(高利貸金) : 돈을 빌려주고 비싼 이자를 받는 것

솔론의 혁신적인 조치

기원전 600년경, 아테네의 귀족들은 시끄러워지고 혼란스러워진 사회 문제를 해결할 수 있는 중재자[27]를 찾아내기로 했다. 오랜 숙고[28] 끝에 귀족들은 솔론이 가장 적당한 사람이라는 결론을 내렸다. 솔론은 생각이 깊고 늘 신중하게 행동해 부족민들로부터 존경을 받았기 때문이다. 게다가 언변[29]까지 뛰어났고.

그렇게해서 솔론은 수석 아르콘[30]으로 뽑혔다. 아르콘이 된 솔론은 혁신[31]적인 여러 조치[32]를 단행[33]했다. 귀족들 중심인 평야당의 반대를 무릅쓰고[34] 고통 받고 힘들어 하는 시민들을 위해 공평[35]한 법과 제도를 만들었다. 그리고 자신이 만든 법들이

---

27) 중재자(仲裁者) : 싸우는 사람들 사이에서 문제를 해결하는 사람
28) 숙고(熟考) : 어려운 문제를 해결하기 위해 곰곰이 생각하는 것
29) 언변(言辯) : 말하는 것
30) 아르콘(Archon) : 우리나라에서는 일제시대의 번역어를 그대로 사용해 집정관으로 번역하는 경우가 많다. 고대 그리스 아테네에서 국가의 모든 행정을 책임지는 직책이었다. 나라가 점점 부강해지면서 아르콘의 권력도 점점 막강해져 갔다. 시민들과 민주주의 정치인들은 권력을 가진 사람이 권력을 함부로 사용하는 것을 막기 위해 여러 가지 제도적인 장치를 마련한다. 민주주의가 정착되는 시기에는 법무부장관의 역할을 하는 아르콘 테스모테테스 6명을 뽑고 임기를 1년으로 하면서부터 아르콘의 임기 또한 모두 1년으로 바뀐다. 그러다 나중에는 시민 중에서 아르콘으로 일하기를 원하는 사람 가운데 9명을 제비뽑기로 뽑아 1년 동안 국가의 행정과 재판의 실무를 처리하는 역할을 담당했다. 이로써 아르콘의 권력 남용을 최대한 막을 수 있었다. 아르콘 에포니모스는 행정과 정치 담당, 아르콘 바실레우스는 종교 담당, 아르콘 폴레마르코스는 군대 담당, 아르콘 테스모테테스는 사법 담당
31) 혁신(革新) : 어떤 것을 바꿔서 새롭게 만드는 것
32) 조치(措置) : 어떤 일을 처리하기 위해 필요한 대책들을 마련하는 것
33) 단행(斷行) : 결단력 있게 행동하는 것
34) 무릅쓰다 : 참고 견디는 것을 의미하는 우리말
35) 공평(公平) : 어느 한쪽으로 치우치지 않고 공정하고 바른 것

엄격하게 시행[36]될 수 있는 조치까지 마련한다.

계급제도 혁신
- 평민에게 참정권을 줌

아테네에 사는 사람들은 크게 둘로 구분되었다. 아테네 시민 자격을 가진 사람과 가지지 못한 사람. 시민 자격을 가지지 못한 사람들은 여자, 18세 미만의 남자 아이들, 노예, 거류민[37] 등이었다.

아테네 시민권을 가진 사람의 아들은 국가에서 제공하는 여러 가지 교육을 받을 수 있었다. 그리고 18세가 되면 아테네 시민으로 인정되어 민회[38]에 참석해 여러 가지 정치활동을 할 수 있었다.

귀족이나 왕족은 민회에서 연설도 할 수 있었고 법안도 제출할 수 있었지만, 평민에게는 그런 권리가 없었다. 오로지 민회에 참석해 투표만 할 수 있었다. 신흥부자평민들은 이 부분

---

36) 시행(施行) : 실제로 어떤 일을 하는 것, 또는 어떤 제도나 법을 만들어 그 제도나 법이 지켜지도록 만드는 것
37) 거류민(居留民) : 어떤 사정이 있거나 자신이 하는 일 때문에 남의 나라에 살고 있는 사람
38) 민회(民會) : 고대 그리스 대다수 폴리스에 있었던 지금의 국회와 같은 역할을 하던 기구. 아테네에서는 시민 자격을 지닌 만 18세 이상의 남자들이 6000명 이상 모여 국가의 모든 중대 사안에 대해 투표로 결정을 했는데, 이를 민회라고 했다. 아테네 시민들은 민회 소집을 알리는 공고를 보고 한 달에 세 번에서 네 번 정도 아고라에 모여 법률안과 정책에 대해 손을 들어 찬반 여부를 표시했고, 국가의 모든 사안들은 민회에서 과반수가 넘어야 집행될 수 있었다. 클레이스테네스 집권 이후 '프닉스'에서 개최됨(이전에는 아고라에서 열림)(*프닉스: 아크로폴리스 아래 디오니소스 극장에서 얼마 떨어지지 않은 언덕) ※ 〈부록〉 참고 p.105

에 대해 가장 불만이 많았다.

솔론은 평민들의 요구가 정당하다고 생각했다. 그리고 그들이 부당한 취급을 받고 있다는 사실도 아주 잘 알고 있었다. 그래서 아르콘으로 선출되자마자 가장 먼저 계급제도를 네 단계 등급으로 나눈다. 그리고 그 계급에 따라 군사적 의무와 참정권의 한계를 법으로 정해 시행했다.

솔론이 나눈 계급의 네 등급 기준은 재산이었다. 최상층인 첫 번째 계급은 가장 많은 곡식을 수확하는 계층으로, 주로 왕족이나 귀족이었다. 이들 제1계급[39]은 전쟁에 기병[40]으로 출정[41]했다. 두 번째 계급은 첫 번째 계급보다 적은 곡식을 수확하는 층으로, 주로 기술자나 상인 등 신흥부자평민들이었다. 이들 제2계급[42]은 전쟁에 중무장[43] 보병[44]으로 출정했다. 세 번째 계급은 두 번째 계급보다 더 적은 곡식을 수확하는 사람들이었다. 이들 제3계급[45]은 전쟁에 경무장[46] 보병으로 출정[47]했다. 마지막으로 네 번째 계급은 가장 가난한 계층으로 구성되었다.

---

39) 제1계급[펜타코시오메딤니:500메딤노스 계급] : 년간 500메딤노스(고체 생산물의 경우 1메딤노스=약 52ℓ, 액체생산물의 경우 1메딤노스=약 39ℓ) 이상을 생산할 수 있는 토지와 생산능력을 소유한 자
40) 기병(騎兵) : 말을 탄 병사
41) 출정(出征) : 군대에 들어가 전쟁에 나가는 것
42) 제2계급[히페이스:기사계급] : 300메딤노스 이상 혹은 말을 사육하는 사람들
43) 중무장(重武裝) : 갑옷과 방패와 창, 칼을 무기로 단단하게 준비하는 복장
44) 보병(步兵) : 말을 타지 않고 걸어서 이동하는 병사
45) 제3계급[제우기테:농민계급] : 150메딤노스 이상
46) 경무장(輕武裝) : 방패와 창, 칼을 무기로 중무장보다 덜 준비된 복장
47) 소크라테스가 재판정에서 전쟁에 보병으로 참전했다고 말하는 것으로 보아 제3계급 출신임을 알 수 있다.

이들 제4계급[48]은 전쟁시 함선[49]에서 노 젓는 역할을 했다.

솔론이 만든 새로운 계급제도 덕분에 제2계급과 제3계급의 사람들은 민회의 연단에 올라 정치적인 연설도 할 수 있게 되었다. 그리고 그들에게 필요한 법을 제안하고, 그 법이 민회를 통과할 수 있게 사람들을 설득할 수 있게 되었다. 민회에 참석해서 귀족들의 연설을 듣고 투표만 해야 했었는데 말이다.

평민들은 아르콘 공직[50]과 같은 국가의 일에 참여할 수 있게 되자 훨씬 즐거운 마음으로 자신의 일에 종사할 수 있었다. 제4계급은 공직에 참여할 수는 없었지만 (1)민회에 참석해 나라의 일이 어떻게 돌아가는지 알 수 있게 되었고 (2)법안을 결정할 수 있게 되었다. 그리고 (3)법정에 재판관으로 참석해 중요한 판결을 내릴 수 있었다.

역사상 처음으로 평민에게 참정권[51]이 부여[52]되자 사회적 혼란이 잦아들기 시작했다. 그 덕에 아테네는 점점 더 부강[53]한 나라가 되어 갔다.

---

48) 제4계급[테테스:노동자계급] : 토지가 없는 소작인이나 노동자들
49) 함선(艦船) : 해군을 태워 전쟁을 수행할 수 있도록 만든 배
50) 공직(公職) : 국가의 기관이나 공공 단체의 일
51) 참정권(參政權) : 정치에 참여할 수 있는 권리
52) 부여(附與) : 주는 것
53) 부강(富强) : 부유해지고 강해지는 것

임명되던 아르콘을 선출제로 바꿈

고대 그리스 아테네에도 바실레우스[54]라고 하는 왕이 있었다. 아테네의 바실레우스는 페르시아나 다른 나라의 왕처럼 강력한 권력을 가지고 있지 않았고, 제사장[55] 같은 역할과 최고재판관 역할만 하고 있었다. 다른 국가업무는 아레오파고스에서 임명한 아르콘이 처리하고 있었기 때문이다.

스파르타, 페르시아와 마찬가지로 아테네에서도 식민지 확보를 위한 전쟁이 많아졌다. 그래서 아테네에서는 폴레마르코스[56]를 따로 뽑아 군대를 지휘하게 했다. 식민지가 많아지자 국가의 규모도 커지고 나라의 일도 복잡해져 내무부장관[57] 역할을 하는 아르콘에 세 명을 임명해 나라 운영을 맡겼다. 아르콘은 최고 정치 책임자로써 왕 대신 국정[58]을 책임지는 자리가 되었다.

---

54) 바실레우스(Basileus) : 고대 그리스 아테네에서 왕을 가리키는 말. 우리나라의 단군이 왕을 뜻하는 것과 같은 말. 민주정 시기에는 종교를 담당한 아르콘을 가리키는 말

55) 제사장(祭司長) : 종교에서 최고 높은 사람으로 종교의식이나 전례를 주관하던 사람을 가리키는 말

56) 폴레마르코스(Polemarchos) : 아르콘 폴레마르코스. 고대 그리스 아테네에서 주로 군대 업무를 담당했던 직책. 현재 국방부 장관과 비슷하다고 보면 된다. 전쟁에서 최고 능력을 가진 사람이 뽑혔다. 휘하에 스트라테고스(장군) 10명이 었었다.

57) 내무부장관(內務部長官) : 국가에서 일어나는 모든 일을 관리하는 총책임자

58) 국정(國政) : 국가가 행하는 정치

솔론 이전 시대의 아르콘은 아레오파고스[59] 회의[60]에서 모두 임명했고, 아레오파고스 회원의 임기는 종신직[61]이었다. 솔론은 막강한 권력을 가진 아르콘을 아레오파고스에서 임명해 왔던 것이 문제라고 보았다. 그래서 아르콘을 추첨제로 바꿨다. 4개 부족에서 10명의 후보를 내게 하고, 그 중 9명을 추첨해 아르콘으로 뽑는 법안을 민회에 제출하고 설득해 통과시킨 것이다. 뿐만 아니라 아르콘의 임기도 10년에서 1년으로 바뀌버렸다.

이 법안이 민회에 제출되었을 때, 귀족들은 강하게 반발[62]했다. 하지만 대다수 시민들의 강력한 찬성을 받으며 민회를 통과했다. 이로써 왕족과 귀족들의 전횡[63] 및 권력 남용[64]을 막을 수 있게 되었다.

---

59) 아레오파고스(Areopagos) : '아레스 신의 바위'라는 의미. 타원형의 바위로 아레스 신(그리스 신화의 올림포스의 12신 중 하나. 전쟁과 파괴의 신. 미의 여신 아프로디테의 연인. 또다른 전쟁의 신 아테나와 달리 파괴와 살상을 즐김)

60) 아레오파고스(Areopagos) 회의(會議) : 고대 그리스 아테네에서 왕의 자문기관 역할을 하던 위원회. 종신제였으며 아르콘으로 일한 사람들만이 회원이 될 수 있었다. 귀족이나 왕족 출신으로 구성되어 있었고 정치권력과 사법권을 모두 가지고 있어 국가의 모든 결정을 좌우지 할 수 있는 강력한 권력기관이었다.

61) 종신직(終身職) : 스스로 물러나거나 탄핵을 받아 그만두게 되지 않는 한 죽을 때까지 일을 하는 것

62) 반발(反撥) : 어떤 것에 반대하여 말을 듣지 않고 반항하는 것

63) 전횡(專橫) : 돈이나 권력을 가진 사람이 자기 마음대로 하는 것

64) 남용(濫用) : 함부로 넘치게 사용하는 것

400인 평의회 신설

솔론은 또한 《400인 평의회[65]》를 신설[66]했다. 국가 운영을 아레오파고스 회의나 아르콘들만 독점하던 것을 막기 위한 것이었다. 4개의 부족에서 각각 100명씩 뽑아 평의회를 만든 다음, 이 400인 평의회에서 국가 운영을 주관[67]하게 한 것이다.

4개의 부족에서 선출된 《400인 평의회》 의원들은 민회에서 의결[68]할 사안들 중에 어떤 것을 먼저 올리고 나중에 올릴지 심사를 하는 등 아레오파고스에서 하던 대부분의 일들을 맡아서 운영했다.

아레오파고스 회의에서 심의[69]하고 결정하던 것들 중 많은 부분을 《400인 평의회》에서 담당하게 되자 부정부패도 많이 줄어들게 되었다.

이 《400인 평의회》는 비록 제2계급까지만 참여하는 제한을 두었지만, 이는 이후 아테네에 직접민주주의가 더 확대되고 발전될 수 있는 초석[70]이 되었다.

---

65) 평의회(評議會) : 민회의 일정을 조정하고 민회에서 의결된 사안들을 처리하는 기구로, 지금의 정부와 비슷한 역할을 했다. ※〈부록〉참고 p.108
66) 신설(新設) : 새로 만드는 것
67) 주관(主管) : 어떤 일을 하는데 주인처럼 그 일을 맡아서 실행하는 것
68) 의결(議決) : 제안된 의견에 대해 의논한 다음 어떻게 할 것인지를 결정하는 것
69) 심의(審議) : 어떤 일을 자세히 조사하고 의논하는 것
70) 초석(礎石) : 주춧돌. 집을 지을 때 맨 처음 놓는 돌

시민법정 신설, 평민들이 재판관으로 참여

솔론은 시민법정[71] 제도도 신설했다. 왕족과 귀족으로 구성된 재판관들의 판결로 인해 평민들이 법정에서 부당한 일을 당하는 걸 막기 위해서였다.

시민법정은 매년 6000명의 시민을 뽑아 그 중에서 501명을 추첨해 일부 특별한 사건에 대한 판결을 맡겼다. 재판관에는 제4계급이 참여할 수 있도록 했다. 역사상 처음으로 왕족과 귀족이 아닌 일반 평민 출신 시민이 법정에서 재판관 역할을 맡게 된 것이다.

농민 부채 탕감, 신체담보대출 금지

솔론은 가난한 평민과 농민들의 들끓는 불만을 잠재우기 위해 여러 가지 개혁[72]적인 조치들도 실시[73]했다. 먼저 부채[74]를 없

---

71) 시민법정(市民法廷) : 고대 그리스 아테네에 있었던 사법제도. 현재의 법정처럼 판사, 검사, 변호사 없이 배심원들이 재판에 참여해 판결을 내리는 제도. 사건마다 조금씩 다르기는 하지만 일반적으로 추첨으로 선발된 500~6000명의 재판관이 원고(고발한 사람)와 피고(고발당한 사람)의 얘기를 듣고 유죄나 무죄에 투표한다. 과반수 이상의 투표수를 받아야 유죄가 확정되었다. 형량도 투표수로 정했다. 유죄와 무죄의 투표수가 같게 나오면 무죄로 처리하는 것을 원칙으로 했다.
※ 〈부록〉 참고 p.116

72) 개혁(改革) : 낡은 것을 새롭게 뜯어 고치는 것. 현재 있는 제도나 체제를 고쳐 새롭게 바꾸는 것

73) 실시(實施) : 실제로 행동하는 것

74) 부채(負債) : 빚을 지는 것

애주고, 사람의 신체를 담보[75]로 해서 대출[76]해주는 행위를 강력하게 금지시키는 법을 통과시켰다. 그리고 부채를 갚지 못 해 노예가 된 사람들을 해방시켜 주었고, 노예가 되어 해외로 팔려갔던 사람들도 찾아내 모두 돈을 주고 데려와 원래 살던 곳으로 돌려보내 주었다.

솔론은 터무니없이 높은 이자로 인해 생긴 부채를 탕감[77]해주는 동시에 평민들에게 경작할 토지도 재분배[78]해 주었다.

솔론이 평민을 위한 법을 강력하게 추진하고, 그 법이 엄격하게 지켜지도록 여러 조치들을 정해놓은 덕에 평민들은 안심하고 먹고 살 길이 열리기 시작했다. 그러자 사회도 점차 평화를 되찾게 되었고 번영할 수 있는 기반이 열리기 시작했다.

솔론이 여러 제도를 개혁하는 것을 지켜보던 평민들은 깨닫기 시작했다. 잘못된 것이 있을 때, 정치인에게 그것을 고치라고 요구해야 한다는 것을. 그리고 그 요구를 들어줄 때까지 끊임없이 주장해야, 고쳐지고 자신들의 삶이 안정된다는 것을 깨달았다.

---

75) 담보(擔保) : 맡기는 것
76) 대출(貸出) : 돈을 빌려주는 것
77) 탕감(蕩減) : 빚이나 세금을 줄여주거나 없애주는 것
78) 재분배(再分配) : 다시 나누는 것

가난한 평민들, 다시 불만이 높아짐

신흥부자평민만큼 재산을 많이 가지지 못한 평민들은 재산에 따라 계급을 나눠 제3계급이 된 것에도 불만이 있었지만, 재산을 많이 가진 사람에게만 정치적 발언권을 주고 공직 선출 자격을 준 것에도 불만을 가졌다.

그리고 얼마되지 않아 자신들의 토지를 귀족들에게 세금으로 다 빼앗겨 가난하게 된 농민들은 솔론의 토지 개혁으로 땅을 재분배 받았지만 마냥 기뻐할 수만은 없었다. 그 땅에 농사를 짓는 것만으로는 세금 내고 식구 모두가 먹고 살기에 빠듯했기 때문이다. 또다시 결국 여기저기에서 가난한 평민들의 불만이 터져나오기 시작했다.

귀족들의 불만도 커짐

민회에 참석해 정치적인 발언[79]을 할 수 있는 권리와 아르콘에 선출될 수 있었던 자격은 귀족만 가지고 있었다. 태생이 귀족이었기 때문에 아무 노력 없이도 참정권을 모두 행사[80]할 수 있었던 것이다. 귀족들은 신흥부자평민들이 돈 좀 벌었다고 귀족처럼 행세[81]하는 것이 못마땅했다. 그런데 자신들과 같은 제1계급이 되는 것도 모자라 정치적 발언권에 공직에 참여할 수

---

79) 발언(發言) : 말하는 것
80) 행사(行使) : 권력이나 힘을 써서 어떤 일을 하는 것
81) 행세(行勢) : 어떤 지위에 있는 사람처럼 행동하는 태도

있는 자격까지 주어지니 분노를 참기 어려웠다.

신흥부자평민보다 재산을 적게 가졌다는 이유로 제2계급이 된 귀족들의 분노도 극에 달했다. 비록 가난해도 귀족 신분이라는 사실에 자긍심[82]이 강했는데, 단지 가난하다는 이유로 제2계급으로 떨어졌으니 참기 어려웠다. 하지만 귀족들은 자신들보다 훨씬 더 많은 수의 평민들이 반발할까 두려웠다. 그래서 자신들의 불만을 숨기고 있어야 했다.

귀족 출신인 솔론은 누구보다 귀족들의 생각을 잘 알고 있었다. 하지만 평민들을 위해, 시대의 혼란을 잠재우기 위해, 공평한 법을 강력하게 추진[83]했다. 귀족들은 솔론이 《400인 평의회》를 신설해 평민 출신들이 국정을 운영하게 만들고, 재판에까지 참여시켜 투표로 판결을 내리게 만드는 것에 분노를 참을 수밖에 없었던 것이다.

하지만 귀족들은 더 이상 참기 어려워졌다. 솔론이 농노들의 부채를 탕감하고, 채무노예들을 해방시키고, 토지개혁으로 땅까지 그들에게 되돌려 주었기 때문이다. 그 조치로 자신들의 재산이 줄어들게 되자 분노가 이만저만이 아니었다.

결국 제1계급 귀족들로 구성된 평야당의 당수와 제2계급 신흥부자평민들로 구성된 해안당의 당수가 자주 만나기 시작했다. 자신들의 재산이 줄어드는 것을 더 이상 가만히 놔둘 수 없었기 때문이었다. 그들은 어떻게 해서든 솔론이 만든 법을

---

82) 자긍심(自矜心) : 스스로를 자랑스럽게 여기는 마음
83) 추진(推進) : 일이 마무리 될 수 있도록 계속해서 진행하는 것

무력화⁸⁴⁾시켜야만 했다. 귀족들은 솔론에게 법을 바꾸라고 압박했다.

귀족들의 의견에 따를 수 없었던 솔론은 자신이 만든 법을 100년 동안 변경할 수 없도록 만들었다. 그리고 자신이 만든 법이 제대로 시행될 수 있도록 여러 조치를 취한 다음 아르콘에서 물러나 아테네를 떠났다. 자신이 아테네에 계속 머물면 제1계급 귀족들과 제2계급 신흥부자평민들에게 심하게 계속 협박받을 것을 알고 있었기 때문이다.

---

84) 무력화(無力化) : 힘이 없게 되는 것

참고 | 솔론이 만든 법

그리스의 현자
아테네의 입법자[85]라고 불리는
솔론의 대표적인 법들

중립금지법

내란이 일어났을 때 어느 편도 들지 않은 사람이 있다면 그 사람의 시민권을 빼앗는다.[86]

아르콘 벌금 부과[87]법

아르콘이 지켜야 할 법을 지키지 않을 때, 그리고 법을 어긴 사람을 벌하지 않을 때, 아르콘은 나라에 100드라크메[88]의 벌금을 물어내야 한다.

---

85) 입법자(立法者) : 법을 만든 사람
86) 이 법은 나라가 위기에 처해 있을 때 수수방관하는 것을 금지하고, 아무것도 하지 않고 가만히 있다가 이득을 챙기는 것을 금지하기 위해 만든 법이다. 이 법으로 인해 모든 아테네 시민은 나라에서 일어나는 모든 정치적인 사건들을 알고 지내야 했다.
87) 부과(賦課) : 세금이나 벌금을 물게 하는 것
88) 드라크메(Drachme) : 고대 그리스의 화폐 단위. 기술이 높은 경지에 이른 장인이 받는 하루 일당이 1드라크메였다. 현재의 화폐 가치로 따지면 높은 기술을 가진 사람이 받는 일당이 하루 10~12만 원 정도이므로 100드라크메는 약 천만 원 정도라고 볼 수 있다. 100드라크메=1므나
　※ 참고(출처:「고대 그리스」- 폴 카트리지 p.10)
　　1드라크메 = 6오볼로스
　　2드라크메 = 1스타테스
　　100드라크메 = 1므나
　　60므나 = 1탈란트
　* 기원전 5~4세기 숙련 기술자 일당: 1~2.5드라크메(민회 참석자에 지급한 금액도 이와 비슷했다)
　* 기원전 5세기말 아테네 4인 가족의 하루 생활비: 2.5~6오볼로스

신체담보대출금지법

사람의 신체를 담보로해서 대출하는 것을 엄격히 금지한다.

혼인법

혼인을 할 때 여자는 옷 세 벌과 값이 싼 살림도구 몇 가지만 가져가야 한다.[89]

여성 사치 금지법

여성이 나들이나 잔치, 그리고 장례식에 갈 때 지나친 옷이나 돈을 사용하는 것을 금지한다. 여성이 도시 밖으로 나갈 때는 옷을 세 벌만 지녀야 하고, 도시락 가방의 크기도 50cm가 넘으면 안 된다.

여성감독관법

장례식에서 얼굴을 쥐어뜯는 행위를 금지한다. 가족이 아닌 다른 사람의 무덤 앞에서 곡하는 것을 금지한다.[90]

부모부양[91]법

토지가 없는 아들에게 부모가 기술을 가르치지 않으면 그 아들은 부친을 부양하지 않아도 된다. 정식으로 결혼하지 않은 여자에게서 난 자식은 부친을 부양하지 않아도 된다.

---

89) 이 법은 혼인이 돈이 아닌 사랑으로 이루어져야 한다는 것을 강조하기 위한 것이었다.
90) 이 법은 여성들이 나약해지는 것을 막기 위한 것이었다.
91) 부양(扶養) : 생활능력이 없는 사람을 돌봐주는 것

2장

페이시스트라토스 시대

페이시스트라토스

아테네 시민을 위한 정치를 했지만
결국 귀족과 부자들에게 쫓겨나다

제1계급과 제2계급은 권력 싸움을 하느라
제3계급과 제4계급에 대해서는 전혀 관심이 없었다
페이시스트라토스는 새로운 정당을 만들기로 결심했다

평야당과 해안당의 권력 다툼

솔론이 아테네를 떠나자 평야당과 해안당은 권력을 잡기 위해 경쟁했다. 고대 그리스 아테네의 평지에 있던 농지는 대부분 귀족들이 소유하고 있었기 때문에, 평야당은 귀족을 위한 정치를 하던 정당이다. 원래 귀족들로 구성되어 있던 평야당은 솔론의 개혁 이후 제1계급이 된 신흥부자평민도 참여하고 있었다. 해안당은 제1계급이 되지 못 한 부유한 일반 상인과 무역상들로 구성되어 있었다.

민회가 열릴 때마다 평야당과 해안당 이 두 세력이 권력을 잡기 위해 서로 헐뜯고 싸우는 일이 계속되었다. 그들의 모습을 지켜보고 있던 제3계급과 제4계급 시민들은 새로운 아르콘, 제2의 솔론이 필요하다는 생각을 하기 시작했다.

귀족 출신이었던 페이시스트라토스[92]와 그의 친구들은 어떻게 해야 이 혼란스러운 시대를 지혜롭게 헤쳐 나갈 수 있을지 고민하며 매일같이 모여 토론에 토론을 거듭했다.

---

92) 페이시스트라토스(Peisistratos)(기원전 600년 경 ~ 527년) : 솔론의 친척으로 귀족 출신. 비록 무력으로 집권했지만 솔론의 뜻에 따라 평민을 위한 정치를 했던 고대 그리스 아테네의 정치인. 많은 역사가들이 페이시스트라토스를 무력으로 집권한 참주라는 단어로 격하시키고 있지만, 사실 그는 많은 시민들의 지지를 받으며 30여년동안이나 집권했다. 그가 아르콘에서 물러나 아테네를 떠날 때 수많은 사람들이 자신의 가족들을 데리고 그를 따라 아테네를 떠났다는 사실도 그가 정치를 잘 했다는 것을 증명한다. 그리고 역사서에서는 제대로 언급하고 있지 않지만 그는 철저히 제3계급과 제4계급을 위한 정치를 폈다. 제1계급과 제2계급에 있던 사람들이 그를 그토록 미워할 수가 없기 때문이다. 제1계급과 제2계급에 있던 사람들과 그 사람들이 주는 돈으로 먹고 사는 사람들은 페이시스트라토스가 자기들 편에서 일하지 않아 더 부자가 될 수 있는 기회가 잘 생기지 않았고, 더 이상 아르콘을 선출하지 않게 되어 권력을 잡을 기회도 없었기 때문이었다.

2장 | 페이시스트라토스 시대

　페이시스트라토스는 아테네가 메가라[93]를 공격했을 때 수많은 공을 세워 아테네가 승리할 수 있도록 이끌었기 때문에 아테네인들에게 많은 신뢰를 받고 있던 사람이다. 결국 자연스럽게 제1계급과 제2계급의 권력욕 및 부정부패를 염려하는 의기 있는 사람들과 목동들, 그리고 제3계급과 제4계급을 구성하고 있는 시민들이 페이시스트라토스 주변으로 모여들기 시작했다. 아테네 사람들은 그들을 산악당[94]이라고 불렀다.

　그리하여 아테네에는 평야당, 해안당 그리고 산악당 이렇게 세 개의 당파로 나뉘어졌다. 평야당파는 귀족들에 의한 귀족들을 위한 정치가 옳다고 여겼기 때문에 귀족에 의한 과두정[95]을 주장했다. 해안당파는 중도정치[96]를 해야 한다고 주장했고, 산악당파는 모든 시민이 평등하게 정치에 직접 참여하는 민주정치를 해야 한다고 주장했다.

　신흥부자평민을 위한 해안당은 사안별로 평야당이든 산악

---

93) 메가라(Megara) : 그리스 남부에 있는 도시 이름
94) 산악당(山岳黨) : 페이시스트라토스를 중심으로 제1계급과 제2계급의 권력욕과 횡포를 막으려던 사람들과 척박한 산간에서 농사를 지어먹고 살아가던 빈농들과 목동들, 그리고 제3계급과 제4계급에 들어가는 소농과 장인들, 광산 노동자들로 구성된 정파. 평야와 해안가가 아닌 주로 산간 지역에 사는 사람들이 많이 모여 있어 산악당이라고 불리었다.
95) 과두정(寡頭政) : '과두제'와 같은 말로, 돈이나 권력을 지닌 소수의 사람이나 집단이 정치경제 권력을 행사하는 체제를 말한다. 엘리트정치와 같은 의미로 소수가 다수를 지배하는 것을 정당화시키기 위해 사용하는 말.
96) 중도정치(中道政治) : 어느 한 편에 서지 않고 중간에서 정치적인 사안별로 옳다고 생각하는 편을 들거나 양쪽을 비판하는 정치 ※ 참고 : '중도정치'라는 말을 사용하면 마치 가운데에서 중심을 잡고 있는 것처럼 보이기 때문에 좋게 생각하는 사람이 제법 있다. 하지만 결국 자신의 이익이나 생각에 따라 자신의 마음에 드는 편의 손을 들어주는 것이므로, '중도정치'는 자신의 이익에 따라 움직이는 정치가 될 가능성이 크다. 뿐만 아니라 '중도정치'라는 말은 굉장히 위험한 말이 될 수 있다. 양쪽이 싸우는데 어느 편도 들지 않고 가만히 있다가 이기는 쪽에 의해서 생기는 이득을 거저 얻어간다는 의미도 될 수 있기 때문이다.

당이든 자신들에게 유리한 쪽에 투표를 하면서 마치 중간에서 중심을 잡고 있는 듯이 보이기 위해 '중도정치'라는 말로 자신들의 입장을 합리화했다.

귀족 출신이지만 항상 가난한 평민들을 걱정하고 그들 편에서 생각하고 행동하던 페이시스트라토스는 이 혼란을 끝내기로 결심했다. 그래서 민회에 마차를 타고 들어가 자신의 몸과 마차를 끌고 있던 노새에 난 상처를 보여주며 자신의 정적[97]들에게 테러[98]를 당했다고 주장[99]했다. 그리고 민회에 모인 사람들에게 자신에게 무장 경호대를 붙여줄 것을 요청했다.

민회에 모인 제3계급과 제4계급 사람들은 그에게 무장한 경호대를 붙여 주기로 결정했다. 혹시라도 페이시스트라토스가

---

97) 정적(政敵) : 정치적으로 반대되는 입장을 가진 사람, 또는 정치권력을 잡기 위해 싸워야 하는 상대를 가리키는 말.
98) 테러(Terror) : 국가, 집단, 개인이 자신들의 정치적인 목적을 이루기 위해 사용하는 폭력으로 두 가지로 구분할 수 있다.
  (1) 하나는 2차 세계대전을 일으킨 독일 히틀러의 나치즘에 저항한 프랑스의 레지스탕스와 일본의 식민지였던 한국의 독립군처럼 타국이 자신의 나라를 침략해 폭력을 일삼는 것을 중지시키기 위한 테러가 있다.
  (2) 다른 하나는 권력을 가진 사람이나 집단이 자신들의 이익을 얻을 목적으로 공포심을 조장하기 위해 일부러 폭력을 행사하는 테러가 있다. 이러한 테러로는 적색테러와 흑색테러, 그리고 백색테러가 있다.
    ① 적색테러는 이념이 좌파 우파로 나뉘어 날카롭게 대립하던 시기에 공산주의자들이 일으키던 테러를 말한다.
    ② 흑색테러는 무정부주의자들이 국가를 상대로 일으키던 테러를 말한다.
    ③ 백색테러란 국가나 정부기관 등 권력을 가진 사람이나 집단이 자신들이 하고자 하는 것에 대해 반대하는 세력에 대해 테러를 일으키는 것을 말한다.
  ※ 무정부주의자 : 정치적인 조직이나 권력인 국가와 군대, 자본주의, 종교, 가부장제 등의 권위가 폭력적이기 때문에 개인의 자유와 공동체적인 삶을 지향하는 사람들을 가리키는 말. 자신들의 사상을 나타내는 말로 무정부주의라는 말을 사용하기를 꺼리고 '자유주의연합'이라는 말을 사용하는 것을 더 좋아한다.
99) 이 사건은 페이시스트라토스가 권력을 잡기 위해 스스로 꾸민 음모라고 하는 역사가들이 많다. 하지만 역사적 사실이 어떠했는지는 아직까지 정확하게 알려진 바가 없다.

다치거나 죽게 되면 자신들을 위해 나서줄 수 있는 사람이 없어지는 것이기 때문이었다. 민회에 모인 사람들은 서둘러 무술이 뛰어난 자원자를 모집했고, 가장 무술이 뛰어난 50명을 뽑아 페이시스트라토스를 경호하도록 했다.

시민들의 무장봉기

기원전 546년, 페이시스트라토스를 호위하던 경호대는 창 대신 몽둥이를 들고 무장[100] 봉기[101]를 일으켰다. 페이시스트라토스와 함께 아크로폴리스를 점령[102]했다.

비록 무력[103]으로 아르콘에 올라 정권을 장악했지만 페이시스트라토스는 솔론이 만든 법을 준수[104]하며 소농과 빈농을 위한 탁월[105]한 정책을 폄으로써 아테네 정치를 안정시켰다. 그리고 식민지와 다른 도시국가들과도 평화적인 외교정책[106]을 훌륭하게 펼쳐 아테네의 무역이 번성하게 되는 기틀을 마련했다.

---

100) 무장(武裝) : 전투를 하기 위해 무기를 준비하는 것
101) 봉기(蜂起) : 많은 사람들이 벌처럼 떼 지어 들고 일어나는 것
102) 점령(占領) : 무력으로 어떤 지역을 빼앗아 차지하는 것
103) 무력(武力) : 무기를 가지고 행사하는 힘이나 물리적 또는 육체적인 힘을 가리키는 말
104) 준수(遵守) : 법이나 규정을 지키고 따르는 것
105) 탁월(卓越) : 뛰어난 것들 중에서도 두드러지는 것
106) 외교정책(外交政策) : 다른 나라와의 관계를 맺기 위해 펼치는 정책

평야당과 해안당의 야합[107]
- 페이시스트라토스를 축출하기 위해 뭉치다

평야당과 해안당이 아르콘 자리를 차지하려고 권력투쟁[108] 하는 사이 그만 불시에 페이시스트라토스에게 권력을 빼앗기고 말았다. 평야당의 당수[109] 리쿠르고스[110]와 해안당의 당수 메가클레스[111]는 페이시스트라토스를 참주[112]라고 비난했다.

페이시스트라토스는 제1계급과 제2계급의 부자들만을 위한 정치가 아닌 제3계급과 제4계급인 소농과 빈농, 광산노동자, 가난한 목동들을 위한 정치를 펼쳤다. 그러자 평야당과 해안당에서는 페이시스트라토스와 산악당이 하는 일마다 사사건건[113] 트집을 잡고 맹렬[114]하게 공격했다.

페이시스트라토스를 더 이상 가만두고 볼 수 없었던 평야당과 해안당의 당수들은 페이시스트라토스를 축출[115]한다는 결론에 동의했다. 야합한 평야당과 해안당 일파들은 페이시스트라토스와 산악당을 쫓아내려면 산악당과의 전투를 피할 수 없

---

107) 야합(野合) : 좋지 않은 목적으로 서로 힘을 모으기 위해 어울리는 것
108) 투쟁(鬪爭) : 싸우는 것
109) 당수(黨首) : 당의 우두머리
110) 리쿠르고스(Lycurgos)(기원전 ?~ 기원전 ?) : 기원전 600년 중기 무렵 평야당을 이끌던 사람
111) 메가클레스(Megacles)(기원전 ?~ 기원전 ?) : 기원전 600년 중기 무렵 해안당을 이끌던 사람
112) 참주(僭主) : 고대 그리스의 도시국가인 폴리스에서 무력으로 정권을 탈취하거나 비합법적으로 정권을 장악해 권력을 행사하던 독재자를 가리키는 말
113) 사사건건(事事件件) : 모든 일
114) 맹렬(猛烈) : 사납고 강하고 매서운 것을 가리키는 말
115) 축출(逐出) : 강제로 쫓아내는 것

다는 것을 너무도 잘 알고 있었기에 용병[116]을 모집하기 시작했다.

그 사실을 알게 된 페이시스트라토스는 순순히 아르콘에서 물러났다. 산악당을 지지[117]하는 사람들과 다른 아테네 시민이 다치는 것을 원하지 않았기 때문이었다.

다시 갈라선 평야당과 해안당의 권력싸움

페이시스트라토스 축출에 성공하자 평야당과 해안당은 그 즉시 갈라섰고, 아르콘 자리를 두고 또다시 권력 싸움을 시작했다. 민회는 다시 제1계급 평야당과 제2계급 해안당의 권력 투쟁의 장소가 되었고, 길에서도 술집에서도 그 두 패거리의 싸움은 계속되었다.

이를 지켜보던 수많은 아테네 시민들은 페이시스트라토스 시대를 그리워하기 시작했다. 한 사람 두 사람 페이시스트라토스를 찾아가 다시 정권을 잡아 아테네를 평화롭게 만들어 달라고 설득하는 사람들이 늘어나기 시작했다.

---

116) 용병(傭兵) : 돈을 받고 고용된 군인
117) 지지(支持) : 어떤 의견이나 정책에 찬성해 그 의견 또는 정책이 잘 유지될 수 있도록 도와주는 것

해안당 당수, 페이시스트라토스에게 손을 내밀다

평민들을 접할 기회가 많아 그들의 생각을 잘 알고 있던 제2계급 해안당의 당수 메가클레스. 그는 평야당과 해안당 사이의 권력투쟁이 끝날 기미[118]가 보이지 않자, 중대한 결심을 했다. 수많은 아테네 시민에게 여전히 신뢰를 받고 있는 페이시스트라토스에게 손을 내밀기로 한 것이다.

메가클레스는 페이시스트라토스에게 전령을 보냈다. 그리고 자기 딸과 결혼을 한다면 페이시스트라토스가 다시 아르콘에 오를 수 있도록 돕겠다는 말을 전하도록 한다. 페이시스트라토스는 메가클레스의 제안을 받아들여 메가클레스의 딸과 결혼했다. 메가클레스는 그 즉시 아테나 여신이 페이시스트라토스를 데리고 온다는 소문을 퍼뜨렸다. 그렇게 해서 페이시스트라토스는 다시 아르콘의 자리에 오르게 된다.[119]

해안당 당수, 다시 평야당과 야합

해안당 당수 메가클레스의 계략[120]은 자신의 딸이 페이시스트라토스의 아들을 낳으면, 자신의 손자가 권력을 잡게 하려는 것이었다. 그런데 몇 년이 지나도 딸에게 임신 소식이 들려오지 않았다. 그제서야 메가클레스는 페이시스트라토스가 자신의

---

118) 기미(氣味) : 느낌으로 어떤 일의 상황을 눈치 채는 것
119) 「역사」(헤로도토스 지음, 천병희 옮김, 도서출판 숲) p.59 참고
120) 계략(計略) : 어떤 일을 성공시키기 위해 꾀를 내는 것

뜻대로 움직이지 않았다는 사실을 눈치챘다.

분노한 메가클레스는 곧바로 평야당의 당수 리쿠르고스를 찾아가 화해를 요청했다. 평야당과 해안당 그 둘은 다시 야합해 페이시스트라토스를 쫓아낼 음모를 꾸미기 시작한다.

페이시스트라토스, 아테네를 떠남

해안당과 평야당이 자신을 쫓아내려고 다시 야합했다는 사실을 알게 된 페이시스트라토스는 아테네를 떠나 에레트리아[121]로 가기로 결심한다. 페이시스트라토스의 아들들을 비롯한 많은 사람들은 야합한 해안당과 평야당과 맞서 싸워야 한다고 주장했지만, 최상층 부자들과 귀족들의 야합과 권력욕에 질린 페이시스트라토스는 자신의 결심을 바꾸지 않는다.

결국 페이시스트라토스는 에레트리아로 떠났고, 제1계급 평야당과 제2계급 해안당에 맞서 싸우던 산악당의 사람들도 자신들의 가족을 데리고 페이시스트라토스 일족[122]을 따라간다.

---

121) 에레트리아(Eretria) : 그리스의 중부 동쪽에 있는 에게해에 있는 에우보이아(현재는 '에비아'라고 부른다) 섬의 서쪽에 있는 도시의 이름
122) 일족(一族) : 조상이 같은 친척을 가리킨다. 가족과 친척을 한꺼번에 일컫는 말이다.

수많은 자금과 용병 지원

에레트리아에 도착한 뒤, 히피아스[123]를 비롯한 페이시스트라토스의 아들들은 아버지가 아테네 정치를 바로잡아야 한다고 주장하기 시작했다.

히피아스 주장에 동의하는 사람들은 매일같이 모여 앉아 토론에 토론을 거듭했다. 오랜 토론 끝에 그들은 결국 정권을 되찾는 게 옳다는 결론을 내렸다. '상층 부자들과 귀족들의 횡포를 막아 아테네 시민이 편안하게 살 수 있게 해야 하며, 그렇게 해야 아테네가 더 부강해질 수 있다'는 히피아스의 의견을 따르기로 결정한 것이다.[124]

산악당은 페이시스트라토스의 아들들을 중심으로 자신들이 정권을 잡고 있을 때 도움을 주었던 폴리스들을 설득하여 아테네로 진격할 수 있는 자금을 모으기 시작했다.

산악당의 요청을 받은 폴리스들의 시민들은 흔쾌히[125] 거금을 보내왔다. 그 중 테베[126]가 가장 많은 자금을 보냈다. 펠로폰

---

123) 히피아스(Hippias)(기원전 560년 경~기원전 490년 경) : 페이시스트라토스의 장남. 페이시스트라토스가 죽은 뒤 동생 히파르쿠스와 함께 아테네를 통치했다. 소피스트로 활동했던 히피아스와 구분해야 한다. ※ p.219 각주 459) 히피아스 참고
124) 「역사」(헤로도토스 지음, 천병희 옮김. 도서출판 숲) p.60 참고
125) 흔쾌(欣快) : 기쁘고 유쾌한 상태를 가리키는 말
126) 테베(Thebes) : 그리스 중부 보이오티아 지역에 있던 폴리스. 그리스어로는 테바이(Thebai)라고 한다.

네소스[127] 반도에 있는 아르고스[128]에서는 용병들이 찾아왔고, 낙소스[129]에서는 릭다미스라는 사람이 돈과 군사까지 데리고 와서 페이시스트라토스 진영의 사기를 드높여주었다.[130]

페이시스트라토스를 따르는 시민들, 아테네로 진격함

에레트리아에 도착한 지 11년 만에 페이시스트라토스와 그를 따르는 시민들과 용병들은 아테네로 진격[131]했다. 페이시스트라토스 진영[132]은 마라톤에 진[133]을 쳤다. 그러자 아테네 도성에서 페이시스트라토스를 지지하는 사람들이 마라톤으로 찾아와 페이시스트라토스 진영에 합류하기 시작했다. 아테네 외곽 농촌에서도 페이시스트라토스와 함께 하기 위해 많은 사람들이 마라톤으로 몰려들었다.[134]

아테네 도성 안에만 있던 평야당과 해안당 사람들은 페이시스트라토스 진영을 무시하고 있었다. 페이시스트라토스의 군대

---

127) 펠로폰네소스(Peloponnesos) : 그리스 남쪽에 있는 반도를 가리키는 말로 보통 펠로폰네소스 반도라 불린다. 펠로폰네소스 반도 최남단에 스파르타가 있다.
128) 아르고스(Argos) : 펠로폰네소스 반도에 있던 폴리스. 비옥한 평야가 발달한 지역으로 고대부터 스파르타와 적대관계에 있었다.
129) 낙소스(Naxos) : 그리스의 섬으로 에게해 키클라데스 제도 중 가장 큰 섬
130) 「역사」(헤로도토스 지음, 천병희 옮김. 도서출판 숲) p.61 참고
131) 진격(進擊) : 적을 치기 위해 앞으로 나아가는 것
132) 진영(陣營) : 군대가 진을 치고 주둔하는 지역을 가리키는 말
133) 진(陣) : 전쟁 또는 전투를 치르기 위해 병사들을 배치하는 것
134) 아테네 시민은 각자의 무기를 지니고 있었다. 전쟁이 나면 자신의 무기를 들고 참전했다. '아테네 시민=군인'이라고 보면 된다.

가 아테네로 진격을 시작했을 때, 자기들이 예상했던 것보다 훨씬 더 많은 수의 군인들이 참전했다는 소식을 받았다. 그제서야 부랴부랴 용병 전군[135]을 출발시키지만 때는 늦었다. 페이시스트라토스 군대가 점심식사 중인 평야당과 해안당의 용병 기지를 기습했기 때문이다.

깜짝 놀란 용병들은 도망치기 바빴다. 페이시스트라토스는 아들들에게 도망치는 용병을 쫓아가 '페이시스트라토스의 명령이니 안심하고 각자 고향으로 돌아가 본업에 종사하라'는 말을 전하게 했다. 그 말을 전해들은 용병들은 싸울 생각을 버리고 모두 제각각 흩어져 집으로 돌아갔다.

페이시스트라토스는 무혈입성으로 다시 정권을 잡게 되었고, 평야당과 해안당을 지지하던 아테네 시민 일부는 메가클레스 일족을 따라 국외로 망명했다. 페이시스트라토스는 자신에게 협조하지 않고 버티는 아테네인들은 그 자식들을 인질로 잡아 릭다미스[136]가 맡고 있는 낙소스 섬으로 보냈다.

세 번째 정권을 잡게 된 페이시스트라토스는 이번에는 수많은 용병을 모집하고 세수[137]를 확장하면서 산악당의 정치권력을 확고하게 다지기 위해 많은 주의를 기울였다.[138]

---

135) 전군(全軍) : 군사 전체
136) 릭다미스 : 페이시스트라토스 진영이 에레트리아에서 아테네로 진결할 때 직접 군사를 데리고 와서 큰 도움을 준 사람
137) 세수(稅收) : 세금을 거둬들여 얻는 수입
138) 「역사」(헤로도토스 지음, 천병희 옮김. 도서출판 숲) p.62 참고

히피아스, 페이시스트라토스의 뒤를 이음

기원전 527년, 아테네 시민들로부터 많은 존경을 받았던 페이시스트라토스는 나이가 들어 저세상으로 떠났다. 페이시스트라토스 사후[139]. 그의 큰아들 히피아스가 아버지 뒤를 이어 별 무리 없는 정치를 펼쳤다.

기원전 514년, 동생 히파르코스가 반대파 귀족들에게 암살[140]되는 사건이 벌어졌다. 히피아스는 보복 조치로 제1계급과 제2계급이 내는 세금에 대해 더욱 더 강력하게 법 적용을 시작했다.

그러자 귀족들과 부자들은 히피아스가 탄압[141]과 폭정[142]을 한다고 분노했다. 그리고 히피아스와 산악당 세력을 또다시 몰아내기 위해 '참주로부터 아테네를 해방해야 한다'라는 말을 퍼뜨리기 시작한 것이다.

계속되는 해안당 당수 메가클레스의 음모

아테네를 떠난 해안당의 당수 메가클레스는 다른 망명자들을 자기가 있는 곳으로 불러들였다. 그리고 '아테네를 참주의

---

139) 사후(死後) : 죽은 뒤
140) 암살(暗殺) : 아무도 모르게 죽이는 것
141) 탄압(彈壓) : 무엇인가를 하지 못하도록 억압하는 것
142) 폭정(暴政) : 폭력을 쓰면서 억압을 하는 정치

압제[143]로부터 해방해야 한다'는 명분을 내세워 아테네로 진격한다. 하지만 실패하고 만다. 산악당과 히피아스를 따르는 시민들의 힘이 메가클레스의 생각보다 훨씬 더 강했던 것이다. 산악당에 참패한 메가클레스 일족은 페이시스트라토스 일족에게서 권력을 되찾기 위해, 무슨 일이든 다 하기로 결심했다.

메가클레스의 일족은 자신들이 가진 돈을 이용해 델포이[144]에 아폴론 신전 공사 계약을 따냈다. 그리고 델포이의 피티아[145]를 매수해 신탁[146]을 받으러 오는 모든 스파르타[147]인들에게 "아테네를 참주의 압제로부터 해방하는 것은 스파르타인의 의무"라는 말을 전하도록 했다. 권력을 잡기 위해 신전과 신관을 이용하는 것도 모자라 스파르타까지 아테네로 끌어들인 것이다.

메가클레스 일족, 스파르타군을 끌어들임

계속해서 같은 신탁을 듣게 된 스파르타인들은 군사를 동원해 아테네로 진격했다. 하지만 아테네 시민들의 강력한 방어에 막혀 돌아가야 했다.

---

143) 압제(壓制) : 무력이나 힘으로 꼼짝 못하게 억누르는 것
144) 델포이(Delphoe) : 아폴론의 신전이 있던 곳. '우주의 배꼽(옴팔로스, Omphalos)'이라고 불림. 각지에서 신탁을 듣기 위해 며칠씩 머물러야 했음. 신전으로 올라가는 길목에 있던 출장소들 중 한 곳에 '너 자신을 알라'는 경구가 새겨져 있다.(※ 참고 「그리스 신화의 이해」 - 이진성 저, p.193)
145) 피티아(Pythia) : 아폴론 신을 모시던 델포이 신전에서 신탁을 받아 전해주던 여사제를 가리키는 말
146) 신탁(神託) : 신이 어떤 사람을 통해 뜻을 전하거나 인간이 물어보는 것에 대해 대답해 주는 것
147) 스파르타(Sparta) : 고대 그리스 펠로폰네소스 반도에 있었던 도시국가 p.89 지도 참고

스파르타의 왕 클레오메네스는 더 강력한 군대를 모았다. 그리고 '스파르타인들은 델포이의 신탁을 지켜야 한다'는 명분을 내세워 원정대[148]의 지휘관으로 직접 나서 아테네를 공격했다.

스파르타의 군대를 아테네에 끌어들이는 계략에 성공한 메가클레스는 평야당과 해안당에 다시 한 번 더 힘을 합치자고 호소했다. 귀족들에게 강압[149]적이었던 히피아스를 참고 있던 아테네 귀족들은 메가클레스 일족이 끌어들인 스파르타군과 연합하기로 결정했다.

하지만 이번에도 산악당과의 전투는 평야당과 해안당, 그리고 스파르타군의 생각처럼 쉽게 끝나지 않았다. 히피아스와 산악당을 지지하는 시민들이 그들의 예상보다 훨씬 더 강력하게 저항했기 때문이다.

페이시스트라토스의 아들, 히피아스 일족을 추방함

그렇게 내전이 계속되는 중에 산악당에 결정적으로 불리한 사건이 발생한다. 히피아스 일족이 자신들의 아이들을 아테네에서 몰래 빠져나가게 하려다가 그만 스파르타군에게 붙잡히게 된 것이다. 그 사건은 수세[150]에 몰리고 있던 스파르타 연합세력

---

148) 원정대(遠征隊) : 다른 나라와 싸우기 위해서 자신이 사는 땅을 떠나 정복하려고 하는 지역으로 가는 군대
149) 강압(强壓) : 강한 힘이나 권력으로 상대방을 억누르는 것
150) 수세(守勢) : 공격하지 못하고 방어만 하고 있는 모양을 가리키는 말

(스파르타군+해안당+평야당 세력)에게 엄청난 호재[151]가 되었다.

메가클레스는 히피아스에게 아이들을 살리고 싶으면 5일 안에 아테네를 떠나라고 요구했다. 히피아스와 그를 따르는 사람들은 자신들의 아이들을 돌려받기 위해 아테네를 떠날 수밖에 없었다.

히피아스는 자신의 가족들을 챙겨 페르시아[152] 제국[153]의 서쪽 트로이[154] 옆에 있는 스카만드로스[155] 강변의 시게이온[156] 곶[157]으로 떠났다.[158] 그리고 히피아스를 따르던 많은 사람들도 히피아스의 뒤를 따라갔다.[159]

---

151) 호재(好材) : 좋은 조건이나 좋은 상황
152) 페르시아(Persia) : 기원전 600년경부터 기원후 600년경까지 현재의 이란 고원을 중심으로 서아시아와 코카서스까지 넓은 지역을 통치했던 나라. 그리스를 지배하고 싶은 욕심에 스파르타와 아테네가 서로 싸우게 해 서로의 국력을 소진하게 한 뒤, 마지막에 스파르타를 지원해 아테네를 멸망시킨다.
153) 제국(帝國) : 단어를 보면 말 그대로 '황제가 다스리는 나라'라는 의미이지만, 실제로는 식민지를 가진 거대한 나라를 가리키는 말이다.
154) 트로이(Troy) : '트로이 목마' 사건의 배경이 되었던 곳으로, 에게해에서 마르마라해로 진입하는 해안가에 위치한 도시. 현재는 터키 서쪽에 있다.
155) 스카만드로스(Scamandros) : 트로이 부근을 흐르는 강 이름
156) 시게이온(Sigeion) : 스카만드로스 강 어귀 곶에 위치한 도시. 현재는 터키 서쪽의 트로이에 있다.
157) 곶(串) : 바다를 향해 튀어나온 육지로 세 면이 바다로 둘러싸인 땅을 가리킨다. 반도라고 부르기에는 규모가 조금 작은 땅을 말한다.
158) 「역사」(헤로도토스 지음, 천병희 옮김. 도서출판 숲) p.507~510
159) 고대 그리스의 역사를 담은 대부분의 책에는 페이시스트라토스와 히피아스에 대한 내용이 많지 않다. 페이시스트라토스 부자가 36년 간 아테네를 통치하는 동안 아테네가 부강해졌다면 정치를 잘 했을 것이 분명하다. 그런데도 그런 기록이 아직까지는 나오지 않았다. 히피아스가 자신의 가족을 추방시킨 메가클레스의 아들 클레이스테네스까지 다시 아테네로 불러들여 아르콘에 올라 정치를 하도록 하는 배려까지 할 정도로 너그러운 정치를 펼쳤는데도 말이다.

3장

클레이스테네스 시대

클레이스테네스

페이시스트라토스와 히피아스를 쫓아낸
해안당 당수 메가클레스의 아들 클레이스테네스
그는 스파르타군과 연합한 귀족세력에 대항하고
자신의 세력을 키우기 위해
다시 제3계급과 제4계급의 시민들에게 손을 내밀어야 했다

귀족세력, 숙청을 시작함

스파르타군을 등에 업고 아테네로 돌아오게 된 메가클레스 일족의 대표주자였던 클레이스테네스[160]. 그는 이 모든 것을 자신이 주도했으므로 당연히 자기가 권력을 잡을 수 있다고 생각했다. 하지만 현실은 피티아를 매수하고 스파르타군을 아테네로 끌어들인 당사자[161]였던 클레이스테네스의 예상과 다르게 흘러갔다.

스파르타군이 평야당과 연합해 귀족 출신인 이사고라스[162]를 수석 아르콘으로 내세운 것이다. 뿐만 아니라 아테네 정치에도 직접 관여[163]하기 시작했다. 이번에도 또 해안당은 평야당에게 배신을 당한 것이다. 클레이스테네스는 땅을 치고 후회했다.

이사고라스를 내세운 귀족세력은 정권을 잡자마자 그동안 수중[164]에 꼭 쥐고 있던 살생부, 죽이고 싶은 시민의 명부[165]를

---

160) 클레이스테네스(Cleisthenes)(기원전 570년? ~ 기원전 508년?) : 고대 그리스 아테네의 정치인. 페이시스트라토스와 그의 아들 히피아스를 추방했던 메가클레스의 아들. 권력을 잡기 위해 귀족들과 함께 아테네에 스파르타군을 끌어들였다. 외할아버지가 시키온(고대 그리스의 폴리스 중의 하나)의 참주였다. 히피아스는 아버지 페이시스트라토스가 추방했던 귀족들을 다시 아테네로 돌아올 수 있도록 하는 조치를 내렸다. 이 조치 덕분에 클레이스테네스는 다시 아테네로 돌아올 수 있었고, 히피아스가 통치하던 기원전 525년에서 기원전 524년까지 아르콘으로 활동할 수 있었다.

161) 당사자(當事者) : 어떤 일을 했던 사람이거나 그 일에 직접적으로 관계가 있는 사람

162) 이사고라스(Isagoras)(?~?) : 귀족 출신으로 기원전 508년 스파르타와 귀족의 지원으로 수석 아르콘에 오른 사람

163) 관여(關與) : 어떤 일에 관계하여 참여함

164) 수중(手中) : 손 안

165) 명부(名簿) : 이름이 적힌 장부나 책

펼쳐들었다. 평민을 위한 산악당의 정치에 찬성하던 사람들과 페이시스트라토스의 원칙에 따라 국가를 운영했던 수많은 사람들이 귀족세력의 칼에 죽어갔다. 페이시스트라토스와 관련된 사람들은 모두 숙청[166]되었다.

귀족들의 잔인[167]한 행동을 지켜보던 클레이스테네스는 분노로 치를 떨어야 했다. 그는 '어떻게 해야 저 잔인한 귀족세력을 물리치고 자신과 해안당이 권력을 잡을 수 있을까'하는 고민을 진지하고 심각하게 하기 시작했다. 그리고 결론을 내렸다. 일단은 귀족들이 가지고 있는 권력을 약화[168]시켜야 한다고. 그것을 위해 가장 먼저 해야 할 일은 평민 세력을 자신의 편으로 끌어들여야 한다고.

귀족세력, 클레이스테네스를 추방함

클레이스테네스는 민회가 열릴 때마다 연단에 올라 연설을 했다. 그 연설을 통해 민회에 참여한 시민들에게 민주주의에 걸림돌이 되는 여러 가지 제도들을 개혁해야 한다고 설득[169]했다. 그러던 어느날 클레이스테네스는 아주 획기적인 개혁안을 제시했다. 4개의 부족을 10개 부족으로 만들고, 4명이었던 부족장을 10명으로 늘리자는 것이었다. 이 제안은 민회에서 대찬성을 얻어냈다.

---

166) 숙청(肅淸) : 한 개인이나 집단이 자신과 다른 입장을 가진 쪽을 제거하는 것
167) 잔인(殘忍) : 동정심이 없어 다른 사람을 모질게 해치는 것
168) 약화(弱化) : 약하게 만드는 것
169) 설득(說得) : 상대방을 자신의 의견에 따르게 하기 위해 말로 설명을 하는 것

귀족세력과 이사고라스는 클레이스테네스를 가만 놔둘 수 없었다. 지금까지 자신들의 권력 기반[170]이 되어왔던 4부족제를 10부족제로 바꾸면 자신들의 입지도 당연히 약화될 수밖에 없었기 때문이다. 결국 귀족세력과 이사고라스는 자신의 정적[171]인 클레이스테네스를 추방하자는 결론을 내렸다. 이를 알게 된 클레이스테네스는 혼자 조용히 아테네를 떠났다. 자신들이 내쫓았던 페이시스트라토스처럼.

하지만 귀족세력과 이사고라스는 클레이스테네스가 아테네를 떠난 것에 만족할 수 없었다. 그들은 클레이스테네스가 떠나자마자 평민들 편에서 일해 왔던 사람들과 마음에 들지 않는 700명의 명단을 작성한 다음 '저주받은 자들'이라는 누명을 씌워 아테네에서 추방했다. 그들의 가족까지 모두.

그다음 민회를 해산시키고, 이사고라스와 귀족세력을 지지하는 300명만 민회에 참석하게 했다. 평민들의 권리를 주장하던 사람들을 제거해야 귀족세력이 나라 전체를 마음대로 운영할 수 있었기 때문이었다.

---

170) 기반(基盤) : 기초가 되는 것
171) 정적(政敵) : 정치적인 입장이 다른 사람이나 자신의 권력에 대항하는 사람을 적으로 간주하는 말

시민들의 무장봉기

　귀족세력은 스파르타군을 뒤에 업고 함부로 행동하고 다녔다. 아테네 시민들은 이들이 갖은 독선[172]적인 조치들을 선포하며 횡포[173]를 부리는 것을 더 이상 참을 수 없었다. 결국 아테네 시민들은 무기를 들고[174] 삼삼오오[175] 짝을 지어 아크로폴리스로 모여들기 시작했다. 시민들 스스로 민회를 열기 위해서였다. 이를 지켜보던 스파르타의 왕과 이사고라스 일파를 비롯한 귀족세력은 무장을 갖추고 아크로폴리스를 장악했다.

　그리고 무장한 시민들에게 해산[176] 명령을 내렸다. 하지만 더 많은 시민들이 계속해서 모여들었다.

　시민들은 이참에 귀족세력과 스파르타군을 몰아낼 작정을 하고 있었다. 민회를 열기 위해 모여든 아테네 시민들은 아크로폴리스를 포위하고 스파르타 왕과 스파르타군, 귀족세력과 전투를 벌이기 시작했다. 전투가 벌어진 지 3일째 되는 날, 스파르타군과 귀족세력들은 아테네 시민들에게 휴전[177] 협정[178]을 제안했다. 시민들에게 포위를 당한 채로는 더 이상 전투를 하기

---

172) 독선(獨善) : 자신의 생각이 옳다고 생각하고 다른 사람의 의견을 무시하고 자신의 생각대로 행동하는 것
173) 횡포(橫暴) : 무엇이든지 자기 마음대로 난폭하게 행동하는 것
174) 앞에 설명했듯이 고대 그리스 아테네는 모든 시민이 자기 돈으로 무기를 구입해 전쟁에 병사로 참여해 왔으므로, 전쟁이 일어나면 언제든지 바로 전투에 참가할 수 있었다.
175) 삼삼오오(三三五五) : 세 명에서 다섯 명 정도의 사람들이 모여 무언가를 하는 모양을 가리키는 말
176) 해산(解散) : 모여 있는 것이 흩어지는 것
177) 휴전(休戰) : 전쟁 중에 싸움을 잠시 멈추는 것
178) 협정(協定) : 서로 의논해서 정하는 결정을 가리키는 말

가 어려웠던 것이다.

아테네 시민들은 회의를 열었고 휴전 제안을 받아들이자는 결정을 내렸다. 모든 스파르타인들은 즉시 아테네를 떠나야 한다는 조건을 귀족세력에게 통보한다. 스파르타군은 바로 아테네를 떠났고, 귀족세력은 모두 무기를 내려놓고 아크로폴리스에서 나왔다. 그렇게 내전은 마무리되었다.

아테네 시민은 전투 중에 잡힌 포로들을 처형한 뒤, 클레이스테네스를 아테네로 불러들이기로 결정한다. 그리고 스파르타 왕 클레오메네스가 '저주받은 자들'이라는 낙인을 찍고 추방한 700명과 그들의 가족들도 다시 아테네로 불러들이는 것에 찬성한다.

아테네 시민의 강력한 저항을 경험하게 된 귀족세력은 정치에서 한 발 뒤로 물러나게 되었고, 시민들은 아크로폴리스에서 스스로 민회를 열어 클레이스테네스를 수석 아르콘으로 뽑았다.

10부족제 신설, 귀족들의 지연 혈연의 틀을 깸

아르콘에 오른 클레이스테네스는 혈연[179]과 지연[180]을 막기

---

179) 혈연(血緣) : 가족, 가문이 같은 사람들끼리 결속력을 갖는 것
180) 지연(地緣) : 같은 지역에서 태어나거나 자란 사람들끼리 인연을 맺어 결속력을 갖는 것

3장 ┃ 클레이스테네스 시대

위한 제도를 정비했다. 가문[181]과 씨족[182]을 기반으로 하는 기존[183]의 4부족 체제를 10부족 체제로 바꾼 것이다. 4부족제[184]는 각 부족마다 가장 높은 귀족들이 신전[185]과 그 신전을 지키는 신관[186], 그리고 군사를 가지고 그 부족의 평민들을 다스리던 체제였다. 귀족세력은 그 부족제를 통해 지금까지 자신들의 권력을 유지해왔다.

귀족 세력의 정치적 기반[187]을 무너뜨리기 위해 클레이스테네스가 신설[188]한 10부족제[189]는 다음과 같다. 먼저 아테네를 크게 도시지역, 해안지역, 내륙산간지역으로 나누고, 그 세 지역을 각각 열 개의 구역으로 나눈다.[190] 그리고 도시지역, 해안지역, 내륙지역에서 각각 한 구역식을 무작위로 뽑은 다음, 그 세 구역을 하나로 묶어 하나의 부족단위로 만들었다. 전혀 다른 세 지역의 사람들을 인위적[191]으로 한 부족으로 엮은 것이다.

전혀 다른 지역의 부족민들이 서로 섞여 모든 정치적인 활

---

181) 가문(家門) : 한 가족, 또는 친척으로 이루어진 집단
182) 씨족(氏族) : 혈연으로 이루어진 원시공동체이므로 조상이 같다.
183) 기존(旣存) : 지금까지 있는 것
184) 4부족제(部族制) : 클레이스테네스가 통치하기 이전까지 그리스 아테네에 있어왔던 제도. 귀족이나 왕족을 중심으로 지연과 혈연으로 묶인 공동체
185) 신전(神殿) : 신을 모시는 장소
186) 신관(神官) : 신을 모시는 장소를 지키는 사람. 신에게 제사를 올리고, 신이 내린 계시를 인간에게 전달하는 역할을 해 권력층에 있었다.
187) 기반(基盤) : 기본이나 기초가 되는 바탕, 또는 토대
188) 신설(新說) : 새롭게 만드는 것
189) 10부족제 (部族制) : 클레이스테네스가 귀족들의 횡포를 막기 위해 만든 인위적인 부족제도 p.83 〈10부족 데모스 구성 방법〉 참조
190) 「사료로 보는 서양고대」 p.83~84 참고
191) 인위적(人爲的) : 자연이 아닌 사람이 만드는 것

동을 함께 수행[192]하도록 만들자, 클레이스테네스의 예상대로 지연과 혈연도 자연스럽게 약화되었고, 4부족제에서 특권을 누리던 귀족과 신관들의 권력도 흔들리게 되었다.

400인 평의회를 500인 평의회로 만듦

클레이스테네스는 솔론이 신설한 《400인 평의회》를 인위적으로 만들어진 10개 부족에서 50명씩 뽑아 《500인 평의회》[193]로 만들었다.

이 《500인 평의회》가 민회에서 결정한 사안들을 처리하고, 외교 정책을 수립하고, 국가의 재정을 관리하는 등의 일들을 맡게 했다. 이를 통해 그 누구도, 그리고 그 어떤 부족도 국가의 권력을 자기들 마음대로 남용[194]할 수 없게 되었다.

클레이스테네스의 개혁적인 조치들 덕분에 시민권을 얻는 사람도 많아졌다. 덕분에 아테네에 살던 비시민권자들이 받아왔던 불편함과 불이익들도 점점 줄어들게 되었다. 4부족제 때문에 불이익을 받아왔던 사람들이 줄어들게 되고, 시민권자가

---

192) 수행(遂行) : 생각이나 계획대로 행동하는 것
193) 500인 평의회(評議會) : 10개의 부족에서 50명을 추첨해(인구수에 비례해 뽑기 때문에 지역마다 약간의 차이는 있었다) 1년 동안 민회에서 의결한 일들을 처리하는 기구로 지금의 정부와 같은 역할을 했다. 임기는 1년이었고, 평생에 한 번만(중임 금지) 할 수 있었다. 각 부족에서 선발된 50명이 아고라의 톨로스라는 곳에서 먹고 자면서 1년의 10분의 1의 기간인 36일씩 실무를 담당해서 처리했다. 500인 평의회의 의장은 매일 아침 제비뽑기로 추첨을 했고, 임기는 하루뿐이었고, 역시 중임이 금지되었다.
194) 남용(濫用) : 지나치게 사용하는 것

많아지게 되자, 아테네는 더욱더 활기를 띠게 되었고 점점 더 부강[195]해져갔다.

500인 평의회와 솔론의 400인 평의회의 차이

솔론의 《400인 평의회》는 4부족제를 기반으로 한 귀족이나 신흥부자평민들로 구성되었다. 그리고 임기가 정해져 있지 않았기 때문에 귀족들과 신흥부자평민들의 특권이 유지되고 있었다. 부정부패와 권력남용이 끊이지 않았던 이유였다.

클레이스테네스가 《500인 평의회》를 신설한 결과 아테네의 국가업무가 모든 면에서 전보다 훨씬 더 공정[196]하게 처리되기 시작했다.

《500인 평의회》의 기반이 혈연과 지연이 끊어진 10부족제였기 때문이다. 또한 《500인 평의회》는 제비뽑기로 뽑힌 사람들로 구성되었기 때문이다. 귀족들이나 신흥부자평민들뿐만 아니라 가난한 평민들도 들어갈 수 있었고, 임기도 1년으로 정했기 때문에 귀족세력이나 국가의 일을 담당하던 관리의 특권이 약화될 수밖에 없었다.

---

195) 부강(富强) : 부유하고 강한 것
196) 공정(公正) : 공평하고 바른 것

시민법정제도 개혁, 전면적인 시민의 사법권 참여

클레이스테네스는《시민법정》제도도 새로 손을 봤다. 새로 만들어진 10개의 부족에서 무작위로 500명씩을 선출해 모든 법정에 재판관[197]으로 참여하게 한 것이다. 그리고 죄의 판결을 판사가 아닌 재판관의 투표로 결정하도록 만들었다. 그리고 무죄와 유죄의 투표수가 같게 나오는 경우에는 무죄 판결로 처리하도록 했다.

재판관으로 뽑힌 사람들은 언제, 어떤 재판에 참여할지 알 수 없었다. 매일 아침마다 제비뽑기로 각 재판정에 배치[198]되었기 때문이다. 이로써 귀족이 재판을 전담[199]해 평민에게 불리한 판결이 나는 일을 방지할 수 있게 되었다. 뿐만아니라 재판관을 매수[200]하는 일 또한 사라지게 되어 훨씬 더 공정한 재판이 될 수 있었다. 뿐만 아니라 재판관 매수로 인한 부정부패와 잘못된 판결까지 막을 수 있었다.

클레이스테네스는 귀족세력의 무분별한 권력 남용을 막기 위해 여러 가지 정치적 개혁을 실시[201]할 수 있었다. 그 이유는 높은 시민 의식을 가진 아테네 시민들의 동의[202]와 지지가 있었기에 가능했던 것이다.

---

197) 재판관(裁判官) : 배심원과 같은 역할을 하던 사람들
198) 배치(配置) : 어떤 것과 다른 것을 짝을 지어 두는 것
199) 전담(專擔) : 전문적으로 담당하는 것
200) 매수(買受) : 돈을 주어 사는 것
201) 실시(實施) : 실제로 하는 것
202) 동의(同意) : 다른 사람의 의견에 같은 생각이어서 그 생각에 찬성하는 것

이런 일들이 가능하게 되었던 가장 큰 원동력[203]은 아테네 시민의 교육열과 아테네의 공공교육제도였다. 만 18세 이상이 되면 민회나 평의회에 참여해 자신의 정치적 의견을 말할 수 있도록 만들어 수준 높은 교육을 받을 수 있도록 했기 때문이다.

덕분에 전문적인 교육을 받은 엘리트보다 시민들의 양심[204]과 양식[205]을 더 존중하는 민주주의 정치인들과 아테네 시민들이 뛰어난 식견[206]을 가질 수 있었던 것이다.

도편추방제 도입

클레이스테네스는 또한 도편추방제[207]를 도입한다. 귀족이나 그 어떤 사람도 다시는 무력으로 정권을 탈취해 자기 마음대로 권력을 행사하지 못하도록 하기 위해서였다.

도편추방에 대한 결정은 1년에 한 번 민회에서 열렸다. 여기에서 6000표 이상을 받은 사람은 10년 동안 아테네로 돌아올 수 없었다. 재산도 그대로 유지되었고, 가족도 추방되지 않았다. 그리고 민회에서 사면에 대한 찬성이 결정되면 언제든 다시 돌아올 수 있었다.

---

203) 원동력(原動力) : 모든 것의 근원이 되는 힘
204) 양심(良心) : 선량한 마음. 옳고 그름을 판단할 수 있는 사람의 마음
205) 양식(良識) : 선량한 의식. 어떤 일에 대한 올바른 판단력을 가리키는 말
206) 식견(識見) : 보고 배운 것이 많아 옳고 그름을 분별할 수 있는 능력
207) 도편추방제 : 참주가 될 가능성이 있는 사람을 도편에 이름을 적어 투표 항아리에 넣게 해 아테네에서 추방하는 제도 ※〈부록〉참고 p.120

클레이스테네스의 개혁이 아닌 데모스 혁명

클레이스테네스가 아테네로 돌아오게 된 것도, 아르콘의 자리에 오를 수 있었던 것도, 그가 이루어 놓은 개혁적인 법안들도, 모두 자신들의 정치적인 권리[208]를 요구[209]하고 그 권리를 지키려고 했던 시민들이 있었기 때문에 가능했다.

그런 이유 때문에 현재 클레이스테네스가 제도와 법을 바꾼 사건을 두고 '클레이스테네스의 개혁'이 아니라 '데모스[210] 혁명', 다시 말하면 '시민혁명'이라고 불러야 한다고 주장하는 사람들이 있는 것이다.

---

208) 권리(權利) : 이익이나 필요한 것을 누릴 수 있는 권한이나 힘
209) 요구(要求) : 필요한 것을 달라고 하는 것
210) 데모스(Demos) : 지방자치를 행하는 공동체 마을. 고대 아테네의 최소 행정 단위였으나 시민, 민중, 대중의 의미로 사용하기도 했다.

10부족 데모스 구성 방법

※ p.77 각주 189) 10부족제 참고

1단계 세 개의 지역으로 분할

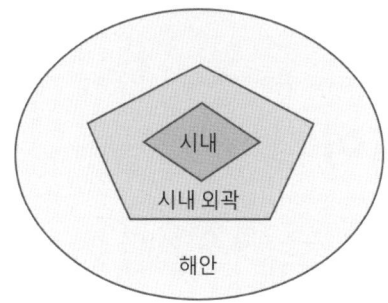

2단계 세 지역을 각 10여 개 구역으로 분할

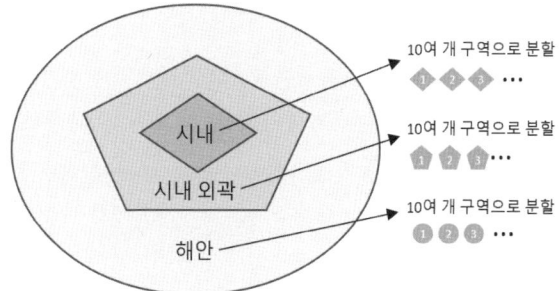

3단계 분할된 10여 개 구역을 섞어서 한 부족으로 만들다

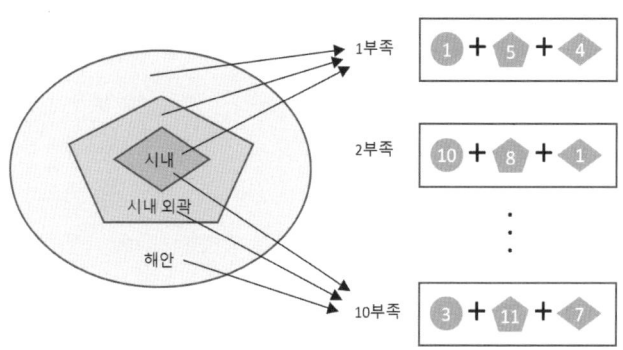

페르시아전쟁 발발[211]
아테네 제국으로의 발판이 되다

전쟁은 이긴 국가에게는 또 다른 부를 늘릴 수 있는 기회다

페르시아는 그 기회를 얻기 위해 그리스를 침략하지만 패배하고 만다

전쟁에서 이긴 아테네는 해상동맹인 델로스동맹을 결성해

지중해 무역을 장악한다

페르시아의 침략은 아테네가 제국이 될 수 있는

발판을 마련해 준 꼴이 된 것이다

---

211) 발발(勃發) : 어떤 일이 일어나는 것.
　※ 저자 주 : 전쟁에서 발발이라고 쓰는 표현은 잘못된 표현이다. 전쟁은 주로 한 나라가 이익을 보기 위해 다른 나라를 침략하는 경우가 많으므로 이런 경우에는 정확히 침략 전쟁이라고 하는 것이 옳다.

페르시아전쟁 발발

　페르시아전쟁[212]은 아테네 동쪽 에게해[213] 너머에 있던 페르시아[214]제국[215]이 그리스를 침략한 사건을 가리키는 말이다. 기원전 497년, 페르시아제국은 영토[216] 확장을 위해 그리스의 밀레토스[217]를 침공[218]한다. 밀레토스는 스파르타와 아테네에 원조[219]를 요청하지만, 스파르타는 거부하고 아테네는 군대를 보내 지원한다. 하지만 막강한 페르시아군에 패배하고 만다.

　기원전 492년, 밀레토스를 원조한 아테네를 괘씸하게 여기고 있었던 페르시아 제국은 결국 그리스 아테네를 응징하기 위해 함대를 출항시켰다. 하지만 중간에 폭풍을 만나 함대의 1/3 이상을 잃고 되돌아가야 했다. 이에 한을 품은 페르시아는 군대 재정비[220]에 들어갔다.

---

212) 페르시아(Persia)전쟁 : 페르시아는 기원전 497년과 기원전 490년, 그리고 기원전 480년, 세 번에 걸쳐 그리스를 침공한다. 페르시아는 기원전 490년과 기원전 480년, 두 번의 전쟁에서 모두 크게 패한다. 이 전쟁을 통해 아테네는 스파르타와 함께 그리스의 중심세력으로 부상한다.

213) 에게해(Aegean Sea) : 지중해의 동쪽지역으로 그리스 본토와 터키 사이에 있는 바다

214) 페르시아(Persia) : 기원전 6세기부터 기원후 7세기까지 존재했던 대제국. 현재 이집트 북동부지역을 포함해 서아시아와 중앙아시아, 그리고 코카서스 지역까지 지배했었다.

215) 제국(帝國) : 군사력이 강해 무력으로 남의 나라를 쳐들어가 그 나라를 식민지로 만든 나라

216) 영토(領土) : 누군가의 영향이 미치는 땅. 일반적으로 한 국가의 영향이 미치는 땅을 가리키는 말

217) 밀레토스(Miletos) : 그리스인들이 세운 도시. 아케메네스 왕조(기원전 550년~기원전 330년)의 키루스 2세가 건국한 페르시아 제국에 점령된 뒤 여러 번 반란을 일으켰다. 현재는 터키의 한 지역. 이오니아 지역의 중심 도시. 탈레스, 아낙시만드로스, 아낙시메네스로 이어지는 그 유명한 밀레토스 학파[=이오니아 학파]가 배출된 지역

218) 침공(侵攻) : 쳐들어가 공격하는 것

219) 원조(援助) : 도와주는 것

220) 재정비(再整備) : 다시 정리해서 준비해 놓는 것

기원전 490년, 페르시아 제국은 다시 그리스의 에레트리아와 아테네를 침공했다. 아테네 마라톤에 상륙한 페르시아군은 아테네군과 접전[221]을 벌였다. 군사의 수는 페르시아가 훨씬 더 많았지만, 결국 아테네의 승리로 끝났다.[222]

페르시아의 세 번째 침략 전쟁

기원전 481년, 페르시아는 그리스를 완전히 정복할 작정으로 육군과 해군을 모두 동원해 그리스를 다시 침략했다. 백만 대군이었다는 설이 전해진다.

30여 개나 되는 그리스의 모든 도시국가[폴리스]들은 힘을 모아 연합군을 만들어 페르시아의 침략에 맞서 싸웠다. 육상전투는 스파르타가 지휘했고, 해상전투는 아테네가 지휘권을 맡았다. 이때 유명한 전투는 테르모필레[223] 전투, 살라미스[224] 해전, 미칼레 해전이었다.

테르모필레에는 그리스 각국에서 보낸 군사 7천여 명이 있었지만 막상 전투가 시작되자 대부분 도망쳤다. 페르시아군의

---

221) 접전(接戰) : 서로 맞서서 싸우는 것
222) 이 마라톤 전투에서 아테네가 승리하자 병사 페이디피데스가 그 소식을 전달하기 위해 쉬지 않고 달려와 승전보를 전하고 심장마비로 죽는다. 이를 기념하기 위해 그 병사가 달린 약 42km를 달리는 것이 올림픽 마라톤 경기의 기원이 된다.
223) 테르모필레(Thermopylae) : 그리스 중부 동쪽에 있는 해안가의 지명
224) 살라미스(Salamis) : 그리스 본토의 남부에 있는 섬 이름. 포세이돈이 아들을 낳은 곳으로, 살라미스를 장악한 사람이 바다를 장악한다는 전설이 전해져 내려오는 섬. 페르시아 전쟁을 그리스의 승리로 이끌었던 '살라미스 해전'이 있었던 섬

위세에 눌리지 않고 남은 군사는 스파르타인 3백 명과 테스피아이[225]인 7백 명 밖에 없었다. 이들은 모두 페르시아군에 맞서 마지막 순간까지 싸우다 전사[226]했다. 총 6일 동안 치러진 이 전투를 테르모필레 전투라고 부른다.[227]

테르모필레에서 전투가 벌어지는 동안, 아테네가 지휘하는 함대는 아르테미시온[228] 해협[229] 근처에서 페르시아 함대에 맞서지만 큰 손실을 입고 후퇴했다. 그 덕에 페르시아는 아티카[230] 지역과 보이오티아[231] 지역을 점령할 수 있었다.

---

225) 테스피아이(Thespiai) : 그리스 중부에 있는 도시국가
226) 전사(戰死) : 전쟁에서 싸우다 죽는 것
227) 영화 〈300〉에서는 스파르타인과 함께 싸우다 전사한 테스피아인 700명에 대해서는 단 한 줄도 언급하지 않았다.
228) 아르테미시온(Artemision) : 에우보이아섬 북쪽 바다의 이름
229) 해협(海峽) : 육지와 육지 사이에 있는 좁고 긴 바다를 가리키는 말
230) 아티카(Attika) : 아티케(Attike)라고도 한다. 아테네를 중심으로 한 외곽지역. 에레우시스, 마라톤, 프라우론, 수니온 등이 있는 지역을 가리킨다. 농경지, 목축지가 많다.
231) 보이오티아(Boiotia) : 아티카의 북쪽에 있는 지역

그 이듬해[232] 그리스 연합군을 이끌고 있던 테미스토클레스[233]는 살라미스에서 페르시아를 공격할 계획을 짠다. 그리고 페르시아군 진영에 '그리스군은 공포에 빠져 도망칠 생각만 하고 있다'는 거짓 정보를 흘린다. 페르시아군은 그 정보를 믿고 살라미스 섬으로 쳐들어 간다. 페르시아 해군은 살라미스의 지형과 해류를 파악하지 못했기 때문에 아테네가 이끄는 그리스 연합군에 대패하고 만다. 이를 살라미스 해전이라고 부른다.

전쟁에서 승리한 아테네는 패배한 페르시아에게는 불리하고 그리스에는 유리한 불평등 조약[234]을 맺게 했다. 이를 통해 아테네는 지중해의 해상권[235]을 장악하게 되었고, 이로써 아테네 제국으로 성장할 수 있게 되는 발판[236]을 마련하게 되었다.

---

232) 이듬해 : 어떤 해의 그 다음 해

233) 테미스토클레스(Themistocles) : 기원전 493년에 아르콘으로 뽑힌 다음 페르시아의 침략에 대비하여 해군을 증강시켰으며, 기원전 483년에는 은광산에서 나오는 은을 군함을 만드는 데 사용할 수 있도록 민회를 설득해 아테네를 그리스 제일의 해군국가로 만들었다. 페르시아전쟁이 일어난 뒤에는 국방부장관과 같은 역할을 하는 스트라테고스에 뽑혀 아테네 함대를 지휘했고, 살라미스 해전에서 대승을 거둔다. 이후 스파르타를 경계해 아테네의 성벽을 다시 쌓는 등 국방에 신경을 썼지만 지나친 군사적 패권주의를 추구하다 기원전 473년에 도편추방을 당한다. 그리고 추방 중에 페르시아 왕과 내통을 하고 있다는 모함으로 사형선고를 받게 되자 펠로폰네소스 반도의 아르고스로 피신하였지만, 거기에서도 암살의 위협을 느껴 결국 페르시아로 망명한다. 페르시아의 아르타크세르크세스 1세는 테미스토클레스가 자신을 위해 충성을 맹세하자 너무 기뻐 자다가 벌떡 일어나 좋아할 정도였다고 한다. 하지만 페르시아의 왕이 테미스토클레스에게 아테네의 이집트 원정을 막으라고 페르시아군 사령관으로 임명하자 독약을 먹고 자살했다. 자기 조국 아테네를 그만큼 사랑했다는 얘기가 된다.

234) 조약(條約) : 국가와 국가 사이에 이루어지는 약속으로 문서를 통해 기록을 남겨 서로 보관한다. 조약을 맺은 국가끼리는 서로 구속하고 구속 당하게 된다.

235) 해상권(海上權) : 바다에서의 권리

236) 발판(발板) : 높은 곳에 도달하기 위해 발밑에 놓거나 발을 디디고 설 수 있도록 만든 판. 목적을 이루기 위한 바탕이나 수단을 의미하기도 한다.

페르시아전쟁 발발

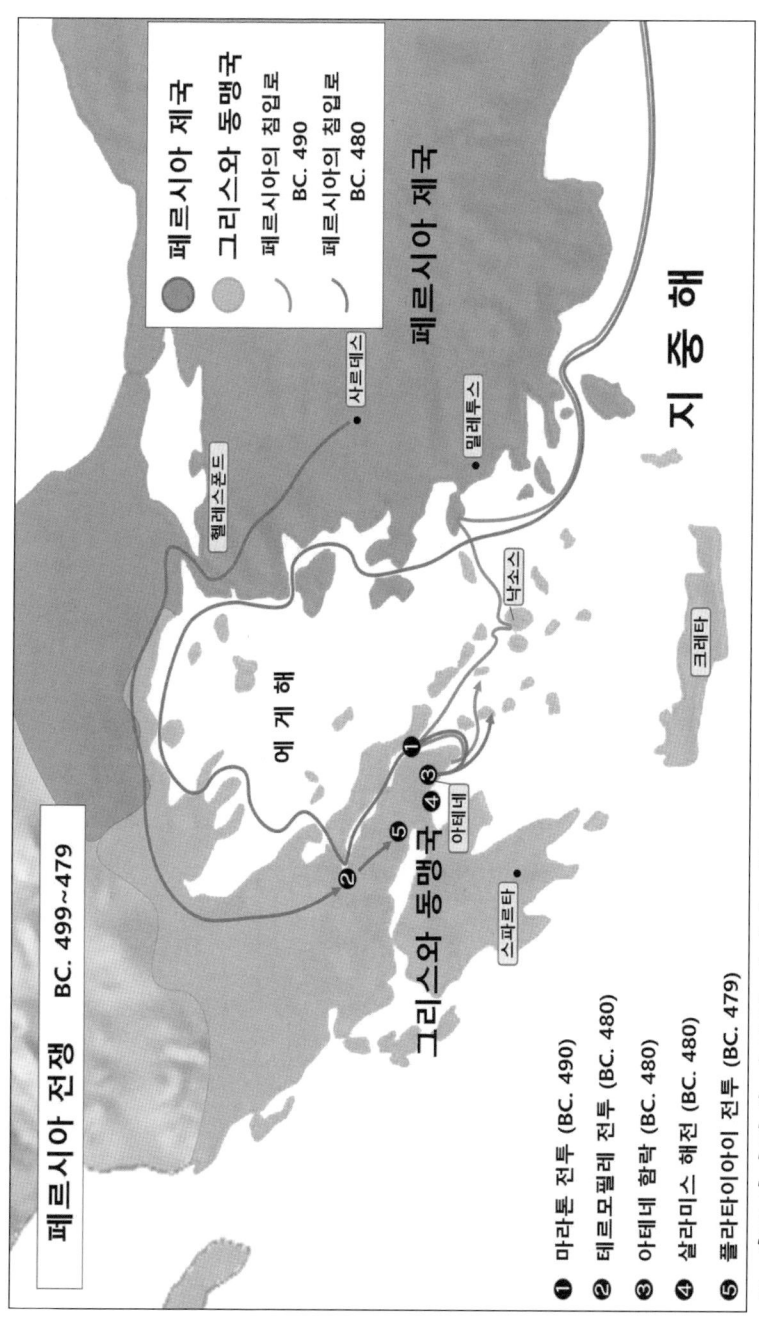

※ 페르시아전쟁 당시의 지명과 전투 이름
출처 : https://www.worldhistory.org/image/69/greco-persian-wars/

델로스동맹 결성
- 아테네 해상 제국[237]의 발판

기원전 478년, 페르시아전쟁이 그리스의 승리로 끝난 뒤, 그리스의 도시국가들은 페르시아의 재침략에 대비하기 위해 아테네를 중심으로 한 해상동맹[238]을 맺는다. 아테네해상동맹에 참여한 도시국가들은 공동으로 기금을 마련하기로 협정을 맺고, 델로스[239] 섬에 동맹 본부와 동맹 기금[240]의 금고를 둔다. 그래서 이를 델로스동맹[241]이라고 부르게 된 이유이다. 이 기금으로 해군을 창설했는데, 최대 200척 이상이었다고 전한다.

기원전 454년, 지중해의 패권을 완전히 장악하게 된 아테네는 아테네해상동맹[델로스동맹]의 본부와 금고를 아테네로 옮겼다. 동시에 아테네는 델로스동맹에 참가한 도시국가들 중에서 사모스, 레스보스, 키오스를 제외한 모든 동맹국들의 군대를 무장 해제시켰다. 그리고 동맹국들에 관리를 파견해 동맹국들의 모든 사안들을 관리하고 감독했다. 뿐만 아니라 중요한 재판은 아테네에 와서, 재판세를 내고 재판받도록 만들었다.

---

237) 제국(帝國) : 군주가 황제인 나라를 가리키지만 언어와 문화가 다른 민족이 사는 곳을 침략해 자기 영토로 만든 식민지를 가진 나라를 가리키는 말
238) 동맹(同盟) : 둘 이상의 개인, 단체, 국가가 같은 목적을 위해 같은 행동을 취하기로 약속하는 것
239) 델로스(Delos) : 아폴론 신이 태어난 섬이라 아폴론 신전이 있었다. 에게해에서 섬들이 둥그런 모양을 한 키클라데스 제도의 한가운데에 있는 섬
240) 기금(基金) : 어떤 목적을 위해 모아진 돈
241) 델로스(Delos)동맹 : 테미스토클레스, 키몬, 아리스테이데스 등의 주도로 결성. 아테네에서 관리한 동맹 기금이 400탈란트가 넘었다. 아테네에서 동맹 탈퇴국들을 가혹하게 진압(기원전 470년 낙소스, 기원전 465년 타소스)해 동맹국들의 원성을 샀다. 테리클레스가 집권하자 스파르타는 델로스동맹국들을 사주해 아테네에 반란을 일으키도록 만들었다.(기원전 446년 에우보이아의 칼키스와 에테트리아, 메가라, 기원전 441년 사모스 등)

다시 세력이 커진 아레오파고스 의회

살라미스 해전을 승리로 이끌 수 있었던 이유는 아레오파고스 의회의 구성원이었던 테미스토클레스의 뛰어난 전략·전술 덕분이었다. 그리고 아레오파고스 의회의 전폭적인 지원 덕분이기도 했다. 아레오파고스 회원들이 1인당 8드라크메[242]씩 전쟁비용을 부담해 전선[243]의 군대를 무장시켰기 때문이다.

아테네인들은 페르시아전쟁을 승리로 이끈 아레오파고스를 신뢰하게 되었고, 많은 권한을 아레오파고스 의회에 위임했다. 귀족세력에게 다시 통치권이 돌아가게 된 것이다.

아레오파고스 의회의 권력이 강해지자 《500인 평의회》와 부딪치기 시작했다. 아레오파고스 의회의 결정과 《500인 평의회》의 결정이 다른 경우 국가의 행정을 보던 관리들이나 시민들은 둘 중 어떤 결정을 따라야 할지 우왕좌왕해야 했다. 이런 경우가 많아지자, 결정에 관련된 시민들은 다시 두 의견을 민회나 시민법정에 올려 아테네 시민의 의견을 들어야 했다.

---

242) 드라크메(Drachme) : 고대 그리스의 화폐 단위. 기술이 높은 경지에 이른 장인이 받는 하루 일당이 1드라크메였다. 현재의 화폐 가치로 따지면 높은 기술을 가진 사람이 받는 일당이 하루 10~12만 원 정도이므로 100드라크메는 약 천만 원 정도라고 볼 수 있다. 100드라크메=1므나
　※ 참고(출처:「고대 그리스」- 폴 카트리지)
　　1드라크메 = 6오볼로스
　　2드라크메 = 1스타테스
　　100드라크메 = 1므나
　　60므나 = 1탈란트
　* 기원전 5~4세기 숙련 기술자 일당: 1~2.5드라크메
　　　　　　　　　　　(민회 참석자에 지급한 금액도 이와 비슷했다)
　* 기원전 5세기말 아테네 4인 가족의 하루 생활비: 2.5~6오볼로스
243) 전선(戰線) : 전쟁이 일어났을 때 전투가 벌어지는 지역을 가리키는 말

이로 인해 사회는 또다시 혼란에 빠졌다. 귀족세력인 아레오파고스에게 권력이 생기자 결국 아테네 시민들과 여러 가지 갈등이 발생하게 되었다. 결국 이 혼란스러운 상황은 페리클레스가 30년이 넘도록 강력한 권력을 유지할 수 있는 계기를 만들어 주었던 것이다.

4장

페리클레스 시대

마지막 민주주의자
페리클레스
민주주의의 꽃을 피우다

아르콘은 추첨으로 뽑혔고 임기는 1년이었다
아무도 권력을 독점할 수 없었고
국민이 직접 참여하는 민회와 평의회에서
국가의 모든 사안들이 숙고되었고, 결정되었다
그 덕분에 민주주의가 활짝 꽃필 수 있었고
아테네도 더 부강한 나라가 될 수 있었다

페리클레스, 민주주의의 꽃을 피우다

기원전 457년 경, 페리클레스[244]는 아테네의 정권을 잡게 된다. 그는 최상위 귀족 계급 출신이었지만 귀족독재정치에는 반대하는 입장에 있었다. 그래서 귀족들이 가지고 있던 여러 특권들을 박탈[245]할 수 있었던 것이다. 민회와 평의회, 그리고 에피알테스가 추진한 시민법정을 실시할 수 있도록 개혁적인 법안을 통과시켜 아테네에 민주주의를 정착시켰다. 그 덕에 아테네는 그리스에서 정치와 문화가 가장 번성[246]한 곳이 될 수 있었다.

페리클레스는 자신의 의견을 관철[247]시키기 위해 오로지 설득만으로 민회에 참석한 사람들의 동의를 구했다. 단 한 번도, 그 어떤 폭력도 휘두르지 않았다.

페리클레스의 그런 온화한 태도는 그가 병에 걸려 죽을 때까지 30년이 넘는 기간 동안 권력을 유지할 수 있는 힘이었다. 그 덕분에 아테네에 직접민주주의가 꽃을 피울 수 있게 된 것이었다.

---

244) 페리클레스(Perikles)(기원전 495년 경~기원전 429년) : 고대 아테네의 군인이자 정치인. 페리클레스의 어머니는 클레이스테네스의 조카딸, 클레이스테네스 집안의 가풍에 따른 어머니의 영향을 많이 받은 것으로 추정된다. 귀족 출신으로 아테네의 직접민주주의를 발전시켜 아테네를 정치와 문화에서 가장 번영한 곳으로 만들었다. 이오니아 출신 소피스트인 아낙사고라스에게 자기 절제력과 철학적 영향을 받았다.
245) 박탈(剝脫) : 지위나 신분, 재산 등을 빼앗는 것
246) 번성(蕃盛) : 많이 일어나 넓게 퍼짐
247) 관철(貫徹) : 어떤 일이나 주장을 끝까지 밀고 나가 이루는 것

민회 발언권의 확대

페리클레스가 실시했던 개혁에서 가장 혁신적인 민주주의 제도 중 하나는 민회에서 발언할 수 있는 권한을 제3계급까지 확대한 일이다. 그때까지만 해도 제3계급은 민회에 참석해 찬반투표만 할 수 있었고, 연단에 올라가 자신의 의견을 말할 권리는 없었던 것이다.

뿐만 아니라 페리클레스는 제3계급에게까지 아르콘에 지원할 수 있는 자격을 주었다. 이로 인해 평민들에게 계급 상승에 대한 희망의 길이 열렸고, 그리스에서 아테네가 가장 부흥할 수 있는 계기가 마련되었다.

그는 민회 정족수[248] 6000명을 채우기 위해 민회 참석자들에게 일당을 지급했고, 시민법정의 재판관들에게도 급여를 지급했다. 정치에 더 많은 평민들이 참여해 아테네 시민의 역할을 다하기를 기대했던 것이다.

이런 조치는 평민들에게는 환영을 받았지만 귀족들에게는 많은 비난을 받았다.

---

248) 정족수(定足數) : 어떤 일을 하기 위해 필요한 사람들의 수를 정해 놓은 것

에피알테스[249]의 사법개혁으로 아레오파고스 약화

당시까지만 해도 아테네의 아레오파고스 권력은 막강했다. 현직 아르콘을 탄핵할 수 있는 권한이 있었기 때문이다. 현직 아르콘이 시민의 지지를 아무리 많이 받는다고 하더라도 결국 귀족 출신의 전직 아르콘들이 모인 아레오파고스의 영향 아래 있을 수밖에 없었던 것이다.

기원전 461년, 에피알테스는 아레오파고스를 부패의 온상지로 여기고 있었다. 그래서 아레오파고스의 권한을 약화시키기 위한 개혁안을 민회에 제출한다. 그리고 시민들을 설득해서 민회에서 제3계급의 재판관 참여 법안을 통과시킨다.

제3계급까지 재판관으로 참여하게 되자, 판결이 이전에 비해 훨씬 더 투명하고 공정해져갔다. 반면 아레오파고스를 중심으로 한 귀족세력은 약화되기 시작했다. 과감한 사법개혁으로 귀족과 부자들만 가지고 있던 법적 권한을 평민에게 넘겨준 대가로 에피알테스는 귀족세력들에게 원한을 사게 되었다. 에피알테스는 결국 귀족세력에게 암살당하고 말았다.

정치가 안정되고 법이 공정해야 사회가 안전해진다. 사회가 안전해지면 경제가 발달하고 문화도 발달하게 된다. 페리클레스는 정치를 안정시키고 투명하고 공정한 법집행을 정착시켰다. 이를 통해 아테네에 직접민주주의가 꽃을 피울 수 있었다.

---

249) 에피알테스(Ephialtes) : 아테네의 민주주의 정치를 이끌던 정치가. 네 번째 계급까지 재판관으로 참여할 수 있도록 하는 사법개혁을 추진하고 난 뒤 암살당한다.

그 결과 철학과 예술의 꽃을 피울 수 있었고, 그때 생산된 작품들이 지금까지 표본이 되는 업적을 남길 수 있게 된 것이다.

반(反)민주주의자들은 페리클레스가 민주주의의 형식만 빌렸지 결국은 독재자나 마찬가지였다고 비판한다. 하지만 그는 귀족계급으로부터 모함을 받아 궁지에 몰렸을 때조차, 다른 귀족 출신 독재자들처럼 무력을 동원하거나 강제로 법집행을 하는 식으로 폭력을 휘두르지 않고, 오로지 말로 설득해서 모든 문제를 해결해 나갔다.

페리클레스가 이룩해 놓은 설득의 정치문화는 펠로폰네소스 전쟁에서 완전히 패한 후에도, 그리고 페리클레스가 죽은 뒤에도, 그 이후 2천 년이 넘는 시간 동안 아테네가 인류 정신문화의 최고 결정체인 철학의 중심지가 될 수 있는 발판을 마련해 놓았다.

부 록

아테네 vs. 스파르타 정치제도 비교

1 장

아테네의 정치제도
: 페리클레스 시대의 직접민주정

부록 : 아테네 vs. 스파르타 정치제도 비교

1. 민주적인 정치제도

민회에는 6천 명 이상의 시민이 모여 나라의 대소사를 결정했다.
평의회에서는 매번 다른 5백 명의 시민이 나라를 운영했다.
민회는 현재의 국회와 비슷했고, 평의회는 현재의 정부와 비슷했다.

고대 그리스 아테네는 지역을 독특한 방식으로 10개 부족[데모스]을 만들어 국정을 운영했다. 먼저 해안/시내/시내외곽 이렇게 크게 세 지역으로 나누고 그 세 지역을 다시 각각 10여 개 구역으로 나눈다. 그다음 다시 무작위로 그 세 지역 중 한 구역씩을 뽑아 하나로 엮었다. 해안/시내/외곽 세 지역이 서로 섞여 하나의 부족을 이루도록 만들었다.

이 부족 제도는 지연[250]과 혈연[251]에 의존했던 귀족 중심 사회의 폐단[252]을 막고, 정치적인 의사결정과 재판에서의 공정성을 보장하기 위해 만들어졌다.

일반적으로 국정을 운영하기 위한 대부분의 사람들은 추첨으로 뽑았지만, 전체 국정을 운영하는 중요한 위치인 아르콘들은 투표로 선출했다. 이때 사람들이 가장 중요하게 본 점은 공직 수행에 필요한 전문적인 능력이 아니라 덕성이 훌륭한 사람인지 아닌지에 대한 것이었다.

---

250) 지연(地緣) : 태어난 출신지, 또는 살고 있는 지역을 중심으로 연결된 인연
251) 혈연(血緣) : 같은 피를 지닌 가족이나 친척으로 맺어진 인연
252) 폐단(弊端) : 어떤 일의 나쁜 결과나 해로운 결과

⟨1⟩ 민회

> 아테네 시민들은 한 달에 서너 번 아고라 광장에 모였다.
> 그곳에서는 국가에서 진행되는 모든 일을 알 수 있었다.
> 말하고 싶은 사람은 누구나 말할 수 있었고 시간 제한은 없었다.

민회는 국정에 관련된 모든 일을 처리하는 모임으로, 최고 의사결정기관이었다. 현재의 국회 같은 역할도 했다. 현재 국회와 다른 점이 있다면 민회 안에서 평의회가 구성되어 현재의 행정부처럼 민회의 일정을 운영했고, 재판 일정과 재판 행정 절차까지 담당해 현재의 사법기구 역할도 맡았다는 점이다.

민회는 보통 한 달에 서너 번, 1년에 40여 회 열렸다. 많을 때는 3만여 명, 적을 때는 6천여 명 정도가 모여 아테네에서 일어나는 모든 일을 논의했다. 민회 개회 4일 전부터 아고라의 게시판에 민회가 열리는 날과 민회에서 다룰 의제[253]에 관한 공고[254]문을 붙여 시민들에게 알렸다.

형벌에 의해 시민권이 정지된 경우가 아니면, 아테네 시민권을 가진 18세 이상의 성인 남성들이 민회에 참석할 수 있었다. 사람들이 자기 일을 하느라 민회에 나오지 못하는 경우가 많아, 대부분의 경우 5천여 명에서 6천여 명 정도의 인원수로 민회가 진행되었다.

참석 인원이 점점 줄어들자, 민회 참석률을 높이기 위해 민

---

253) 의제(議題) : 의논해야 하는 문제
254) 공고(公告) : 국가나 공공단체가 자신들의 일을 널리 알리는 것

회 출석 수당을 주었고, 민회에서 발언한 사람에게는 면세 특권까지 주기도 했다.

민회는 아침 해가 뜨자마자 시작해서 오전에 끝났다. 목청이 좋은 사람 중에서 전령을 뽑았고, 전령은 의장의 지시에 따라 큰 소리로 개회를 선언하고 의제를 낭독했다. 그리고 발언할 사람을 찾았다.

민회에서 의제에 대한 의견을 말하고 싶은 사람은 전령에게 손을 들어 알렸고, 연단에 올라 자신의 의견을 말할 수 있었다. 발언 시간에는 제한이 없었고, 누구나 자유롭게 말할 수 있는 발언권이 있었다.

한 의제에 대한 발언이 더 이상 없으면 서기는 사람들이 제안한 의안[255]을 읽었고, 참석한 사람들은 어떤 의안을 선택할 것인지 손을 들어 동의를 표시했다. 이 중 가장 많은 거수[256]를 받은 의안이 채택되었다. 이렇게 몇 개의 의제와 의안을 오전 안에 다 처리했다.

민회에서는 법률의 제정[257]과 개정[258]을 다루었을 뿐만 아니라, 다른 나라에 대한 선전포고 및 전쟁 시에 필요한 모든 군사적인 행동에 대한 결정도 내렸다.

---

255) 의안(議案) : 의논해야 하는 문제에 대한 구체적인 해결 방안
256) 거수(擧手) : 손을 드는 행위
257) 제정(制定) : 만들어서 정하는 행위
258) 개정(改定) : 만들어진 것을 필요에 따라 바꾸는 행위

뿐만 아니라 다른 나라와 맺는 조약과 동맹에 관한 결정과 외교사절의 파견, 외국인에 대한 시민권 부여, 국가공로자에 대한 표창 및 보상, 필요한 새로운 제도를 신설하거나 현재 실시되고 있는 여러 가지 제도를 재정비하는 일 등 국가의 모든 대소사[259]를 처리했다.

1년에 40여 회 정도 있었던, 민회는 4회 중 1회를 더 중요한 의제를 처리하는데 시간을 할애했다. 보통 한 달에 한 번 꼴이었는데, 이 때 국방에 관련된 일들과 곡물 공급, 그리고 공직자가 국가의 법을 잘 지켰는지에 대한 심사를 진행했다. 만약 위법행위를 한 공직자가 있는 경우에는 그에 대한 탄핵[260]소추[261]까지 논의했다.

아테네의 민주정에서는 공직자의 공정성과 투명성이 무엇보다도 중요하다고 생각했다. 그랬기 때문에 공무를 담당한 사람에 대한 책임과 결과를 민회에서 심의함으로써 공직의 의무를 성실하게 이행하도록 했다.

매년 봄에는 도편추방[262]에 대한 의제를 다루었다. 1년에 한 번 있는 이 민회는 1만 명 이상이 모였고, 국가에 해를 끼칠 것 같을 사람을 추방할지 말지에 대한 투표를 실시했다. 투표는

---

259) 대소사(大小事) : 크고 작은 일
260) 탄핵(彈劾) : 공무원의 위법 행위에 대해 처벌하거나 파면하는 행위
261) 탄핵소추(彈劾訴追) : 위법 행위를 한 공무원에 대해 재판을 요구하거나 탄핵을 제기하는 행위
262) 도편추방(陶片追放) : 국가에 해를 끼칠 것 같은 위험한 사람의 이름을 도자기 조각에 적어 비밀투표에 부친 다음 6천표가 넘은 사람을 아테네에서 추방해 10년 동안 들어오지 못하게 하는 것을 가리킨다.

도편[263]에 추방할 사람의 이름을 적어 넣는 방법이었고, 6천표 이상을 받은 사람은 아테네에서 추방되었다.

⟨2⟩ 평의회

30세가 넘는 아테네 시민들은 모두 평의회의원으로 활동해야 했다.
평의회의원은 평생 한 번, 임기는 1년이었다.
평의회의장도 평생 한 번, 임기는 단 하루였다.
국가 운영의 공정성을 위해 평의회의원은 모두 추첨으로 뽑혔다.

평의회는 민회에서 결정을 내린 사항들을 실행하는 기관으로 현재의 행정부와 비슷한 역할을 했다. 평의회에서 주로 다룬 것들은 국가재정에 대한 경제문제와 교육정책이었다.

평의회에서는 민회의 일정을 모두 준비했고, 공무원과 법관들의 모든 활동을 감독하고 조사한 뒤 벌금 부과 결정까지 내릴 수 있는 재판권이 있었다. 그랬기 때문에 평의회는 민회와 철저하게 분리되어 독립적으로 움직였다.

대규모로 이루어져야 하는 공공사업 같은 것은 민회의 결정을 거친 다음 실시해야 했지만, 국가의 수입과 지출을 관리하는 등 재정에 관한 문제는 평의회에서 결정했다.

평의회의원은 모두 5백 명으로, 10개 부족에서 30세 이상

---

263) 도편(陶片) : 도자기 조각

인 시민 중 50명을 추첨으로 뽑았다. 평의회의원의 임기는 1년이었고 일생 동안 딱 한 번만 할 수 있었다.

평의회는 매일 아침 회의를 열어 새로운 의장을 뽑았다. 평의회의장의 임기는 하루였고, 평의회의원 중에서 추첨했기 때문에 평생동안 딱 한 번밖에 할 수 없었다. 이는 아테네를 좌지우지할 수 있는 강력한 권력을 오랫동안 휘두를 수 없도록 하기 위해 만들어진 제도였다.

평의회의장은 민회의 의장까지 맡아 민회의 일을 처리해야 했다. 지금의 제도에 비유하면 대통령이 국회의장의 일까지 같이 했다고 보면 된다.

평의회의장단은 평의회의장이 뽑힌 부족을 제외한 9개 부족의 평의회의원 중에서 1명씩을 뽑아 구성했다. 평의회의장이 뽑힌 부족을 제외한 9개 부족의 평의회의장단도 평의회의장과 마찬가지로 하루 동안 평의회의장을 도와 평의회의 일을 처리했다. 이 제도 또한 국가의 이익이 몇몇 사람이나 집단으로 돌아갈 수 있는 부정과 부패를 미리 방지하고, 또한 공무원의 부패까지 막기 위해 만들어진 제도였다.

오전에 열리는 민회가 끝난 오후에는 평의회가 열렸다. 평의회가 열리는 회의장은 프리타네이온[264]으로 불리는 곳이었다. 이곳은 아테네에서 최고의 명예를 얻은 사람에게 귀한 식사를 대접하는 영빈관으로도 사용했다. 이곳에서 식사를 대접받았던 사람들은 주로 올림픽 우승자나 아테네 축제의 경기에서 이긴 사람들, 그리고 외국에서 온 외교사절단 등이었다. 평의회 의원들은 이 프리타네이온에서 1년 동안 식사를 하고 잠을 잤다.[265]

평의회의원이 되면 1년 동안 아고라에 있는 프리타네이온으로 매일 출근을 해야 했기 때문에 주로 시간이나 경제적으로 여유가 있는 사람들이 평의회의원으로 뽑혀 활동했다.

〈3〉 공무원과 법관

공무원과 법관도 추첨으로 뽑았다.
임기는 1년이었고 일생에 단 한 번밖에 할 수 없었다.
그들은 민회에서 수시로 자신의 업무 처리에 대한 심사를 받아야 했다.

공무원과 법관도 평의회의원과 마찬가지로 추첨으로 뽑았

---

264) 프리타네이온(prytaneion) : 제우스의 누나인 헤스티아(Hestia) 여신을 숭배하기 위해 만들어진 건물. 항상 꺼지지 않는 불이 타오르고 있는 곳으로 귀빈에게 최고급의 식사를 대접하기도 했다. 헤스티아는 그리스어로 '화로'를 의미하고, 화로는 각 가정의 중심이므로 헤스티아는 가정의 화합을 중요하게 생각하는 신이었다. ※ p.267 각주 504) 헤스티아 참고. 불의 여신을 모신 프리타네이온은 아고라 광장의 중심지로 도시의 시청 또는 국가의 행정부 종합청사와 같은 건물을 가리킨다.
265) 소크라테스가 자신에게 영빈관에서 식사를 대접받는 형량(?)을 제안한 근거. 자신이 아테네의 영웅에 준한다는 의미다.

다. 보수는 나오지 않았고, 대신 국가에서 식사를 제공했다. 임기는 평의회의원과 마찬가지로 1년이었고 일생에 단 한 번밖에 할 수 없었다.

공무원으로 선발된 사람들은 먼저 자격심사 과정을 거쳐야 했다. 자격심사의 기준은 공무원으로서 전문적인 지식이 아니라, 다른 사람들에게 훌륭한 시민으로 평가 받고 있는지에 대한 것이었다. 이렇게 함으로써 시험을 통해 채용된 관료가 일을 처리하며 저지를 수 있는 부패를 막고, 한 자리에 앉아 수십 년 동안 전횡[266]을 일삼을 수 있는 가능성을 차단했다.

공무원으로 뽑힌 사람은 매달 있는 중요 민회에서 수시로 자격에 대한 심사와 집무[267]심사를 받았고, 부정을 저질렀을 의심이 들거나 일 처리에 문제가 있다고 판단되는 경우에는 그 자리에서 파면되거나 탄핵재판에 회부[268]되었다. 공무원에 대한 고발[269] 권한은 시민에게 있었기 때문에 공무원은 공무원직을 수행하는 동안 시민들로부터 철저하게 감시를 받아야 했다.

공무원과 법관이 무사히 1년의 임기를 마쳤다고 해도 그것으로 끝난 게 아니었다. 다시 집무심사를 받아야 했기 때문이다. 먼저 회계검사를 받았다. 10명으로 구성된 회계검사관에게 집무보고서를 제출한 뒤 금전상의 부정에 대한 검사도 받아야만 했다.

---

266) 전횡(專橫) : 혼자 권력을 쥐고 자기 마음대로 행동하는 것을 가리키는 말
267) 집무(執務) : 업무를 보는 것, 일을 집행하는 것
268) 회부(回附) : 물건이나 사건을 다른 상대에게 넘기는 행위
269) 고발(告發) : 범죄 사실이나 잘못된 것을 알리는 것

심사를 하는 회계검사관[270]도 공무원이었고, 임기가 1년인 선출직[271]이었다. 다음 회계심사가 끝나면 일반집무심사를 받았는데, 이 심사도 회계심사와 마찬가지로 평의회의원에서 선발된 10명의 집무심사관이 심사했다.

부정이 있어 고발된 공무원은 죄가 가벼운 경우 벌금형을 선고 받았고, 죄가 무거운 경우에는 시민권을 박탈당하거나 재산을 몰수당했다. 그리고 국가의 이익에 반대되는 일을 한 경우에는 사형에 처해졌다.

〈4〉 군대

고대 그리스 아테네에서는 군대의 장군도 평의회의원과 마찬가지로 10개 부족 중에서 한 명씩을 선출했다. 그렇게 뽑힌 열 명의 장군들은 하나의 협의체에 속해 군대의 운영을 맡았다.

장군이 아닌 군인은 각자 자신에게 필요한 무기와 장비를 사서 전쟁에 참여하는 군인과 돈이 많은 귀족들에게 돈을 받는 용병이 있었다.

---

270) 회계검사관(會計檢査官) : 나가고 들어온 돈을 관리한 기록을 조사하는 사람
271) 선출직(選出職) : 관련된 사람들에 의해 추천을 받아 뽑히는 직위나 직책. 반대말은 임명직(윗사람이 어떤 사람에게 맡기는 직위나 직책)

2. 민주적인 사법제도

아테네에서는 모든 법이 민회를 통해 결정되었다.
시민이 동의하지 않으면 그 어떤 법도 만들어질 수 없었다.
그리고 시민이 동의하지 않으면 그 어느 누구도 법을 마음대로 할 수 없었다.

〈1〉 그리스 법의 원리

아테네 시민은 누구나 잘못된 일을 재판에 기소할 수 있었다.
재판은 5백 명의 재판관의 투표로 결정되었다.
전문지식인 몇 사람의 의견보다 시민의 양식을 더 믿었던 것이다.

고대 아테네에서는 모든 인간의 생명과 재산을 보호하기 위한 것이 법이라고 생각했다. 그렇기 때문에 시민들의 동의 없이는 왕이든 신관이든 그 어느 누구도 마음대로 법을 바꿀 수 없었다.

그리고 사람이 지은 죄에 대해 유죄인가 무죄인가를 판단할 때는 반드시 시민법정을 통해야 했다. 어느 개인이나 단체가 법을 마음대로 적용해 사람의 죄를 단죄[272]하는 일은 있을 수 없었다.

---

272) 단죄(斷罪) : 죄를 심판하여 죄의 무게에 따라 벌을 주는 것

〈2〉 그리스 아테네 법 제도의 특징

소송에는 개인 간의 문제를 다루는 사적인 소송과 공적인 소송 두 가지가 있었다. 공적인 소송은 반드시 먼저 민회를 거쳐야 했다. 민회에서 먼저 재판에 기소[273]할 것인지 말 것인지에 대한 찬성 반대의 과정을 거쳐야만 했던 것이다. 그리고 사적인 소송은 재판에 회부하기 전에 반드시 중재 과정을 거치도록 했다. 이 중재 과정에는 양쪽에게 서로의 입장을 얘기하고 조정할 수 있는 시간과 기회를 충분히 주었다. 이렇게 해서 하루 만에 재판을 끝내야 하는 약점을 보완했고, 대부분 재판까지 가지 않고 서로 합의를 볼 수 있도록 했다.

재판관은 배심원과 같은 역할을 하는 사람들로, 평의원과 마찬가지로 10개 부족에서 추첨으로 50명씩 뽑았다. 임기는 1년이었고, 총 5천여 명의 재판관이 재판을 하기 위해 매일 아침 법정에서 대기[274]하고 있었다. 재판관은 아침마다 추첨을 통해 재판을 배정받았기 때문에 자신이 어떤 재판에 들어갈지 전혀 알 수 없었다. 일반적인 재판은 500명의 재판관들의 판단에 의해 결정되었고, 무죄와 유죄의 투표수가 같게 나오면 무죄로 판결했다.

이런 이유로 권력자나 소송당사자가 사전[275]에 재판관을 매수하거나 협박할 수 있는 기회가 원천적[276]으로 차단되었다. 이

---

273) 기소(起訴) : 판결을 받기 위해 재판에 소송을 제기하는 행위
274) 대기(待機) : 기회나 때를 기다리는 것
275) 사전(事前) : 어떤 일이 있기 전, 미리
276) 원천적(源泉的) : 근원적, 근본적이라는 말과 동의어

렇게 함으로써 재판의 공정성이 이루어질 수 있었다.

분쟁이 났을 경우 왕이 판단을 하면 왕정 또는 군주제라고 하고, 귀족들로 구성된 원로원에서 판단을 하면 귀족정 또는 귀족제라고 한다. 그리고 시민의 판단이 영향을 미치는 경우 민주정 또는 민주제라고 한다.

아테네에서는 시민이라면 누구든지 법이나 사람이 법을 위반 했는지에 대한 재판을 시민법정에 신청할 수 있었다. 공무원의 판단이 틀렸기 때문에 따를 수 없다고 생각되는 사람도 시민법정에 소송을 제기할 수 있었다. 그리고 모든 죄의 판단은 반드시 시민법정에서 결정했다. 이것은 아테네 시민들은 전문지식을 가졌다고 하는 법률전문가 소수의 판단보다 시민의 양식[277]을 더 존중했다는 의미가 된다.

---

277) 양식(良識) : 건전하고 좋은 판단이나 훌륭한 지식을 가리키는 말

〈3〉 시민법정

> 피고인과 고발인은 증인과 지지자들과 함께 재판정에 나갈 수 있었다.
> 변론할 수 있는 기회는 양쪽 모두에게 똑같이 두 번씩 주었고
> 변론이 끝나면 유죄나 무죄 항아리에 한 표씩 투표했다.

(1) 예심절차

아테네의 시민법정은 법이 잘못되었는지 심사하는 것에서부터 공직자들에 대한 자격을 심사하고 모든 재판을 담당하는 기관으로 대다수의 소송을 최종으로 심의했다. 그리고 시민소추[278]주의로 누구나 고소할 수 있도록 했다. 먼저 고소를 하는 사람은 고발 이유를 적어 담당 아르콘에게 보내고, 아르콘은 피고[279]를 소환해 자신의 주장을 적어서 제출하게 했다.

그 다음 재판 전 예심 절차로 담당 아르콘에게 자신의 입장에 대해 변론을 할 기회가 주어졌다. 이 예심 절차에서 아르콘은 소송당사자들을 심문하고, 자신의 입장을 증명할 수 있는 방법을 선택할 수 있도록 도왔다.

예심 절차가 끝나면 공판 기일을 정해 10개의 재판정 중에 하나를 선택해 그 사건을 회부하고 재판을 주재[280]했지만 판결권을 행사할 수는 없었다. 사건의 분배와 재판의 진행은 테스

---

278) 소추(訴追) : 재판을 할 수 있도록 소송을 신청하는 행위
279) 피고(被告) : 고발을 당한 사람. 반대말은 원고(고발을 한 사람)
280) 주재(主宰) : 중심이 되어 어떤 사건이나 일을 처리하는 행위

모테타이[281] 아르콘이 맡았다. 이들은 10명을 추첨해 재판을 진행하도록 했다. 재판을 진행하는 10명의 재판관들 중 1명은 물시계로 변론 시간을 쟀고, 4명은 투표하는 것을 감시했고, 5명은 재판관에게 보수를 지급하는 일을 맡았다.

500명의 재판관으로 구성된 재판도 약점이 있었다. 정치적인 선동[282]에 휩쓸리거나 언변이 뛰어난 사람의 발언으로 인해 잘못된 판결이 날 수 있었고, 변론하는 사람이 감정에 호소해 선처를 바라는 경우 연민 때문에 올바른 판결을 내리지 못하는 등의 일이 발생하기도 했다.

(2) 재판의 종류

시민법정은 두 가지가 있었는데, 하나는 국가나 공동체에 문제가 되는 사건들을 다루는 공적인 재판이었고, 다른 하나는 개인 간에 문제가 되는 사건들을 다루는 사적인 재판이었다.

(3) 재판관의 자격

재판관의 자격은 30세 이상의 시민이면 누구나 될 수 있었다. 재판관의 임기는 1년이었지만 나중에 재판관 활동을 계속 원하는 사람은 재판관을 계속할 수 있게 되었다. 재판관은 매수[283]나 위협을 막기 위해 매년 추첨을 통해 6천 명을 뽑았고,

---

281) 테스모테타이(Thesmothetai) : 법률에 관계된 일들을 처리하는 아르콘을 지칭하는 말
282) 선동(煽動) : 다른 사람을 부추겨 어떤 행동이나 일을 하도록 만드는 행위
283) 매수(買收) : 돈이나 다른 것으로 다른 사람을 자기편으로 만드는 행위

10개 법원에 500명씩 배치되었으며, 1천 명은 대기자로 있었다. 국가와 관련된 사건에 대한 재판은 그 심각성에 따라 1천 명, 1천 5백 명, 2천 5백 명의 재판관들로 구성해 심의를 한 뒤 판결을 내렸다.

(4) 재판 과정

재판관을 하기 위해서는 하루 종일 재판정에 앉아 재판을 지켜보아야 했기 때문에 상당수가 하층민 출신으로 채워졌다. 재판은 하루 만에 끝났고, 물시계로 시간을 재서 변론 시간을 제한했다.

① 사적인 소송

재판 과정에서 발생할 수 있는 오류를 보완하기 위해 재판이 있기 전에 소송 당사자들이 만나 서로 중재[284]할 수 있는 과정이 있었다. 재판 당일에 피고와 원고는 증인과 지지자들과 함께 재판정에 출두[285]할 수 있었다.

변론은 원고와 피고 양쪽 모두에게 두 번씩 기회를 주었고, 변론이 끝나면 재판관은 변론의 사실 여부와 법률 위반 여부의 문제, 그리고 형평성에 대한 문제 등으로 나누어 엄격히 심사한 뒤 유죄나 무죄 항아리에 한 표씩 투표를 했다. 투표수가 같게 나오는 경우는 무죄로 판결했다.

---

284) 중재(仲裁) : 다투는 사람들의 문제를 해결하기 위해 당사자가 아닌 사람이 다투는 사람들이 서로 합의할 수 있는 부분을 찾거나 화해할 수 있도록 하는 행위
285) 출두(出頭) : 어떤 곳에 직접 가는 것

② 공적인 소송

공적인 소송은 소크라테스의 재판처럼 사적인 소송보다 변론시간을 길게 주었다. 그리고 함부로 고소하는 것을 제한하기 위해 공적인 재판에서는 유죄 투표수가 5분의 1이 되지 않으면 1천 드라크마의 벌금을 물게 했다. 반면에 사적인 소송에서 원고가 패한 경우에는 원고가 청구했던 돈의 6분의 1을 피고에게 지급하도록 했다.

만약에 정당한 이유가 있어 재판정에 출두하지 못해 패소[286]한 경우에는 2개월 이내에 다시 심리[287]를 받을 수 있었다. 그리고 공식적인 재판 이전의 중재 과정에서 출두할 수 없는 사정이 있어 재판 절차나 날짜를 연기해달라고 신청했는데도 재판이 진행되어 불리한 판결을 받은 경우, 10일 안에 자기 부족 담당 재판관에게 새로운 절차를 신청할 수 있었다.

모든 판결에는 일사부재리[288]의 원칙을 적용했다. 하지만 재판에서 판결을 받은 뒤에도 다른 재판정에 소송을 제기해 다시 재판을 받을 수 있었다.

재판이 진행되는 동안에는 피고만 원고에게 질문할 수 있었고, 원고는 피고에게 질문을 할 수 없었다. 피고는 언제든지 증인을 내세워 자신의 무죄를 증명할 수 있었다.

---

286) 패소(敗訴) : 소송을 한 뒤 판결에서 지는 것
287) 심리(審理) : 진실 여부를 확인하기 위해 자세하게 조사하고 살피는 행위
288) 일사부재리(一事不再理) : 재판을 통해 어떤 사건에 대해 판결이 확정되면 그 사건에 대해서는 다시 재판하지 않는다는 법 원칙. 우리나라에서는 잘못해서 유죄 판결이 난 경우 소송 조건에 흠결(흠이 있거나 부족한 점이 있는 것)이 있다는 것을 이유로 들어 면소(소송 제기한 것을 면제하는 것)판결을 받을 수 있다. 면소 판결은 재판을 받을 필요가 없다는 의미이므로 무죄판결과 같은 것이다. 이 면소 판결에는 일사부재리의 원칙이 엄격하게 적용된다.

⟨4⟩ 도편추방제도

> 모든 시민이 모든 시민을 감시하는 제도가 도편추방제도였다.
> 도편추방제도는 재판 없이 민회에서 결정했다.
> 추방이 결정된 사람의 시민권과 재산은 그대로 유지되었다.

도편추방제도는 모든 시민이 모든 시민을 감시하는 제도로 재판 과정 없이 바로 민회에서 결정을 내렸다. 도자기 조각에 정치인의 이름을 써서 투표했다.

6,000명이 넘는 사람이 같은 이름을 써 내면, 그 사람은 아테네 밖으로 추방되었다. 추방되기로 결정된 사람의 시민권과 재산은 그대로 유지되었고, 10년 동안 귀국이 금지되었다. 10년 지난 다음에는 다시 정계에도 복귀할 수 있었고, 10년이 지나지 않은 경우에도 민회에서 재심사를 해 추방 취소 결정이 나면 다시 아테네로 돌아올 수 있었다.

⟨5⟩ 탄핵재판제도

시민은 언제든지 공무원을 고발할 수 있었다.
고발된 공무원은 심사를 받아야 했고
죄가 밝혀지면 공무원직을 빼앗기고, 재산도 몰수당했다.

시민이 공무원의 범죄 사실을 민회나 평의회에 고발[289]하는 경우가 발생하면, 민회는 민회소집[290]을 통해 이 사건을 민회에서 투표로 해결할 것인지 아니면 시민법정에서 재판을 받게 할 것인지를 결정한다.

시민법정에서 재판을 받아야 한다는 결정이 내려지면 재판관을 몇 명으로 구성해야 하는지, 유죄판결을 내리는 경우에 공직에서 파면한 뒤 형량[291]은 어떻게 할 것인지를 결정한 다음 공무원을 재판에 회부[292]한다.

---

289) 고발(告發) : 신고하는 것
290) 소집(召集) : 불러 모으다
291) 형량(刑量) : 유죄 판결을 받은 사람에게 내리는 벌의 정도를 가리키는 말
292) 회부(回附) : 처리를 하기 위해 넘기다

2장

스파르타의 정치제도

: 왕정(두 명의 왕) + 귀족정(원로회)

부록 : 아테네 vs. 스파르타 정치제도 비교

1. 스파르타의 정치제도

아테네의 부를 빼앗아 최강자가 되고 싶었던 스파르타
페르시아제국은 그리스를 차지하기 위해 스파르타를 지원했고
그 펠로폰네소스전쟁은 스파르타와 그리스를 망하게 했다.

플라톤이 원하는 사회의 모델은 스파르타의 제도를 기본 바탕에 두고 있었다. 아테네의 귀족들도 스파르타처럼 아테네를 지배하기를 원했다. 그렇기 때문에 끊임없이 스파르타와 연합해 정권을 잡으려고 했고, 그 과정에서 스파르타군에 아테네 시민이 처참하게 죽어가도 아무렇지 않을 수 있었던 것이다.

스파르타는 그리스 도시국가 중 하나로, 민주정을 유지하던 아테네와 전혀 다른 귀족독재정치체제를 지닌 군국주의[293]나라였다.

아테네는 사상이나 언론에 대해 역사상 지금까지 가장 개방적이고 민주적이었던 국가였다. 공공장소에서 철학적인 논쟁[294]이 끊임없이 일어났고, 시민들은 그런 논쟁들을 경청하기를 즐겼고 더불어 자신들의 의견을 말하는 것도 즐겼다. 그로 인해 그리스 전역에서 자신의 의견을 주장하기 위해 수많은 사람들이 몰려들었고, 아테네 문화는 더욱 더 활발해질 수 있었다.

---

293) 군국주의(軍國主義) : 정치, 경제, 교육, 문화예술 등의 분야보다 군사력 분야가 강한 국가를 더 중요하게 생각하는 체제. 전 국민의 생활보다 군사체제를 강화시키는 것을 더 중요하게 생각하는 체제로 1차, 2차 세계대전을 일으킨 일본이나 독일이 군국주의를 실시하던 국가의 대표적인 예다.
294) 논쟁(論爭) : 말이나 글로 서로의 생각이 옳고 그른 것을 따지고 다투는 것

2장 | 스파르타의 정치제도

　반면, 스파르타는 왕족과 귀족세력에 의한 과두정치[295] 체제를 갖고 있었기 때문에 시민이 정치에 참여해 모든 것을 결정하는 아테네를 인정할 수가 없었다. 그리고 그런 아테네의 정치체제를 따라하는 아테네의 동맹국들도 참을 수가 없었다. 아테네의 정치체제는 스파르타에게 위협적인 존재였다. 아테네의 직접민주주의 제도를 주장하는 사람들이 스파르타에도 나타나게 되면, 스파르타 귀족계급의 지위가 위태롭게 될 수도 있기 때문이었다.

　그런 이유로 스파르타의 지배층은 페르시아전쟁 이후에도 아테네의 귀족들과 끊임없이 동맹[296]을 맺고 호시탐탐[297] 아테네를 공격하고 지배했다. 델포이[298]의 신관도 계속해서 '스파르타가 아테네에 자유를 찾아주어야 한다'는 신탁[299]을 내렸다. 아테네가 눈엣가시였던 페르시아도 스파르타에 재정 지원을 해주었기 때문에 스파르타는 끊임없이 아테네의 정치에 무력으로 개입할 수 있었다.

---

295) 과두정치(寡頭政治) = 과두독재정치(寡頭獨裁政治) : 여러 명이 한꺼번에 권력을 잡아 통치하는 것을 의미하는 말이다. 여러 명이 권력을 갖고 있다는 점에서는 1인독재정치와 차이가 있지만, 집단으로 권력을 행사하므로 결국 독재정치와 같은 체제이다. 그런 점에서 과두독재정치라고 불러야 옳을 것이다.
296) 동맹(同盟) : 둘 이상의 사람이나 단체, 국가가 어떤 목적을 위해 같은 행동을 하기로 하는 약속
297) 호시탐탐(虎視耽耽) : 호랑이가 먹이를 잡기 위해 사냥감을 쳐다보는 것을 즐기고 즐긴다. 마치 호랑이가 먹이를 잡을 기회를 노리기 위해 계속해서 기회를 노리는 것처럼, 무엇인가를 하기 위해 기회를 노리는 것을 의미하는 말
298) 델포이(Delphoe) : 신탁으로 유명한 아폴론의 신전이 있던 고대도시
　　※ 2부 〈소크라테스 재판의 재구성〉편 참고
299) 신탁(神託) : 어떤 사람을 통해 신의 말을 전하는 것. 이 당시의 신탁에는 여러 가지 부정이 있었다. 신관에게 뇌물을 주어 원하는 답을 얻을 수 있었고, 신탁의 답을 청하는 왕에게는 신관이 그 왕이 원하는 답을 줄 가능성이 높았다.

부록 : 아테네 vs. 스파르타 정치제도 비교

　　페르시아전쟁에서 승리한 뒤 아테네와 스파르타 두 국가는 더욱 더 각자의 세력을 확장[300]한다. 하지만 기원전 431년부터 기원전 404년까지 스파르타 동맹국들과 아테네 동맹국들이 세 번에 걸쳐 전쟁을 벌이는 동안 국력이 쇠약해져 아테네와 스파르타를 비롯한 그리스 도시국가들은 결국 마케도니아에 정복되고 만다.

---

300) 확장(擴張) : 넓히는 것

2. 왕정과 귀족정이 결합된 정치제도

귀족들은 자신들의 권력 유지를 위해 원로원을 두고 왕을 감시했고
비밀경찰제도를 두고 시민과 원주민을 감시했다.
스파르타의 민회에서 시민은 오로지 투표만 할 수 있었다.

〈1〉〈두 명의 왕 + 원로회〉 체제

스파르타는 세습[301]된 두 왕이 지배하는 왕정체제, 그리고 그 두 왕을 포함한 귀족들로 구성된 30인 원로회에서 모든 결정을 내리는 과두독재체제가 결합된 복합 정치체제를 갖고 있었다. 전쟁 시에는 두 왕 중 한 사람이 군대를 지휘하는 등의 모든 결정을 내릴 수 있었지만, 평상시 권력행사에는 원로회에 의해 제재 받았다.

〈2〉 5인 감독관 제도

스파르타에는 왕을 견제하기 위한 '5인 감독관제도'가 있었다. 이 감독관들은 두 왕에 대한 감시와 보호를 동시에 수행했다. 왕이 전쟁을 치르기 위해 떠나면 2명의 감독관이 보호와 감시를 하기 위해 왕을 따라 떠났다. 감독관은 최고의 민사법정을 구성했고, 왕들에 대해서는 형사 재판권도 갖고 있었다.

---

301) 세습(世襲) : 재산이나 신분, 또는 직위나 직업을 자손이 물려받는 것

⟨3⟩ 원로회와 민회

원로회는 귀족 출신으로 60세 이상인 사람 중에서 선출[302]되었으며 종신직[303]이었다.

스파르타에서는 아테네처럼 모든 시민으로 구성된 민회가 있었지만 모든 것을 민회에서 결정하는 아테네와 전혀 달랐다. 스파르타의 민회에서는 귀족 외에는 아무도 안건[304]을 발의[305]할 수 없었고, 투표만 할 수 있었다. 민회는 거의 열리지 않았는데, 귀족들이 민회를 열 필요성을 느끼지 못 했기 때문이다.

원로회에서 발의한 안건은 민회의 동의를 얻지 못하면 효력이 발생하지 않았다. 하지만 민회에서 통과된 안건이라고 해도 원로회와 행정장관들이 공표하지 않으면 법적 효력이 발생하지 않았다.

---

302) 선출(選出) : 어떤 일을 맡기기 위해 사람을 뽑는 것
303) 종신직(終身職) : 죽을 때까지 그 직업이나 지위에 있는 것
304) 안건(案件) : 의논하거나 연구해야 하는 것
305) 발의(發議) : 회의에 토론할 안건을 제안하는 것

3. 비밀경찰제도

스파르타는 크립테이아(Krypteia)라는 비밀경찰 제도를 운영했다. 크립테이아는 원주민이었던 노예들이 반란을 일으키지 않도록 항상 감시하고, 조금이라도 반란의 기미가 보이면 바로 암살할 수 있는 권한을 가지고 있었다.

4. 교육제도와 문화

남하한 도리아인이 세운 나라 스파르타
원주민을 노예로 만들었다.
인구의 98% 원주민이 언제 반란을 일으킬지 몰라
귀족들은 하루 종일 무술과 체력을 단련해야 했다.

아테네 귀족계층, 특히 민주정을 증오하는 귀족들에게 스파르타는 본받고 싶은 매력적인 나라였다. 플라톤 또한 스파르타를 가장 이상적인 나라로 여겼다. 플라톤이 보기에 스파르타는 수백 년 동안 반란 없이 왕과 귀족의 지배하에 질서정연하게 돌아가는 나라였기 때문이다.

하지만 플라톤의 상상과는 달리, 스파르타의 모든 제도의 목적은 모두 군사적 능력이 뛰어난 군인을 만들기 위한 것이었다. 아이들은 태어났을 때부터 약하면 버려졌고, 약하지 않은 아이는 일곱 살이 되는 해부터 국가가 운영하는 기숙사가 있는 학교에서 전사가 되는 훈련을 받아야 했다. 그곳에서 소년들은 주로 복종하는 법과 고통을 없애는 법, 싸움에서 이기는 방법 등등을 배워야 했다.[306]

또한 시민들은 용무가 있는 경우만 빼고 여행을 다닐 수 없었으며, 외국으로 나갈 수도 없었다. 뿐만 아니라 외국인이 들어오는 것도 용납하지 않았다. 스파르타는 철저하게 폐쇄된 독재국가였던 것이다.

---

306) 박종현 역주 「법률」 p.189 각주 114) 참고

2부

소크라테스 재판의 재구성

PROLOGUE

일반 시민(평민)들의 정치 참여를 반대한
반(反) 민주주의자
플라톤

플라톤은 왜 〈에우티프론 - 변론 - 크리톤〉을 썼을까?

플라톤은 귀족주의자였다.

귀족이 아닌 평민들은 태생적으로 어리석은 존재라고 여겼기 때문이다. 그래서 플라톤은 평민이 참여하는 민주주의를 어리석은 결론밖에 만들지 못하는 중우정치[307]라고 여겼던 것이다.

민주정을 반대하고 귀족정을 지지했던 플라톤은 귀족 지배 체제가 확고해지기를 꿈꾸며 글을 썼다. 그래서 3일 동안 벌어지는 대(大)디오니소스 축제[308] 연극 경연에 출품할 〈에우티프론[309] - 변론 - 크리톤〉으로 이어지는 희곡을 쓰기 시작했고, 귀족 출신의 철인[310]들이 통치를 하는 정치 체제를 만들기 위해 아카데메이아[311]라고 하는 인재양성소까지 설립한 것이다.

---

307) 중우정치(衆愚政治) : 플라톤과 아리스토텔레스가 다수결의 원칙을 적용하고 있는 민주주의 정치제도를 멸시하는 의미에서 사용한 말. 다수결의 원칙에 따르면 어리석은 다수가 똑똑한 소수를 이기기 때문에 어리석은 결정을 내릴 수밖에 없으므로, 결국 민주주의는 어리석은 다수에 의한 정치라고 비하한 표현.
※ 이 말에는 논리적으로 두 가지 오류가 있다. 하나는 '다수는 어리석고 소수는 똑똑하다'는 잘못된 전제가 숨겨져 있다. 이와 반대로 '다수는 똑똑하고 소수는 어리석다'의 경우도 있기 때문이다. 그런데, '중우정치'라는 말은 '다수는 어리석다'고만 전제한 것이다. 그리고 다른 하나는 '어리석다', '똑똑하다'는 기준이 무엇인지에 대한 정의가 애매모호하다는 것이다. 지식이 많다고 똑똑하다고 할 수 없고, 배우지 못했다고 어리석다고 단정할 수 없기 때문이다. 이렇듯 '중우정치'라는 말이 가지고 있는 비논리적 함정을 파악하지 못한 채 민주주의를 중우정치라고 여기는 사람이 있다면 반(反)민주주의자, 엘리트주의자라고 비난 받는 게 마땅하다.
308) 디오니소스 축제 : p.150 참조
309) 에우티프론 : 소크라테스 재판「에우티프론」-「변론」-「크리톤」3부작 중 첫 번째 작품.
310) 철인(哲人) : 철학에 조예가 깊은 사람
311) 아카데메이아(Academeia) : 기원전 387년 경에 플라톤이 국가를 운영하는 철인들을 길러내기 위해 세운 귀족들을 위한 학교

PROLOGUE

플라톤의 정치적 정체성은?

플라톤[312]은 반(反)민주주의자[313]였다.

귀족독재 혹은 엘리트독재가 옳다고 주장하던 철학자였기 때문이다. 그는 당시 민주정[314] 국가였던 아테네[315]보다 왕족과 귀족의 통치에 의해 엄하게 다스려지는 스파르타[316] 같은 '왕정+귀족정[317]' 국가가 가장 이상적인 국가라고 생각했다.

소크라테스[318] 또한 반(反)민주주의자였다.

플라톤이 쓴 책에 등장하는 소크라테스는 항상 귀족독재국가였던 스파르타의 제도와 풍습을 이상적인 기준으로 삼아 사람들과 철학적 대화를 나누던 철학자였기 때문이다.

---

312) 플라톤(Platon)(기원전 427년?~기원전 347년?) : 철인이 나라를 통치해야 한다고 주장하던 귀족 출신의 고대 그리스 아테네의 철학자
313) 반민주주의자(反民主主義者) : 민주주의를 반대하는 사람
314) 민주정(民主政) : 민주주의(국민에게 주권이 있고, 국가의 모든 제도는 국민을 위해 존재한다는 사상)를 근거로 하는 정치체제. 귀족정이나 왕정에 반대되는 개념
315) 아테네(Athens) : 해상 무역으로 성장해 해군의 군사력이 강했던 고대 그리스의 도시 국가 중의 하나. 스파르타와 같이 고대 그리스의 중심 세력이었다. 스파르타와는 반대로 체육외에도 예술과 철학교육을 중요시한 나라
316) 스파르타(Sparta)(기원전 9세기 ~ 기원후 2세기) : 고대 그리스의 도시 국가 중의 하나로, 귀족 출신의 군인들이 지배하던 나라. '라케다이몬'이라고 불리기도 했다. 예술과 철학은 무시하고 강한 군인을 만들기 위한 체육교육에만 집중했다. 해외여행은 금지되어 있었고, 금이나 은으로 만든 돈은 금지시키고 철로 만든 돈만 사용하게 했다.
317) 귀족정(貴族政) : 귀족들이 정권을 잡고 국가를 통치하는 정치
318) 소크라테스(Socrates)(기원전 469년?~기원전 399년) : 평민 출신의 고대 그리스 아테네의 철학자. 글을 남기지 않아 어떤 말을 했는지는 알 수 없다. 단지 소크라테스의 제자라고 주장하는 플라톤과 크세노폰 그리고 아리스토파네스의 글 속에서만 소크라테스라는 인물을 만날 수 있을 뿐이다.

그러므로 플라톤과 소크라테스를 평가할 때, '어떠어떠한 철학적 내용의 글을 썼으므로' 훌륭한 철학자라고 하지 않고, '무조건' 훌륭한 철학자라고만 가르치는 사람이 있다면, 그는 (1) 플라톤 책에 나와 있는 소크라테스의 발언을 제대로 이해하지 못 했거나 (2) 역사적 맥락을 모른 채로 플라톤의 책을 읽었기 때문이다. 그도 아니라면 (3) 플라톤처럼 민주주의에 반대하고 귀족독재정이나 왕정에 찬성하는 사람이다.

당시 귀족들이 가지고 있던 일반 시민[평민]에 대한 생각은 '전문적인 지식을 배우지 못해 그 어떤 판단도 제대로 할 수 없는 존재'였다. 그들에게 평민은 전문적인 지식을 배운 귀족이나 왕이 시키는 대로 따라야만 하는 존재였다. 그랬기 때문에 귀족들에게는 평민이 정치에 참여한다는 것은 있을 수도 없는 일이었고, 그렇게 되어서도 안 되는 일이었다.

귀족 출신인 플라톤 또한 그들과 같은 생각이었다. 그랬기 때문에 플라톤은 책의 주인공인 소크라테스의 입을 빌어 전문적인 교육을 받은 귀족 또는 왕족에 의한 철인통치[319]의 정당성을 주장했던 것이다. 어리석은 평민들이 참여해 시끄럽고 복잡하고 혼란스러워 보이는 민주정의 아테네가 스파르타처럼 질서정연한 귀족정으로 돌아가기를 꿈꾸면서 말이다.

플라톤이 아카데메이아를 설립한 이유도 귀족 출신의 젊은 이들을 철인으로 교육해 정치권력을 잡을 수 있게 하고, 그렇게

---

319) 철인통치(哲人統治) : 왕이 지혜를 아는 철학자가 되거나 지혜를 아는 철학자들이 국가를 통치해야 된다는 플라톤의 신념

해서 국가와 시민을 제대로 통치할 수 있는 발판을 마련하기 위한 것이었다.[320]

저자는 왜 「소크라테스 재판의 재구성」을 구상했나?

민주주의에 반대하고 스파르타 같은 왕정이나 귀족정을 꿈꿨던 반(反)민주주의자답게 플라톤은 「소크라테스의 변론」(이하 「변론」으로 표기)에서 소크라테스가 재판을 받을 수밖에 없었던 배경은 언급하지 않고 있다. 아테네의 민주정을 무너뜨리기 위해 귀족들이 스파르타와 손을 잡고, 정권의 반대파들이 페르시아와 손을 잡기도 한 수많은 역사적 사건들도 언급하지 않고 있다.

뿐만 아니라 소크라테스를 고발한 아니토스, 멜레토스, 리콘이 어떤 사람이었는지에 대한 언급도 없다. 그리고 그 세 사람이 왜 소크라테스를 고발했는지도 전혀 밝히지 않았다. 오로지 소크라테스가 아테네 평민들을 나무라고, 멜레토스만 야단치고, 유죄 판결을 내린 사람들을 훈계하는 발언들만 있을 뿐이다.

플라톤의 글을 읽을 때, 고대 그리스 아테네에서 직접민주주의가 확립되는 과정에서 있었던 '지독한 권력 투쟁, 스파르타와의 전쟁, 이 둘이 얽힌 내란 등' 역사적 배경들을 알지 못하

---

[320] 아카데메이아 출신들이 지중해 지역의 국가에서 중요한 일을 맡는 관리로 많이 중용되었다.

면, 글을 쓴 플라톤의 주장에 일방적으로 끌려가게 되는 우를 범할[321] 수밖에 없다. 그리고 소크라테스가 기소당한 구체적인 이유를 알지 못한 채 「변론」을 읽게 되면, 우리는 소크라테스 입장(엄밀하게는 플라톤의 입장)에서만 생각할 수밖에 없게 된다.

그래서 소크라테스를 법정에 세운 다른 두 사람과 민주주의자였던 정치인 아니토스[322]는 나쁘고 어리석은 사람, 소크라테스는 옳고 지혜로운 사람이라고 생각하게 될 것이다.

그 결과 우리는 민주주의를 지지했던 고대 그리스 아테네 시민들과 소크라테스를 고발한 세 사람을 아주 어리석은 사람들이라고 잘못된 판단을 하게 만든다. 그리고 유죄 판결 및 사형에 찬성한 재판관들이 '아폴론 신이 인정할 정도로 지혜로운 소크라테스'를 죽인 어리석은 사람들이라고 여기게 되고.

뿐만 아니라 소크라테스가 사형 선고를 덤덤히 받아들이는 대목에서 우리는 소크라테스에 대해 정의롭게 행동했지만 어리석은 시민들 때문에 죽게 된 불쌍한 사람이라고 생각하게 된다. 그리고 소크라테스에게 내려진 사형 판결은 완전히 부당한

---

321) 우(愚)를 범(犯)하다 : 어리석음을 저지르다. 어리석은 짓을 하다.
322) 아니토스(Anytos) : 민주주의자. 당시 정치적인 실권을 쥐고 있던 정치인 중의 한 사람으로 소크라테스를 재판에 기소한 사람. 두 번째 계급 출신. 온건한 민주주의를 원하던 그는 정권을 잡아 폭정을 일삼던 귀족들이 그가 모시던 장군 테라메네스를 죽이자 아테네를 떠나 망명길에 오른다. 망명하는 동안 귀족독재정치에 반대하는 민주주의자들의 모임에 가담한다. 그리고 온건한 민주주의를 원하는 장군들과 함께 귀족독재정치인들을 공격해 민주정을 수립한다. 귀족들의 잔인한 독재정치를 끝내고 민주정치를 회복시킨 지도자들 중 한 사람으로 죽을 때까지 많은 사람들에게 존경을 받았다. 30인의 귀족독재정치를 끝내기 위해 민주주의 세력을 지도하고 권력을 잡은 뒤, 죽을 때까지 시민과 약속을 지켜 많은 존경을 받은 정치인이다.

판결이었다고 생각할 수밖에 없게 된다.

　이렇게 플라톤이 살던 시대의 역사적 배경과 플라톤의 의도를 모른 채 「변론」을 읽게 되면, 소크라테스의 주장이, 더 정확하게는 플라톤이 소크라테스의 입을 빌어 말하고 있는 주장이, 얼마나 모순[323]된 엉터리 논리인지, 얼마나 말도 안 되는 억지 논리인지 전혀 알 수 없게 되어 버린다.

　플라톤 사후, 오래된 서고에서 플라톤의 책을 발견한 사람들은 아테네의 정치제도와 법제도를 잘 알지 못 한 채, 그리고 그 옛날 아테네에서 있었던 역사적 사건들과 맥락을 모른 채 「변론」을 읽었을 가능성이 아주 높다. 그래서 지금까지 소크라테스가 재판을 받게 되기까지 있었던 모든 배경과 사건들을 다룬 책이 거의 없는 것일 테고.

　이 얘기는 곧, 플라톤이 죽은 다음 2400년이 넘는 시간 동안, 수많은 사람들이 「변론」이라는 희곡이 쓰여지기까지의 역사적 배경을 알아내려는 사람들이 많지 않았다는 것을 의미하기도 한다. 그래서 결국 우리에게는 고대 그리스 아테네 직집민주주의의 역사적 배경은 사라진 채, 소크라테스의 주장만, 엄밀하게는 플라톤의 주장만 남게 된 것이리라.

　플라톤 사후, 2400년이 흐르는 동안 「변론」을 접했던 사람들도 현재 우리의 잘못된 판단과 별로 다르지 않았을 것이다. 그래서 아직까지도 플라톤의 희곡[324] 「변론」을 읽은 사람들이

---

323) 모순(矛盾) : 언행(말과 행동)이 일치하지 않고 앞뒤가 맞지 않음
324) 희곡(戱曲) : 무대 공연을 위해 쓰여진 대본

소크라테스를 '아폴론 신전에서까지 인정한 세상에서 가장 지혜로운 사람'으로 여기고, 그런 소크라테스를 사형시킨 아테네 시민에 분개[325]하고 있는 것이리라.

뿐만 아니라 플라톤 책 속에 등장하는 소크라테스를 실존 인물이라 여기게 되었고, 소크라테스에 대한 재판도 실제로 있었다고 믿게 된 것이다. 그래서 '세상에서 가장 지혜로운 사람'인 소크라테스의 생각과 주장을 「변론」이라는 희곡 작품으로 남겨 준 플라톤에게 연민[326]과 감사의 마음을 가지는 것일 테고.

소크라테스에 대한 그 '근거 없는' 연민의 감정은 아테네의 직접민주주의[327] 제도를 하찮은 것으로 여기고, 민주주의자를 지지하는 사람들을 어리석은 이들이라고 확신하도록 만들었을 가능성이 높다.

현재의 국가권력시스템을 만든 모든 나라의 지배자나 지배계급은 고대 그리스 아테네의 직접민주주의 제도를 알고 있었을 것이다. 그래서 자신들의 정권을 유지하기 위한 반(反)민주주의적 교육 방식을 설계하기 위해, '태생적으로 어리석을 수밖에 없는 일반 시민'과 그 시민들에게 정치권력을 건네주려는 민주주

---

325) 분개(憤慨) : 화내고 화내다. 화가 많이 나 있는 것
326) 연민(憐愍/憐憫) : 다른 사람의 어려운 처지에 대해 불쌍하고 가련하게 여기는 마음
327) 직접민주주의 : 국민들이 직접 정치에 참여해, 국가의 모든 결정과 모든 법률에 승인 및 거부로 정부 정책을 결정하는 정치 체제. 이와 대비되는 대의민주주의는 국민들이 국가와 법률과 법집행에 대해 직접 투표권을 행사하지 않고 대표자(대의자)를 선출해서 정책을 처리하도록 하는 제도

의지지자들에게 정치 참여의 기회를 주지 않기 위해 총력[328]을 기울였을 것이다.

현재의 국가권력시스템을 설계한 사람들의 의도가 그럴 리가 없다고 우기는 사람이 있다면, 다음과 같이 생각해 보면 된다.

국가권력시스템을 설계한 사람들이 직접민주주의 제도를 숨길 의도가 없었다면, (1)찬란했던 아테네의 직접민주주의 제도에 관한 역사적 사실이 2천년 동안 사라지지 않았을 것이고, (2)공교육 기관에서 아테네의 직접민주주의 제도가 어떤 것인지에 대해 배웠을 것이다.

그뿐인가? 국가권력시스템을 설계한 사람들이 고대 아테네에서 시행했던 직접민주주의 제도를 숨길 의도가 없었다면, 지금쯤 우리는 (3)국가에서 법이나 제도를 새로 만들거나 없앨 때 국민이 참여할 수 있는 시스템을 가지고 있어야 한다. 정치인들과 공무원들은 국민 앞에서 ① 어떤 일을 하고 있고, ② 왜 그렇게 해야 하는지, ③ 그렇게 했을 때 누구에게 어떤 영향이 미치는지, 등에 대한 내용을 모든 국민에게 알리고 국민의 의견을 듣기 위한 시스템을 가지고 있어야 한다. 그리고 바빠서 참여하지 못하는 국민을 배려해 ④ 각 국가기관의 홈페이지에 극비 사항을 뺀 모든 일을 알려서 국민이 언제라도 손쉽게 열람할 수 있도록 하는 시스템이 만들어져 있어야 하고, 그마저도 볼 수 없는 상황에 있는 국민을 위해 ⑤ 각 국가기관은 자신들

---

328) 총력(總力) : 가지고 있는 모든 힘을 다 쓰는 것

의 활동보고서를 국민에게 발송해야 하고, ⑥ 언론과 방송에서는 국가기관에서 관련자들이 무엇을 하고 있는지 낱낱이 보도하는 시스템을 가지고 있어야 한다.

이와 같은 시스템을 가진 나라가 있는가? 없다.

그런데도 현재 국가권력시스템을 만든 이들에게 직접민주주의제도를 숨길 의도가 없다고 우기는 사람이 있다면, 둘 중 하나의 경우밖에 없다. (1)금치산자[329]이거나 (2)대의민주주의자[=엘리트주의자]들 편에서 이익을 나눠먹는 자. 이러나 저러나 직접민주주의를 반대하는 편에 서있는 반(反)민주주의자임은 틀림없다.

국가권력시스템 설계자들이나 운영자 그리고 거기에 참여한 정치인들이 반(反)민주주의자라는 사실을 더 증명해 보겠다.

국가권력시스템을 설계한 사람들 중에 진짜 민주주의인 직접민주주의자들이 있었다면, (1)최소한 직접민주주의 제도를 만들기 위한 시도[330]나 노력이 있었다는 역사적 기록이 남아 있어야 한다. 그런데 없다! 간접민주주의[331]라고 불리는 대의민주

---

329) 금치산자(禁治産者) : 자기 행위의 결과를 합리적으로 이끌어 내거나 판단능력이 없어 재산을 관리할 능력이 금지된 사람을 가리키는 말
330) 시도(試圖) : 어떤 것을 이루기 위해 계획하고 행동하는 것
331) 간접민주주의(間接民主主義) : 국민이 대표자를 선출하고, 그 대표자가 국정에 참여하는 정치제도. 대의민주주의가 간접민주주의에 해당됨

주의[332] 하에서 참정권[333] 중 하나인 선거권[334]만 확대시키기 위해 싸웠던 기록이 있을 뿐이다. 그리고 (2)국가기관이나 공무원이 하는 일을 모든 국민이 알게 되었을 것이고, (3)불법을 저지르는 비리[335] 공무원들은 언제든지 국민에게 탄핵[336]을 받아 쫓겨나거나, 고소고발을 받아 법의 심판을 받아 쫓겨나 다시는 공직에서 일할 수 없게 되었을 것이다. 착복한 돈이 있다면 모두 환수 조치되고 벌금도 물고.

플라톤이 위대한 철학자·작가인 이유

플라톤은 위대한 철학자임이 틀림없다. (1)2000년이 넘는 지금까지도 그의 주장대로 국민[일반 대중]은 어리석기 때문에 귀족[337] 또는 전문 엘리트[338]가 사회와 국가를 다스려야 한다고 생각하는 사람들이 많은 것을 보면. 그리고 (2)아직도 철학책이나 교과서에 위대한 철학자 플라톤이라고 예찬하며, 그의 생

---

332) 대의민주주의(代議民主主義) : 국민들이 개별 정책에 대해 직접적으로 투표권을 행사하지 않고 대표자를 선출해 정부와 의회를 구성해 나라의 문제들을 처리하도록 하는 민주주의 ↔ 직접민주주의
333) 참정권(參政權) : 국민이 정치에 참여할 수 있는 권리
334) 선거권(選擧權) : 국정 관련 선거에 참여해 투표할 수 있는 권리
335) 비리(非理) : 올바른 이치나 도리에서 어그러짐
336) 탄핵(彈劾) : 대통령, 국무총리, 법관 등 국가 고위직 공무원의 위법 행위에 대해 파면하거나 처벌하는 제도
337) 귀족(貴族) : 예전에는 왕을 도와 새로 나라를 만든 사람들이나 전쟁을 통해 공을 쌓은 사람들이 왕에게 받은 작위를 가진 사람들을 가리키는 말로, 왕으로부터 받은 모든 재산과 권리를 대를 물려 이어받을 수 있었던 부류의 특권층을 가리키는 말이다. 지금까지도 그들은 그들이 쌓아온 부와 권력, 그리고 그들끼리의 인맥으로 세계의 정치와 경제를 쥐락펴락 하고 있다.
338) 전문 엘리트 : 새롭게 떠오른 신흥 귀족 세력. 한 분야에 필요한 전문 교육을 받아 그 능력으로 높은 지위에 오른 사람이나 어떤 한 분야에 뛰어난 능력을 가진 사람을 가리키는 말.

각을 무조건적으로 따르는 사람들이 많은 것을 보면.

플라톤은 또한 훌륭한 작가임이 틀림없다. (1)대화체[339]의 글을 사용해 읽는 사람으로 하여금 '근거가 빈약한 비논리적인 말을 당연하고 논리적인 말'[340]로 자연스럽게 받아들이도록 만들었기 때문이다. (2)그가 쓴 모든 책에서 온 힘을 다해 민주주의를 반대하고 있는데도 읽는 사람들이 전혀 눈치 채지 못 하고 그의 주장에 동화되도록 만들기 때문이다.

이 책을 집필한 목적

이 책은 플라톤의 '근거도 빈약하고 논리도 맞지 않는' 글들에 대한 역사적 맥락의 이해를 돕기 위해 집필한 책이다. 그 중 특히 「변론」 속의 오류들을 바로잡기 위해 노력했다.

그런 이유로 1부에서는 소크라테스의 재판이 있기까지의 역사적 배경을 고대 그리스 아테네에서 귀족정과 싸웠던 민주주의 지도자들(솔론-페이시스트라토스-클레이스테네스-페리클레스) 순으로 설명해 놓았다.

그리고 1부의 마지막 부분 〈부록〉에서는 아테네와 스파르타의 정치제도를 비교해 놓았다. 어떤 제도가 더 훌륭한지 살펴

---

339) 대화체(對話體) : 설명을 사용하지 않고 사람들이 주고받는 대화 위주로 쓴 글
340) 「변론」에서 소크라테스가 재판관들에게 기소장 내용을 읽는 과정에서 나오는 말로, 소크라테스를 비난하는 사람들이 했던 말.

보는데 좋은 참고 자료가 되기를 희망하면서 간략하게 설명해 놓았다. 고대 아테네의 민주주의 정치제도와 스파르타의 정치제도는 현재 삼권분립[341] 형식의 정치제도에 영향을 끼쳤기 때문이다. 우리가 두 나라의 상반된 정치제도를 비교해야 플라톤이 소크라테스의 입을 빌어 주장했던 것이 과연 정당한 것이었는지를 정확하게 판단할 수 있게 되기 때문이고.

2부 〈소크라테스 재판의 재구성〉 1장에서는 소크라테스 재판(「변론」의 내용)에 직접적으로 영향을 끼친 펠로폰네소스 전쟁에 대한 내용들을 간략하게 기술했다. 2장에서는 수리아스라고 하는 가상의 인물을 창조해 재판관으로 참석하게 했다. 재판을 지켜보면서 하게 되는 생각들을 넣었다. 그렇게 해서 소크라테스에 대한 재판을 완전히 재구성했다. 플라톤의 입장과는 전혀 다른 수리아스의 생각을 통해 소크라테스의 발언들이 얼마나 궤변인지, 소크라테스 발언의 배경과 의도가 얼마나 불순한 것이었는지를 밝혔다.

그리고 2부의 2장 〈3. 아니토스의 법정 연설〉에서는 아니토스가 왜 소크라테스를 고발했는지, 왜 사형을 요청하는지에 대한 연설을 덧붙여 소크라테스가 어떤 죄를 저질렀는지를 밝혔다.

〈소크라테스 재판〉에서 소크라테스가 발언하는 부분은 영

---

341) 삼권분립(三權分立) : 국가의 대표적인 권력기관인 입법부(국회), 사법부(법원), 행정부(정부)는 서로 분리되어야 한다는 주장. 어느 한 기관이 국민에게 권력을 함부로 쓰지 못하도록 서로 견제하게 하기 위해 만든 제도. 영국의 J. 로크가 처음 권력의 분립을 주장했고, 프랑스의 몽테스키외가 삼권분립을 주장했다고 가르치고 있지만, 이 제도의 원형은 이미 고대 아테네에 있었다.

어 원서[342]와 그리스어 번역서[343]들[344]을 참고해, 이해하기 쉽도록 비교적 쉬운 단어를 사용하려고 노력했고, 긴 문장은 의미에 따라 짧은 문장으로 나눴다.[345]

플라톤을 무조건적으로 위대한 철학자라고 신봉[346]하도록 퍼뜨려온 사람들이 있다. 물론 플라톤은 여러 가지 측면에서 위대한 철학자가 맞다. 지금까지 플라톤만큼 뛰어난 철학자가 나오지 않았기 때문이다. 있다면 아리스토텔레스 정도?

플라톤을 신봉하도록 만든 자들은 중요한 한 가지를 숨겨왔다. 플라톤이 반(反)민주주의자였다는 사실을 말이다. 그들은 플라톤을 앞세워 우리 일반 대중이 직접민주주의를 우습게 여기도록 세뇌시켜 왔다. 그리고 귀족과 그들이 인정한 엘리트[347]가 아닌 국민[일반 대중]은 아무것도 알지 못하고, 그래서 아무 능력도, 아무 힘도, 아무 생각도 없다고 스스로를 비하하도록 만들어 왔다.

그래서 지금까지 우리는 무조건적인 플라톤 신봉을 퍼뜨려 귀족독재 또는 엘리트독재를 정당화하려는 자들에게 속을 수밖에 없었다. 그러므로 소크라테스와 플라톤을 무작정 훌륭한

---

342) 영어 원서(原書) : 영어로 쓰인 책
　※ 원서 : 번역하지 않은 원래 그대로의 책
343) 번역서(飜譯書) : 한 언어로 쓰인 글을 다른 언어로 바꿔서 쓴 책
344) 박종현 역주본, 천병희 역주본, 각종 문고판본 「변론」
345) 플라톤 문장이 너무 긴 걸 보면, 만연체를 상당히 좋아한 듯
346) 신봉(信奉) : 어떤 것을 옳다고 믿어 무조건 존중하고 떠받드는 것
347) 엘리트(elite) : 우수한 교육을 받아 우수한 능력을 가지게 되어 높은 지위에 올라 사회의 지도층이 되는 사람들을 가리키는 말

PROLOGUE

철학자라고 칭송³⁴⁸⁾하거나 흠모³⁴⁹⁾하는 사람들은 모두 반(反)민주주의자이거나 반(反)민주주의자들에게 세뇌된 자들이라고 단언해도 과언³⁵⁰⁾이 아니다. 그게 아니라면 플라톤이 어떤 정치적 입장에 서있었는지를 몰랐거나.

---

348) 칭송(稱頌) : 말로 칭찬하는 것
349) 흠모(欽慕) : 존중하고 그리워하고 따르는 것
350) 과언(過言) : 표현의 정도가 과장된 말

P.S 추신

1. 고대 그리스 아테네에서 불경죄로 고발당한 사람들
(역사기록-사료-에 남겨진 불경죄 재판의 사례)

   (1) 프로타고라스 : 데모크리토스의 제자, 별명이 소피아(지혜), 압데라 출신

   (2) 아스파시아 : 페리클레스의 애인, 밀레토스 출신

   (3) 아낙사고라스 : 페리클레스의 스승, 밀레토스 출신

* 플라톤과 크세노폰의 저작물 외 각종 사료 및 문헌에는 소크라테스가 불경죄로 재판을 받았다는 기록이 없다. 그러므로 플라톤의 「변론」에 나오는 '소크라테스 불경죄 재판'은 역사적 사실이 아닌 소설의 소재라는 증거다!

2. 디오니소스 축제
: 대(大)디오니소스 축제, 소(小)디오니소스 축제

- 남근을 달고 노래를 부르며 다님. 다산을 기원

- 대(大)디오니소스 축제 때는 연극 경연[연극 제전]이 있었다.

- 축제가 끝나면 민회가 열렸고, 여기에서 축제 기간 중 벌어진 잘잘못을 논의 검토했다; 의례만 사제가 준비하고 나머지는 시민들이 준비했기 때문

- 축제에는 모든 시민들이 참여했고 연주 공연과 축제에 들어가는 비용 부담은 '부자들의 의무사항'

- 공동체 의식 함양을 위한 종교행사이자 시민행사

3. 대(大)디오니소스 축제의 연극 경연

(1) 3일 동안 이어진 연극

(2) 경연 판정 : 10부족에서 뽑힌 판정관들

(3) 연주 관람객 : 1만~2만여 명

　* 아테네 시민은 대략 3만~5만여 명으로 추정

4. 플라톤의 초기 작품 「에우티프론」 「변론」 「크리톤」은 대(大)디오니소스 축제 때 3일 동안 있었던 연극 경연에 올려지는 작품의 형식을 빌린 **연작 시리즈물**이다.

5. 플라톤이 '희극작가와 비극작가들을 아테네에서 추방해야 한다'고 생각했던 이유

(1) 귀족들이 즐기는 심포지움이 더 훌륭하다고 여겼기 때문에

(2) 연극 공연이 아테네 시민에게 새로운 관점과 정치적 사건에 대한 성찰의 기회를 제공해, 아테네 시민을 정치적으로 만들었기 때문에

(3) 극작가들이 민주주의를 지지하고 민주정을 대변한다고 여겼기 때문에

(4) (2)와 (3)의 이유로 극작가들 아테네 공동체의 질서 유지에 좋지 않은 영향력을 끼친다고 여겼기 때문에

1장

소크라테스 재판의 역사적 배경

고대 그리스 아테네에는 두 부류의 정치인들이 있었다.

권력 장악을 위해 스파르타와 페르시아의 군대까지 끌어들여
자기 나라의 국민을 무참히 살해하고 재산까지 빼앗던
귀족 출신 독재자들이 있었고

그들을 몰아내기 위해
자신의 목숨을 걸고 싸운 민주주의 정치인들이 있었다.
그리고 그들과 함께 싸웠던 시민들이 있었다.

전쟁과 내란이 휘몰아치는 시대를 살았던 플라톤은
민주주의가 아닌
철인[351]이 통치하는 귀족독재정치체제를 꿈꿨다.

플라톤은 자신이 원하는 나라를 만들기 위해
소피스트(현인)들이 논했던
행복, 지혜, 용기, 덕, 사랑, 기억, 존재 등에 대해
다시 정리해서 글을 써야겠다고 결심했다.

평생 희곡[352]을 쓰는 동안 플라톤은

자기에게로 비난의 화살이 오지 않도록 하기 위해
주인공 이름을 소크라테스('가장 지혜로운 사람'이라는 의미)로 정한다.

플라톤의 희곡을 읽은 실제 인물 소크라테스는
앞으로 플라톤이 자신의 이름을 내세워
얼마나 많은 거짓말을 할 것인지를 걱정했다.[353]

---

351) 철인(哲人) : 지혜로운 사람, 또는 지혜가 무엇인지를 아는 철학자
352) 희곡(戱曲) : 연극 대본. 공연을 위해 쓰는 희곡과 읽기 위해서 쓰는 희곡이 있다. 플라톤이 쓴 희곡은 후자에 속한다.
353) 「그리스철학자열전」(디오게네스 저, 전양범 옮김, 동서문화사) p.194 참고

1. 펠로폰네소스전쟁 약사[354]
스파르타가 아테네를 침략한 전쟁

그리스에는 이미
스파르타에 의해 결성[355]된 펠로폰네소스동맹[356]이 있었다.
페르시아전쟁 이후 그리스의 도시국가들은
페르시아의 재침략에 대비해 아테네를 중심으로 뭉친다.
이 해상동맹을 델로스동맹이라고 불렀다.
아테네는 이 동맹 덕에 지중해 무역을 장악할 수 있었다.
델로스동맹의 국가들은 아테네를 따라 민주정을 수립했다.
아테네와 체제가 다른 스파르타는 이 동맹국들을 견제해야 했다.

〈1〉 펠로폰네소스전쟁이 시작되다 (기원전 431년)

펠로폰네소스전쟁은 (1)아테네를 중심으로 한 민주주의체제의 국가들과 스파르타를 중심으로 한 왕정 및 귀족독재체제 국가들 간의 전쟁이었고, (2)지중해 무역권을 장악하기 위한 전쟁이었으며, (3)한 국가 안에서 민주정 대 귀족정[혹은 왕정]지지자들끼리 벌인 내전이었고, (4)각국이 각자 속해 있던 동맹에서 벗어나기 위한 전쟁이기도 했다.

---

354) 약사(略史) : 역사적인 내용을 간략하게 서술해 놓은 기록
355) 결성(結成) : 단체나 조직, 또는 모임을 만드는 것
356) 펠로폰네소스(Peloponnesos)동맹 : 델로스동맹보다 훨씬 이전에 결성된 동맹으로 스파르타의 무력에 의해 펠로폰네소스 반도의 도시국가들이 강제로 맺게 된 동맹을 가리킨다. 동맹 회의에서 전쟁에 대해 과반수가 찬성하면 스파르타는 찬성하지 않은 모든 동맹국에도 병력을 요구해 전쟁을 치를 수 있었다. 그리고 자신들이 동의하지 않는 안건이 나오면 소집을 거부하는 등 무소불위의 권한을 행사했다.

기원전 440년대 후반부터 스파르타를 중심으로 한 펠로폰네소스동맹 국가들은 아테네가 제국주의[357]국가로 성장하는 것에 불만이 높아졌다. 특히 해상무역으로 성장하던 코린토스[358]가 아테네에 가장 큰 불만을 품게 되었다.

결국 코린토스가 먼저 움직였다. 펠로폰네소스동맹회의에서 아테네와의 전쟁을 제안한 것이다. 메가라가 이에 동조하자, 스파르타는 아테네 침략에 동의하고 모든 동맹국에 병력을 요청했다.

기원전 431년, 스파르타가 아티카로 쳐들어오면서 펠로폰네소스전쟁이 시작됐다. 아테네 도성에는 스파르타 군을 피해 들어온 피난민들로 북적였다.

기원전 430년, 아테네 도성에 역병까지 돌게 되어 수많은 사람들이 죽었고, 페리클레스의 아들 두 명도 모두 역병으로 죽었다.

기원전 429년, 페리클레스도 병으로 죽으면서 아테네 직접민주정 전성시대는 막을 내리기 시작한다.

페리클레스를 잃은 아테네 시민들은 클레온을 아르콘으로

---

357) 제국주의(帝國主義) : 경제력과 군사력이 강한 나라가 더 큰 나라가 되기 위해 다른 나라를 지배하는 경향을 가리키는 말
358) 코린토스(Korintos) : 그리스 펠로폰네소스 반도의 동북단에 있는 지역. 펠로폰네소스 반도와 그리스 본토가 이어지는 길목에 있는 도시. 아테네와 스파르타 다음으로 세력이 강한 도시국가. 스파르타의 동맹이었지만 지리적 위치 때문에 아테네 편에 서지 않을까 스파르타가 늘 노심초사했다.

선출했다. 1차 펠로폰네소스전쟁은 클레온[359]이 전투 중에 전사하고, 새로 선출된 니키아스[360]가 스파르타와 50년간의 평화협정을 맺으며 끝난다. 이를 '니키아스 조약'[361]이라고 부른다.

〈2〉 휴전 이후 (기원전 421년부터)

기원전 421년, 스파르타와 아테네는 50년 동안 서로 침략하지 않겠다는 서약(니키아스 조약)으로 펠로폰네소스전쟁을 끝냈다.

전쟁을 제안한 코린토스를 비롯해 전쟁에 참여한 국가들은 원하는 것을 얻지 못 해 이 조약에 불만이 많았다. 펠로폰네소스전쟁의 불씨가 꺼지지 않고 여전히 남아 있는 상태였기 때문에, 이 조약은 휴지 조각이나 다름없었다.

스파르타의 동맹국(펠로폰네소스동맹국)들도, 그리고 아테네의 동맹국(델로스동맹국)들도 모두 스파르타와 아테네가 이 평화조약을 굳게 지킬 것이라고 믿지 않았다. 또한 자신들도 이 조약을 지킬 생각이 없었고.

"아테네와 스파르타 사이의 새로운 협정은 필연적으로 의견

---

359) 클레온(Kleon) : 아테네 민중파의 수장이나 본인은 상업파벌에 속한 귀족. 페리클레스의 정적. 암피폴리스 전투에서 사망
360) 니키아스(Nikias) : 펠로폰네소스전쟁 기간 활약한 정치인, 장군.
361) 니키아스(Nikias) 조약 : 기원전 421년 펠로폰네소스 전쟁 종식을 목적으로 맺어진 델로스동맹과 펠로폰네소스동맹 사이에 맺어진 강화조약

을 달리하는 국가들의 역대응을 낳을 수밖에 없었다."[362] 그래서 각국들은 각자 살 길을 찾기 위해, 그리고 자기들의 세력을 더 확장하기 위해 물밑에서 새로운 연합을 모색하기 시작했다.

스파르타와 아테네가 휴전 협정을 맺자마자 코린토스는 또다시 제일 먼저 움직였다. 아르고스[363]를 찾아가 동맹을 제안한 것이다. 펠로폰네소스 반도 전체를 지배하고 싶었던 아르고스는 이를 기꺼이 받아들였고, 그렇게 해서 '아르고스동맹'이 결성된다. 아르고스는 동맹의 조건으로 스파르타와 아테네를 제외한 모든 국가와 동맹을 맺을 수 있는 전권을 가졌고, 스파르타와 아테네를 아르고스동맹에 가입시킬 때는 반드시 아르고스 민회를 통과해야 가입할 수 있다는 단서까지 받아냈다.

아르고스동맹이 결성되자 만티네아[364]가 첫 번째 동맹국으로 가입했고, 이를 알게 된 스파르타는 코린토스를 맹렬하게 비판하는 것으로 그쳐야 했다. 스파르타 내부에 여러 문제가 발생해 이 위협들을 제거하는 데 주력해야 하는 상황이었기 때문이다.

코린토스는 스파르타의 비판에 '일방적인 휴전 결정은 이기적인 결정이며 배신 행위'라고 받아치며, 아르고스동맹 가입 국가들을 확대해 나갔다. 아테네로부터 코린토스의 식민지들을 돌려받아야 했기 때문이다.

---

362) 「펠로폰네소스 전쟁사」(도널드 케이건 저, 허승일/박재욱 역, 까치) p.244
363) 아르고스 : p.183 지도 참고
364) 만티네아(Mantinea) : 고대그리스 아르카디아의 도시 ※ p.183 지도 참조

아르고스동맹에 엘리스[365]가 참여했고, 극렬 반(反)아테네 국가인 칼키디케[366]도 참여했다. 코린토스와 아르고스가 동맹국을 늘리기 위해 동분서주한 것에 비해 동맹국 가입은 미미한 편이었다. 스파르타와 아테네, 그리고 코린토스와 아르고스에 대한 각국의 이해관계가 서로 달랐기 때문이다.

아테네는 아테네 대로 스파르타에 분개하고 있었다. 스파르타가 조약을 이행하지 않아 아르고스동맹이 결성되었고, 아르고스동맹 참여국들과 스파르타의 동맹국들이 아테네를 견제하기 시작했기 때문이다.

기원전 419년, 아테네에서는 스파르타를 견제하기 위해 펠로폰네소스 반도 내에 있는 국가들과의 동맹 계획을 세웠다. 코린토스를 제압하면 스파르타의 힘이 약화될 것으로 보고, 아르고스를 끌어들였다. 이 동맹의 중심국은 아테네와 아르고스가 되었고, 이를 주도한 인물은 알키비아데스였다.

이후 펠로폰네소스 반도에서는 아르고스를 위주로 한 아테네 동맹국들과 스파르타와 코린토스 동맹국들 사이에서 전투가 계속되었다.

기원전 418년, 아르고스와 스파르타가 싸운 만티네아 전투가 있었다.

기원전 416년, 아테네가 델로스동맹에 가입하지 않은 멜로

---

365) 엘리스 : p.183 지도 참조
366) 칼키디케 : p.183 지도 참고

스 섬을 무력으로 정복했다.

기원전 415년, 아테네가 아테네의 동맹국인 세게스타와 레온티니의 요청을 받아들여 코린토스의 식민지인 시라쿠사로 원정을 떠난다.

기원전 414년, 아테네군이 펠로폰네소스 반도의 라코니아 해안을 공략했다.

아테네의 동맹국인 아르고스는 계속해서 펠로폰네소스 반도 내에서 스파르타의 영토를 침략했고, 스파르타도 이에 대응해야 했다. 이 두 나라는 휴전 기간 내내 서로의 영토를 침략하고 약탈했다.

기원전 413년, 아테네의 시라쿠사 원정이 대참패로 끝났다. 이때를 틈타 스파르타와 동맹군은 아테네로 쳐들어가려고 했지만 아테네 해군에게 참패를 당한 기억 때문에 신중하게 연합군을 결성하고 함대를 모으는 것으로만 그쳤다.

기원전 412년, 알키비아데스가 아테네를 배신하고 아테네 속주 도시들을 종용해 아테네 반란을 일으키게 한다. 이로써 스파르타-페르시아 동맹이 작동하기 시작한다.

기원전 412년, 12월 말 사모스 사절단이 아테네에 도착해 민회에서 국체(국가체제)를 바꿔야 페르시아와 알키비아데스가 도울 수 있다고 주장한다. 이것은 아테네를 귀족정으로 만들고 싶어하는 아테네 귀족들이 꾸민 계략이었다. 민회에 참석한 아테네 시민들은 아테네를 살리는 길이 이 방법뿐이라는 주장에 찬성할 수밖에 없었다.

지금까지 살펴본 바와 같이, 휴전 이후에도 아테네의 동맹국들과 스파르타의 동맹국들은 각국의 이익을 위해, 혹은 지중해 유역의 패권을 놓고 계속 전투를 벌였다는 것을 알 수 있다. 휴전 기간 내내 아테네의 동맹국들은 끊임없이 아테네에 지원군을 요청했고, 아테네는 이를 뿌리칠 수 없었다. 스파르타 또한 휴전 기간 내내 스파르타 동맹국들의 지원군 요청에 시달려야 했다. 휴전은 휴전이 아니었던 셈이다.

동맹국들의 계속되는 지원군 요청에 매번 응하다 보니, 아테네도 스파르타도 국력이 점점 고갈되어 가고 있었다. 게다가 스파르타는 자신들의 체제에 여러 위협이 생겨나고 있었기 때문에 계속해서 아테네와 화해를 하고 싶어 했다. 페르시아가 아테네와 협력할지도 모른다는 걱정이 들기도 했고.

아테네도 스파르타와 페르시아가 연합하지 못 하도록 페르시아와의 관계에 많은 신경을 썼다. 그러자 페르시아는 페르시아전쟁 이전 상태의 영토로 돌려 놓기를 요구했고, 아테네 민회는 이 요구를 거절하기로 결정한다. 그 결과, 페르시아는 스파르타에게 손을 내밀었고, 스파르타는 그 손을 잡았다.

페르시아의 지원을 받은 스파르타는 아테네 식민지들을 점령해 나가기 시작했다. 아테네 식민지에서 귀족들이 스파르타를 끌어들여 권력을 장악하려고 했기 때문에 일은 생각보다 수월하게 진행되었다.

2. 소크라테스 재판 12년 전 (기원전 411년)
400인귀족독재정권의 공포정치

소크라테스 재판 12년 전
민주정치를 혐오해 호시탐탐 권력 장악을 노리던 아테네의 귀족들은
스파르타군과 시라쿠사[367] 귀족들의 군사들을 끌어들여 무력으로 권력을 잡는다.
아테네의 길거리에 스파르타군이 활보하고
젊은 귀족들에 의해 아테네 시민들은 무참히 살해당한다.
이 사건의 중심에는 알키비아데스가 있었다.
알키비아데스는 소크라테스의 애인이었다.

기원전 411년, 전쟁이 계속되자 아테네에서는 민주정을 제한하더라도 전쟁에서 승리하는 것이 더 중요하다고 여기는 '중도파'가 힘을 얻기 시작하고 있었다.

시라쿠사 원정의 대실패로 펠로폰네소스전쟁에서 아테네의 패색[368]이 짙어지자, 귀족정 지지자들 중에서 극단적이고 급진적인 젊은 귀족들이 설치기 시작했다. 민주정 지도자들을 암살[369]하고 다녔고, 민회에서 자기들의 의견에 반대하고 나선 사람들을 암살했다. 민주정을 지지하는 발언을 해도 암살했고, 같은 귀족이라고 해도 반대 의견을 내도 죽였다. 무차별적인 암살로 아테네인들은 공포에 떨어야 했다.

400인의 귀족들은 스파르타와 시라쿠사 및 그들의 동맹국

---

367) 시라쿠사(Siracusa) : 시칠리아섬에 위치한 옛 도시. 고대 그리스 시대에 건설된 아폴로 신전, 그리스식 극장 등 고대 그리스·로마 시대의 유적이 많은 관광지
368) 패색(敗色) : 싸움에서 패배할 것 같은 분위기
369) 암살(暗殺) : 누가 죽였는지 왜 죽였는지 아무도 알지 못하도록 비밀리에 죽이는 것

에서 불러들인 용병 500여 명과 그동안 아테네를 공포에 떨게 한 120명의 젊은 귀족들을 데리고 평의회 건물을 장악했다. 이들은 거기에서 일하고 있던 평의회의원들에게 급여를 지급하고 나가라는 명령을 내렸고, 평의회의원들은 모두 아무 항의도 못 한 채 돈을 챙겨 건물을 떠나야 했다.[370] 그렇지 않으면 그 자리에서 죽을 수도 있었기 때문이다.

이런 공포 분위기 속에서 민회가 열렸고, 민회는 이들 400인 귀족정을 승인할 수밖에 없었다. 400인 귀족정 구성원들은 이렇게 강압적인 방법으로 합법성과 정당성을 강제로 얻어 낸 것이다.

귀족들이 끌어들인 스파르타군과 젊은 귀족들은 아테네 거리를 활보하며 조금이라도 반항하는 사람이 있으면 몽둥이로 마구 때리거나 죽였다. 이런 무차별[371]적인 만행으로 아테네 시민들은 공포에 빠졌다. 이 무차별적이고 폭력적인 만행의 배후[372]에는 소크라테스의 연인 알키비아데스[373]가 있었다. 400인귀족 독재정권은 4개월 뒤, 스파르타에게 아테네를 넘겨주려는 귀족정 지도자들과 싸웠던 중도파와 민주정을 지지하는 아테네 시민들의 반격으로 무너졌다. 이때 가장 중요한 역할을 한 사람은

---

370) 「펠로폰네소스전쟁사」(도널드 케이건 저, 허승일/박재욱 역, 까치) p.445
371) 무차별(無差別) : 차별을 두지 않음
372) 배후(背後) : 어떤 일의 드러나지 않은 이면
373) 알키비아데스(Alkibiades) : 소크라테스의 제자이자 연인

테라메네스[374]였다.

이 시기에 소크라테스는 입을 다물고 있었다. 민주주의자들을 함부로 죽이던 귀족세력에 대해서도, 시라쿠사 반란을 주도한 귀족세력과 스파르타의 왕으로부터 군대를 제공받은 것에 대해서도, 400인귀족독재정권을 수립한 뒤 공포정치를 실시한 것에 대해서도, 젊은 귀족들이 아테네 시민들을 무차별적으로 죽인 것에 대해서도, 소크라테스는 단 한 마디 비판은커녕 아무 말도 하지 않은 채 조용히 집에 틀어박혀 있었던 것이다.

이 사건으로 인해 소크라테스는 아테네 시민들에게 민주주의 체제를 무너뜨리려고 하는 세력과 뜻을 같이 한다는 의심을 받기 시작한 것이다.

아테네에 400인귀족정이 무너지고 민주정이 수립되자 스파르타는 아테네의 속주에서 반란을 유도하기 시작했다. 페르시아는 계속해서 그리스 전체를 지치게 하는 전략을 쓰고 있었고. 스파르타와 페르시아는 전쟁에서 이기기 위해 갖은 애를 썼지만, 아테네는 이후 모든 전투에서 계속해서 승리를 거두고 있었다.

---

374) 테라메네스(Theramenes) : 기원전 411년의 400인귀족독재정권과 기원전 404년의 30인귀족독재정권을 세우는데 기여한 중심 인물. 30인귀족독재정권이 두 번째 계급과 연합해서 정권을 잡은 뒤 귀족들이 평민들의 민회발언권과 선거권을 빼앗고 무장해제까지 시키자 귀족독재주의자들과 결별을 선언한다. 라이벌 관계에 있던 크리티아스는 테라메네스를 살해한다. 반민주주의자, 귀족독재주의자인 플라톤은 그의 책에서 테라메네스에 대해서는 일체 언급하지 않고, 살인을 서슴지 않았던 크리티아스와 카르미데스 등은 매력적인 인물로 묘사했다.

기원전 410년, 스파르타는 페르시아와의 조약을 먼저 파기하고 아테네에 평화를 제안했다. 하지만 아테네는 이 제안을 받아들일 수가 없었다. 스파르타가 밀레토스, 에우보이아[375], 비잔티온 등 아테네 제국에 중요한 도시들을 점령하고 있었기 때문이다.

기원전 410년, 재건된 민주정이 400인귀족독재정 시절의 법들을 폐기하고 다시 500인 평의회 시절의 법들을 복구시켰다.

기원전 408년부터 400인귀족독재정권에 대한 고발이 급증하기 시작했다. 유죄 판결이 나면 벌금을 내야 했고, 시민권을 박탈당하기도 했으며 추방이 되기도 했다. 몇몇 귀족 계급과 부자들은 이런 고발에 대해 맹렬한 비난을 퍼부었다.

아테네 밖에서는 아테네의 장군들이 스파르타에게 빼앗긴 영토를 회복하기 위해 여전히 곳곳에서 스파르타와 전투를 지속했다. 그덕에 중요한 거점인 칼케돈과 비잔티온을 다시 아테네의 동맹국으로 만들 수 있었다.

기원전 407년, 알키비아데스가 아테네 시민의 대대적인 환영을 받으며 아테네로 귀환했다. 평의회와 민회에 출석해서 이전에 받은 고발에 대해 자신을 변론했다. 자신의 잘못에 대해 아무도 비난하지 않고 오로지 불운만을 탓했다. 그리고 아테네의 미래에 대한 희망찬 발언으로 변론을 마무리했다. 그덕에 그

---

375) 에우보이아(Euboea) : 그리스에서 크레타 다음으로 큰 섬. 아테네의 '식량 창고' 역할을 하던 중요한 섬

는 육해군의 총사령관으로 뽑혔다.

기원전 406년, 알키비아데스는 노티온 전투에서 대패하고 동맹국 키메를 약탈한 것에 책임을 물어 자리에서 해임된다. 알키비아데스 때문에 다른 장군들(아테네의 영토와 동맹국들을 회복시킨)도 모두 장군에 뽑히지 못 했다. 알키비아데스는 또다시 망명을 떠나 자신의 은신처로 피난했다. 이 해에 아테네 해군은 아르기누사이 전투에서 대승리를 거두었다. 형편없는 배들로 우세한 스파르타군을 파괴한 것이다. 지중해 제해권을 다시 아테네가 거머쥐게 되었다.

하지만 민회는 이 전투에 임했던 장군들을 폭풍우로 인해 생존자들을 구출하지 못한 죄와 시신을 수습하지 못한 죄를 물어 재판에 회부했다. 모든 장군에게 유죄 판결이 내려졌다.[376]

기원전 405년, 위기를 느낀 스파르타의 두 왕이 전군을 이끌고 모두 아테네에 도착했다. 그들은 아테네 성벽 밖 아카데메이아 근처에 진영을 꾸렸다.[377] 여기에 테베와 코린토스가 동맹군으로 참여했다. 테라메네스는 이 상황을 타개하기 위해 나섰다. 포위된 아테네 시민을 살리기 위해 스파르타에게 아테네의 모든 결정권을 넘기기로 한 것이다.

기원전 404년 3월, 펠로폰네소스전쟁이 아테네의 참패로 끝난다. 지중해 제해권은 스파르타가 쥐게 되었고, 페르시아도

---

376) 플라톤의 「변론」에서 소크라테스가 이 일을 언급하는 구절이 나온다.
377) 「펠로폰네소스전쟁사」(도널드 케이건 저, 허승일/박재욱 역, 까치) p.553 참고

페르시아전쟁 이전 상태로 영토를 회복했다. 자유와 독립을 되찾기 위해 펠로폰네소스 전쟁에 참여했던 많은 도시들은 이제 스파르타에 세금을 내야 했고, 스파르타 주둔군을 지닌 총독의 명령을 들어야 했다.

3. 소크라테스 재판 5년 전 (기원전 404년)
또다시 시작된 30인귀족독재정권의 공포정치

소크라테스 재판 5년 전
30인의 귀족이 무력으로 아테네 정권을 장악한다.
또 아테네 시민을 무차별로 죽이고, 참정권도 빼앗고 시민권까지 빼앗았다.
이를 주도한 카르미데스[378]와 크리티아스[379]는 플라톤의 친척들이었다.
그리고 그들은 모두 소크라테스의 제자였다.

기원전 404년, 소크라테스 재판이 있기 5년 전. 아테네가 스파르타에 항복하면서 펠로폰네소스전쟁이 끝났다.

전쟁이 끝나자마자 곧바로 스파르타를 등에 업은 30인귀족독재정권이 들어섰다. 아테네는 스파르타 점령군과 용병들에게 장악[380]당했고, 지난 400인정권 때보다 더 극심한 공포에 빠지게 되었다.

30인귀족독재정권의 주도 세력은 제1계급의 귀족들이었다. 이 30인귀족독재정권은 기원전 411년에 시민들을 속여 정권을 잡았던 400인귀족독재정권에 속해 있던 사람들이었다. 이들은 자신들의 지배를 강화하기 위해 맨 먼저 자기들에게 협력

---

378) 카르미데스(Charmides) : 플라톤 어머니 페릭티오네와 남매. 플라톤의 외삼촌. 크리티아스와 함께 30인귀족독재정권을 주도했다.
379) 크리티아스(Kritias) : 카르미데스와 플라톤 어머니의 사촌형제. 카르미데스와 함께 30인귀족독재정권을 주도한 사람. 폭력으로 공포를 조장해 아테네를 다스리려고 했다. 하지만 플라톤은 「크리티아스」에서 '크리티아스'를 아틀란티스제국과 맞서 싸우던 고대 그리스의 선조들이 살던 국가가 얼마나 훌륭한 국가였는지에 대한 얘기를 해 주는 멋진 사람으로 그려냈다.
380) 장악(掌握) : 손 안에 쥔 것처럼 무엇인가를 휘어잡는 것

했던 제2계급의 무기 소유를 금지시켰다. 그리고 선거권도 빼앗아 버렸다. 권력을 장악하자마자 곧바로 평민층을 배신한 것이다. 그리고 제3계급의 시민권까지 빼앗아 버렸다.

30인귀족독재정권은 곤봉을 들고 다니는 깡패들을 동원해 민주주의 지도자들을 암살했다. 뿐만 아니라 민주주의 지도자들을 따랐던 사람들을 죽이고, 무고한 아테네 시민까지 무차별적으로 죽였다. 이들은 자신들에게 저항할 가능성이 있는 사람들의 재산까지 강제로 빼앗았다. 뿐만 아니라 가문이 좋거나 시민들에게 좋은 평판을 받는 사람들을 죽이고 재산도 빼앗았다. 단 한 번도 민주정을 지지한 적이 없는 사람들도 말이다.

30인귀족독재 정치인들이 정권을 잡고 있는 동안 죽인 사람의 수가 1500명이 넘었다는 역사 기록이 있을 정도로, 이들 30인귀족독재정권의 공포정치[381]는 끔찍했다.

민주정 지지자들은 아니토스[382]를 중심으로 뭉쳐 30인귀족독재정권에 대항한 반격에 성공하고, 정권을 잡는다. 30인귀족독재정권은 8개월 만에 실각[383]했고 드디어 무자비하고 무차별적인 살인과 약탈이 멈췄다. 이를 이끈 아니토스는 400인독재정권과 30인귀족독재정권에 참여한 테라메네스의 부관[384]이었다.

---

381) 공포정치(恐怖政治) : 사람들을 다스리기 위해 공포를 조장하는 정치
382) 아니토스(Anytos) : 소크라테스를 재판에 기소한 사람. 멜레토스, 아니토스, 리콘 등이 '신성 모독죄'와 '젊은 세대들을 타락시킨 죄'로 소크라테스를 기소함
383) 실각(失脚) : 권력이나 지위를 잃는 것
384) 부관(副官) : 지휘관의 참모. 지휘관의 명령에 따라 모든 업무를 처리하는 장교

이 폭력적인 30인귀족독재정권을 주도한 사람은 카르미데스와 크리티아스였다. 카르미데스는 플라톤의 외삼촌이고, 크리티아스는 카르미데스의 사촌형제다. 그리고 이 두 사람은 모두 소크라테스의 제자였고 30인귀족정에서 법률 개정을 맡았다.

정권을 잡은 뒤 크리티아스와 카르미데스는 소크라테스를 불러들여 '합리적인 토론 기술을 가르치는 것'과 '젊은이들과 대화하는 것'을 금지하라고 명령했다.

플라톤이 쓴 책 「변론」에서 소크라테스는 법정에서 사형 선고를 받는 한이 있더라도 절대 철학하는 것을 멈추지 않을 것이라고 큰 소리를 쳤다.

하지만 실상은 전혀 달랐다. 소크라테스는 카르미데스와 크리티아스의 말을 순순히 받아들였고, 더 이상 젊은이들과 대화하지 않고 조용히 지냈다. 귀족이 아닌 사람이나, 귀족이더라도 독재정권에 반대하던 사람들을 무참하게 죽이던 정치인에게는 아무 지적도 하지 않고 입다문 채로 지냈다. 플라톤이 쓴 「변론」에 쓰여진 것과 달리, 소크라테스는 사람들을 함부로 죽였던 귀족 출신 정치인들의 말은 순순히 듣고 집으로 돌아가 혼자 철학하기를 즐겼던 것이다.

그런데 30인귀족독재정 정치인들을 물리치고 민주주의 정치인들이 권력을 잡자, 소크라테스는 민주주의 정치인들과 그들을 지지하는 사람들을 한 사람씩 매일 찾아가 여러 질문을 던져 난처하게 만들기 시작했다.

소크라테스가 날마다 민주주의자들을 찾아가 지혜로운 사람이 아니라고 매도하는 것을 지켜본 아테네 시민들은 소크라테스가 민주정을 싫어한다고 확신하게 되었다.

4. 소크라테스 재판 4년 전 (기원전 403년)
정권을 잡은 아니토스, 대사면을 실시하다

다른 도시 국가의 귀족들은
민주정이 들어선 다음 사형도 당했고 재산도 몰수당했다.
하지만 아테네 민주정의 지도자들은 대사면 정책을 펼쳤다.
30인귀족독재정권에 빼앗긴 자신들의 재산도 되찾으려 하지 않았다.

기원전 403년, 소크라테스 재판이 있기 4년 전. 아테네에 다시 민주정이 들어섰다. 민주정을 지지하는 사람들은 아니토스를 중심으로 뭉쳤다.

아테네에서 귀족독재정권을 몰락시키고 민주정이 들어서자, 아테네의 동맹국이었던 다른 도시국가에서도 민주정이 들어섰다. 그 도시국가들에서 정권을 잡은 민주정 지도자들은 귀족들을 대량으로 학살했고 재산도 모두 빼앗았다.

하지만 아테네의 민주정[385] 지도자들은 대사면[386] 정책을 끝까지 고수하면서 귀족정의 지도자들과 화해를 시도했다. 귀족들의 재산도 뺏지 않았고, 귀족독재정에 빼앗긴 자신들의 재산을 되찾기 위한 그 어떤 노력도 하지 않았다. 민주정 지도자들의 그런 일관된 태도는 아테네 시민들에게 많은 존경과 찬사를 받았다.

반면, 30인귀족독재정권을 지지했던 몇몇 귀족들은 대사면

---
385) 민주정(民主政) : 민주주의를 실시하는 정치제제
386) 사면(辭免) : 죄를 모두 용서하는 것

1장 ｜ 소크라테스 재판의 역사적 배경

을 거부하고 화해도 거절했다. 그 모습을 지켜보던 아테네 시민들은 회의를 열어 '귀족독재자들을 엘레우시스[387]라는 마을로 보내 거기에서 그들이 만들고 싶은 국가를 만들어 살게 하자'고 정했다.

플라톤의 외삼촌이자 소크라테스의 제자였던 크리티아스와 카르미데스, 그리고 귀족독재정 지지자들은 아테네 재탈환[388]을 꿈꾸며 엘레우시스로 갔다. 엘레우시스의 주민들은 그 귀족들을 거부했고, 크리티아스와 귀족독재주의자들은 자신들에게 저항하는 엘레우시스의 성인 남자 300명을 학살한다. 그 사건으로 인해 엘레우시스에는 그 귀족세력에 대항하는 저항 세력이 생겨났고, 그 귀족세력과 전투를 벌이기 시작했다. 30인귀족독재정권의 중심 인물이었던 크리티아스와 카르미데스는 엘레우시스의 저항 세력과 전투 중에 살해되었다.

---

387) 엘레우시스(Eleusis) : 아테네 서쪽 20km에 위치한 아티카 지방의 한 마을. 고대부터 신성한 곳으로 여겨지던 지역으로 엘레우시스 제전이 5년마다 열리는 곳(참고서적 「세계종교사상사1」p.442.
　※ 엘레우시스 밀교
　(1) 대(大)제전과 소(小)제전이 있었다.
　(2) 곡식과 수확의 여신이며 올림포스 12신인 데메테르와 그녀의 딸이자 식물과 꽃의 여신으로 하데스에게 납치되어 저승으로 끌려 간 페르세포네를 따르는 종교.
　(3) 페이시스트라토스 시대부터 그리스 전역으로 확대되었다.
388) 재탈환(再奪還) : 다시 빼앗는 것

173

5. 소크라테스 재판 2년 전 (기원전 401년)
들통난 귀족들의 재집권 반란 계획

정권을 잡아 자신들 마음대로 권력을 휘두르고 싶었던 귀족들은
민주정의 지도자들의 대사면정책 속에 자신들의 야욕을 숨긴 채
또다시 용병을 고용해 정권을 빼앗을 계획을 세운다.

기원전 401년, 소크라테스 재판 2년 전. 엘레우시스로 추방된 귀족들은 아테네에서 가장 부유한 계층인 제1계급 중에서도 가장 부유한 사람들이었다. 그랬기 때문에 엘레우시스에서 또다시 용병을 고용해 아테네 공격을 위한 음모[389]를 꾸미기 시작했다.

하지만 계획은 아니토스와 민주정의 지도자들에게 곧 들통나고 말았다. 아니토스는 즉시 군대를 총 집결시켜 엘레우시스로 진격해 그들의 지도자를 죽인다. 그리고 그들의 친구와 친척들을 엘레우시스의 귀족들에게 보내 아테네를 재공격하려는 시도를 멈추도록 설득시키게 했다.

아니토스와 아테네 시민들은 귀족들이 '과거의 일들을 모두 잊고, 다른 아테네 시민들에게 다시는 복수하지 않고 함께 살겠다'는 맹세를 하자, 모든 것을 용서하고 그들을 다시 아테네로 받아들였다.

---

389) 음모(陰謀) : 나쁜 일을 꾸미기 위해 몰래 계획을 세우는 것

아테네 시민들은 솔론, 페이시스트라토스, 클레이스테네스, 그리고 페리클레스가 쌓아놓은 민주정치가 무너지는 일을 겪으면서 귀족들이 정권을 잡으면 얼마나 포악[390]해지는지 너무나도 잘 알게 되었다.

---

390) 포악(暴惡) : 나쁜 일을 서슴지 않고 행할 수 있을 만큼 사납고 악독한 것

6. 소크라테스, 결국 기소당하다 (기원전 399년)
존경받던 민주주의 정치인 아니토스, 소크라테스를 기소하다

소크라테스는 귀족독재 정치인들에게는 입을 다물었고
민주주의 정치인들에게는 거침없이 질문하며 무안을 주었다.
소크라테스는 시민들에게 민주주의를 위협하는 중심인물이 되었다.

아니토스는 30인귀족독재정치[391]의 폭정을 끝내고 아테네의 민주주의를 회복한 정치 지도자 중의 한 사람이다. 원래 직업은 가죽업자로 부유한 집안 출신이었기 때문에 처음부터 민주주의를 지지한 사람은 아니었다. 펠로폰네소스 전쟁 당시에는 두 번에 걸친 귀족정의 중심 인물인 테라메네스의 부관으로도 활약했다.

그가 민주주의자가 된 이유는 귀족들의 포악하고 폭력적인 정치 행태와 기만적인 행위에 크게 실망했기 때문이었다. 그들은 자신들보다 아래 계급 사람들의 재산을 함부로 빼앗았고, 공포심을 조장[392]해 시민들을 지배하고, 사람들을 쉽게 죽였다.

아니토스는 이런 소수 귀족의 폭력적인 독재 정치를 지켜보면서, 사람의 생명과 재산의 안전을 위하는 민주주의가 더 좋다는 것을 깨닫게 되었고, 결국 30인귀족독재정을 끝내는 데

---

391) 30인귀족독재정치(獨裁政治) : 기원전 404년에 귀족세력이 스파르타와 동맹을 맺고 아테네를 공격한 뒤 4개월 동안 민주주의 지도자들을 죽이고, 자신들에 반대하는 수많은 아테네 시민들을 모두 처형하는 등 공포정치를 실시
392) 조장(助長) : 분위기를 만들어 내고 만들어 낸 분위기를 크게 확대하는 행위

앞장서게 된 것이다.

기원전 404년에 30인귀족독재정치를 끝낸 뒤, 대사면 조치를 내리고, 자기도 그 정책을 지키기 위해 귀족들에게 빼앗겼던 자신의 재산을 되찾기 위한 노력을 하지 않은 모범을 보여줬다. 그랬기 때문에 아니토스는 소크라테스 재판이 끝난 뒤 10년 넘도록 아테네 시민들의 존경과 사랑을 받았다.

여러 민주정 지도자들의 노력에도 귀족들은 민주정과의 약속을 어기고 권력을 잡기 위해 계속 반란을 계획했다. 기원전 411년부터 기원전 401년까지 무려 세 번이나.

귀족세력이 일으킨 사건들은 모두 소크라테스의 연인과 제자들에 의해 주도되었다. 400인귀족독재정권은 소크라테스의 제자이자 애인이었던 알키비아데스가, 30인귀족독재정권은 소크라테스의 제자이자 플라톤의 친척들이 주도했다.

아테네 시민들은 귀족독재 치하에서 참혹한 일을 겪으며, 귀족독재정치보다는 민주주의 정치가 더 평화롭고 안전하다는 것을 온몸으로 절감하게 되었다.

이런 일들을 겪는 동안 아테네 시민들 중에는 소크라테스가 민주정을 증오하고 전복시키고 싶어한다는 의심을 하는 사람들이 점점 늘어났다. 소크라테스는 귀족독재 정치인에게는 단 한 마디 질문도 던지지 않고 고분고분했던 반면, 민주주의 정치인에게는 거침없이 질문을 퍼부어 난처하게 만들었다. 그리고 그를 따르던 젊은 귀족들이 그런 소크라테스를 흉내내며 민주주의 정치인들에 야유를 던지는 일이 잦아졌다. 그렇게 해서 결국 소크라테스는 아테네 민주정에 위협을 가하는 위험 인물이라는 의심을 받고 말았다.

1장 ┃ 소크라테스 재판의 역사적 배경

이것이 언론의 자유가
최대한 보장되었던 아테네에서
소크라테스가 재판에
기소된 이유다.

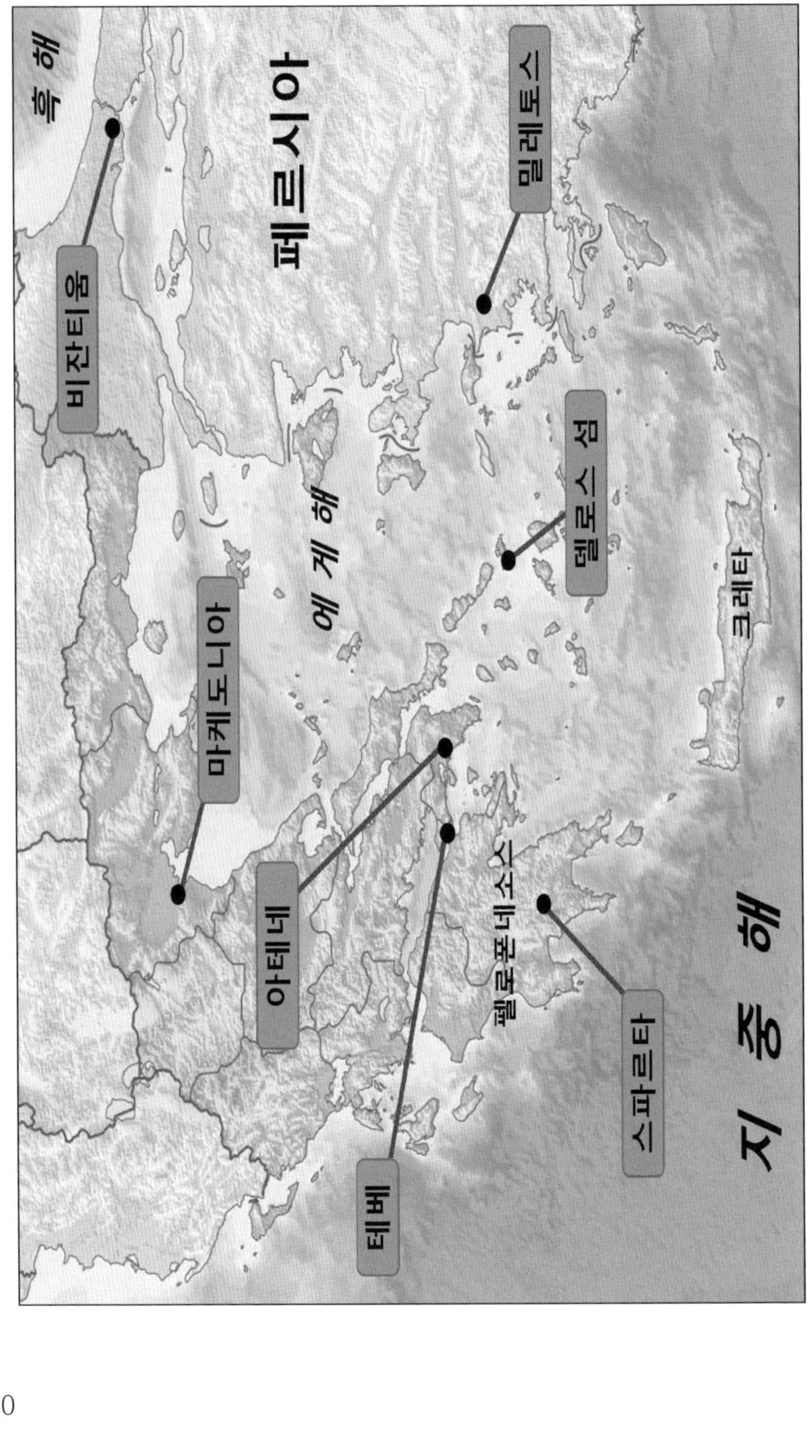

※ 그리스 아테네와 주변 국가의 위치

1장 ┃ 소크라테스 재판의 역사적 배경

* 참고 1. 페르시아에게 아테네는 눈엣가시였다. 지도에서 보듯이 페르시아 영토의 도시들이 아테네와 동맹을 맺고 있었기 때문이다. 페르시아제국에게 아테네는 제거해야 할 대상이었다. 왕족지배체제를 유지하려는 페르시아의 입장에서는 아테네가 자신들의 영토에 평민들이 정치에 개입하는 민주주의체제를 퍼뜨려 왕권을 약화시키는 암적인 존재였기 때문이다.

* 참고 2. 스파르타에게도 아테네는 눈엣가시였다. 페르시아 전쟁 이후 맺은 델로스동맹으로 아테네가 제국으로 도약하고 있었기 때문이다.

* 참고 3. 마케도니아에게도 아테네는 눈엣가시였다. 해상으로 나가야 세력을 확보할 수 있는데 아테네와 동맹을 맺은 국가들 때문에 움직이기가 어려웠기 때문이다.

* 참고 4. 아테네의 귀족에게 부자평민들은 눈엣가시였다. 태생이 천한 것들이 최고의 자리인 아르콘에도 오르고, 민회에서 정치적인 발언까지 하고 투표에 부쳐서 수로 밀고 나와 수적 열세에 있던 귀족들이 마음대로 할 수 없도록 만들었기 때문이다.

2부. 소크라테스 재판의 재구성

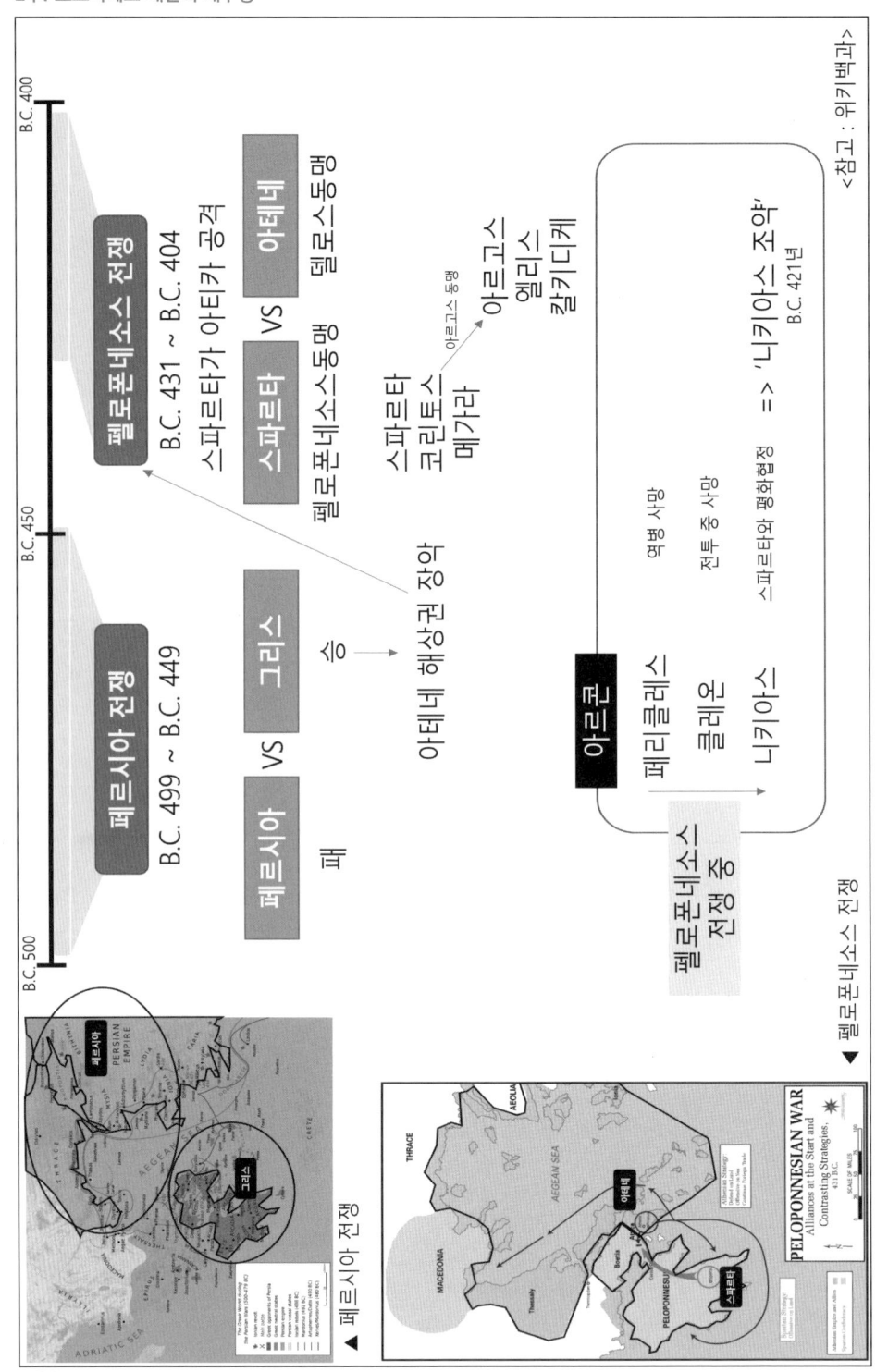

▼ 펠로폰네소스 전쟁

1장 | 소크라테스 재판의 역사적 배경

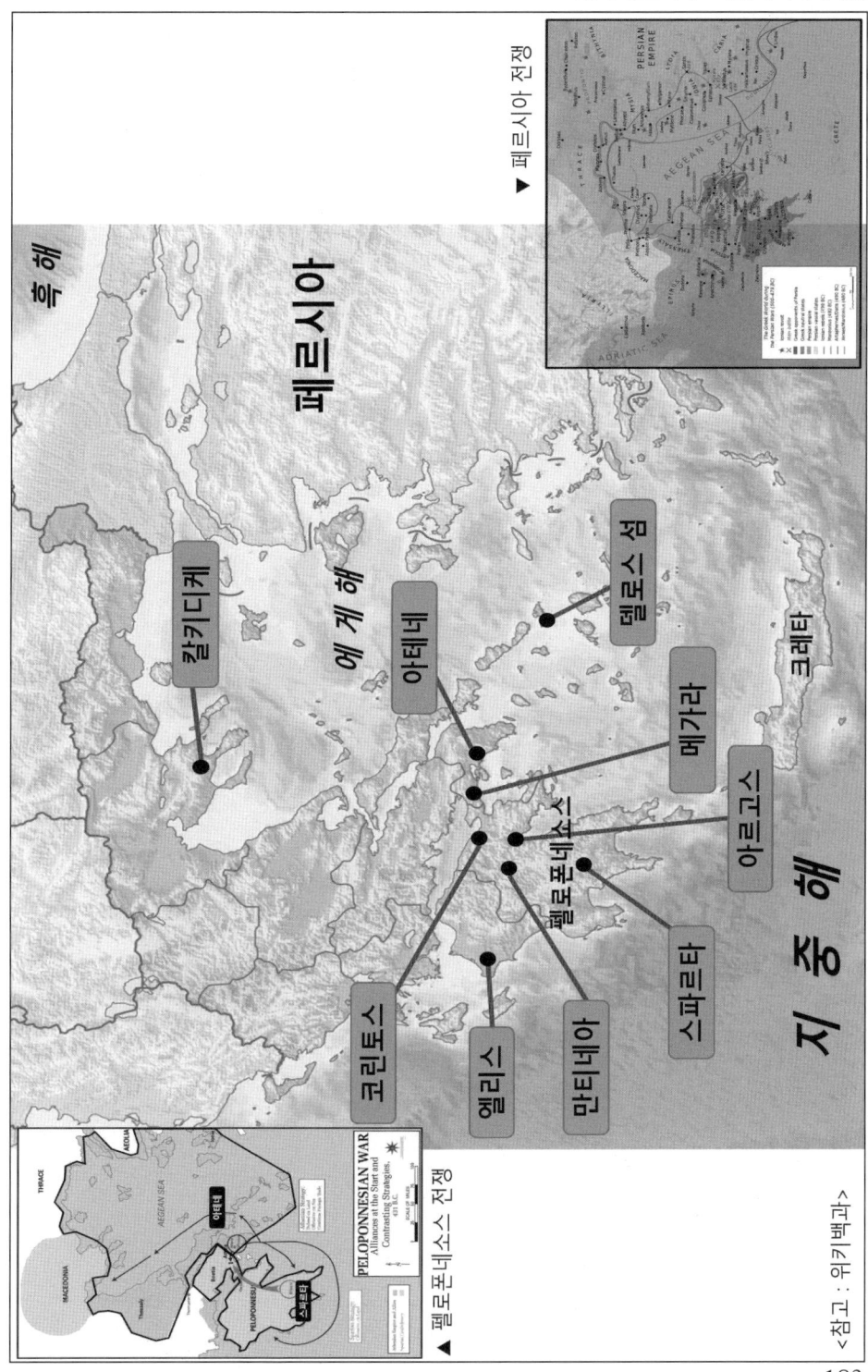

▶ 페르시아 전쟁

▶ 펠로폰네소스 전쟁

<참고 : 위키백과>

2장

소크라테스 재판

옛날 옛날, 아주 옛날
지금으로부터 약 2400여년 전
플라톤이라는 사람이 살고 있었다.

왕족 출신이었던 그는
항상 심각한 생각에 빠져 굳은 얼굴을 하고 다녔다.
그가 웃는 것을 본 사람이 단 한 명 밖에 없을 정도였다.

유명한 철학자 피타고라스[393] 같은 사람이 되고 싶었던 그는
암시장[394]에 나온 피타고라스학파의 모든 책을
비싼 값을 치르면서까지 구입해서 읽었다.

그리고 당대의 유명한 소피스트들의 모임을 따라다니며
그들의 강의를 열심히 들었다.

---

393) 피타고라스(Pythagoras)(기원전 582년 ?~기원전 497년 ?) : 영혼의 윤회를 주장하던 그리스의 철학자. 스승이었던 탈레스의 권유로 23년 동안 이집트에서 유학을 했다. 만물의 근원이 '수'라고 생각해 '무리수'를 발견해내고 '피타고라스의 정리'를 완성하는 등 수학 발전에 많은 기여를 했다. 그의 제자들은 육식을 금하는 철학공동체를 이루어 살았다.

394) 암시장(暗市場) : 정상적인 가격으로 거래가 이루어지지 않는 불법적인 거래를 말한다. 피타고라스학파는 자신들이 공부한 내용이 밖으로 새나가지 않게 했기 때문에 암시장에 나온 책들은 아주 비싼 가격에 팔렸다.

그는 또한 다른 아테네 시민들처럼
소포클레스[395]와 아이스킬로스[396]
그리고 에우리피데스[397]의 연극에 심취해 있었다.

하루도 쉬지 않고 수많은 지식을 쌓은 플라톤.
호메로스[398]의 「일리아스」, 「오디세이아」 같은 글을 쓰고 싶었고
당대의 유명한 극작가 아리스토파네스[399] 같은 글을 쓰고 싶었던
플라톤.

그는 드디어
철학과 정치적 주제를 담은 희곡[400]을 쓰기로 결심했다.
그렇게 해서 맨 처음 탄생하게 된 책의 주제가
〈소크라테스 재판〉에 관한 것이다.

---

395) 소포클레스(Sophocles)(기원전 496?~기원전 406) : 고대 그리스 3대 극작가 중의 한 사람.
396) 아이스킬로스(Aeschylos)(기원전 525?~기원전 456?) : 고대 그리스 3대 극작가 중의 한 사람. 처음으로 비극적인 내용을 담은 희곡을 써서 고대 그리스 비극의 아버지라고도 불린다.
397) 에우리피데스(Euripides)(기원전 484?~기원전 406?) : 고대 그리스 3대 극작가 중의 한 사람. 아낙사고라스(당대의 유명한 철학자인 소피스트)의 제자로 소크라테스와도 친구였다고 전한다.
398) 호메로스(Homeros)(기원전 800?~기원전 75년) : 고대 그리스의 작가. 「일리아스」 「오디세이아」 저자
399) 아리스토파네스(Aristophanes)(기원전 445년 경~기원전 385년 경) : 고대 그리스의 극작가.
400) 희곡(戲曲) : 무대 위에서 공연하기 위해 만들어진 글로, 대사를 중심으로 하는 대화체를 사용한다.

Overture

소크라테스
불경죄를 저질러
기소당하다

민주주의자들을 비난하기 위해
법정에 선
소크라테스

기원전 399년

아고라[401] 광장의 시민법정에는
평소보다 훨씬 더 많은 시민들이 모여들기 시작했다.
평민이면서도 귀족독재정치가 옳다고 주장하던 소크라테스가
재판을 받지 않아도 되는데 굳이 재판을 받으려고 했기 때문이다.

아테네에서 소크라테스를 모르는 사람은 거의 없었다. 잔인한 귀족독재정치가 끝난 뒤부터 소크라테스가 단 하루도 빠짐없이 매일 정치인이나 시인, 유명한 사람들이나 이름난 장인들을 찾아다니면서 끊임없이 질문을 던져 상대방을 난처하게 만들었기 때문이다.

---

401) 아고라(agora) : 고대 그리스 도시에서 시민들이 모여 정치행사와 종교행사 등을 치르는 넓은 공간으로 일반적으로 도시 한 가운데 자리하고 있었다. 아고라에는 재판정을 비롯한 공공기관과 사원이 있었기 때문에 사람들의 왕래가 가장 많은 곳이었다. 아고라 주위에는 시장이 열려 서로 필요한 물건을 사고팔았고, 사람들이 항상 모여 토론을 나누는 등 주요한 시민 활동이 이루어지는 공간이었다.

그리고 소크라테스는 여름이든 겨울이든 상관없이 키톤[402]도 입지 않고, 똑같은 히마티온[403]만 걸친 허름한 차림에 맨발로 다니는 것으로도 유명했다.

옷차림보다 더 유명한 것은 비싼 보석으로 장식한 히마티온을 입은 젊은 귀족들이 그런 허름한 차림에 못생기기까지한 소크라테스의 뒤를 따라다니는 것이었다. 그 귀족 젊은이들은 유명한 사람들이 소크라테스의 질문에 제대로 대답하지 못해 쩔쩔매는 모습을 마치 연극 관람하듯 구경하는 것을 즐겼다.

소크라테스의 대화 방식은 먼저 질문을 던진 다음 상대방의 대답을 듣는 것이었다. 그리고 상대방의 대답한 내용에 대해 다시 질문을 던지고, 또 대답을 하면 다시 그 대답 내용에 대해 질문했다. 그렇게 계속 질문을 했고, 대답하던 사람이 맨 처음 대답했던 말과 다른 내용이 나오게 되면, "당신은 지금 앞에 한 말과 정반대되는 말을 하고 있소."라고 지적했고, 그 이유를 물었다. 만약 그 이유를 대답 못하면 "당신은 아무 것도 모르는데 안다고 착각하고 있다."라거나 "당신은 지혜로운 사람이 아니다."라는 말로 대화를 마무리했다.

---

402) 키톤(Kiton) : 주로 흰 색으로 고대 그리스인이 입었던 속옷
403) 히마티온(Himation) : 고대 그리스인이 키톤 위에 입었던 겉옷, 긴 직사각형 모양의 천으로 키톤 위에 걸치거나 맨 몸 위에 걸치기도 했다. 입는 방법은 보통 한쪽 어깨 위에 걸친 뒤 몸을 한 번에서 세 번 정도 휘감은 다음 한쪽 끝을 왼팔이나 어깨에 두른다.

만약 소크라테스의 질문을 받던 사람이 대화의 주제에 대해 소크라테스에게 "당신은 어떻게 생각합니까?"라는 질문을 하면, 그는 "나는 아무 것도 모른다. 그래서 당신에게 묻고 있지 않느냐?", "적어도 나는 내가 그것을 모른다는 사실은 알고 있다."고 답했다. 소크라테스는 그렇게 대화를 끝내고 그 자리를 떠났다.

소크라테스가 상대방을 난처하게 만들고 떠나면, 귀족 젊은이들은 상대방 사람을 비웃고 조롱하며 소크라테스의 뒤를 따라갔다. 소크라테스의 질문에 열심히 대답하던 사람은 그들이 떠나고 난 자리에 혼자 남아서 분노에 치를 떨었다. 소크라테스에게 자신이 모른다는 것과 틀렸다는 것을 지적받은 사실보다 귀족 젊은이들의 조롱이 역겨웠기 때문이다.

소크라테스를 따라다니던 젊은 귀족들은 자기들끼리 모여 있을 때에도 서로에게 질문을 던지며 소크라테스가 하는 것처럼 말장난하는 것을 즐겼으며, 유명한 사람들을 찾아가 소크라테스가 했던 것처럼 궁금했던 점을 질문하며 난처하게 만들었다.

뿐만 아니라 아고라 광장에 모여앉아 소크라테스의 질문에 대답을 못 해 쩔쩔매던 사람들의 모습을 흉내 내며 웃고 즐겼다. 아테네 시민들은 그 젊은 귀족들이 연극하듯 놀고 있는 모습만 보고도 소크라테스가 누구를 찾아가 무슨 얘기를 나누었는지 알 수 있을 정도였다.

재판을 지켜보기 위해 아고라에 모여든 아테네 시민들은 소크라테스를 따라다니던 젊은 귀족들이 한 곳에 모여 앉아 평소와 달리 어두운 표정으로 낮은 목소리로 얘기를 나누고 있는 것을 보았다.

등장 인물들

수리아스 재판관(현대의 배심원). 민주주의자.

소크라테스 철학자.
귀족정을 옹호하는 반(反)민주주의자.
불경죄로 기소당해 재판 받으러 나온 사람.

멜레토스 시인. 민주주의자.
소크라테스를 기소한 사람.

아니토스 정치인. 민주주의자.
소크라테스를 기소한 사람.

크리톤 소크라테스의 친구.
귀족정을 옹호하는 반(反)민주주의자.
플라톤이 쓴 책 「크리톤」의 주인공.

플라톤 철학자.
귀족정을 옹호하는 반(反)민주주의자.
「에우티프론」「변론」「크리톤」의 저자.

수리아스 외 499명의 재판관들
현재의 배심원에 해당하는 사람들.

1막

소크라테스의 1차 변론

민주주의가 아름다운 평화로운 아테네에
사람들을 마음대로 죽이는 살벌한 귀족독재정치가 시작되었다
그 중심에는 플라톤의 친척들과 소크라테스의 제자들이 있었다

소크라테스
법정에 서서 변론을 시작하다

2부. 소크라테스 재판의 재구성

전령[404]이 재판정 입구에 서서 큰 목소리로 재판이 시작된다는 것을 알렸다. 재판정에는 500명의 재판관들이 앉아 있다. 재판정 앞의 연단에는 소크라테스가, 맞은 편 연단에는 소크라테스를 고발한 사람들이 서 있다.

소크라테스는 재판에 모여든 군중을 둘러보았다. 플라톤과 자신의 뒤를 따라다니던 젊은 귀족들이 보였다. 그들은 소크라테스를 향해 힘내라고 외치며 손을 흔들고 있었다. 그들 옆에는 절친한 친구 크리톤[405]과 그의 가족들, 그리고 자신의 부인과 두 아들들이 어두운 얼굴로 앉아 있는 것이 보였다. 소크라테스는 제자들에게는 보일 듯 말 듯 미소 지으며 고개를 끄덕였지만, 자신의 가족들에게는 평상시처럼 무표정한 얼굴로 잠깐 쳐다본 다음 재판관석을 향해 고개를 돌렸다.

전령이 큰 소리로 소크라테스의 변론이 시작된다고 알리자 소란스러웠던 재판정이 일순간에 조용해졌다. 침묵을 깨고 드디어 소크라테스가 재판관들을 향해 입을 열었다.

> **소크라테스 발언**
>
> 아테네 시민 여러분!

크리톤은 깜짝 놀라 가슴이 내려앉았다. 재판관을 재판관이라 부르지 않고 아테네 시민이라고 불렀기 때문이다.

---

404) 전령(傳令) : 상부의 지시에 따라 명령이나 지시 사항 등을 전달하는 사람
405) 크리톤(Kriton) : 소크라테스와 어렸을 때부터 친구였던 사람. 플라톤이 쓴 「크리톤」이라는 책에 나오는 인물

재판관을 그저 아테네 시민에 불과하다고 생각한다고 해도 그것을 굳이 드러낼 필요는 없었다.

하지만 플라톤의 생각은 크리톤과 달리 소크라테스의 첫 발언이 자랑스러웠다. 재판관석에 앉아 있는 이들은 전부 제대로 된 교육을 받은 적이 없는 평민이다. 게다가 법에 대해 전문적인 교육을 받지 못 해 법이 무엇인지도 모르는 사람들이 추첨으로 뽑혀서 앉아 있다. 그러니 소크라테스가 재판관석에 앉아있는 사람들을 '아네테 시민 여러분!'이라고 부르는 것은 지극히 당연한 것이다.

재판관석에 앉아 있던 수리아스[406]를 비롯한 다른 재판관들은 소크라테스가 자신들을 '재판관 여러분'이 아닌 '아네테 시민'으로 부르는 말에 황당해졌다. 아테네 시민은 맞지만 지금은 분명히 재판관의 자격으로 앉아 있는 것이기 때문이다.

> **소크라테스 발언**
>
> 얼마 전 저는 이 재판에 관련된 절차를 살펴보기 위해 바실레우스 관아에 갔습니다. 거기에서 민회에서 예언 발언을 하는 것으로 유명한 에우티프론[407]을 만났습니다.
>
> 저는 그에게 불경죄[408]가 무엇인지 질문했습니다. 그리고 '경건함'이 무엇인지도 질문했고요. 저에게 붙여진 죄목이 불경죄

---

406) 수리아스 : 〈소크라테스의 변론〉을 설명하기 위해 만들어진 가상의 인물. 인도 베다에 나오는 태양신 중의 하나로 인간의 선과 악을 모두 관찰하는 신 수리아스(Suryas)에서 따온 이름
407) 에우티프론 : 민회에서 예언에 관련된 발언을 주로 하던 사람
408) 불경죄(不敬罪) : 이 당시 불경죄는 신과 신전에 경의를 표하지 않고 무례를 범하는 죄를 가리킨다.

> **소크라테스 발언**
>
> 이므로 에우티프론에게 가르침을 받기 위해서였습니다. 그리고 제가 받을 재판에서 그의 가르침을 인용해서 도움을 받고자 했습니다.
>
> 하지만 그는 '불경죄'가 무엇인지 설명하지 못 한 채 바쁘게 집으로 돌아가더군요. 난감했습니다. 그래서 저는 다시 혼자 이 재판에 대해 곰곰이 생각해야 했습니다.

수리아스도 그 날 소크라테스와 에우티프론이 대화를 나누고 있던 것을 보았다. 에우티프론이 소크라테스를 존경의 눈으로 쳐다보며 열심히 대화에 임하고 있었다. 수리아스는 그들의 대화 내용이 궁금했지만 바빠서 발길을 돌려야 했다.[409]

> **소크라테스 발언**
>
> 저는 저를 고발한 사람들이 여러분에게 어떤 영향을 미쳤는지, 그들의 얘기를 듣고 여러분이 어떤 느낌을 가지게 되었는지 모릅니다.

크리톤은 속이 상했다. 소크라테스가 하지 않아도 되는 말을 하면서 재판 시작부터 재판관들의 기분을 나쁘게 해버렸기 때문이다. 이 말은 자칫하면[410] 소크라테스를 고발한 고소인들

---

409) 소크라테스 재판 「에우티프론」-「변론」-「크리톤」 3부작 중 「에우티프론」의 내용. 소크라테스가 재판 일정을 확인하러 법원에 갔다가 자신의 아버지를 기소하러 온 에우티프론을 만나 불경죄에 대해 나눈 얘기가 주된 내용이다.
410) 자칫하면 : 우연히 조금이라도 잘못되면

1막. 소크라테스의 1차 변론

이 미리 재판관들을 매수[411]해 놓은 것처럼 들릴 수도 있는 말이었는데, 소크라테스가 그걸 모르고 발언했을 리가 없을 것이니 말이다.

아테네에서 재판관을 매수하는 것은 어려운 일이었다. 매일 아침, 재판관들을 추첨으로 뽑아 각 법정에 배치[412]해서 어떤 재판관이 어느 법정에 들어갈지는 아무도 알 수 없었기 때문이었다.

소크라테스와 플라톤, 그리고 그의 귀족 친구들은 이런 민주적인 재판 제도를 아주 싫어했다. 평민은 판단을 제대로 할 수 있는 능력이 없는 존재이니, 법이나 정치 같이 전문적인 것은 더 많이 알고 있는 귀족이 시키는 대로 해야만 하는 존재라는 생각이 뿌리깊게 자리 잡고 있었기 때문이다.

소크라테스 발언

어쨌든 간에 저는 제가 누구인지 잊어버리고 살 뻔했는데 저를 이 자리에 나오도록 고소한 사람들 덕분에 다른 사람들이 저를 어떻게 생각하는지 알게 되었습니다.

수리아스는 어이가 없었다. 소크라테스가 거짓말을 하고 있었기 때문이다. 아테네의 법 절차에는 재판 전에 고소한 사람과 고소당한 사람들이 미리 만나 모든 것을 조정할 수 있는 기회와 시간을 여러 번 주었다. 서로 만나 합의 볼 시간을 충분히

---

411) 매수(買收) : 돈이나 이익을 주어 다른 사람을 자기편으로 만드는 것
412) 배치(配置) : 자리나 위치를 정해 적당한 자리에 두는 것

가질 수 있었던 것이다. 공직자에 대한 탄핵재판을 제외한 대부분의 재판은 재판이 열리기 전에 서로 합의를 보고 끝나는 경우가 많았다. 공직자에 대한 탄핵재판조차도 피고인[413]은 재판을 피해 다른 나라로 망명할 수 있을 정도였다. 실제로 많은 사람들이 재판을 피해 아테네를 떠났고, 시간이 흘러 모든 것이 용서되거나 이해될 때 다시 아테네로 돌아와 최고의 자리인 아르콘까지 오르는 사람도 있을 정도였다.

아테네법의 목적은 사람들을 벌주고 감옥에 넣기 위해서가 아니라, 모든 사람에게 자신의 잘못을 반성할 수 있는 기회를 만들기 위한 것이었다. 사람의 목숨은 중요한 것이라고 여겼기 때문에 죄를 짓고 도망가는 것까지 허용했던 것이다. 지금 소크라테스가 재판정에 선 것이 마치 피할 수 없었던 일처럼 말한 것은 말도 안 되는 소리였던 것이다.

소크라테스 발언

> 그들이 여러분에게 저에 대해 했던 거짓말 중에서 제가 가장 놀란 것이 하나 있는데, 그것은 제 언변[414]이 능숙하니까 제가 하는 말에 속아 넘어가지 않도록 조심해야 한다고 하는 말입니다.

크리톤은 친구 소크라테스의 발언이 이어질수록 안색이 어두워졌다. 소크라테스의 이 말은 고소인들이 이미 재판관들을 매수했다고 단정[415]지은 것이기 때문이다.

---

413) 피고인(被告人) : 고발을 당한 사람. 반대말은 고소인으로 '원고'라고 하기도 함. 일반적인 법률용어로는 피고소인, 고소인이다.
414) 언변(言辯) : 말하는 솜씨나 재주
415) 단정(斷定) : 어떤 것에 대해 딱 잘라 확고하게 결정을 내리는 것

1막. 소크라테스의 1차 변론

수리아스는 눈살이 찌푸려졌다. 그 어느 누구도 재판관들을 찾아와서 소크라테스의 언변에 속아 넘어가지 말라는 말을 한 적이 없기 때문이다. 소크라테스의 언변이 뛰어난 것은 아테네 시민 누구나 알고 있는 사실이었다. 하루에 몇 번이라도 유명한 사람들을 찾아가 말씨름을 벌이고 상대방을 꼼짝 못 하게 만든 일들을 보고 들은 사람들이 한둘이 아니었기 때문이다.

소크라테스 발언

하지만 저는 저를 고발한 사람들이 진실이라곤 거의, 아니 진실에 관한 것이라고는 전혀 말하지 않는 사람들이라고 봅니다. 제가 언변에 능숙하지 않다는 사실이 이 법정에서 분명하게 밝혀질 텐데, 그 사실을 알면서도 여러분에게 그렇게 말했다니. 그들은 참으로 부끄러움을 모르는 몰염치한 사람입니다. 저를 고발한 그 사람들에 비하면, 저는 비교할 수도 없을 정도로 말을 못 하는 사람입니다. 저는 그들처럼 미사여구[416]로 가득한 연설도, 논리 정연한 연설도 할 줄 모릅니다. 저는 오로지 진실을 말하는 것에만 관심이 있을 뿐입니다. 만약 그들이 제가 진실을 말하는 것을 가리켜 언변에 능숙하다고 말한 것이라면, 저는 언변이 능숙한 사람이 맞습니다.

수리아스와 대부분의 재판관들은 소크라테스가 고소인들보다 자신이 말을 잘 못한다고 얘기하면서 고소인들을 공격하고 있다는 것을 알아챘다. 소크라테스의 이 말을 뒤집으면 고소인들이 하는 말은 미사여구가 가득하고 논리정연해 보이기는 하지만 진실은 없다는 의미가 된다. 이 말은 곧 고소인들은 모

---

416) 미사여구(美辭麗句) : 아름다운 말과 수려한 구절. 말과 글을 아름답고 그럴듯하게 꾸미는 것을 의미하는 말

203

두 거짓말쟁이이며 오로지 자신만이 진실을 말하는 사람이라는 말이되고. 소크라테스는 언제나 그랬듯이 겸손[417]을 가장[418]해 오만[419]을 부리고 있는 것이다.

> **소크라테스 발언**
>
> 아테네 시민 여러분, 여러분은 이제부터 저에게 그 어떤 기대도 하지 않기를 바랍니다. 저는 제우스[420]께 맹세코, 그때그때 생각나는 단어들을 가지고, 그냥 생각나는 대로 말하는 사람입니다. 그건 제가 말하는 것이 옳다고 믿기 때문입니다.
>
> 제 나이가 이제 일흔[421]이 다 되어 갑니다. 그런 제가 마치 철부지 어린 사람처럼 말을 꾸며댄다면, 제 나이에 어울리지 않는 것이죠. 그러니 저는 이 자리에서도, 항상 그래왔듯이, 있는 사실 그대로, 그냥 생각나는 대로 말할 것입니다. 이제부터 여러분들은 제가 그런 사람이라는 것을 보게 될 것입니다.
>
> 아테네 시민 여러분! 여러분에게 한 가지 더 양해를 구하겠습니다. 제 말투가 귀에 거슬리더라도 소동을 일으키거나 화내지 말아주십시오. 제 말투가 거슬려도 그냥 사투리를 쓰는 것이라 여겨주시고, 오로지 제가 하는 말이 올바른 것인지 아닌지 그것만 살펴주시기 바랍니다.

---

417) 겸손(謙遜) : 다른 사람을 존중하고 자신을 낮추는 태도
418) 가장(假裝) : 거짓으로 진짜처럼 보이려고 꾸미는 것
419) 오만(傲慢) : 스스로 잘났다는 생각에서 나오는 건방진 태도
420) 제우스(Zeus) : 그리스 신화에서 나오는 가장 높은 신. 형제인 하데스와 포세이돈을 불러 힘을 합쳐, 자신의 부모인 티탄족의 왕 크로노스를 죽이고 스스로 왕이 된 신. 하데스에게는 지하세계를, 포세이돈에게는 물의 세계를 맡기고 자신은 하늘의 신이 된다.
421) 일흔 : 70세를 가리키는 순 우리말

1막. 소크라테스의 1차 변론

> **소크라테스 발언**
>
> 제가 지금까지 이 나이 먹도록 한 번도 재판이라는 것을 받아본 적이 없기 때문에, 그리고 여러분도 잘 아시다시피 저는 그냥 시장 같은 곳에서 사람들과 얘기를 주고받으며 살아왔기 때문에, 여러분 귀에 듣기 좋게 말투를 잘 꾸미는 법을 알지 못합니다.
>
> 재판받는 사람의 덕목[422]이 진실을 말하는 것이어야 하듯이, 재판하는 재판관의 덕목은 재판받는 사람이 진실을 말하는지 거짓을 말하는지에만 귀기울여야 합니다. 그러니 여러분은 이 덕목과 다른 말투같은 것은 보지 마시고, 오로지 이 점, 재판받는 사람의 말이 거짓인지 진실인지만 유의[423]하여 살펴주시기 바랍니다.

수리아스는 불쾌했다. 다른 재판관들도 몸을 의자 뒤에 기대고 팔짱을 꼈다. 지금 소크라테스의 발언은 재판관들을 향해 큰 소리로 자신의 말투가 귀에 거슬려도[424] 사투리를 쓰는 거라 여기고 기분 나쁘게 듣지 말라는 얘기다. 그 말은 곧 재판관에게 거슬리는 말투를 쓰겠다는 말과 같은 의미였고.

재판정에서 자신을 변론해야 하는 사람이 재판관들에게 재판관의 덕목을 가르치고 있으니, 어이가 없는 상황이 아닌가. 자기 방식대로만 말하겠다. 그런데 진실만을 말하는 거다. 그러니까 재판관들은 꾹 참고 귀기울여 들으라는 거구나. 수리아스

---
422) 덕목(德目) : 덕으로 여기고 지켜야 할 것들. 덕이란 다른 사람을 이해하고 받아들이는 사람의 좋은 품성을 말한다.
423) 유의(留意) : 잊지 않고 마음에 새기는 것
424) 거슬리다 : 상대방의 말이나 태도에 기분이 언짢아지다.

는 그런 생각이 들었다.

크리톤은 소크라테스가 일부러 재판관들에게 반감을 일으켜 소크라테스 자신에게 내려질 판결을 불리하게 만드려는 게 아닌가 하는 불길한 느낌이 들었다. 평상시보다 더 공격적이고 더 큰 목소리로 말하고 있었기 때문이다. 마음이 따뜻한 크리톤은 친구 소크라테스가 한 마디 한 마디 말할 때마다 가슴이 조마조마했다.

하지만 소크라테스를 따라다니던 플라톤과 젊은 귀족들의 생각은 달랐다. 그들은 그 상황에서도 오히려 소크라테스가 더 강하게 말해주길 바라고 있었다. 이 재판에서 설령[425] 소크라테스가 사형 선고[426]를 받는다고 해도, 자신들에게는 소크라테스를 감옥에서 빠져나가게 만들 수 있는 돈과 권력이 충분했기 때문이다.

소크라테스는 잠시 말을 멈추고 옆에 놓인 물을 한 모금 마셨다. 이제 진짜 변론을 시작하는 것이다.

> **소크라테스 발언**
>
> 아테네 시민 여러분! 여러분도 아시다시피 저에 대한 고발은 두 가지가 있습니다. 저는 그 중 먼저 들어온 고발에 대해 얘기한 다음, 나중에 들어온 고발에 대해 얘기하는 것이 옳다고 생각합니다.

---
425) 설령(設令) : 어떤 상황을 가정할 때 사용하는 말
426) 선고(宣告) : 중요한 사실을 알리는 것

> **소크라테스 발언**
>
> 이미 몇 년 전부터 계속해서 저를 고발해 왔던 사람들이 있습니다. 그들은 셀 수도 없이 많을 뿐만 아니라, 진실한 말이라고는 전혀 하지 않는 무서운 사람입니다. 그 사람들은 저를 이 법정에 세운 아니토스보다 훨씬 더 무서운 사람들입니다. 물론 아니토스와 그 무리들도 무서운 사람들이지만 말입니다.

크리톤은 한숨을 쉬었다. 소크라테스가 아니토스 얘기를 나쁘게 하지 않기를 바랐기 때문이다. 아니토스는 혼란스러운 아테네 정치 상황을 잘 정리해 많은 사람들에게 존경받는 사람이었다. 그런데 소크라테스는 그런 아니토스를 진실한 말을 전혀 하지 않는 무서운 사람이라고 몰아세우고 있으니, 크리톤은 걱정이 될 수밖에 없었다.

수리아스는 소크라테스의 이 말을 듣고 유죄 결정을 내리기로 마음먹었다. 듣던 대로 소크라테스는 우리처럼 계급이 낮은 시민을 우습게 보는 게 분명했다. 재판관인 우리들은 소크라테스가 어떤 죄목으로 고발을 당했고, 고발한 사람들이 누구인지도 잘 알고 있다. 그런데도 그는 마치 두 종류의 사람들이 각각 다른 죄목으로 고발하고, 그 두 가지 죄를 한 법정에서 재판하고 있는 것처럼 말하고 있는 것이다. 소크라테스는 걸핏하면[427] 소피스트들을 향해 궤변론자라고 비난하며 공격했는데, 정작[428] 자신이 궤변론자라는 것은 모르고 있는 것이다.

---

427) 걸핏하면 : 무슨 일이 조금이라도 있으면 곧바로
428) 정작 : 실제로, 정말로, 진짜로, 막상

수리아스뿐만 아니라 대부분의 재판관들도 아니토스를 훌륭한 사람이라고 여겼다. 아니토스가 포악한 30인귀족독재정권을 물리쳐 아테네 시민의 목숨을 구했기 때문이다. 그리고 다른 정치인들과 달리 그 귀족정권에 빼앗긴 자신의 재산을 되찾기 위해 전혀 애쓰지 않고, 오히려 대사면령[429]으로 귀족계급들과 타협해 아테네 정치상황을 안정시킨 사람이다.

수리아스는 아니토스의 대사면령을 강력히 반대한 사람들 중 하나였다. 귀족들이 탈취[430]해간 재물들을 원래 주인에게 돌려주지 않으면, 귀족들은 그 재물을 이용해 또 다시 용병[431]을 들여와 아테네를 공포에 빠지게 할 것이 분명했기 때문이었다. 민주주의 정신만 중요하게 생각해서 귀족들을 용서한다면, 이번에는 민주주의 자체가 완전히 위협을 받게 될 것이 분명했다. 귀족들은 평민이 정치에 참여하는 것도, 평민 출신 정치인이 통치하는 것도 절대 인정 못 하는 사람들이지 않은가?

많은 사람들이 아니토스를 높이 평가하고 존경했던 것은, 자기 재산을 빼앗기기까지 하며 어떻게 해서든 민주주의 제도를 지키고자 했기 때문이다.

---

429) 대사면령(大赦免令) : 사면령은 죄를 용서해 모든 형벌을 면제하는 명령을 의미한다. 대사면령은 사면령의 범위가 큰 경우에 사용하는 말이다.
430) 탈취(奪取) : 다른 사람의 것을 강제로 빼앗는 행위
431) 용병(傭兵) : 돈을 받고 돈을 준 사람을 위해 싸우는 병사

> **소크라테스 발언**
>
> 저를 먼저 고발한 사람들은 제가 하늘에 떠 있는 것들에 골몰[432]하고, 땅에 있는 온갖 것들을 탐구[433]하고 다니며, 근거도 약하고 논리도 부족해 힘이 없는 주장을 그럴듯한 말로 꾸며서 강력하고 논리적인 주장처럼 보이도록 만든다고 합니다.

수리아스는 소크라테스가 뭔가 착각을 해도 단단히 착각을 하고 있다는 것을 알게 되었다. 사람들이 소크라테스를 좋아하지 않은 이유는 두 가지 때문이었다. 하나는 귀족독재정치인들에게는 입다물었기 때문이다. 그리고 다른 하나는 아테나 여신상과 헤파이스토스 신상, 그리고 데모스 상에 예를 갖추지 않았기 때문이고. 그런데 소크라테스는 전혀 엉뚱한 얘기를 하고 있다. 이건 둘 중 하나밖에 없다. 소크라테스가 정말로 이런 사실을 몰랐거나, 알고도 그 사건을 무마하기 위해 다른 말로 덮으려는 것.

> **소크라테스 발언**
>
> 아테네 시민 여러분! 하지만 이것은 아무 근거도 없는 소문입니다. 이런 소문을 전해들은 사람들은 하늘과 땅의 이치를 탐구하는 이들이 신을 믿지 않는다고 생각하게 될 겁니다.
>
> 저는 이런 소문을 퍼뜨린 사람들이 지금 저를 고발한 사람들보다 훨씬 더 무서운 고발인이라고 생각합니다. 왜냐하면 변론해주는 사람 하나 없이, 제가 없는 상태에서 재판을 치른 것이나

---

432) 골몰(汨沒) : 다른 것을 모두 잊고 무언가에 집중하는 행위
433) 탐구(探究) : 무언가를 찾고 연구하는 행위

> **소크라테스 발언**
>
> 다름없기 때문입니다.
>
> 이들은 여러분이 지금보다 훨씬 더 어렸을 때 여러분에게 저를 고발했습니다. 어릴 때는 어떤 말이든 곧이곧대로[434] 받아들일 때입니다. 그들은 제가 없는 자리에서 어린 여러분에게 저에 대한 험담으로 이미 저를 재판했습니다. 그래서 그들이 더 무서운 고발인이라고 한 것입니다.

수리아스는 소크라테스가 이상한 사람이라는 생각이 들기 시작했다. 아테네 사람들은 모이기만 하면 늘 유명한 사람들에 대해, 그리고 여러 가지 사건에 대해 말하는 것을 즐겼다. 뿐만 아니라 무엇이든 옳고 그름을 따지면서 토론하는 것도 좋아했다. 그런데 소크라테스는 마치 사람들이 소크라테스에 대해서만 이러쿵저러쿵 말했다고 생각하고 있다는 것이다.

일반적으로 우리는 사람들이 모여 누군가에 대해 얘기를 나누는 것을 두고 그 누군가를 재판했다고 여기는 사람은 없는데…

> **소크라테스 발언**
>
> 이런 근거도 없는 소문으로 재판받는 것은 정말 불합리하고 부당한 것입니다. 저를 고발한 사람들이 정확히 누구인지 알 수 없

---

434) 곧이곧대로 : 있는 그대로

> **소크라테스 발언**
>
> 기 때문입니다. 물론 이들 중에 한 희극 작가[435]가 있긴 하지만, 그 작가 이외에 다른 이들은 제가 이름도 얼굴도 알지 못 하는 사람들입니다. 그들을 이 자리에 불러낼 수도 없고 물어볼 수도 없으니, 이건 마치 그림자를 상대로 싸우는 것과 같은 겁니다.

아리스토파네스[436]는 여러 사람들과 다양한 소재로 연극을 만들어 왔다. 소크라테스를 소재로 한 연극도 아리스토파네스가 늘 그래왔던 것처럼 그 중 하나였을 뿐이다. 그런데 마치 아리스토파네스가 작심하고 계속해서 소크라테스를 비난해 온 것처럼 말하다니? 수리아스는 소크라테스가 이상한 피해의식을 가지고 있다고 생각했다.

> **소크라테스 발언**
>
> 이런 이유로 저는 저를 먼저 고발한 사람들이 퍼뜨린 소문들에 대해 변론하는 것이 마땅하다[437]고 생각합니다. 그러니 여러분도 제가 이들에 대해 먼저 변론하는 것이 마땅하다고 생각해 주십시오. 이들은 여러분도 아시다시피 예전부터 계속해서 저를 고발해왔고, 지금 이 재판정에 저를 세워놓은 고발인들보다 훨씬 더 말도 안 되는 심한 고발을 했기 때문입니다.

---

435) 그 희극 작가 : 아리스토파네스를 가리킨다. 소크라테스는 바로 뒤에 그의 이름을 직접 언급한다.
436) 아리스토파네스(Aristophanes)(기원전 445년 경~기원전 385년 경) : 고대 그리스의 극작가. 사회 현상과 사회제도, 그리고 사회를 주도하는 사람들에 대해 풍자하는 작품으로 유명했다. 기원전 423년에 「구름」이라는 작품에서 소크라테스를 풍자했다.
437) 마땅하다 : 당연하다

> 소크라테스 발언
>
> 제가 하고 싶은 말은 여러분이 이 점을 기억해주시기 바란다는 것입니다. 저에게는 얼마 전에 고발된 불경죄 말고도, 제가 조금 전에 말씀드린 것처럼 이전부터 계속해서 중복[438]되는 고발이 있어왔다는 점을 말입니다.

소크라테스는 자신이 말한 대로 정말로 '약한 논리를 그럴듯하게 꾸며서 강한 논리로 만드는 사람'이구나. 지금 소크라테스는 없었던 일을 사실로 만들고 있다. 지금까지 아무도 그를 재판하지 않았고, 재판이 없었으니 당연히 고발인도 없는데 말이다. 수리아스는 생각했다.

> 소크라테스 발언
>
> 아테네 시민 여러분! 그럼 이제부터 먼저 들어온 고발에 대해 변론을 시작하겠습니다. 저에게는 저를 이전부터 고발해왔던 사람들 때문에 여러분이 오랫동안 저에 대해 가지게 되었던 선입관[439]을 없애는 일이 먼저입니다. 이 짧은 시간 안에 이 선입관을 없애는 것은 어려운 일일지도 모릅니다. 하지만 이렇게 하는 것이 여러분이나 저에게 더 좋은 것이라 여깁니다. 그러니 지금 제가 하는 이 변론이 성공하기를 바랍니다.

수리아스는 소크라테스의 발언과 사실이 다르다는 것을 잘 알고 있었다. 소크라테스가 재판관들이 자신에 대한 나쁜 선입

---

438) 중복(重複) : 두 개 이상의 것이 겹치는 것
439) 선입관(先入觀) : 어떤 대상에 대해 실제 경험해 보지 않은 상태에서 근거가 명확하지 않은 판단을 미리 가지고 있는 것

관을 가지고 있다고 단정하고 있지만, 그것은 선입관이 아니라 올바른 판단이었다. 만약 사람들에게 소크라테스에 대한 나쁜 선입관이 있다면 그건 당연한 것이었다. 소크라테스의 잘못된 행동에 대한 결과였던 것이다.

지금으로부터 12년 전, 그리고 5년 전. 귀족들은 스파르타와 동맹을 맺고 스파르타군을 이용해 강제로 아테네 정치권력을 잡았다. 용병으로 고용된 스파르타군은 수많은 아테네 시민들을 죽였다. 아테네 거리를 활보하며 조금이라도 반항하거나 자기들 눈에 거슬리는 시민이 있으면, 그 자리에서 서슴없이[440] 무참[441]하게 죽여 버렸다.

스파르타군을 아테네에 끌어들여 권력을 잡은 귀족독재자들은 민주주의 지도자들을 암살[442]했을 뿐만 아니라 시민들에게 조금이라도 인지도[443]가 있는 사람들까지 암살했다. 곤봉을 든 젊은이들이 몰려다니며 사람들을 때리고 짓밟았다. 그때 죽은 사람과 다친 사람이 셀 수 없을 정도로 많았다. 그 광풍[444]을 주도한 세력의 중심에 소크라테스의 제자들이 있었다. 그 사실을 모르는 아테네 시민은 아무도 없었다.

아테네에서는 소크라테스를 싫어하는 사람들이 제법 많았

---

440) 서슴없이 : 망설이지 않고
441) 무참(無慘) : '더 이상 참혹하고 끔찍할 수 없다'는 의미로 매우 참혹하고 끔찍하다는 말
442) 암살(暗殺) : 몰래 사람을 죽이는 행위
443) 인지도(認知度) : 어떤 사람이나 무엇인가에 대해 일반 사람들이 얼마 정도나 알고 있는지에 대한 것
444) 광풍(狂風) : 마치 미친 것처럼 사납고 매섭게 불어대는 바람

다. 이유는 두 가지였다. 첫 번째 이유는 귀족독재자들이 정권을 잡고 공포통치로 폭력을 행사하는 동안 소크라테스는 그들을 찾아가 따지지도 않았고, 그들의 무자비한 살육에 대해 단 한 마디 비판의 말도 꺼내지 않았기 때문이다.

두 번째 이유는 아니토스와 민주주의자 그리고 아테네 시민들이 귀족독재자들을 몰아내고 집권[445]하자, 소크라테스는 아니토스뿐만 아니라 민주주의 정치인들과 민주주의를 지지하는 사람들을 찾아다니며, '사람으로 훌륭하게 사는 것은 어떤 것이며 누가 가장 지혜로운 사람이고 정치를 잘 할 수 있는 사람인지' 질문을 하고 돌아다니기 시작했기 때문이다.

수리아스 또한 그런 소크라테스의 행동을 지켜보면서 그가 귀족들의 집권을 정당하게 생각하고 민주주의자들을 업신여긴다고 생각하게 되었다. 다른 아테네 시민들도 수리아스와 같은 생각을 하게 되었고.

만약 2년 전 귀족들이 집권하기 위해 세 번째 반란을 준비하지 않았더라면, 그리고 그 반란 계획이 들통[446]나지 않았더라면, 소크라테스는 지금 이 법정에 서 있지 않았을 것이다. 또한 귀족독재정치가 끝나자마자 귀족 청년들을 끌고 다니며 귀족독재정치인들이 아닌 민주주의자들을 찾아 다니면서 '누가 가장 훌륭한 사람인가' 질문을 던지는 행위를 하지 않았더라면 말이다.

---

445) 집권(執權) : 정권이나 권력을 잡는 것
446) 들통 : 감춘 일이 드러나는 것

1막. 소크라테스의 1차 변론

> **소크라테스 발언**
>
> 그리고 저는 이 재판이 어떤 성격을 가지고 있는지 모르지 않습니다. 하지만 저는 제가 하는 변론이 신의 마음에 들도록 할 것이며, 법에 따르고 복종할 것입니다.

이번만큼은 소크라테스가 맞는 말을 했다. 그의 말처럼 이 재판은 정치적인 성격을 지닌 재판이었기 때문이다. 이제 사십 대에 들어선 수리아스는 귀족들이 했던 무자비[447]한 살육[448]과 그로 인한 공포를 분명히 기억하고 있었다. 그 중심에 소크라테스의 제자들이 있었다는 것도 잘 알고 있었다.

소크라테스는 이 재판이 지닌 성격을 알고 있다고 말했다. 그것은 자신에게 더 이상 민주주의자들만 찾아다니며 질문하지 말라는 의미라는 것을 알고 있다는 얘기였다. 포악한 독재정치를 한 귀족들이 아닌 민주주의 정치인들을 웃음거리로 만드는 것에 대한 경고임을 알고 있다는 얘기다. 그런데도 저런 오만한 태도라니.. 수리아스는 어이가 없어졌다. 참으로 어이없는 발언이 아닌가.

지금 이 재판이 귀족독재정권일 때 진행되었다면, 물론 그럴 리도 없지만, 소크라테스는 아마 한 마디도 하지 않고 가만히 서 있었을 것이 분명했다. 귀족독재 정치인들이 하는 말은 고분고분 잘 들었으니 말이다.

---
447) 무자비(無慈悲) : 자비가 없다는 의미. 자비는 사랑하는 마음으로 가엾게 여기는 것
448) 살육(殺戮) : 사람을 함부로 죽이는 것

소크라테스가 혹시 사과라도 하려는가 싶어 잠시 귀를 기울였던 수리아스는 화가 나서 얼굴이 붉어졌다. 자기 잘못도 알지 못하는 자가 누구에게 지혜롭지 못 하다고 지적하고 다니고, 델포이 신전에 써 있는 '너 자신을 알라'라는 말을 늘 마음에 새기며 살아왔다고 말하고 다닌 것인가.

소크라테스 발언

이제 여러분에게 저에 대한 잘못된 선입관을 만든 그 고발이 어떤 것인지 먼저 말해 보겠습니다. 저를 고발한 멜레토스[449]도 그걸 믿고 저를 고소한 것이니까요. 그 모함자들이 어떤 말로 저를 비방했는지, 그들이 고발인이라고 가정[450]하고 선서한 진술서를 읽어 보겠습니다.

"소크라테스는 주제넘은 짓으로 죄를 짓고 있습니다. 땅 밑과 하늘에 있는 것들을 탐구하며, 논리도 약하고 증거도 부족한 주장들을 가지고 그럴듯하게 꾸며 강한 논리와 주장처럼 보이게 만들고 다닙니다. 뿐만 아니라 그러한 것들을 다른 사람에게 가르치고 있습니다."

이것이 그들의 주장입니다.

자신의 언변이 부족하다고 했던 소크라테스는 뛰어난 언변가였다. 세간에 돌아다니는 소문을 마치 고발인이 있는 것처럼 만들더니, 이제는 그것도 부족해 고발인이 진술서를 쓴 것처럼

---

449) 멜레토스(Meletos) : 소크라테스를 기소한 세 사람 중의 한 사람. 플라톤이 쓴 「변론」에서 시인들을 대표해서 소크라테스를 기소했다는 것 외에 다른 기록이 없는 인물
450) 가정(假定) : 어떤 일을 임시로 사실이라고 생각하는 것

만들었기 때문이다. 수리아스를 비롯한 다른 재판관들은 소크라테스의 언변이 자신의 말처럼 어눌하고 부족하기는커녕 엄청난 달변가라는 것을 잘 알고 있었다.

수리아스는 소크라테스가 소피스트[451]들과 민주주의자들을 가리켜 궤변론자[452]라고 비난하고 다녔지만, 정작 소크라테스는 자신이 궤변론자라는 사실은 모르고 있다는 것을 알게 되었다.

소크라테스 발언

여러분도 보셨겠지만 아리스토파네스의 연극에 소크라테스라는 사람이 나옵니다. 그 연극에서 소크라테스라는 사람은 무대 위를 왔다 갔다 하면서 공기 위로 걷고 있다고 주장하는 등 여러 가지 어리석은 짓을 합니다.

하지만 저는 크건 작건 간에 그런 것들에 대해 전혀 아는 게 없습니다. 이 사실은 여러분도 잘 알고 있습니다. 이 얘기는 제가 그런 지식을 무시해서 하는 말이 아닙니다. 멜레토스가 또 다른 죄목들을 가져와서 제가 그것들에 대해 변론해야만 하는 일이 없기를 바라기 때문에 이런 말을 하는 겁니다. 그리고 사실 저는 정말로 그런 것들과는 아무 상관도 없기 때문이기도 하고요.

저는 이 점에 대해 여러분들을 증인으로 세우겠습니다. 여러분 중에 제가 사람들에게 이런 것들에 대해 얘기하는 것을 들은

---

451) 소피스트(Sophist) : 현자(현명한 사람), 지자(지혜로운 사람)를 가리키는 말. 지혜로운 사람을 가리키는 좋은 말이 궤변론자로 나쁘게 변질된 것은, 플라톤이 자신들과 그들을 분리시키기 위해 그렇게 부르기 시작했기 때문이다.
452) 궤변론자(詭辯論者) : 소크라테스와 플라톤이 평민들을 가르치는 소피스트들을 공격하기 위해 만들어낸 말로, 언뜻 들으면 그럴듯한 말이 되지만 자세히 따지면 말이 되지 않는 주장을 하는 사람을 가리키는 말

> 소크라테스 발언
>
> 적이 있는 사람들이 있다면 다른 사람들에게 알려주십시오. 분명 여러분 대부분은 그런 얘기를 들은 적이 없을 겁니다.

재판정과 청중석에서는 별 반응이 없었다.

> 소크라테스 발언
>
> 그러니까 제 말은 여러분들 중에서 제가 어떤 사람을 붙잡고 '하늘에 있는 것들과 땅 밑에 있는 것들'에 대한 얘기를 하는 것을 본 적이 있다면 봤다고 얘기해 달라는 겁니다.

답답했는지 소크라테스는 재판관석과 청중석을 향해 같은 얘기를 한 번 더 했다. 하지만 재판정과 청중석에서는 여전히 별 반응이 없었다.

> 소크라테스 발언
>
> 이것으로써 여러분은 많은 사람들이 저에 대해 하는 모든 말들이 사실과 다르다는 걸 알게 됐을 겁니다. 그 소문 중에서 진실인 것은 그 어느 것도 없습니다.

이게 무슨 소리인가? 의기양양[453]해진 소크라테스를 보고 수리아스는 어이가 없었다.

재판관들이 대답이 없었던 이유는 소크라테스가 하는 말을

---

453) 의기양양(意氣揚揚) : 원하는 것이 이루어져 만족한 모양이나 태도를 나타내는 말. 자신의 뜻이나 하고자 하는 것이 이루어져 자랑스럽게 뽐내는 것

1막. 소크라테스의 1차 변론

실제로 들은 적이 없었기 때문이다. 소크라테스를 따라다녔던 사람들은 젊은 귀족들이지 평민들이 아니었으니까 말이다. 그러니 소크라테스가 그렇게 말했는지 아닌지는 젊은 귀족들만 알 것이다.

> **소크라테스 발언**
>
> 그리고 또 혹시라도 누군가 여러분에게 제가 사람들을 가르치려 들었고 그에 대한 대가를 강요했다는 말을 했다면, 그 또한 사실이 아닙니다. 하지만 제가 누군가를 가르칠 수만 있다면, 그것은 좋은 일이라는 생각이 드는군요.
>
> 여러분! 레온티노이[454]의 고르기아스[455]나 케오스[456]의 프로디코스[457], 엘리스[458]의 히피아스[459]와 같은 이들은 어느 나라에서든 젊은이들이 자신들에게 돈을 지불하며 사사[460]받도록 설득하고, 또 자신들이 젊은이들에게 그런 배움의 기회를 준 것에 대해 고마워하도록 설득할 수도 있습니다.

---

454) 레온티노이(Leontini) : 시칠리아 섬에 있는 지역 이름

455) 고르기아스(Gorgias)(기원전 483년 경 ~ 기원전 376년) : 레온티노이 출신의 유명한 소피스트. 프로타고라스가 '만물의 척도는 인간이므로, 진리는 상대적인 것'이라고 주장했지만, 고르기아스는 '진리는 존재할 수 없는 것이고, 존재한다고 해도 알 수 없고, 알았다고 해도 다른 사람에게 전할 수 없다'고 하는 엘레아 출신의 제논의 주장을 증명하기 위해 노력했다.

456) 케오스(Ceos) : 그리스 지역의 섬 이름

457) 프로디코스(Prodikos) : 케오스 출신으로 유명한 소피스트. '신은 존재하지 않고, 인간들의 생활에서 유용한 것들을 신으로 숭배했다'는 주장으로 강의를 하던 학원에서 쫓겨났다. 신들을 숭배하고 신 위주로 살아가던 시대에 신이 없다는 주장을 한 용감한 소피스트였다.

458) 엘리스(Elis) : 그리스 지역 이름. 고대 그리스의 올림픽을 치렀던 곳

459) 히피아스(Hippias) : 엘리스 출신의 유명한 소피스트

460) 사사(師事) : 스승으로부터 가르침을 받거나 교육을 받는 행위

소크라테스는 지금 다른 사람을 가르치려고 한 적이 없다고 했다. 하지만 그 말은 궤변이다. 소크라테스는 잘 모르겠으니 논의해보자고 하면서 얘기를 시작하지만 결국 상대방의 논리를 지적하며 얘기를 마무리했다. 그게 가르치는게 아니면 무엇인가?

그리고 고르기아스나 프로디코스, 히파아스 같은 소피스트처럼 돈을 받고 가르친 적이 없다며 큰 소리를 치고 있다. 이 말도 궤변이다. 귀족을 가르치는 사람들은 대부분 귀족 출신이었으며, 돈을 받지 않더라도 그들의 활동에 필요한 모든 것들을 제공받았다. 다른 지역에서 온 개인 교사들도 귀족의 집에서 먹고 잤을 뿐만 아니라 제자의 부모로부터 자신이 활동하는 데에 들어가는 모든 것들을 제공받았다. 귀족들에게 필요한 것들을 제공받는 것은 괜찮고, 소피스트가 돈을 받고 가르치는 것은 잘못된 것처럼 말하다니. 이런 말도 안 되는 비교로 잘잘못을 따지고 있으니 궤변인 것이다. 수리아스는 기가 막혔다.

소크라테스 발언

여기 또 다른 현인이라고 하는 파로스[461] 사람 한 명이 있다고 하니 드리는 말씀인데요, 그가 시내에 머물고 있다는 말을 들었습니다. 얼마 전에 저는 한 사람을 만났습니다. 그는 파로스 출신인 그 현인에게 배우려고 지금까지 소피스트들에게 지불한 돈보다 더 많은 돈을 지불했다고 합니다. 그게 누구인고 하면, 히포니코스[462]의 아들인 칼리아스입니다.

---

461) 파로스(Paros) : 그리스 지역 이름
462) 히포니코스(Hipponikos) : 아테네에서 제일 부자인 사람의 이름

| 소크라테스 발언 |

저는 두 아들이 있는 칼리아스에게 물었습니다.

"칼리아스! 만약에 당신 두 아들이 망아지나 송아지로 태어났다면, 당신은 분명 당신의 두 아들을 망아지나 송아지로써 가장 훌륭한 상태로 만들기 위해, 그렇게 만들어 줄 전문가를 고용할 겁니다. 그 전문가는 분명 말을 잘 다루거나 농사에 능숙한 사람들 중에 한 사람이겠지요? 그런데 당신의 두 아들은 망아지나 송아지가 아닌 인간이니까, 당신은 분명 그 두 아들을 인간과 시민으로서 가장 훌륭한 사람으로 만들기 위한 전문가를 고용하려고 마음먹었겠죠?"

칼리아스는 그렇다고 대답했습니다. 그래서 다시 물었지요.

"인간과 시민으로서 훌륭한 것이 무엇인지를 제대로 알고 있는 전문가가 있던가요? 당신이 아들들을 위해 생각해 보았을 것 아니오? 그런 사람이 있나요, 없나요?"

그러자 그는 당연하다는 듯이 대답했습니다.

"있고말고요."

그래서 또 제가 물었습니다.

"누군가요? 어디 출신이며, 또 얼마나 받고서 가르칩니까?"

그는 대답했습니다.

"그 사람은 에우에노스[463]입니다. 파로스 출신이고, 5므나를 받습니다."

---

463) 에우에노스(Euenos) : 파로스 출신의 소피스트

군중들이 수군거리는 소리로 재판정이 어수선해졌다. 1므나[464]는 100드라크메다. 기술력이 최고인 건장한 장인의 하루 수당이 1드라크메였으니, 5므나를 벌려면 최고 기술을 지닌 장인이 한푼도 쓰지 않고 저금한다고 해도 1년하고도 5개월을 일해야 한다.

군중석이 술렁댄 이유는 수업료가 많아서가 아니었다. 5므나는 소피스트들이 받는 수업료로 제일 적은 액수였기 때문이다. 프로타고라스는 수업료로 100므나까지 받았다. 그런데 아테네에서 제일가는 부자인 히포니코스의 아들인 칼리아스가 자기 자식의 교육을 위해 5므나밖에 쓰지 않은 것이다. 군중들이 수군거릴 수밖에 없었던 것이다.

> **소크라테스 발언**
>
> 저는 그의 대답을 듣고 에우에노스가 정말로 사람으로서 가장 훌륭하게 만들 수 있는 그런 전문 지식을 갖고 그 정도 돈을 받는다면 그를 축복해주려고 했습니다. 제가 에우에노스처럼 그런 것들을 알고 있었다면 저도 어떻게든 그런 지식들을 자랑하면서 뽐냈을 겁니다. 하지만, 아테네 시민 여러분, 저는 그런 것들을 모릅니다.

이 말을 듣고 수리아스는 소크라테스가 너무 교만[465]해서 어이없는 소리를 하는 사람이라고 확신하게 되었다. 소크라테스가 재판정에 서서 맨 처음 재판관들을 재판관이라 부르지 않고

---

464) 므나(Mena) : 달러, 원, 프랑, 파운드 같은 고대 그리스의 화폐 단위. '미나'라고 불리기도 한다.
465) 교만(驕慢) : 스스로 잘났다고 생각해 건방지게 행동하는 것

아테네 시민이라고 불렀을 때, 그리고 자신의 말투가 거슬리더라도 진실을 얘기하는 것이므로 말투는 신경 쓰지 말고 내용에만 집중하라고 요구했을 때 가졌던 불쾌한 느낌이 더 강해졌다.

소피스트들은 자신들이 다른 사람들을 훌륭하게 만들 수 있다고 하지 않았다. 그런 것을 가르칠 수 있다고 말한 소피스트는 없었다. 사람들은 민회에서 자신의 주장을 설득력 있게 말할 수 있는 방법과 지식을 배우기 위해 소피스트를 찾아갔다. 그리고 법정에서 변론해야 할 일이 있을 때도 소피스트들을 찾아가 도움을 청했다. 그런데 소크라테스는 마치 소피스트들이 사람을 사람으로서 훌륭한 상태로 만들 수 있다고 뽐낸 것처럼 얘기하고 있다.

뿐만 아니라 제일 많은 수업료를 받은 프로타고라스가 아니라 제일 적은 수업료를 받은 에우에노스를 예를 들어 굉장히 많은 돈을 챙긴 것처럼 얘기하고 있다.

> **소크라테스 발언**
>
> 여러분 가운데 어떤 분은 저에게 이렇게 말할 수도 있을 겁니다.
>
> "소크라테스! 당신은 도대체 하는 일이 무엇이오? 무엇 때문에 이렇게 많은 비방들을 받게 된 것이오? 당신이 이상한 짓을 조금이라도 하지 않았는데 이런 소문이 생겨날 리는 없지 않소? 만약 당신이 수많은 다른 사람들과 무슨 나쁜 짓을 하지 않았다면, 우리에게 말하시오. 우리가 당신에 대해 경솔한 판단을 하지 않게 말이오."

> 소크라테스 발언

> 만약 이런 말을 하는 재판관분들이 계시다면 그는 공정한 생각을 하는 분입니다. 그분들을 위해 저는 제가 왜 이런 이상한 말도 안 되는 것으로 유명해졌는지, 그리고 여러분에게 선입관을 심어 놓게 한 것이 도대체 무엇인지 제대로 설명하기 위해 노력하겠습니다. 그러니 잘 들어 보십시오.

수리아스는 소크라테스가 자신에게 유리한 판결을 내릴 수 있는 사람들을 향해 '그분들'이라고 말하는 것을 놓치지 않았다.

> 소크라테스 발언

> 그리고 여러분 중에 제 말이 농담이라고 생각하는 분도 있을 것입니다. 하지만 제가 지금부터 여러분에게 드리는 말씀은 농담이 아니라 진실이라는 것을 분명히 알아두셨으면 합니다.

> 아테네 시민 여러분! 제가 이렇게 유명해진 것은 그 어떤 다른 이유도 아닌 '어떤 지혜(sophia)' 때문입니다. 어떤 지혜냐고요? 그건 지혜를 사랑하기 때문에 더욱 더 지혜로워지려고 노력하는, 그런 종류의 인간적인 지혜라고 할 수 있습니다.

> 제가 조금 전에 말씀 드린 고르기아스, 히피아스, 에우에노스 같은 사람들은 아마도 인간 수준을 뛰어넘는 어떤 지혜에 대해 지혜로울 겁니다. 반면 지혜를 사랑하기 때문에 더 지혜로워지는 이 인간적인 지혜에 대해서는 제가 지혜로울 것 같습니다. 이렇게 밖에는 그것에 대해 달리 설명할 수가 없습니다. 그 이유는 제가 인간 수준을 뛰어넘는 지혜에 대해서는 전혀 알지 못하기

> 소크라테스 발언

> 때문입니다. 누군가 저를 가리켜 제가 '인간 수준을 뛰어넘는 지혜에 대해 알고 있다'고 주장했다면, 그는 저를 모함하기 위해 거짓말을 한 겁니다.

갑자기 군중석에서 몇몇 사람들이 소크라테스를 향해 손가락질하며 고함을 질렀다. 그런 사람들을 보며, 수리아스는 소크라테스가 항상 이런 식으로 다른 사람들을 빈정거려서 상대방으로부터 공격을 유도했다는 것을 알게 되었다.

> 소크라테스 발언

> 아테네 시민 여러분! 소동을 멈춰 주십시오. 제가 여러분을 향해 뭔가 거대한 말을 하는 것처럼 여겨지더라도 소동을 일으키지 마십시오. 왜냐하면 제가 조금 전에 한 말은 제가 한 말이 아니라, 여러분이 신뢰할 만한 사람의 말을 그대로 인용한 것이기 때문입니다.

> 저의 지혜에 대해, 과연 그것이 지혜라고 할 수 있는 것인지, 그리고 그게 어떤 종류의 지혜인지, 말씀드리기 위해, 저는 여러분에게 델피[466]의 신, 아폴론[467]을 증인으로 내세우겠습니다.

---

466) 델피(Delphoi) : 델포이라고도 불리는 그리스 중부의 파르나소스 산에 있는 아폴론 신전이 있는 성지

467) 아폴론(Apollon) : 그리스 신화에서 태양신이자 지혜와 이성의 신이며 예언의 신이다. 뿐만 아니라 치료와 정화의 신이며, 시와 음악의 신이다. '악을 제거하는 화살'을 들고 다닌다. 제우스와 레토의 아들로, 레토는 제우스의 부인 헤라의 질투를 피해 델로스섬에서 쌍둥이(달과 사냥의 여신인 아르테미스와 쌍둥이)를 낳았다.

군중석에서 굉장히 많은 사람들이 제법 큰 소리로 탄식하는 소리가 터져나왔다. 감히 아폴론 신을 증인으로 내세우다니! 수리아스도 깜짝 놀랐다.

> **소크라테스 발언**
>
> 여러분은 카이레폰[468]을 아실 겁니다. 이 사람은 젊었을 때부터 저의 동지였고, 시민 여러분의 동지였고, 지난 정권[469]에 의해 여러분과 함께 추방당했다가 돌아왔던 여러분의 동료죠. 그래서 여러분은 카이레폰이 어떤 사람이었는지 잘 알고 계십니다. 자기가 하고자 하는 일이라면 무슨 일이든 얼마나 열정적이었는지 말입니다. 그런 그가 언젠가 델피의 아폴론 신전에 가서 감히 저보다 더 현명한 사람이 있는지 신탁의 대답을 구했습니다.

몇 사람이 군중석에서 일어나서 "야! 이 정신나간 인간아!", "저런 불결한 인간이!"라고 고함치며 주먹질을 했다.

> **소크라테스 발언**
>
> 여러분! 소동을 일으키지 마십시오. 다시 말씀드리지만 제가 물어 본 게 아니라 카이레폰이 물었습니다. 피티아 여제관은 카이레폰에게 "신탁에서 소크라테스보다 현명한 자는 아무도 없다는 응답을 들었다"고 전했습니다. 지금은 카이레폰이 죽고 없으므로 이에 대한 것은 그와 형제인 여기 이 사람, 카이레크라테스가 증인이 되어 드릴 것입니다.

---

468) 카이레폰(Chairephone) : 5년 전인 기원전 404년에 30인의 귀족들이 정권을 잡은 뒤 추방되었다가 귀족들의 독재 정치가 끝난 8개월 뒤에 아테네로 돌아온 민주주의 지도자 중의 한 사람. 소크라테스가 재판을 받기 이전에 사망했다.
469) 지난 정권 : 30인귀족독재정권을 가리킨다. 민주주의자들을 죽이거나 추방했다.

그리스에서 아폴론은 제우스의 아들로 '합리적인 이성'을 상징하고 미래를 보는 능력까지 지닌 '지혜의 신'이다. 소크라테스가 지금 한 발언은 '소크라테스가 이 세상에서 가장 지혜로운 사람'이며 이는 '아폴론 신이 내린 신탁이니 의심하지 말고 믿어라!'라는 말과 같은 것이다.[470]

수리아스는 왜 이렇게 소크라테스가 재판관들을 향해 교만한 언행을 했는지 이제야 알게 되었다. 아폴론 신전에서 받은 신탁을 전해듣고, 자신이 인간 중 가장 지혜로운 자라는 것을 확신하고 있었기에 가능한 태도였다.

소크라테스 발언

여러분은 제가 왜 여러분에게 이런 말을 하는지 심사숙고해 보시기 바랍니다. 저는 단지 저에 대한 잘못된 선입관이 어떻게 해서 생기게 되었는지 알려 드리기 위해 말하는 것 뿐입니다.

저는 이 말을 전해 듣고 속으로 생각했습니다.

"도대체 아폴론 신은 무슨 말씀을 하신 걸까? 그 신탁은 저에게 수수께끼 같았습니다. 나는 크건 작건 간에 그 어떤 존경할만한 지혜로운 존재에 대한 지식이 없는데, 아폴론 신이 나를 가리켜 가장 현명한 자라고 했다면 그 말은 무엇을 암시하는 걸까?

---

470) 플라톤은 이 말을 통해 이런 말을 하고 싶었던 것이다. 아폴론 신이 여사제를 통해 소크라테스가 가장 지혜로운 사람이라고 했으니, 소크라테스가 하는 말은 아폴론 신이 인정하는 것이나 다름없다. 그러니 그냥 그의 말을 믿고 따르라고 하는 것이다. 델피의 아폴론 신전에서 아폴론의 신탁을 전해주는 여사제가 한 말이 사실인지 아닌지는 확인할 길이 없다. 소크라테스의 재판에 대한 기록이 플라톤의 책 밖에 없기 때문이다. 물론 소크라테스의 제자인 크세노폰이 쓴 「변론」이라는 책도 있지만, 크세노폰은 소크라테스의 재판을 직접 지켜보지 못 했다고 전해진다.

> 소크라테스 발언

> 신이 거짓말을 할 리는 없다. 그렇다면 무슨 뜻으로 그런 말을 하려는 걸까? 만약 신의 말이 거짓말이라면? 아니 그런 생각은 해서도 안되고, 있을 수도 없는 일이다."
>
> 저는 도저히 이 믿어지지 않는, 정말로 믿기 어려운 이 신탁에 대해 오랫동안 당혹[471]했습니다. 그러다 겨우 생각해 낸 것이, 그 신탁이 맞는지 틀리는지 조사해 보자는 것이었습니다. 그래서 저는 신탁에 반대되는 근거를 찾기 위해 현자로 여겨지는 사람들 중 한 사람을 찾아갔습니다.
>
> 아폴론 신께 "여기 이 사람이(아니토스) 저보다 더 지혜로운데, 당신(아폴론 신)께선 제가 이 세상에서 가장 지혜로운 자라고 말씀하셨습니다."라고 말하기 위해서, 그리고 델피의 신탁이 틀렸다는 것을 증명하기 위해서 말입니다.
>
> 제가 처음 찾아간 사람은 여러분들도 너무도 잘 알고 계신 분이고, 그와의 사건 또한 너무도 잘 알고 계시니, 제가 여기서 다시 그 정치인의 이름을 말할 필요는 전혀 없을 것 같습니다.

소크라테스는 아니토스의 이름을 말하지 않고 그냥 그 사람, 그 정치인이라고만 말했다. 하지만 아테네 사람들은 소크라테스가 말한 그 정치인과 그 사건을 모두 알고 있었다.

5년 전 아니토스를 중심으로 한 민주주의자들은 아테네 시

---

471) 당혹(當惑) : 당황하여 어찌할 바를 모르는 것

민을 무차별적으로 살육하던 30인귀족독재정치[472]인들이 고용한 용병들과 스파르타군을 몰아내기 위해 전투를 벌였고, 그 전투에서 이겼다. 민주주의 정치인들과 아테네 시민들의 용기 덕에 귀족독재정의 폭력적인 정치를 끝낼 수 있었다. 그 뒤에 평화시절이 찾아오자, 소크라테스는 30인귀족독재 시절과는 전혀 다르게 여기저기 사람들을 찾아다니며 질문을 던지기 시작했는데, 맨 처음 찾아간 사람이 바로 아니토스였던 것이다.

> 소크라테스 발언
>
> 많은 사람이 그를 현명한 사람이라고 여기고, 자기 스스로도 자신이 현명하다고 여기고 있었습니다만, 그와 대화를 나누는 동안 저는 그가 여러모로 현명하지 않다는 것을 발견하게 되었습니다.

소크라테스가 지적하는 사람이 아니토스라는 사실을 모두가 알고 있는데도, 마치 다른 사람인 것처럼 '그 정치인' '그'라고 하자, 군중석이 고함 소리로 시끄러워졌다. 하지만 소크라테스는 개의[473]치 않고 말을 이어갔다. 수리아스도 그런 소크라테스의 행동이 흥미로워 소란에 개의치 않고 소크라테스만 빤히 지켜보고 있었다.

---

472) 30인귀족독재정치(貴族獨裁政治) : 우리나라에서는 이 정치 형태를 과두정치, 또는 참주정치라고 부른다. 과두정치란 소수의 구성원이 권력을 가진 것을 말하며, 참주정치는 불법적으로 권력을 잡은 사람들이 하는 정치를 가리키는 말이다.
473) 개의(介意) : 신경을 쓰거나 마음에 담아두는 것

> **소크라테스 발언**
>
> 그래서 저는 그에게 그 자신의 생각처럼 그가 현명하지 않다는 것을 알려주기 위해 여러 가지 질문을 했습니다. 그 일로 인해 저는 그에게 미움을 사게 되었고, 그 자리에 있던 많은 사람들한테까지 미움을 사게 되었습니다. 저는 그 자리를 떠나면서 이런 결론을 내리게 되었습니다.
>
> "이 사람보다야 내가 더 현명하군. 우리 둘 다 이 세상에서 가장 훌륭하고 훌륭한 것에 대해 아무 것도 알지 못하는데도 이 사람은 자기가 대단한 걸 알고 있다고 생각하고 있군. 하지만 적어도 나는 '내가 이 세상에서 가장 훌륭하고 훌륭한 것이 무엇인지 알지 못한다'는 사실을 잘 알고 있지. 그러니 아주 작은 이 한 가지 사실, 내가 알지 못하는 것들에 대해서는 아예 알고 있다는 생각도 하지 않는다는 사실, 때문에 내가 더 현명한 것 같군."
>
> 이렇게 말입니다.

크리톤은 '굳이 저렇게까지 말하지 않아도 될 텐데'하는 생각이 들어 한숨이 나왔다. 아니토스보다 자신이 더 지혜로운 사람이라고 판단하게 되었다는 말은 곧 아테네 시민들이 별 대수롭지 않은 아니토스를 존경하고 있다는 의미가 된다. 그리고 지혜롭지도 않은 사람이 아테네의 정치를 움직이고 있으니 말이 되지 않는 것이라고 빈정대는 말이기 때문이었다.

소크라테스의 이 발언으로 수리아스는 소크라테스가 굉장히 교활한 사람이라고 생각하게 되었다. 소크라테스가 아테네 시민들에게 미움을 받게 된 이유는 귀족정을 옹호하고 민주정을 증오하는 행동을 했기 때문이었다.

아폴론 신상에는 예의를 갖추고 아테나 신상은 무시하고 지나쳤다. 아폴론 신전에는 예의를 갖추고 아테나 신전은 그냥 지나쳐갔다. 아테네의 상징인 아테나 신을 우습게 여기는 소크라테스를 좋아하는 사람이 귀족들 빼고 얼마나 될까?

> **소크라테스 발언**
>
> 저는 그 자리를 떠나 곧바로 그 사람보다 더 현명한 사람이라고 여겨지는 한 사람을 찾아갔습니다. 하지만 제가 보기엔 그 사람 또한 그 정치인의 경우와 같아 보였습니다. 거기에서 저는 또 그 사람뿐만 아니라, 다른 많은 사람들에게까지 미움을 사게 되었습니다.
>
> 그 뒤로도 저는 계속해서 지혜로운 사람을 찾아다녔습니다. 물론 제가 미움을 받게 되었다는 사실을 알고 서글프고 두려웠지만 저는 신과 관련된 일이 가장 중요한 것이라고 생각했습니다. 그래서 "소크라테스가 가장 지혜로운 사람이다."라는 신탁의 응답이 무엇을 뜻하는 것인지를 알아내야 하는 것이 더 중요하다고 생각한 겁니다. 뭔가 알고 있다고 이름 난 사람들을 모두 찾아가야만 했습니다.

수리아스는 황당해졌다. 분명 처음에 소크라테스는 자신이 누구인지 잊고 살았던 것처럼 얘기했다. 그런데 지금 발언은 자신이 누구인지 잘 알고 있었고 무엇을 하고 다녔는지도 정확하게 알고 있지 않은가. 사람들도 그걸 알아채고 소리를 질렀다.

> 소크라테스 발언
>
> 아테네 시민 여러분! 저는 맹세코 여러분에게 진실을 말해야 하기 때문에 진실만을 이야기 하고 있는 겁니다.

소크라테스는 군중석이 시끄러운 것을 제재[474]해야겠다고 생각했는지 자신이 진실만을 얘기하고 있다고 목소리를 높였다. 하지만 소란은 쉽게 가라앉지 않았다.

30인귀족독재정치인에게는 입다물고, 민주주의에 찬성하는 사람들만 찾아다니며 망신을 준 게 아폴론의 신탁을 증명하기 위해서였다는 변명에 많은 사람들이 분노하고 있는 것이었다.

> 소크라테스 발언
>
> 저는 아폴론 신의 뜻을 알아내기 위해 이름난 정치인들을 찾아다니며 이런 느낌을 갖게 되었습니다. 사람들에게 가장 평판이 좋은 정치인들 대부분은 가장 모자란 인간들이고, 오히려 그들보다 못하다고 여겨지는 다른 평범한 사람들이 그 정치인들보다 더 나은 사람들이라고요. 왜냐하면 이름난 정치인들보다 평범한 사람들이 더 분별이 있었기 때문입니다.

수리아스는 이제는 더 이상 소크라테스의 말을 곧이곧대로 받아들이지 않았다. 이번에도 분명히 반대되는 말을 해서 결국 '소크라테스가 가장 지혜로운 자'라는 신탁이 맞았다고 결론을 내릴 것이 분명하다.

---

474) 제재(制裁) : 제한하거나 금지시키는 것

> **소크라테스 발언**
>
> 저는 앞으로 여러분에게 이런 느낌을 갖게 된 과정과 이유를 밝혀야만 할 것 같습니다. 이렇게 이름난 사람들과 그렇지 않은 사람들을 만나고 다닌 과정을 모두 밝히게 되면, 결국 신탁이 옳았는지 틀렸는지를 증명할 수 있게 될 테니까요.

이름난 정치인보다 평범한 아테네 시민이 더 나은 사람이라는 말은 맞는 말일 수도 있다. 하지만 사람들이 소크라테스를 싫어하게 된 이유는 민주정의 지도자들을 깔보는 태도 때문이었다.

그는 400인귀족독재정권 때도, 30인귀족독재정권 때도 조용히 살았다. 민주정 때와 달리 인간으로서는 도저히 할 수 없는 짓을 하는 귀족독재 정치인들을 찾아다니며 '인간으로서 가장 훌륭한 상태가 어떤 것인지' 질문하지 않았던 것이다.

그런데 민주주의 정치인들이 정권을 잡자마자 민주주의 정치들만 골라서 찾아갔고, '인간으로서 가장 훌륭한 상태는 어떤 것인지'를 질문했고, 그 외 다른 질문을 끊임없이 던지며 이상한 논리와 궤변으로 그들을 괴롭혔다. 평범한 사람들과 대화를 나눈 적이 없었다.

저런 식으로 말하면 소크라테스의 행적을 잘 모르는 사람들에게는 소크라테스가 유명인과도 대화를 나누고 평범한 사람들과도 대화를 나눈 것처럼 생각할 수 있다.

> 소크라테스 발언
>
> 정치인들을 만나본 저는 시인들을 찾아다녔습니다. 제가 그들보다 더 무지하다는 것이 대화하는 현장에서 드러나기를 바라는 마음으로 그렇게 한 겁니다.
>
> 저는 그들이 쓴 시들 중에서 가장 공을 들여 쓴 것으로 보이는 시들을 골라 그들에게 그게 무슨 뜻인지 물었습니다. 이렇게 한 것은 제가 그들에게 무언가를 배울 수 있기를 바라는 마음에서였습니다.

수리아스는 눈을 감았다. 배우기를 바라는 마음에서 시인들을 찾아다녔다고 말하는 소크라테스를 쳐다보는 것이 싫었기 때문이다. 배우기를 바라는 마음에서 질문한다면 말도 안 되는 질문으로 상대방을 난처하게 만드는 짓은 하지 않았을 것이다.

수리아스는 소크라테스가 결국 '자신이 아폴론의 신탁을 받은 사람이니 자신의 판단이 가장 옳다'는 주장을 하려고 수작을 부리는 것으로 밖에 안 보였다.

> 소크라테스 발언
>
> 그런데 여러분, 사실 저는 여러분에게 진실을 말씀드리는 게 참으로 부끄럽습니다. 하지만 제가 알게 된 진실을 말씀드릴 수밖에 없습니다. 왜냐하면 그들이 지은 시들에 대해 제가 질문하고 시인들이 대답하는 것을 지켜본 사람들이 있기 때문입니다.

수리아스는 감았던 눈을 떴다. 부끄럽다고 하면서 결국 자기가 가장 현명한 사람임을 알게 되었다고 말하는 소크라테스의 표정이 궁금했기 때문이다.

소크라테스 발언

저는 결국 오래 지나지 않아 시인들에 대해 정치인들에게 들었던 느낌을 가지게 되었습니다. 시인들은 자신들의 지혜에 의해 시를 짓는 것이 아니라, 신의 말을 전해주는 예언자들이나 신탁의 대답을 들려주는 제관들처럼, 영감에만 의존해 시를 지을 뿐이라는 사실을 알게 되었기 때문입니다.

이들은 많은 아름다운 것들에 대해 아름다운 말로 표현했지만, 정작 자신들이 말하는 것이 어떤 의미를 지니는지는 알지 못하더군요.

이뿐 아니라 저는 한 가지를 더 알아내게 되었습니다. 시인들이 영감에 의존해 시를 짓는 독특한 능력을 지녔기 때문에, 잘 모르는 분야에 대해서도 자신이 가장 현명한 사람이라고 생각하고 있다는 것입니다.

그래서 저는 정치인들을 만나면서 알게 된 사실, 정치인들보다 제가 더 뛰어나다고 생각하는 그 사소한 사실, 그러니까 '나는 내가 모르는 것에 대해서는 안다고 생각하지 않는다는 점'에서 제가 시인들보다 더 뛰어나다고 생각하게 되었습니다. 그래서 시인들을 만나고 다니는 것을 그만 두게 되었습니다.

글을 쓰는 사람을 가리켜 모두 시인이라고 부른다. 그러니까 이 말은 극작가인 아리스토파네스와 자신을 고소한 시인 멜레토스가 자신보다 지혜롭지 않다고 비난하는 것이나 다름없는 말이다.

수리아스는 이런 생각이 들었다. 소크라테스는 한 사람을 바보로 만들기 위해 그 사람이 속해 있는 집단을 바보로 만들거나, 한 집단을 바보로 만들기 위해 그 중 한 사람을 바보로 만드는 방법을 사용하는구나. 소크라테스는 사람들이 지혜롭다고 생각하는 사람들 중 대표적인 몇 사람들을 만나 보니 별 것 아니라고 결론 내리더니 정치인과 시인 집단 전체를 바보로 만들었다. 그리고 그것도 모자라 그들을 존경하는 사람들까지 바보로 만들고 있는 것이다.

소크라테스 발언

저는 마지막으로 장인들을 찾아다녔습니다. 그 이유는, 제가 물론 아무것도 아는 게 없다는 것을 알고 있습니다만, 적어도 장인들이 훌륭하고 훌륭한 것을 알고 있다는 걸 발견하게 될 것을 알고 있었기 때문입니다. 역시 제 생각은 잘못되지 않았습니다. 장인들은 제가 모르는 것들을 알고 있었습니다. 그리고 자신들의 분야에서 당연히 저보다 더 지혜로웠습니다.

그러나 아테네 시민 여러분, 저는 그런 훌륭한 장인들도 시인들과 똑같은 잘못을 저지른다는 것을 알게 되었습니다. 장인들은 자기의 분야에서 각자 훌륭한 기술을 발휘하고 있기 때문에, 가장 중요한 일들에 대해서도 자신이 가장 현명하다고 여기고 있었습니다. 장인들의 이런 오류는 그들이 종사하는 분야에 대한 훌륭한 지혜마저 흐리게 만드는 것처럼 보였습니다.

수리아스는 이제서야 소크라테스 발언의 의도가 무엇인지

알 수 있었다. 정치인 아니토스는 피혁[475] 장인 집안 출신이다. 그러니 소크라테스가 정치인을 별것 아니라고 비난한 다음 장인 또한 별다르지 않다고 한 것은 아니토스를 깔아뭉개기 위한 것이다. 별것 아닌 사람 중에서도 정말 별것 아닌 사람이라고 말한 것이다.

수리아스는 소크라테스가 왜 정치인, 시인, 장인 순서로 말했는지 알게 되었다. 소크라테스는 지금 여기 이 재판정에 일부러 피고인으로 나섰고, 온 힘을 다해 아니토스와 민주주의를 지지하는 사람들을 공격하고 있는 것이다. 평민들은 귀족들처럼 놀고먹을 수 없었기 때문에 대부분 자신의 직업을 가지고 있었다. 부자가 된 평민과 민주주의 정치인들 대부분의 직업은 장인이거나 시인이었다. 소크라테스는 아니토스가 가죽을 만들던 장인 집안 출신, 평민 주제에 아무것도 모르면서 감히 나서서 정치를 한다고 비난하고 있는 것이다.

소크라테스 발언

그 결과로 저는 저 자신에게 이렇게 질문하게 되었습니다. 물론 이 질문은 신탁에 대한 대답이기도 합니다. '지금 있는 그대로의 나 자신으로 있는 것이 더 나은 것인가? 아니면 그들 자신의 분야에서 가진 그들의 지혜와 비교해 전혀 지혜롭지 않은 나로 있는 것이어야 하는가? 아니면 다른 분야에 무지하면서도 그 무지를 깨닫지 못한 그들보다는 지혜로운 나로 있어야 하는 것인가? 그도 아니면 그들의 지혜와 그들의 무지함을 모두 함께 가진

---

475) 피혁(皮革) : 동물의 가죽과 그 가죽을 무두질해서 필요한 제품으로 가공할 수 있도록 만든 가죽

> 소크라테스 발언
>
> 상태로 있어야 하는 것인가? 아니면 이 모두가 아닌 것인가?' 이렇게 말입니다. 그리고 고민끝에 신탁과 저 자신에게 이런 대답을 하게 되었습니다. '그냥 지금 있는 그대로의 나 자신으로 있는 것이 더 낫다'고 말입니다.

크리톤은 정말로 걱정이 되었다. 소크라테스는 정말 자신이 왜 법정에 서게 되었는지 모르는가? 이 법정에서 자신을 변호하는 것이 맞는가? 지금 이 법정에서 자신이 만난 모든 사람들을 자신보다 못한 사람으로 만들면 대체 어떻게 하자는 것인가?

> 소크라테스 발언
>
> 아테네 시민 여러분! 저는 신탁의 의미를 알아내기 위해 이렇게 사람들을 만나 조사하고 다닌 겁니다. 그 결과로 저는 많은 사람들에게 증오의 대상이 되고 말았습니다. 그 증오심은 참기가 어렵고 다루기도 힘든 것들이었습니다. 이 조사의 결과는 저에 대한 수많은 중상모략을 일으키게 되었지만 반면에 제가 지혜로운 존재라는 명성을 가져다 주었습니다.

소크라테스가 '지혜로운 존재'라는 명성을 누가 주었다는 말인가? 지혜로운 자, 즉 소피스트들 중에는 소크라테스보다 훨씬 더 유명한 사람이 많았다. 소크라테스가 유명해진 것은 평민 출신이면서 귀족들과 어울리고, 귀족들이 아닌 사람들과는 어울리지 않았기 때문이었다. 귀족들 편에서 얘기하니 귀족들은 당연히 그를 높이 평가했다. 그뿐이다. 귀족들 사이에서는 지혜롭다고 여겨졌는지는 모르지만 평민들 사이에서 딱히 지혜롭다고 여겨지지는 않았다. 그런데 지혜로운 존재라는 명성을 주었다고 말하다니? 수리아스는 의아[476]했다.

> **소크라테스 발언**
>
> 이 모든 것들을 지켜보는 구경꾼들은 토론내용이 무엇에 대한 것이든 간에, 제가 다른 어떤 사람을 논박[477]하면 저를 그것에 대한 전문가라고 생각합니다. 하지만 아테네 시민 여러분, 진실은, 아마도 신탁의 의미도 이러할 것입니다. 정말로 지혜로운 존재는 신이라고, 인간적인 지혜는 별로, 아니 전혀 가치 있는 것이 아니라고 말입니다. 그리고 신께서 이 소크라테스를 언급[478]한 이유는, 단지 제 이름을 본보기로 사용한 것이 아닐까 합니다.
>
> "인간들이여! 가장 지혜로운 사람은 소크라테스처럼 지혜에 관한한 자신이 전혀 아무것도 아니라는 진실을 인식한 사람이니라."
>
> 신께서는 인간들에게 이런 말을 하려던 것이 아닐까 싶습니다.

수리아스는 황당해졌다. 갑자기 이게 무슨 소린가? 가장 지혜로운 존재는 신이고, 그래서 인간적인 지혜는 가치가 없는 것이다? 소크라테스처럼 지혜에 관해 아무것도 알지 못한다는 것을 깨달은 사람이 가장 지혜로운 사람이라고?

---

476) 의아(疑訝) : 의심이 나서 의문이 생기는 것
477) 논박(論駁) : 잘못된 점을 논리적인 말로 공격하는 행위
478) 언급(言及) : 어떤 일이나 사람에 대해 말하는 행위

수리아스는 소크라테스가 한 말이 무슨 말인지 잘 이해가 되지 않았다. 가장 지혜로운 존재는 신이다는 지적은 인정하지만, 그렇다고해서 인간적인 지혜가 가치없는 것이라는 결론은 말이 되지 않기 때문이다. 인간들이 살아가면서 얻은 지혜를 두고 가치가 없다? 우리가 지금 누리고 있는 이 문명은 분명 인간적인 지혜가 만들어 낸 것이다. 그리고 우리 모두가 지혜의 산물인 이 문명의 수혜자인데, 아폴론 신께서 인정한 지혜로운 자가 그 사실을 자각하지 못하고 있다니?

지금 소크라테스가 한 발언은 전혀 말이 되지 않는다. 소크라테스의 말대로라면 지혜는 신의 것이므로 인간으로서는 신의 것을 전혀 알 수 없는 것이다. 그러므로 인간은 지혜에 대해서는 알 수도 없고, 그러므로 당연히 지혜로울 수 없는 존재가 되어 버린다.

신의 지혜에 비해 인간의 지혜는 비교할 것이 되지 않는 것은 너무도 당연한 것이고. 그런데 자신이 지혜롭지 못하다는 사실을 알기 때문에 지혜로운 자라니? 소크라테스 말에 의하면 지혜는 신만이 가질 수 있는 것이고, 인간은 지혜로울 수 없는 존재가 아닌가? 그런데 자기가 지혜로운 자라니? 자신이 지혜에 관해 아무것도 알지 못한다는 것을 깨달았기 때문에 자신이 가장 지혜로운 사람이라는 소크라테스의 말은 앞뒤가 맞지 않는 말이다.

소크라테스 발언

이것이 제가 지금까지 사람들을 찾아다니며 질문하고 다닌 이

1막. 소크라테스의 1차 변론

> **소크라테스 발언**
>
> 유입니다. 이렇게 돌아다니는 것은 제가 지혜로운 자라고 하는 것에 대한 조사이며, 그 시작은 신이 하셨습니다. 저는 우리 시민이든 외국인이든 지혜로운 사람이라는 생각이 들면 제가 찾아갈 것입니다. 그리고 그 사람이 지혜롭지 못하다는 결론이 난다면, 저는 그가 지혜롭지 못하다는 것을 증명해보여 줌으로써 신의 뜻을 도울 것입니다.

신의 지혜를 안다고 하는 사람은 없었다. 또한 자신이 가장 지혜롭다고 자랑하는 사람도 없었다. 수리아스는 아니토스와 멜레토스와 리콘이 왜 소크라테스를 법정에 '젊은이들을 나쁘게 만드는 위험한 사람'이라고 고발했는지 충분히 알 수 있었다.

> **소크라테스 발언**
>
> 제가 다른 사람들에게 자랑스레 말할 정도로 나라 일이나 나 자신의 일들을 돌볼 여가를 가지지 못했던 것은 나에 대한 신탁을 증명하는 데에 너무 몰두해 있었기 때문입니다. 저는 신에 대한 이 봉사로 인해 지독하게 가난한 신세가 되었습니다.
>
> 갑부의 자식이어서 여가가 많은 젊은이들이 스스로 자진해서 저를 따라다녔습니다. 그 젊은이들은 이름난 사람들이 저에게 질문을 받으며 시험 당하는 것을 즐겨 구경했고, 그들끼리 있을 때는 종종 저를 흉내내기도 했으며, 자신들이 닦은 변론 기술을 시험해보기 위해 다른 사람들을 찾아가 질문을 던지기도 했습니다.

> **소크라테스 발언**
>
> 그 젊은이들이 그렇게 한 이유는 실제로는 전혀 모르거나 혹은 조금밖에 알지 못하는데도 어떤 것을 알고 있다고 생각하는 사람들이 지나치게 과분한 평가를 받는다는 사실을 발견하게 된 결과라고 생각합니다. 그 젊은이들의 희생양이 된 사람들은 잘 모르면서 아는 척했던 자신에게 화를 내는 대신, 저에게 화를 내고 있습니다.

소크라테스는 궤변론자가 맞다. 수리아스는 확신이 들었다. 그는 사람들에게 질문을 던지며 지혜로운 사람인지 시험한 것이 결코 자신의 뜻이 아니고 신의 뜻을 증명하기 위해서 한 것이므로 정당하다고 주장하고 있다. 그리고 사람들이 화를 내야 할 대상은 소크라테스나 소크라테스를 따라다니던 젊은이들이 아니라 자기 자신이라고 했다.

하지만 소크라테스는 잘못 알고 있다. 사람들이 소크라테스에게 분노하는 것은 단순히 사람들을 찾아다니며 질문을 던졌기 때문이 아니다. 평민 출신이면서 귀족독재정치를 주장하고, 아테네 시민들을 살해하고 귀족독재 정치인에게는 고분고분했으면서, 아테네의 민주주의정치를 되찾은 민주주의 정치인에게는 무례하게 행동하는 그의 이중적인 태도 때문이었다. 지금 소크라테스는 그의 말과는 달리, 고발까지 당했는데도 자기 자신을 반성하기는커녕 오히려 다른 사람들을 비난하고 있는 것이다.

> **소크라테스 발언**
>
> 젊은이들에게 질문을 받은 그들은 소크라테스가 젊은이들을 타락시키고 오염시키는 아주 끔찍한 사람이라고 말합니다. 하지만 그 젊은이들에게 무엇이 그 젊은이들을 사람들에게 대항하게 만든 것인지, 소크라테스가 이런 행동들을 하라고 가르친 것인지 묻는다고 해도, 그 젊은이들은 그야말로 정말로 아는 것이 없기 때문에 여러분에게 할 말은 아무것도 없습니다.

소크라테스는 지금 귀족독재정치인들의 자식들을 옹호하고 있다. 말을 빙빙 돌리고 길게 늘어뜨려서 알아듣기 어렵게 말하고 있지만, 이 말은 사람들을 찾아다니며 소크라테스의 흉내를 내며 질문을 던지고 놀았던, 소크라테스를 따라다녔던 그 귀족 젊은이들을 변호하는 말이었다.

소크라테스를 따라다닌 그 젊은이들이 왜 아는 것이 없다고 하는가? 개인교사를 두고 여러 가지 지식들을 배우고 있는 귀족들인데, 게다가 소크라테스를 따라다닌 세월이 한두 해도 아닌데 왜 배운 것이 없다고 하는가? 그들이 아무것도 모른다는 말을 누가 믿는다고 소크라테스는 이렇게 얘기하는가? 수리아스는 일어서서 소크라테스가 하는 말에 매우 강한 의문을 제기하고 싶은 생각이 들었다.

> **소크라테스 발언**
>
> 그러나 젊은이들이게 질문을 받은 사람들은 자신들이 당황하는 것처럼 보이지 않기 위해 지혜를 사랑하는 모든 철학자들을 싸잡아 매도했습니다. "하늘 위에 있는 것들과 땅 아래에 있는

> **소크라테스 발언**
>
> 것들", "신들을 믿지 않는", "힘이 없는 논리를 더 강한 논리로 만드는" 사람들이라고 말입니다.
>
> 저는 이들이 이렇게 하는 이유가 진실을 인정하고 받아들이고 싶지 않기 때문이라고 생각합니다. 그 진실은 이들이 실제로 아는 것이 없는데도 마치 알고 있는 것처럼 위장을 잘 한다는 것입니다. 이들은 그런 위장으로 질문을 던진 사람에게 마치 자신이 알고 있는 것처럼 보여 주고 싶어 합니다.
>
> 제 생각에 이들은 다른 사람들 앞에 나서려는 욕망으로 가득한 사람들입니다. 또한 그 수도 많죠. 그리고 아주 진지한 자세로 설득력 있게 말할 수 있는 사람들이고요. 이들이 제가 없는 자리에서 여러분들에게 나쁜 말로 저를 중상모략한 것입니다.
>
> 저에 대한 이런 헛소문들을 뒤에 업고 멜레토스는 저를 공격하게 되었고, 뒤이어 아니토스와 리콘[479]도 저를 공격하게 된 것입니다. 멜레토스는 시인들을, 아니토스는 장인과 정치인들을, 그리고 리콘은 연설가들을 대표해서 저에게 분노를 터뜨리고 있는 것입니다.

소크라테스는 이 법정에 서게 된 이유가 '그에게 질문을 받은 사람들이 제대로 대답하지 못한 자신을 반성하지 않고, 오히려 그를 중상모략[480]했기 때문'이며, 자신을 고발한 사람들은 그런 중상모략을 등에 업고 한 짓이라고 말하고 있다.

---

479) 리콘(Lycon) : 멜레토스와 마찬가지로 플라톤이 쓴 「변론」에서 연설가들을 대표해서 소크라테스를 기소했다는 것 외에는 별 다른 기록이 보이지 않는 인물

480) 중상모략(中傷謀略) : 말도 되지 않는 말로 다른 사람을 헐뜯어 상처를 입히고, 거짓말이나 나쁜 말로 다른 사람을 해치기 위해 나쁜 일을 꾸미는 것

1막. 소크라테스의 1차 변론

수리아스는 궁금해졌다. 어떻게 해야 어떤 사실을 그 사실과 전혀 다르게 받아들이고, 또 그것을 맞다고 확신하는지.

소크라테스 발언

아테네 시민 여러분! 이것이 제가 여러분에게 밝히는 저에 대한 고발의 진상입니다. 제가 맨 처음에 여러분에게 말씀드렸다시피, 이렇게 오랜 시간 동안 겹친데 겹쳐온 저에 대한 선입관을 이 짧은 변론 시간 안에 없앨 수 있다면, 오히려 그것이 놀라운 일일 것입니다.

저는 크건 작건 간에, 그 어떤 것도 숨김없이, 가장[481]하지도 않고, 여러분에게 설명을 드리고 있습니다. 확신하건데 제가 받고 있는 수많은 미움은 이런 이유들로 인한 것입니다. 하지만 제가 미움을 많이 받는 것은 오히려 제가 옳다는 것을 거꾸로 증명하는 것이기도 합니다.

저에 대한 이런 비방이 생긴 원인들에 대해 설명해야, 제가 옳다는 것이 증명될 것 아닙니까. 그래서 지금까지 이렇게 길게 설명을 한 것입니다.

여러분은 지금, 아니면 나중에라도 제가 한 말에 대해 조사해 보시기 바랍니다. 제 말이 사실이라는 것을 발견하게 될 테니까요.

소크라테스뿐만 아니라 플라톤과 그의 친구들은 모두 소크라테스가 이 재판정에 서 있게 된 이유를 정말로 그렇게 생각하고 있었다. 5년 전 자신들로부터 정권을 빼앗아간 민주주의

---
481) 가장(假裝) : 거짓으로 꾸미는 행위. 또는 알아보지 못하도록 얼굴이나 몸차림을 꾸미는 행위

정치인들이 대사면[482]을 약속했기 때문에 귀족들을 법정에 세울 수 없게 되었고, 그러자 귀족들과 가깝게 지내던 소크라테스를 고발한 것이라고. 그리고 집권자 중의 한 사람인 아니토스가 혼자 고발할 수 없으니 다른 사람들을 앞세운 것이라고.

하지만 그들의 생각은 사실이 아니었다. 아니토스를 비롯한 민주주의 정치인들은 5년 전 패악[483]을 일삼던 30인귀족독재정치를 종식[484]시켰다. 집권을 하게 된 민주주의 정치인들은 그동안 귀족 정치인들이 자행[485]했던 모든 일을 불문[486]에 붙이는 대사면령을 내렸다. 아니토스는 그로 인해 30인의 귀족들에게 빼앗긴 자신의 재산을 돌려받을 수 없게 되는데도 그 정책을 강력하게 추진했다. 아니토스가 시민들에게 존경을 받았던 이유 중 하나는 자신이 가진 권력을 이용해 귀족독재정치인들에게 빼앗긴 자신의 재산을 모두 돌려받을 수 있었는데도, 아예 그런 시도조차 하지 않았기 때문이다.

아테네 시민이 소크라테스에게 분노한 이유는 소크라테스의 생각처럼 아리스토파네스의 연극 때문도 아니고, 그가 사람들을 찾아다니며 훌륭한 사람이 되려면 어떻게 해야 하는지를 캐묻고 다녔기 때문도 아니다.

아테네에는 그리스 전역[487]에서 그리고 다른 나라에서 수많

---

482) 대사면(大赦免) : 그동안의 죄를 용서해 면제하는 것
483) 패악(悖惡) : 사람으로 도저히 할 수 없는 나쁜 일을 저지르는 것
484) 종식(終熄) : 끝내는 것
485) 자행(恣行) : 제멋대로 함부로 행동하는 것
486) 불문(不問) : 묻지 않는 것
487) 전역(全域) : 영역 전체

은 철학자들이 몰려들어 자신의 주장을 자유롭게 펼쳤다. 아테네에서는 어떤 얘기를 해도 비난받지 않았고, 오히려 서로 경청하고 자유롭게 토론할 수 있다. 일부 아테네 시민들은 기회만 되면 기꺼이 비싼 수업료를 지불하면서까지 새로운 철학자들에게 새로운 지식을 배우려고 했다. 그러므로 소크라테스가 어떤 행동이나 어떤 말을 하든 비난은 받을지언정 미움이나 분노의 대상이 될 수는 없었다. 예전에 아테네 시민들은 소크라테스에 대해 귀족 젊은이들이 따라다닌다는 것, 다른 철학자들과 달리 자신의 주장을 하지 않고 사람들을 만나 캐물어보는 걸 즐긴다는 것 외에 다른 철학자들과 별다르지 않은 사람으로 생각했다. 그런데 지금 소크라테스는 예전부터 사람들이 자신을 미워했다고 주장하고 있는 것이다.

소크라테스와 그를 따라다니는 젊은이들 문제라고 여겨지기 시작한 때는 2년 전 그 귀족들이 또다시 반란을 꾀하다 발각된 뒤부터였다. 집권한 민주주의자들이 빼앗긴 자신의 재산을 포기하면서까지 귀족들과 대사면 약속을 지켜왔는데도, 또 그 귀족들은 몰래 용병을 구하고 있었던 것이다. 그때부터 아테네 시민들은 소크라테스가 그 귀족 젊은이들을 선동하고 다녔다고 의심하기 시작한 것이다.

수리아스는 사실과 전혀 다른 말을 하면서 자신의 말을 조사하면 사실임이 증명될 것이라고 큰소리를 치는 소크라테스를 보면서 정말이지 참으로 이상한 사람이라는 생각이 들었다.

> 소크라테스 발언

이것으로 저는 맨 처음 저를 고발한 고발인들이 제기한 고발 내용에 대한 변론은 충분하다고 생각합니다. 이제부터 저는, 자기 스스로 선량하고 애국자라고 하는 멜레토스와 나머지 고소인들을 상대로 한 변론을 할 겁니다.

이제 처음으로 돌아가서 이 세 사람들이 제기한 진술서를 또 검토해 보겠습니다. 진술서에 있는 기소 내용은 대략 이렇습니다.

"소크라테스는 젊은이들을 변질시키고, 나라가 믿는 신들을 믿지 않고, 다른 새로운 영적인 것들을 믿는 죄를 범하고 있다."

이는 소크라테스가 읽었던 진술서에 대한 기억으로, 원래 진술서에 쓰여 있는 것은 다음과 같았다.

"피트토스 출신인 멜레토스의 아들 멜레토스가 알로페케 출신인 소프로니스코스의 아들 소크라테스를 상대로 다음과 같이 기소하고 선서 진술을 함. 소크라테스는 나라가 믿는 신들을 믿지 않고, 다른 새로운 영적인 것들을 도입함으로써 죄를 범함. 그뿐만 아니라 젊은이들을 변질시킴으로써 죄를 범함. 벌은 사형."[488]

> 소크라테스 발언

그러면 이 기소 내용에 대해 하나하나 자세히 검토해 보겠습니다. 멜레토스는 제가 젊은이들을 타락시키는 죄를 범하고 있다

---

488) 출처 : 박종현 역주의 「플라톤의 네 대화 편」, p.127

> **소크라테스 발언**
>
> 고 주장합니다.
>
> 하지만 아테네 시민 여러분, 죄는 제가 아닌 멜레토스가 범하고 있습니다. 왜냐하면 지금까지 관심조차 한 번도 가져본 적이 없는 일들에 대해 진지한 관심을 갖고 있는 체하며, 다른 사람들을 경솔하게 법정에까지 끌어들여, 심각한 농담을 하고 있기 때문입니다.
>
> 지금부터 저는 멜레토스가 죄를 지은 것이라는 사실을 여러분에게 증명해 보이겠습니다.

소크라테스는 의기양양한 태도로 멜레토스를 쳐다보고 질문하기 시작했다.

> **소크라테스 발언**
>
> 자, 멜레토스, 말해 보시오. 당신에게 가장 큰 관심사가 우리 젊은이들이 최대한 훌륭한 상태로 있어야만 하는 것이 맞소?

"맞습니다." 멜레토스가 대답했다.

> **소크라테스 발언**
>
> 그렇다면, 이제 이분들께 말해 보시오. 누가 젊은이들을 더 훌륭하게 만들고 있습니까? 당신이 젊은이들을 훌륭하게 만드는 일에 관심이 아주 많으니, 그리고 어쨌든 젊은이들을 변질시키는 사람이 바로 나라고 주장하면서 나를 여기 이 자리로 데리고 와 고발하고 있으니, 당신은 분명히 누가 젊은이들을 훌륭하게

> 소크라테스 발언

> 만드는지 알고 있는 게 틀림없소. 자, 재판관들에게 젊은이들을 훌륭하게 만드는 사람이 누구인지를 말하시오. 여기에서 지금 밝혀 보란 말이오.

멜레토스는 아무 말이 없었다. 재판관석도, 군중석도 모두 조용했다. 모두 멜레토스의 대답을 기다리고 있었다.

> 소크라테스 발언

> 이보시오, 멜레토스! 당신이 이렇게 아무 말도 하지 않고 침묵하는 것은 이것에 대해 할 수 있는 말이 아무 것도 없기 때문이라는 사실을 알고 있소? 당신의 이 침묵은 젊은이들이 훌륭한 상태로 있어야만 한다는 것이 당신의 최대 관심거리가 아니었다는 것을 증명하는 것이오. 그런데도 당신은 마치 젊은이들이 훌륭한 상태가 되는 것에 관심이 있는 것처럼 행동했소. 그게 부끄러운 일이라는 것은 알고 있소? 자, 대답해 보시오. 누가 우리 젊은이들을 더 훌륭한 사람으로 만듭니까?

"법률입니다." 멜레토스가 대답했다.

> 소크라테스 발언

> 보시오, 멜레토스. 내가 묻는 것은 그런 것이 아니라 젊은이들을 더 훌륭하게 만드는 사람에 대한 것입니다. 당신 생각에 다른 어떤 것보다 위에 있는 것이 법률이라면, 그 법률을 아는 사람이 있을 것이고, 나는 그게 누구냐고 묻는 것이오.

"이분들이오, 소크라테스. 그분들은 바로 이 재판관들이십니다." 멜레토스가 말했다.

> 소크라테스 발언
>
> 멜레토스, 도대체 무슨 말을 하고 있는 거요? 이분들이 젊은이들을 가르칠 수 있고, 더 훌륭하게 만들 수 있다는 말입니까?

"네, 분명히 그렇습니다." 멜레토스는 자신에 찬 얼굴로 대답했다.

> 소크라테스 발언
>
> 이분들 모두가 말이오? 아니면 이분들 중 일부만 그렇게 할 수 있고, 다른 일부는 그렇게 할 수 없는 거요?

"이분들 모두가 그렇게 할 수 있습니다." 멜레토스의 목소리가 좀 더 커졌다.

> 소크라테스 발언
>
> 헤라[489] 여신에게 맹세하건데, 젊은이들을 훌륭하게 만드는 데 도울 사람이 이렇게 숱하게 많다니 그것 참 반가운 말이네요. 그렇다면, 저기 있는 방청객들은 어떤가요? 그들 또한 젊은이들을 더 훌륭한 상태가 되도록 만들 수 있습니까, 아니면 그렇게 못합니까?

---

489) 헤라(Hera) : 제우스의 누이이자 세 번째 부인. 올림포스 궁전의 안주인. 결혼 생활 수호의 여신이자 땅의 풍요와 다산의 여신. 아르고스에 신전이 있다.

"그들 또한 그렇게 할 수 있습니다." 멜레토스는 좀 더 분명한 목소리로 대답했다.

> 소크라테스 발언
>
> 그렇다면 아테네 10개 부족의 평의회[490] 의원들은? 그분들도 젊은이들을 더 훌륭하게 만들 수 있습니까?

"평의회 의원들께서도 또한 그렇게 할 수 있습니다." 멜레토스는 고개를 끄덕이며 확신에 찬 목소리로 대답했다.

> 소크라테스 발언
>
> 그러면, 멜레토스, 여기 민회에 참석하는 민회의 의원들은 어떻습니까? 이분들이 젊은이들을 변질시키지는 않나요? 아니면 이들 모든 분들 또한 젊은이들을 더 훌륭하게 만듭니까?

"이분들도 역시 젊은이들을 훌륭하게 만듭니다." 멜레토스는 이번에도 확신에 찬 대답을 했다.

> 소크라테스 발언
>
> 그럼, 아테네 시민 모두가 젊은이들을 훌륭하고 훌륭한 사람으로 만들고, 나 혼자만 그들을 변질시킨다는 말인데요. 당신이 하고 싶은 말이 그것이오?

"네, 확실히 그렇습니다." 멜레토스가 대답했다.

---

490) 평의회(評議會) : 고대 아테네의 국가 운영 기구. 지금의 정부와 같은 역할을 했다.

> 소크라테스 발언

> 그렇다면 그대가 보기에 나는 참 불운한 사람이오. 그럼, 이제 이 질문에 대답해 보시오. 우리가 타고 다니는 말들을 예로 들어 생각해봅시다. 지금 그대의 말은 우리가 타고 다니는 말들을 더 훌륭하게 만드는 자는 모든 사람들이지만, 그 말들을 망치는 건 어떤 한 사람이라는 말입니까?

"그렇습니다." 멜레토스가 대답했다.

> 소크라테스 발언

> 하지만 그와는 정반대[491]로 말들을 더 훌륭하게 만들 수 있는 자는 어떤 한 사람이거나 아주 소수인 말 조련사들 아닌가요? 많은 사람이 말들과 함께 지내거나 말들을 이용한다면 오히려 말들을 망쳐 놓지 않겠습니까?

수리아스는 아차 싶었다. 멜레토스가 소크라테스의 유도질문에 걸려든 것이기 때문이다.

> 소크라테스 발언

> 멜레토스, 말들의 경우뿐만 아니라 다른 동물들의 경우도 모두 그렇지 않을까요? 아마 모든 경우가 다 그럴 것이오. 당신과 아니토스가 인정하건 인정하지 않건 변하지 않는 사실이오.

무슨 소리지? 수리아스는 자신이 잘못들은 게 아닌가 싶었

---

491) 정반대(正反對) : 뜻이 완전히 반대되는 것

다. '아마 그럴 것'이라고 했다가 '변하지 않는 사실'이라니, 추정한 게 아니었나?

> **소크라테스 발언**
>
> 만약에 정말로 오직 한 사람만이 젊은이들을 변질시키고, 다른 모든 사람들이 그들을 이롭게 해 준다면, 그것은 젊은이들에게 크게 축복 받은 일일 것입니다.
>
> 멜레토스, 이로써 그대는 실제로 우리 젊은이들에 대해 결코 마음쓴 적이 없다는 것을 충분히 증명한 셈이 되었소. 뿐만 아니라 정작 그대는 나를 이렇게 법정까지 끌고 온 일들에 대해서도 전혀 관심을 두지 않았다는 것 또한 분명하게 보여 주고 있소.

수리아스는 멜레토스의 얼굴이 붉어지는 것을 보고 있었다. 소크라테스의 질문에 따라 대답하다 보니 더 이상 반박할 수 없게 되어버린 것을 이제야 눈치챈 것이다. 말을 훌륭하게 만들 수 있는 사람은 수많은 사람들이 아니라, 말 조련사밖에 없는 것은 모두가 다 아는 너무나도 당연한 사실이었기 때문이다.

하지만 소크라테스는 잘못된 예를 들었다. 현재 문제 삼고 있는 것은 사람의 일이지 말의 일이 아니기 때문이다. 사람은 여러 가지 경험을 해야 인생이 풍부해지며, 많은 사람들을 만나 배우는 것이 많아야 한다. 그런데 소크라테스는 사람에 관한 일을 조련사 한 명이 훈련을 시켜야 하는 짐승인 말에 관한 일로 잘못 대치[492]시켰다. 수리아스는 소크라테스가 이런 식으로 대화를 끌고 가 상대방의 말문을 막히게 해왔다는 것을 알

---

492) 대치(代置) : 어떤 것을 다른 것과 대비할 수 있도록 마주 놓는 행위

게 되었다.

멜레토스는 그만 소크라테스가 만들어 놓은 '말 조련사 프레임[493]'에 갇혀 쩔쩔매고 있었다.

수리아스는 멜레토스를 보며 답답해졌다. "그럼 젊은이들이 동물 같은 존재이기 때문에 조련사가 동물을 길들이듯 길들여야 하는 존재란 말이오?" 이렇게 반박[494]했으면 좋겠는데 당황한 얼굴로 아무 대답도 못 한 채 제자리에 서 있었기 때문이다.

> 소크라테스 발언
>
> 더 나아가서, 멜레토스, 우리한테 대답해 주시오. 선한 시민들 사이에서 사는 것과 나쁜 시민들 사이에서 사는 것 중에 어느 쪽이 더 좋소?

멜레토스는 이제 곧바로 대답하지 않았다. 소크라테스의 질문에 즉각적으로 대답하다 조금 전처럼 또 이상한 논리에 당할지도 모르기 때문이었다.

> 소크라테스 발언
>
> 이봐요, 멜레토스. 대답해 보시오. 전혀 어려운 걸 묻고 있는 게 아니지 않소. 나쁜 사람들은 항상 자기와 가까이 있는 사람들에게 해로운 일을 하지만, 선한 사람들은 무엇이 되었든 주변 사람들에게 좋은 일을 하지 않겠소?

---

493) 프레임(frame) : 자동차나 자전거 따위의 뼈대를 의미하는 말. 어떤 논리를 펼치기 전에 만드는 그 논리의 틀을 가리키는 말로 사용하기도 한다.
494) 반박(反駁) : 반대되는 논리를 주장하는 것

멜레토스가 대답을 안 하자 소크라테스는 대답을 재촉했다. 재판관들이 멜레토스를 쳐다보며 대답을 기다리고 있으니 더 이상 대답을 하지 않고 있을 수는 없었다. "그야 물론입니다." 멜레토스는 못마땅한 표정으로 대답했다.

소크라테스는 계속해서 질문했다.

> **소크라테스 발언**
>
> 자기와 함께 있는 사람에게 도움이 아닌 피해를 받기를 바라는 사람이 있소?

"그럴 리 없습니다." 여전히 못마땅한 얼굴로 멜레토스가 대답했다.

> **소크라테스 발언**
>
> 그러면 그대가 나를 이 법정으로 끌고 온 것이 내가 젊은이들을 고의적으로 변질시킨 사람이기 때문이오, 아니면 본의 아니게 그렇게 하게 된 사람이기 때문이오?

"그야 당연히 소크라테스 당신이 젊은이들을 고의로 변질시킨 사람이기 때문이죠." 멜레토스는 대답했다.

> **소크라테스 발언**
>
> 멜레토스, 그렇다면 뭡니까? 당신이 비록 나이가 어리다 해도 이렇게 나이를 많이 먹은 나보다 훨씬 더 현명한 사람인지라, 주변 사람들에게 나쁜 사람들은 나쁜 짓을 하고, 좋은 사람들은 좋은 일을 한다는 것을 잘 알고 있네요.

1막. 소크라테스의 1차 변론

수리아스는 소크라테스가 빈정거리는 데 대가[495]인 것 같다고 생각했다. 나이 먹은 소크라테스보다 젊은 멜레토스가 더 현명하다고 빈정대며 누구나 알고 있는 사실을 멜레토스 혼자만 알고 있다고 말한 것처럼 만들고 있었다.

소크라테스의 이 발언은 거꾸로 나이를 먹어야 현명해진다는 의미가 된다. 하지만 나이를 먹는다고 현명해지는 것은 아니다. 현명해지는 사람도 있고, 더 고집스럽게 다른 사람의 말을 듣지 않게 되는 사람도 있고, 더 심하게 자신이 원하는 것만 해서 주변에 해를 끼치는 사람도 있다. 그건 누구나 잘 알고 있는 사실이다.

소크라테스 발언

당신 말대로 이 소크라테스라고 하는 자가 고의로 나쁜 짓을 하는 나쁜 사람이라면, 내 주변에 있는 사람들은 그 사실을 알지 못할 정도로 무지하기 때문에 나에게 해코지[496] 당할 위험이 있는데도 내 옆에 있었다는 얘기가 됩니다. 당신은 그런 무지한 사람들에게 내가 고의로 나쁜 짓을 저지르고 있다는 말입니까?

나는 당신의 말을 이해할 수가 없소. 아니, 다른 어떤 사람들도 이해할 수 없을 것이오. 하지만 그와는 반대로 그 사람들이 모두 무지한 상태가 아니라면, 오히려 내가 그들을 변질시키지 않았다는 얘기가 되는 거요.

재판관들 중 많은 사람들이 고개를 끄덕였고 군중석이 술

---

495) 대가(大家) : 뛰어난 사람이나 인정받는 사람
496) 해코지 : 다른 사람을 해치기 위해 하는 짓

렁거리고 있었다. 수리아스는 군중석을 살폈다. 술렁이고 있는 사람들은 소크라테스를 따라다니며 그가 다른 사람들에게 질문을 던지며 대화 나누는 것을 보는 것을 즐기고 흉내내던 그 젊은 귀족들이었다.

수리아스는 소크라테스의 그럴듯한 논리로 이어가는 말솜씨에 깜짝 놀랐다. 그 누구든 소크라테스를 말로 이기기는 상당히 어려웠을 것이라는 생각이 들었다. 왜냐하면 소크라테스는 상대방에게 잘못된 비유로 잘못된 대답을 이끌어 낸 다음 상대방의 대답에서 잘못된 말과 논리를 끄집어 내 상대방을 꼼짝 못하게 만드는 것에 아주 능숙했기 때문이다.

멜레토스는 또 다시 곤경에 빠졌다. 소크라테스의 말이 분명히 틀린 건 알겠는데 어디가 틀렸는지는 딱히 꼬집어 말할 수가 없었기 때문이다.

소크라테스의 이상한 말 때문에 아테네의 수많은 시민들이 모두 무지한 사람이 되어 버렸고, 젊은이들이 고의로 나쁜 짓을 저지르는 소크라테스를 따라다니며 나쁘게 변질되고 있는데, 그런 것조차도 전혀 모르는 완전히 무지한 사람들이 되어버렸기 때문이었다. 수리아스는 멜레토스가 불쌍해졌다.

소크라테스 발언

그리고 만약 내가 그들을 변질시켰다고 할지라도 그건 본의가 아닌 것이 됩니다. 그러니 어느 경우가 되었든 당신의 말은 거짓이 되는 것이오. 그러니 내가 본의 아니게 젊은이들을 변질시켰다고 생각했다면, 내가 몰라서 그렇게 한 것이니 이렇게 법정에

> 소크라테스 발언
>
> 끌고 올 것이 아니라 개인적으로 붙잡고 훈계하는 것이 더 옳은 행동이오.
>
> 만약 멜레토스 당신이 나에게 그런 훈계를 했다면 나는 내가 본의 아니게 젊은이들을 변질시키고 있다는 것을 알게 되었을 것이고, 그러면 분명히 그것을 멈추었을 것이오.
>
> 하지만 그대는 나를 붙잡고 훈계하는 것을 피했으며, 훈계로 끝날 일을 법으로 처벌하길 원했기 때문에, 나를 이곳으로 끌고 온 것이오. 법정은 법의 처벌이 필요한 사람들을 끌고 오는 곳이지, 깨달음이 필요한 사람들을 끌고 오는 곳이 아니지 않소?

관중석에서 더 많은 사람들이 웅성거렸고 재판관들 중에 고개를 끄덕이는 사람도 더 늘어났다. 수리아스는 군중석에서 어떤 사람들이 멜레토스를 향해 손가락질 하는 것을 보았다.

수리아스는 기막혔다. 소크라테스는 지난 두 번의 귀족독재 정권 때, 얼마나 많은 사람들이 스파르타 군인과 젊은 귀족들에게 곤봉으로 맞아 죽었는지 모르고 있다는 말인가? 그런 짓을 하게 만든 중심 인물들이 모두 소크라테스를 따라다니던 젊은이들이었는데, 그걸 정말로 모르고 하는 말인가?

그리고 '만약'이라니? 만약이라는 말은 소크라테스 자신이 젊은이들을 변질시켰다는 인정하는 말이 아니다. 그렇다고 하더라도 젊은 귀족들을 끌고 다닌 것이 고의로 한 것이 아니니 훈계로 끝내야 했었다니? 어떤 훈계를 했어야 하는 것인가? "젊은 귀족들을 끌고 다니지 마시오." 해야 했는가? 아니면 "젊은 귀족들을 변질시키지 마시오." 해야 했는가?

뿐만 아니라, 끌고 오다니? 자신이 자진해서 온 것이 아닌가? 끌려오는 것이 아니라면 이미 재판에 오지 않도록 서로 조정을 했어야 하는 거 아닌가? 재판이 자신에게 불리할 수 있다고 판단되는 경우, 재판을 거부하고 다른 나라로 망명해도 된다. 이 자리에 나왔다는 것은 재판에서 이긴다는 확신이 있었기 때문이 아닌가? 소크라테스의 말대로라면, 소크라테스는 굳이 이렇게 법정에 서기 전에 멜레토스를 찾아가 대화를 시도하면 되었다. 그런데 그렇게 하지 않은 이유는 뭔가? 소크라테스는 아테네 시민들에게 훈계를 하기 위해서 일부러 이 자리에 나온 것은 아닌가?

수리아스는 이런 결론을 내리게 되었다. 소크라테스가 질문을 던지고 대화를 하는 것은 상대방과 논의를 하거나 접점[497]을 찾기 위한 것이 아니라 소크라테스 자신이 원하는 방향으로 끌고 가기 위한 것이라고.

멜레토스도 그 사실을 이미 알고 있었지만 소크라테스만큼 수많은 말들을 논리적으로 할 수 없어 답답할 뿐이었다.

> **소크라테스 발언**
>
> 아테네 시민 여러분, 제가 아까 말씀드렸다시피, 멜레토스가 젊은이들이 훌륭하게 되는 것에 대해 전혀 관심을 둔 적이 없다는 사실이 이렇게 명백하게 증명되었습니다.

---

497) 접점(接點) : 만나는 부분

소크라테스를 따라다녔던 플라톤은 이 재판이 민주주의자들이 귀족들하고만 어울려다니는 소크라테스를 국외로 추방하기 위해 꾸민 음모라는 것을 알고 있었다. 그래도 재판이니까 무죄를 받아내야 한다. 소크라테스의 변론이 이 정도로 논리적이고 설득력 있으니 무죄가 될 것이 분명하다. 소크라테스의 이 발언에 플라톤은 안도의 숨을 내쉬고 있었다.

수리아스는 소크라테스의 기막힌 대화술에 감탄했다. 아마 이 세상에서 말로 소크라테스를 당해낼 사람은 아마도 몇 없을 것이다. 소크라테스는 듣는 사람이 전혀 눈치 채지 못하는 사이에 교묘하게 자신의 의도대로 대화의 방향을 바꿀 줄 아는 사람이기 때문이다.

> 소크라테스 발언
>
> 그렇다면 멜레토스, 이분들께 말해 주시오. 내가 우리 젊은이들을 어떻게 변질시키고 있다고 주장하는 것이오? 당신이 여기 이 기소장에 적은 대로, 나라가 믿는 신들을 믿지 않고 다른 새로운 영적인 것들을 믿도록 가르쳤기 때문에 변질시키고 있다고 확신하는 것입니까?

"네, 분명히 그렇습니다." 멜레토스가 대답했다.

> 소크라테스 발언
>
> 그러니까 당신은 내가 젊은이들에게 나라가 믿는 신들을 믿지 말라고 하고, 새로운 영적인 것들을 믿도록 가르침으로써 젊은이들을 변질시키고 있다는 말이오?

멜레토스는 대답했다.

"그렇습니다. 당신은 나라가 믿는 아테나 여신도 믿지 않고, 헤파이스토스 신도, 데모스 신도 믿지 않고, 다른 영적인 소리를 언급하기 때문입니다."

소크라테스 발언

그렇다면 멜레토스, 지금 우리가 입에 올리고 있는 바로 이 신들의 이름으로, 나에게 그리고 여기 계신 이분들께도 더 분명하게 말해 주시오.

당신은 나를 우리나라에서 믿는 신들이 아닌 다른 신들을 믿는다는 이유로 기소한 것이오? 아니면 내가 신을 믿지도 않고 다른 사람들한테도 신을 믿지 말라고 가르치고 있기 때문에 나를 기소한 것이오?

지금 나는 그대가 어느 쪽을 말하는 것인지 도대체 알 수가 없소. 내가 다른 어떤 신들을 믿도록 가르치고 있다면, 내가 신들이 있는 것을 믿는 것이니 절대로 무신론자가 될 수 없소. 그렇다면 나는 분명히 죄를 지은 것이 아닙니다.

그러니 그대가 주장하는 것은 대체 어느 쪽인 것이오?

멜레토스는 대답했다.

"저는 선생께서 나라에서 믿는 신들을 전혀 믿고 있지 않는 것이 잘못되었다고 말하는 겁니다."

수리아스는 소크라테스의 교묘한 대화법에 깜짝 놀랐다.

1막. 소크라테스의 1차 변론

'나라에서 믿는 신'을 그냥 '신'이라고 말하다니? 멜레토스는 분명히 소크라테스가 나라에서 믿는 신들을 믿지 않는다고 지적했다. 그런데 소크라테스는 순식간에 마치 멜레토스가 소크라테스에게 '신' 전체를 믿지 않는다고 지적한 것처럼 만들어 버렸다. 그러니 깜짝 놀랄 수밖에.

소크라테스 발언

이보시오, 멜레토스! 당신은 무엇 때문에 그런 말을 하는 겁니까? 그러니까 당신 말은 다른 사람들이 해도 달도 신이라고 믿는데 나는 그렇지 않다는 말이오?

"재판관 여러분! 제우스[498]께 맹세코 소크라테스는 분명히 신을 믿지 않습니다. 왜냐하면 그는 해는 돌이라고 말하고 달은 흙이라고 말하기 때문입니다." 멜레토스는 큰 소리로 재판관들을 향해 말했다.

소크라테스 발언

보시오, 멜레토스! 그대는 여기 있는 이 소크라테스가 아니라 아낙사고라스[499]인 줄 알고 고소한 것 아니오? 그대는 여기 있는 재판관들이 아낙사고라스가 쓴 책에 그런 주장이 적혀 있다는

---

498) 제우스(Zeus) : 티탄들과의 세계 지배권 쟁탈전을 주도해 승리로 이끈 신. 제비뽑기로 하늘나라를 지배하게 됨.(바다는 포세이돈, 지하세계와 죽은 자들의 왕국은 하데스). 전지전능한 신

499) 아낙사고라스(Anaxagoras) : 그리스 철학자. 우주를 구성하고 있는 본질적인 물질은 스스로 존재, 무한, 불멸하는 씨앗이며, 이것들을 움직이게 만드는게 '누스'(정신/이성)라고 주장했다. 아테네에 직접민주주의 정치를 확립시킨 정치가인 페리클레스의 초청으로 페르시아 전쟁 이후 아테네로 왔다, 30년 동안 거류외국인으로 살면서 페리클레스의 청년기를 함께 보냈다.
※ 플라톤과 아리스토텔레스는 엠페도클레스가 주장한 '4원소설'을 지지했다.(「페리클레스」 도널드 케이건, p.60)

> **소크라테스 발언**
>
> 것도 모를 정도의 문맹자들이라고 생각하시오? 여기 이분들이 그토록 무지하여 나와 아낙사고라스를 구별하지 못 할 것이라 생각한 것이오?

아낙사고라스는 태양이 펠로폰네소스 반도보다 큰 돌로 된 불덩어리이며, 달에는 언덕과 골짜기들이 있다고 주장하는 사람이었다. 그리고 그는 만물이 원소로 되어 있으며, 그 원소는 식물의 씨앗 같은 것으로 수가 무수히 많고, 신이 모든 것을 주관하는 것이 아니라, 무수히 많은 원소들이 다양하게 결합하거나 분리되어 모든 것을 만들어 내기도 하고 소멸시키기도 한다고 주장했다.

민주주의 정치가인 페리클레스를 쫓아내고 호시탐탐 정권을 잡으려고 기회를 보고 있던 귀족들은, 페리클레스가 늙어가면서 힘이 약해지자 그를 추락시키기 위해 새로운 법을 만들어 민회에서 통과시켰다. 그 법이 바로 '불경죄'이다. '불경죄'는 사형까지 시킬 수 있는 법이었다.

결국 페리클레스는 그 죄목으로 스승 아낙사고라스가 법정에 서는 것을 지켜봐야 했다. 페리클레스는 민주주의 정치를 꽃피워 아테네에 평화와 번영을 가져온 정치가였다. 귀족 정치인들은 그런 페리클레스를 법정에 세우면 시민들이 강력하게 반발할 것을 너무도 잘 알고 있었기 때문에, 스승 아낙사고라스를 법정에 세우기로 결정한 것이다. 그래서 '불경죄'라는 새로운 법도 만든 것이고. 아낙사고라스를 추방하면 페리클레스의 힘이 약해질 것이라고 판단했기 때문이다.

페리클레스는 아낙사고라스가 사형을 면하게 하기 위해 법정에서 눈물을 흘리며 열심히 변론했고, 그 결과 아낙사고라스는 사형 대신 벌금과 추방형을 받고 아테네에서 추방당했다. 이러나 저러나 결국 귀족의 의도대로 된 것이다.

하지만 아낙사고라스를 추방시킨 이 '불경죄'는 결국 나중에 효력을 잃었다. 법정에서 아낙사고라스에게 다시 사면이라는 판결을 내렸기 때문이다.

> **소크라테스 발언**
>
> 게다가 그 아낙사고라스의 책을 아고라 오르케스트라[500] 광장에서 기껏해야 1드라크메를 주고 산 젊은이들은 그 책은 내가 쓴 것이 아니라 아낙사고라스가 썼다는 것을 분명하게 알고 산 겁니다. 그런데도 그 내용을 다시 나에게 배운다는 말이요?
>
> 그러니까 멜레토스 당신은 비웃음을 받는 그 아낙사고라스의 이상한 주장들을, 이 소크라테스가 마치 내 것인 체하며 젊은이들에게 가르쳤다는 얘깁니까?

소크라테스는 지금 그 '아낙사고라스가 불경죄로 고소된 사건의 배경'을 말하고 있는 것이다. 소크라테스가 묻고 싶었던 건 아마 이런 말이었을 것이다. 그때 아낙사고라스를 추방시킨 그 '불경죄'는 그 이후 재심을 통해 유명무실한 죄목이 되었는

---

500) 오르케스트라(orchestra) : 반원형의 무대를 뜻하는 말로 아고라 광장에 있는 극장을 가리킨다.

데, 왜 또 다시 자신을 '불경죄'로 고소했는지 캐 물으며 멜레토스를 몰아세우고 있는 것이다. 수리아스는 그런 생각이 들었다.

> **소크라테스 발언**
>
> 정말로 그렇게 확신하는 것이오? 내가 그 어느 신도 있다고 믿지 않는다는 말입니까?

소크라테스가 다시 묻자, 멜레토스는 단언했다. "맹세코, 당신은 신을 믿지 않습니다. 어떤 식으로든 분명히 당신은 신을 믿지 않습니다."

수리아스는 자신도 모르게 다시 "끄응" 신음 소리를 냈다. 이제 소크라테스를 기소한 '나라에서 믿는 신을 믿지 않는다'는 내용이 그냥 '신을 믿지 않는다'로 확정되었기 때문이다.

> **소크라테스 발언**
>
> 멜레토스, 나는 당신을 신뢰할 수가 없습니다. 뿐만 아니라 내가 보기에 당신은 스스로도 자신을 신뢰하지 않는 것 같소.
>
> 아테네 시민 여러분! 제가 보기에 이 사람은 아주 방자하고 무절제한 사람이기 때문에 그런 방자함과 무절제함, 거기에다 젊은 혈기까지 더해져서 저를 기소하게 된 것 같다는 생각이 듭니다.
>
> 왜냐하면 나에게 그는 마치 이런 수수께끼를 만들어서 사람들을 시험하는 것 같아 보이기 때문입니다. "현자라고 하는 소크라테스는 내가 하는 말에 모순이 있다는 것을 결국 알아낼까, 아니

1막. 소크라테스의 1차 변론

> **소크라테스 발언**
>
> 면 내가 그와 재판관, 그리고 다른 청중들을 감쪽같이 속이게 될까?" 이런 생각인 것 같습니다.
>
> 그가 쓴 기소장을 보면 모순되는 말을 하는 것으로 보이기 때문입니다. "소크라테스는 신들을 믿지 않지만, 신들을 믿음으로써 죄를 지었다." 이렇게 말입니다. 이건 농담하는 사람이나 하는 말입니다.

소크라테스가 기소된 이유는 나라가 믿는 신들을 믿지 않는다는 것이었다. 그런데 지금 소크라테스는 '모든 신'으로 바꿔서 말하고 있다. 이 점을 아무도 눈치 채지 못하고 있었다. 이번에도 또 다시 궤변론자 소크라테스의 의도대로 결론이 나 버릴 것이다. 수리아스는 저절로 한숨이 나왔다.

그리스에서는 여러 신들을 숭배했고, 사람들은 여러 신들의 신전에 제물을 바치며 경배를 올렸고 기도를 드렸다. 아테네에서는 헤파이스토스[501] 신을 중요하게 여겼다. 아테나[502] 여신은 아테네의 수호신이고. 둘 다 기술을 가진 장인들을 보호해주는 신이었기 때문이다. 그리고 데모스도 중요한 신이었다. 민주주의를 지켜주는 신이었기 때문이다.

---

501) 헤파이스토스(Hephaistos) : 불의 신, 특히 대장간의 불을 지켜주는 신으로 이 신은 장인들을 보호한다. 가장 아름다운 여신 아프로디테의 남편. 제우스와 헤라의 아들이라는 설도 있고, 헤라 혼자 낳은 아들이라는 설도 있다.

502) 아테나(Athena) : 제우스의 머리에서 태어난 지혜의 여신. 예술과 장인들의 기술을 보호해 주는 장인의 수호신이다. 또한 전사의 신이며 고대 그리스 아테네의 수호신. 아테네 도시 이름의 기원이 된 신
※ 아테네에서 발굴된 도자기에는 헤파이스토스가 아테나를 도와 출산을 돕는 조산원으로 그려져 있다.

그런데 소크라테스는 다른 귀족들과 마찬가지로 헤파이스토스 신과 아테나 신, 그리고 데모스 신에게 예의를 갖추지 않았다. 아폴론[503] 신과 헤스티아[504] 신에게는 예의를 갖추면서 말이다. 이 얘기는 장인들을 무시한다는 의미가 된다. 각 분야에서 열심히 일해온 장인들은 지금 아테네가 그리스에서 최강국이 될 수 있도록 만든 장본인들이었다. 그런 장인들을 무시하는 것은 오로지 귀족들과 소크라테스밖에 없었다.

아테네에서 숭배하는 나라의 신들을 무시하는 것은 곧 나라를 무시하는 것이나 마찬가지다. 그렇기 때문에 멜레토스가 소크라테스를 고발을 한 것이 아닌가. 수리아스는 소크라테스의 말에 속수무책으로 당하기만 하면서 끌려가는 멜레토스를 보며 답답했다.

소크라테스 발언

그러면 여러분, 이제부터 제가 왜 멜레토스의 말이 모순이라고 생각하는지 설명해 보겠습니다. 멜레토스, 당신은 우리한테 대답해 줘야 합니다. 그리고 여러분은 제가 맨 처음에 여러분에게 간청했던 대로, 제가 법정에서 사용하는 공손한 말을 쓰지 못하고 제가 해왔던 방식대로 변론을 하더라도 소동을 일으키지 말아달라고 부탁했던 사실도 기억해 주시기 바랍니다.

멜레토스, 도대체 어떤 사람이 인간의 일은 있다고 믿으면서 인간이 있다는 것은 믿지 않겠소?

---

503) 아폴론 : 제우스의 아들. 지혜의 신, 특히 이성적인 지혜의 신
504) 헤스티아(Hestia) : 제우스의 딸. 불의 신. 집안의 화로를 수호하는 신. 신전의 불을 수호하는 신. 가정을 수호하는 신

멜레토스가 소크라테스의 질문에 대답을 하지 않자 군중석이 술렁거렸다. 멜레토스는 어떻게 대답을 해야 또 소크라테스의 질문 때문에 곤경에 빠지지 않게 될까 고민하는 표정이 역력[505]했다.

> **소크라테스 발언**
>
> 여러분, 그가 대답하도록 합시다. 또 자꾸 소동을 일으켜 제 말이 끊기는 일이 없도록 해 주십시오.

소크라테스는 군중석의 소동을 제재[506]했다.

> **소크라테스 발언**
>
> 그리고 멜레토스, 말이 있다는 것을 믿지 않으면서 말의 일이 있다고 믿는 사람이 있소? 또 아울로스[507] 연주자들이 있다는 것은 믿지 않는데 아울로스는 있다고 믿는 사람이 있겠소?
>
> 이보시오, 멜레토스! 그런 사람은 없습니다. 당신이 이토록 내 말에 대답하고 싶지 않다면, 당신과 여기 계신 아테네 시민 여러분에게 내가 말해 보겠소. 그러니 적어도 이번 질문에는 대답을 하시오. 영적인 것이 있다고 믿으면서 영적인 존재를 믿지 않는 사람이 있을 수 있소?

"없습니다." 잠시 뜸을 들이던 멜레토스가 대답했다.

---

505) 역력(歷歷) : 분명하고 또렷한 것
506) 제재(制裁) : 하지 못하도록 금지시키는 것
507) 아울로스(aulos) : 목관악기의 이름. 박종현 역주 「법률」 p.198 참고

> 소크라테스 발언

여기 이분들 때문에 마지못해 대답했군요. 마지못해 한 대답이기는 하지만 그래도 대답을 해 주어 참으로 좋소. 그러니까 멜레토스, 당신은 내가 영적인 것들이 있다는 것을 믿고 그것을 가르친다고 말하는 것이오? 그게 새로운 것이든 옛날 것이든 간에 말이오?

어쨌거나 나는 당신이 신께 맹세한 선서 진술서처럼 영적인 것들을 믿소. 만약 내가 영적인 것들을 믿는다면 내가 영을 믿는 것 또한 당연한 일이지요. 그렇지 않습니까? 당연히 그렇습니다. 대답을 하지 않으니 나는 당신이 지금 내가 한 말에 동의한 것으로 생각하겠소.

그런데 우리는 영들을 어쨌든 신으로 여기거나 또는 신의 자식들이라 생각하지 않소? 그렇소, 그렇지 않소? 대답해 보시오.

"물론 그렇습니다." 멜레토스는 영 마뜩잖은[508] 표정으로 대답했다.

> 소크라테스 발언

좋습니다. 그대가 나에게 이 점에 대해 죄를 묻고 있지만 내가 영들을 믿는다면, 그리고 당신이 인정했듯이 그 영들이 신들의 일종이라면, 당신은 수수께끼 같은 말로 농담을 하고 있는 것이 분명하오.

보시오. 당신은 처음에 내가 신들을 믿지 않는다고 했소. 그런

---

508) 마뜩잖다 : 마음에 별로 들지 않다

> **소크라테스 발언**
>
> 데 내가 영이 있는 것을 믿는다는 건, 내가 신들을 믿는다고 말하는 것이오. 만약 이 영들이 신성한 신들의 자식이라면, 요정들로부터 태어났건 또는 다른 누구에게서 태어났건 간에, 신들의 서출[509]같은 부류라면, 도대체 누가 신의 자식은 믿으면서, 신이 있다는 걸 믿지 않을 수 있단 말입니까? 그건 마치 어떤 사람이 말과 당나귀의 새끼인 노새는 믿으면서 말과 당나귀가 있다는 것을 믿지 않는 것만큼이나 아주 이상하지 않소?

멜레토스의 얼굴이 붉어졌다.

수리아스는 소크라테스가 무서운 사람이라는 생각이 들었다. 분명히 기소장에 "소크라테스는 젊은이들을 변질시키고, 나라가 믿는 신들을 믿지 않고, 다른 새로운 영적인 것들을 믿는 죄를 범하고 있다."라고 써있다고 소크라테스 입으로 직접 말했다. 소크라테스가 궤변론자가 아니고 정말 지혜로운 자라면 이 얘기를 이런식으로 하면 안 된다. 소크라테스는 이렇게 얘기를 이상하게 끌고 가 자신이 왜 기소되었는지 모르도록 하려는 것이다. 그건 분명 잘못된 것이다.

지금 소크라테스는 젊은이들이 민주주의 정치인을 증오하거나 깔보도록 변질시키지 않았다는 것을 증명해야 하고, 나라가 믿는 신들을 믿었다는 것을 증명해야 하고, 그게 안 되면 왜 아테나 여신과 헤파이스토스 신, 그리고 데모스 신에게 예를 갖추지 않았는지를 설명해야 한다. 그리고 나라가 믿지 않는 다

---

509) 서출(庶出) : 첩이 나은 자식을 가리키는 말

른 새로운 영적인 것들을 믿는 것이 왜 잘못이 아닌지를 증명해야 한다. 그런데 말도 안 되는 논리로 멜레토스를 꼼짝 못 하게 하고 있는 것이다.

소크라테스 발언

멜레토스! 당신이 이런 농담으로 우리를 시험해 보려고 한 것이 아니라면, 그리고 당신이 나에게 책임을 물으려는 진짜 죄가 무엇인지 몰라 당황한 것이 아니라면, 당신은 이런 기소를 할 수 없었을 겁니다.

어떤 사람이 영적인 것들도 믿고 신적인 것들에 대해서도 믿는데, 그 사람이 동시에 영도 믿지 않고 신도 믿지 않는다고 납득시킬 수 있는 방법은 없소. 상대방이 조금이라도 지성을 지닌 사람이라면 당신의 그런 주장으로는 그 상대방을 설득시킬 방법이 전혀 없소.

얘기가 점점 더 이상하게 흘러가고 있었다. 수리아스는 아테네의 법제도가 굉장히 좋은 것이라고 자부하고 있었다. 그런데 소크라테스 재판에 참여하고 보니, 법정에 선 사람이 논지[510]에 어긋나는 발언을 하는 경우, 이것을 바로잡을 어떤 제도가 더 필요하다는 생각이 들었다.

소크라테스의 말은 모두 틀렸다. 자신이 피고로써 해야 하는 얘기는 하지 않고, 소크라테스를 기소한 멜레토스와 아니토스를 자꾸 이상한 사람으로 몰아가고 있었다. 또 이런 경우가 생길지 모르니 누군가 나서서 법정에 서서 변론하는 사람이 잘

---

510) 논지(論旨) : 주장하는 것의 의도나 목적

못 말하고 있는 것을 올바르게 지적하고, 잘못된 발언을 더 이상 이어가지 못하도록 제재할 수 있도록 해야 한다. 수리아스가 그런 생각을 하는 동안 소크라테스는 계속 말을 이어갔다.

> **소크라테스 발언**
>
> 아테네 시민 여러분! 저는 멜레토스가 기소한 내용과 같은 죄를 짓지 않았다는 것이 밝혀졌습니다. 그러니 제가 더 이상 변론할 필요가 없다는 생각이 드는군요. 이 정도로도 제 변론은 충분하다고 생각됩니다.

플라톤과 그의 친구들은 안도의 숨을 내쉬었다. 반면 멜레토스는 화가 난 표정으로 앉아 있었다.

자신이 기소장에 적힌 죄를 짓지 않았다고 주장하는 소크라테스를 보며 수리아스는 너무도 기가 막혀 혀를 내두를 지경이었다. 기소 내용과 전혀 다른 주장으로 자신의 무죄를 증명하다니.

> **소크라테스 발언**
>
> 하지만, 여러분, 앞에서도 말씀드렸듯이 저에 대해 적대감이 심한 이유는, 제가 해왔던 질문, '사람으로서 훌륭한 상태에 있다는 것은 무엇인가'에 대한 질문에 대답하지 못했기 때문이라는 것을 기억해 주십시오. 그리고 그런 적대감을 가진 사람들이 많다는 사실 또한 잘 기억해 주고 계십시오.
>
> 만약에 여러분들이 저에 대해 유죄 판결을 내리게 된다면, 그 유죄 판결을 내리게 만드는 것은 멜레토스도 아니토스도 아닌

> **소크라테스 발언**
>
> 많은 사람들의 비방과 시기 질투가 그렇게 만드는 것입니다. 제 생각에는 이런 비방과 시기 질투가 다른 많은 훌륭한 사람들에게도 유죄 판결을 내리게 했고, 앞으로도 많은 훌륭한 사람들에게 유죄 판결을 내리게 할 것 같습니다.

유죄 판결이 비방과 시기 질투 때문이라고? 와, 진짜 너무하네. 수리아스는 헛웃음이 다 나왔다. 나라가 믿는 신들을 믿지 않은 이유도 설명하지 않았다. 그리고 자기 제자들이 스파르타군을 끌어들여 아테네 시민들을 죽였는데도 자기가 젊은이들을 오염시킨 게 아니라고 생각하는 것인가? 하긴 그렇게 생각하니 그렇게 말하는 것이겠지.

소크라테스의 이 발언을 통해 수리아스는 소크라테스가 나라에서 믿는 신들을 믿지 않고, 젊은이들을 민주정을 싫어하도록 변질시킨 것이 맞다고 확신하게 되었다.

> **소크라테스 발언**
>
> 어쨌거나 어떤 누군가는 이렇게 말할 수 있을지도 모르겠습니다.
>
> "소크라테스, 그대는 그런 일을 하다, 그것으로 인해 죽게 될 수도 있는 그런 위험한 처지에 빠지게 되었는데도 그걸 수치스럽게 여기지 않는단 말이오?"
>
> 하지만 저는 그런 질문을 하는 사람에게는 당연히 이렇게 반박할 것입니다.

1막. 소크라테스의 1차 변론

> 소크라테스 발언

이보시오. 만약 당신이 '조금이라도 쓸모 있는 한 사람이 어떤 행동을 할 때마다 자신의 행동이 옳은지 옳지 않은지, 그리고 그 행동이 좋은 사람이 하는 것인지 나쁜 사람이 하는 것인지' 생각하는 대신, 사느냐 죽느냐 하는 문제나, 위험에 대해 심사숙고[511] 해야만 한다고 생각한다면, 당신은 잘못 생각하는 겁니다.

왜냐하면 당신의 주장이 맞는다면, 트로이에서 전사한 수많은 반인반신[512]의 영웅들[513] 이 보잘 것 없는 이들이 되기 때문입니다. 다른 이들도 그렇지만 테티스의 아들 아킬레우스[514]도 보잘것없는 사람이 되고 맙니다. 아킬레우스는 수치스러운 일을 참고 견디기보다는 오히려 위험을 무시하고 옳다고 여기는 일을 했습니다.

---

511) 심사숙고(深思熟考) : 깊이 생각하고 신중하게 생각하는 것
512) 반인반신(伴人半神) : 인간과 신 사이에서 태어난 존재로 신의 힘을 가진 인간
513) 트로이에서 전사한 수많은 반인반신의 영웅들 : 호메로스가 그리스 역사를 집대성 했다고 하는 대서사시 「일리아스」에 나오는 이야기. 트로이 전쟁은 스파르타의 왕비 헬레네를 트로이의 왕자 파리스가 유혹해서 데리고 가자, 그리스인들이 트로이를 공격해서 시작된다. 오래도록 트로이가 무너지지 않자 그리스 군사를 숨긴 목마를 선물로 보내 그리스의 승리로 끝난다. 이 트로이 전쟁에서 수많은 신과 인간, 그리고 반인반신들이 싸우다 죽었는데 이를 말한다.
514) 아킬레우스(Achileus) : 테살리아 지역의 프티아 왕 펠레우스와 바다의 여신 테티스의 아들. 그의 어머니가 그를 영원히 죽지 않는 불사신으로 만들기 위해 죽은 이들이 사는 강물에 몸을 담갔지만, 손으로 잡고 있던 뒤꿈치가 강물에 젖지 않아 그곳만 제외하고는 몸 전체가 불사의 존재가 된 반인반신. 트로이 전쟁에서 그 사실을 알게 된 트로이 왕자 파리스에게 발 뒤꿈치에 활을 맞아 죽는다.

> 소크라테스 발언

> 여신인 그의 어머니는 그가 친구 파트로클로스[515]의 원수를 갚기 위해 헥토르[516]를 죽이려고 하자 이렇게 말했습니다. "아들아, 네가 만약 친구의 원수를 갚기 위해 헥토르를 죽인다면, 곧바로 네가 죽게 된단다. 헥토르의 죽음 뒤에는 너의 죽음이 준비되어 있기 때문이다."

> 아킬레우스는 이 말을 듣고도 죽음이나 위험이 무서워서 자신이 사랑했던 이들의 원수를 갚아주지 못 한 채 못나게 사는 것을 훨씬 더 두려워하며 말합니다. "그렇다면 잘못된 것을 처벌한 것에 대한 죄를 물어 저를 곧바로 죽게 놔두십시오. 그렇게 하지 않는다면 저는 뿔 모양으로 된 배들 옆에서 웃음거리의 대상이 되어 대지 위에 아주 무겁게 여기에 누워 있어야만 합니다."

> 당신은 확실하게 아킬레우스가 그의 죽음과 위험에 대해 걱정했다고 생각하지는 않겠지요? 이렇게 말입니다.

---

515) 파트로클로스(Patroklos) : 아킬레우스보다 나이가 많지만 어려서부터 함께 자라고 교육받은 절친한 친구. 트로이 전쟁이 일어났을 때 아킬레우스는 그리스군의 총사령관이었던 아가멤논과 사이가 좋지 않아 전투에 참가하지 않았다. 그리스군이 계속해서 전쟁에 패하자 노장이었던 네스토르가 파트로클로스에게 아킬레우스를 전쟁에 나설 수 있도록 설득해 달라고 부탁한다. 파트로클로스는 아킬레우스를 설득했지만 거절당하자 자신이 아킬레우스의 대역을 맡겠다고 하면서 아킬레우스에게 아킬레우스의 갑옷을 빌려달라고 한다. 아킬레우스는 그것까지 거절할 수 없어 갑옷을 빌려주며 트로이군이 후퇴하면 더 이상 추격하지 말라고 신신당부한다. 그러나 파트로클로스는 아킬레우스의 당부를 잊고 후퇴하는 트로이군을 추격하다가 아폴론 신에게 보호를 받는 트로이군의 헥토르의 창에 찔려 죽게 된다.

516) 헥토르(Haktor) : 트로이의 왕 프리아모스의 장남으로 트로이 전쟁의 원인이 된 파리스의 형. 지혜와 용기, 그리고 자상함까지 지닌 인물로 트로이 전쟁에서는 총대장으로 출정한다. 그의 지휘로 트로이군은 그리스군에 매번 승리한다. 아킬레우스의 갑옷을 입고 출전한 파트로클로스를 죽여 그에 대한 복수로 출전한 아킬레우스에 의해 죽는다.

수리아스는 소크라테스가 또 잘못된 비유를 하고 있다는 것을 알아챘다. 자신의 상황과 그리스의 신들과 비교하는 것은 잘못된 것이다. 이는 곧 자신의 상황이 신들의 상황과 같다는 의미가 되어 버리기 때문이다.

소크라테스의 논리에 따르면 지혜는 오로지 신만의 것이고, 신들의 일 또한 신만의 것이다. 그러므로 신들과 자신의 상황을 같이 놓고 얘기할 수 없다. 이는 자신이 신들의 세계에 속해 있는 존재라고 말하는 것과 다름이 없는 말이다. 그런데도 그는 그렇게 하고 있다. 자기가 한 말을 자기가 뒤집고 있는 것이다.

> **소크라테스 발언**
>
> 아테네 시민 여러분! 진실은 원래 그런 것입니다. 저는 어떤 사람이 어디든 자기가 가장 좋다고 생각하는 자리에 자리를 잡거나, 지휘관이 자리를 지정해 주었다면, 그는 그 자리에서 위험을 무릅써야만 한다고 생각합니다. 수치스럽다는 이유로 혹은 죽을 수 있다는 이유로 자신의 자리를 바꾸려는 시도 같은 것은 절대 없어야 한다고 봅니다.
>
> 아테네 시민 여러분! 저는 포테이다이아 전쟁[517]에서, 그리고 암피폴리스 전쟁[518]에서, 분만 아니라 델리온 전쟁[519]에서도, 여러분이 저에게 명령을 내리도록 선출한 그 지휘관들이 저에게 제가 있어야 할 자리를 정해 주었을 때, 다른 사람들처럼 저도 그

---

517) 포테이다이아(Poteidaia)전쟁 : BC 432년에 발생한 아테네와 스파르타 사이에 있었던 전쟁. 소크라테스는 보병으로 참전했다.
518) 암피폴리스(Amphipolis)전쟁 : BC 422년에 발생한 아테네와 스파르타 사이의 전쟁.
519) 델리온(Delion)전쟁 : BC 424년에 있었던 아테네와 스파르타 사이의 전쟁

> **소크라테스 발언**
>
> 지휘관들이 정해 준 곳 그 자리를 이탈하지 않고 죽을 각오로 전쟁에 임했습니다.
>
> 그리고 저는 저를 두고 가장 지혜로운 사람이라는 신탁을 내린 신께서는 저에게 '철학을 하는 사람으로서 지혜를 사랑하며 지혜를 얻기 위해 노력하는 자세를 가지고 살아야 한다'고 지시한 것이라 여기고 있습니다. 그래서 지혜가 무엇인지 알아내기 위해 지혜에 대해 저 자신에게도 물어보고, 또 다른 이들에게도 물어보면서 살아야 한다고 생각하고 살아왔습니다.
>
> 그런 제가 이 마당에 죽음이나 그 밖의 어떤 것이 두려워 신이 정해주신 저의 자리를 떠난다면, 그것은 제가 신탁에 불복하는 일이 됩니다. 그것은 저에게는 정말로 그 무엇보다도 두려운 일입니다.

소크라테스는 또 잘못된 비유를 들고 있다. 수리아스는 소크라테스가 하는 말을 전혀 인정할 수 없었다. 소크라테스의 말대로라면 소크라테스는 전쟁에 임하는 자세로 이 법정에 섰다는 얘기다. 이 법정을 전쟁으로 여긴 것이다. 소크라테스는 누구와 전쟁을 하는 마음으로 이 자리에 선 것일까? 역시 그는 귀족독재정이 민주정보다 더 낫다고 생각하는 사람이었던 것이다. 그러지 않고는 이 법정을 전쟁터라고 생각할 수 없다.

> **소크라테스 발언**
>
> 그러니 만약 그 누군가 저를 '죽음을 두려워하고, 지혜롭지도 않으면서 지혜롭다고 생각하기 때문에 신들이 있는 걸 믿지 않

1막. 소크라테스의 1차 변론

> **소크라테스 발언**
>
> 는 것이다'는 죄목으로 법정에 끌고 왔다면, 그 사람은 옳은 일을 하고 있는 것입니다. 죽음을 두려워하는 것은 지혜롭지 않은데 지혜롭다고 생각하는 것이며, 자기가 알지 못하는 것들을 안다고 생각하는 것이기 때문입니다.
>
> 죽음이 어떤 것인지는 아무도 모릅니다. 하지만 죽음은 어쩌면 인간에게 가장 훌륭한 것인지도 모릅니다. 그런데 사람들은 마치 죽음이 나쁜 것 중에서도 가장 나쁜 것이라고 확실하게 알고 있는 것처럼 죽음을 두려워합니다. 이것이야말로 자기가 알지 못하는 것을 안다고 생각하는 것이니, 이런 무지한 생각은 비난받아 마땅합니다.
>
> 하지만 여러분, 저는 하데스가 다스리는 저승에 대해 충분히 알지 못합니다. 그렇기 때문에 실제로도 죽음에 대해 알지 못한다고 생각하고 있습니다. 제가 다른 인간들보다 더 지혜롭다고 주장할 수 있다면 바로 이런 이유 때문일 겁니다.

크리톤은 언뜻 소크라테스가 자초[520]해서 사형을 받으려고 마음먹은 것은 아닐까 하는 생각이 들었다. 소크라테스의 이 발언은 죽음이 두렵지 않으니 어서 사형 선고를 내려라! 이런 선전포고나 다름없는 말이었다.

이런 생각이 드는 것은 수리아스도 마찬가지였다. 소크라테스는 왜 굳이 사형 선고를 받으려고 하는 것일까?

---

520) 자초(自招) : 어떤 결과를 스스로 일으키거나 끌어들이는 행위

> **소크라테스 발언**
>
> 저는 신이든 인간이든 자기자신보다 더 나은 존재를 따르지 않는 것이 죄가 된다는 것을 알고 있습니다. 그러므로 저는 제가 나쁜 것이라고 알고 있는 나쁜 것들에 대해서는 용감하게 맞설 것이며, 제가 알기로는 좋은 것일지도 모르는 것들을 두렵다고 해서 피하는 일은 결코 하지 않을 것입니다.

수리아스는 소크라테스가 반민주주의자라는 사실을 분명하게 알게 됐다. 용감하게 맞서 싸우는 대상이 민주정을 지지하는 사람들이니 말이다.

> **소크라테스 발언**
>
> 그러니 여러분이 아니토스의 말에 귀 기울이는 것을 거부하고, 저를 그냥 이 법정에서 내보내 주기 위한 준비를 하고 있다고 생각해 보십시오.
>
> 아니토스는 말했습니다. "아예 처음부터 소크라테스는 법정에 불려오지 않아야 했다. 하지만 여기로 불려온 이상 사형에 처해지지 않을 수 없다. 만약 소크라테스가 방면[521]되면 우리의 아들들이 소크라테스가 가르치는 대로 따라하게 될 것이고, 모두 완전히 변절하게 될 것이다." 이렇게 말입니다.
>
> 만약 여러분이 저에게 '소크라테스여, 우리는 아니토스의 말에 귀 기울이지 않고 그대를 무죄 방면하오. 하지만 한 가지 조건이 있소. 당신은 더 이상 철학하는 것을 멈추어야 하오. 지혜를

---

521) 방면(放免) : 잡은 사람을 죄가 없다고 판단하여 놓아주는 것

> **소크라테스 발언**
>
> 탐구하지도 말고, 지혜를 사랑하는 일도 해서는 안 되오. 만약 이 조건을 어기고 그대가 여전히 철학을 하다가 붙잡히게 된다면, 우리는 당신을 죽음으로 몰아넣게 될 것이오.'라고 말한다고 생각해 보십시오.

역시 소크라테스는 말도 안 되는 소리를 떠드는 그럴듯한 말로 만들 수 있는 궤변론자였다. 수리아스는 그렇게 결론을 내렸다. 지혜는 신의 영역이라고 해 놓고 인간으로서 신의 영역인 지혜를 탐구하겠다고 하다니. 그리고 민주정지지자들만 찾아다니며 질문한 것이 '지혜를 사랑하는 일'이라고 여기다니, 귀족정 지지자들에게는 전혀 철학하는 일을 않았으면서 말이다.

> **소크라테스 발언**
>
> 만약 여러분이 이런 조건들로 저를 그냥 방면하려고 하신다면, 저는 여러분에게 이렇게 말씀드릴 것입니다.
>
> "아테네 시민 여러분! 저는 여러분을 가장 존경하며 사랑합니다. 그러나 저는 여러분이 아니라 신에 복종합니다. 제가 살아 있는 동안, 그리고 살아있는 한, 철학하는 것을 멈추지 않을 것이고, 또한 여러분에게 열심히 충고하는 것도 멈추는 일은 결코 없을 것입니다.
>
> 그리고 제가 만나는 사람마다 제가 늘 말하던 버릇대로 이렇게 소신을 밝힐 것입니다. '가장 훌륭한 분들이여, 여러분께 묻겠습니다. 여러분은 지혜와 힘으로 가장 명성이 높은 그 도시,

> 소크라테스 발언
>
> 아테네에 속해 있는 아테네 시민입니다. 그런데도 진리와 지혜, 그리고 자신의 영혼이 가능한 한 훌륭해지도록 만드는 것에 대해서는 생각할 여유를 가지려는 것에 관심조차 갖지 않습니다. 그러면서도 재물을 최대한 많이 얻기 위해, 그리고 또 동시에 명성과 명예를 얻기 위한 것에만 관심을 쏟고 있는데, 그것이 부끄럽지 않다는 말입니까?" 이렇게 말입니다.

수리아스는 진심으로 안타까운 마음이 들었다. 소크라테스는 저 소리를 귀족독재정 지지자들에게도 했어야 했다. 그랬다면 나도 소크라테스 편을 들었을 것이고.

> 소크라테스 발언
>
> 그리고 혹시라도 여러분 중에 자신은 자기의 영혼이 훌륭해지도록 하기 위해 마음을 쓰며 노력하고 있다고 하는 사람이 있다면, 저는 그 사람을 붙잡고 계속해서 질문을 던질 것입니다. 그렇게 해서 제가 보기에 그가 사람으로서 훌륭한 덕을 지니지 못했는데도 훌륭한 덕을 지니고 있다고 주장한다는 생각이 들면, 저는 그에게 제일 값진 것들은 가장 경시하고 그 보다 훨씬 더 하찮은 것들을 더 중요하게 여긴다고 나무랄 것입니다.

수리아스는 소크라테스가 너무 지나치다는 생각이 들었다. 자기 영혼이 훌륭해지도록 노력하는 사람들까지 나무랄 것이라고 공언하다니?

> **소크라테스 발언**
>
> 저는 이렇게 제가 만나는 사람 모두에게, 젊은이든 나이든 사람이든, 같은 시민이건 다른 사람이건 간에, 그를 위해 질문을 할 것입니다.
>
> 특히 아테네 시민들에게는, 혈통상으로는 저와 더 가까우니만큼 그들을 위해서라도 더더욱 그렇게 할 것입니다. 그리고 제가 이렇게 하는 것은 신이 저에게 그렇게 하라고 지시하셨기 때문입니다. 여러분께서는 이 점을 잘 알고 계셨으면 합니다. 제가 이렇게 하는 것은 신에 대한 봉사로, 여러분들을 위해 이보다 더 유익한 일은 지금까지 없었다고 생각합니다.
>
> 제가 돌아다니면서 한 일은, 젊은이든 나이든 분들이든 자신의 영혼이 가장 훌륭한 상태가 되도록 마음 쓰고 노력하기보다 몸이나 재물에 대해 더 열성적으로 마음 쓰는 일이 없도록 설득한 게 전부입니다. "재물이 많기 때문에 사람이 훌륭해지고 덕이 생기는 것이 아니라, 사람으로서 훌륭하기 때문에 재물이나 그 밖의 다른 모든 것들이 사적으로나 공적으로도 좋은 일들이 되는 것입니다." 이렇게 말입니다.
>
> 만일 어떤 사람이 제가 이런 말을 하고 다니기 때문에 젊은이들을 변질시키는 것이라고 주장한다면, 제가 한 말들은 해로운 것이 됩니다. 하지만 어떤 사람이 제가 이와 다른 것을 말한다고 한다면, 그 사람은 실없는 말을 하는 것입니다.

수리아스는 소크라테스에게 이렇게 묻고 싶어졌다. '재물이 많기 때문에 사람이 훌륭해지고 덕이 생기는 것이 아니라, 사람으로서 훌륭하기 때문에 재물이나 그 밖의 다른 모든 것들이 사적으로나 공적으로도 좋은 일들이 되는 것이라고 한 말에 전적으로[522] 동의[523]한다. 하지만 그런 좋은 질문을 왜 귀족독재정의 정치인들에게는 하지 않았는지, 그리고 소크라테스를 따라다니는 젊은 귀족들에게도 왜 그런 질문을 던지지 않았는지'라고.

재물을 쌓기 위해 애를 쓰고, 명예와 명성을 얻기 위해 노력을 하는 것보다 자기 영혼이 훌륭한 덕을 쌓을 수 있도록 더 노력해야 한다는 말은 모두가 가슴에 새겨야 할 정도로 좋은 말이고 옳은 말이었다. 논리적으로도 빈틈이 없는 말이었다.

하지만 그는 이중적으로 행동했다. 문제는 거기에 있었다. 왜 귀족 젊은이들이 곤봉을 들고 다니며 아테네 시민들을 때려죽일 때는 입 다물고 있다가, 민주주의 정치인들에게만 훈계했는가? 귀족 출신이 아닌 평민이 최고의 권력을 쥔 아르콘 자리에 앉아 있는 것이 소크라테스의 눈에도 거슬렸던 건 아닐까?

> **소크라테스 발언**
>
> 아테네 시민 여러분! 여러분께서는 제가 드린 지금 이 말을 참고하셔서 아니토스의 말대로 하든 말든 하십시오. 그리고 저를 무죄 방면하거나 그러지 않거나도 여러분 스스로 알아서 판단하십시오. 저는 몇 번을 죽는다 할지라도 제가 해 왔던 것과 다르게 행동하는 일은 없을 것이니 말입니다.

재판관들 중에 몇 사람이 소크라테스를 향해 건방지고 무

---

522) 전적(全的)으로 : 완전히
523) 동의(同意) : 의견이 같은 것

례하다고 소리를 질렀고, 동시에 군중석에서도 고함이 터져 나왔다. 재판정은 소크라테스를 향해 고함치는 사람들과 그 사람들을 향해 조용히 하라고 고함치는 사람들로 시끄러워졌다.

수리아스는 그 모양을 지켜보며 소크라테스가 귀족독재정치 옹호론자임이 틀림없다는 것을 확신하게 되었다. 수리아스에게 소크라테스의 말은 이렇게 들렸다. "나는 귀족도 아닌 평민 출신인 너희들의 판단에 신경 쓰지 않으니, 무죄든 유죄든 너희들 마음대로 해라. 나는 국가에서 모신 아테나 여신이 아닌, 제우스의 아들인 아폴론이 인정한 세상에서 가장 지혜로운 자다! 나에게 유죄 판결을 내리는 사람은 아폴론 신이 아닌 아니토스를 따르는 것이다!"

다른 사람들도 수리아스와 같은 생각인지 군중석에서 많은 사람들이 일어나서 고함을 지르고 있었다.

> **소크라테스 발언**
>
> 아테네 시민 여러분! 소동 일으키지 마시고, 제가 여러분에게 부탁했던 대로 해 주십시오. 제 말에 분노하며 소동을 일으키지 마시고, 제발 제가 지금 무슨 얘기를 하고 있는지 잘 들어 주십시오. 제가 하는 말을 잘 들어보는 것이 여러분에게 이롭기 때문입니다.
>
> 이제부터 저는 여러분에게 다른 말을 몇 가지 더 할 텐데, 이것들에 대해서도 아마 여러분은 고함을 지르실 겁니다. 하지만 제발 그렇게 하지 마십시오. 만일 제가 여러분에게 말씀드린 대로의 사람이라면, 그런 저를 사형에 처하게 한다면 여러분은 저

> **소크라테스 발언**
>
> 를 해치는 것이 아니라 여러분 자신을 해치게 되는 겁니다. 그 사실을 여러분은 잘 알고 있습니다.
>
> 멜레토스도 아니토스도 결코 저를 해칠 수 없습니다. 그런 일은 가능하지 않은 일입니다. 왜냐하면 인간으로서 더 나은 자가 그러지 못한 자에 의해 해를 입는다는 것은 있을 수 없는 일이기 때문입니다.

사람들이 여전히 고함을 지르고 있었지만 소크라테스는 무시하고 계속해서 자기 할 말만 하고 있었다. 수리아스는 그런 소크라테스를 지켜보며, 소크라테스는 아니토스가 생각하는 것보다 더 강하고 독한, 그래서 더 무서운 사람일지도 모른다고 생각했다.

소크라테스는 그 누구에게도 설득 당할 사람이 아니었다. 자신의 판단이 가장 옳다고 생각하고 있기 때문이다. 자신은 지혜에 관해 아무것도 모른다고 말하고 있지만, 결국 속으로는 자신이 아폴론 신에게 인정받을 정도로 지혜로운 사람이라고 여기고 있는 것이다.

> **소크라테스 발언**
>
> 물론 사형에 처하는 대신 추방하거나 또는 시민권을 박탈하는 판결이 나올 수도 있을 겁니다. 하지만 그런 판결이 나온다면 저기 앉아 있는 저 멜레토스나 아니토스 같은 사람들이나 어쩌면 다른 누군가도 아주 잘못된 일이라고 생각할 것 같습니다.

> **소크라테스 발언**
>
> 하지만 저는 전혀 그렇게 생각하지 않고, 오히려 사형 판결을 바라는 멜레토스나 아니토스 같은 사람들이 훨씬 더 나쁜 짓을 하고 있다고 생각합니다. 왜냐하면 그들은 사람들이 올바르게 생각하지 못 하도록 만들려고 저를 사형에 처하게 하려는 것이기 때문입니다.

소크라테스에게 '올바르게 생각하는 것'은 무엇인 걸까? 수리아스는 그런 생각이 들었다.

소크라테스의 절친한 친구 크리톤은 이 발언을 통해 소크라테스가 유죄 판결과 동시에 사형 판결까지 유도하고 있다는 것을 알아챘다.

> **소크라테스 발언**
>
> 아테네 시민 여러분! 제가 지금 이렇게 이 법정에서 변론을 하는 것은 제 자신이 아니라 바로 여러분을 위해서입니다. 여러분이 저에게 유죄 판결을 내린다면 신이 여러분을 위해 마련해 놓으신 소크라테스라고 하는 선물에 대해 잘못을 저지르는 일이고, 그래서 그런 일은 없어야 하기에 드리는 말씀입니다.

수리아스는 다시 한 번 더 놀랐다. 자기 입으로 자신을 '신의 선물'이라고 부르다니. 그리고 법정에 선 이유가 우리들을 위해서라니. 결국 이 말은 소크라테스가 자신을 변호하기 위해 나온 것이 아니라 아테네 시민을 훈계하기 위해서 나왔다는 말이 되는 것이다. 수리아스가 소크라테스에게 했던 생각이 옳았던 것이 증명되는 순간이었다. 그래서 수리아스는 더 놀랐다.

> 소크라테스 발언
>
> 만약에 여러분이 저를 사형에 처하신다면, 여러분은 이제 저처럼 여러분에게 꼭 필요한, 올바른 말을 해 주는 사람을 쉽게 발견할 수 없게 될 것입니다.

이 얘기는 아테네에는 옳은 소리를 하는 사람이 소크라테스 외에는 없다는 말이 된다. 수리아스는 어이가 없어 헛웃음이 다 나왔다.

> 소크라테스 발언
>
> 좀 우스운 표현이기는 하지만, 몸집이 큰 혈통 좋은 말이 있는데, 그 덩치 때문에 굼뜨게 되어 등에[524]의 자극을 받을 필요가 있는 말과 똑같은 꼴인 이 나라에, 신께서 등에처럼 저를 붙여 놓은 것이라고 생각합니다. 온종일 돌아다니며 여러분 한 사람 한 사람에게 달라붙어 여러분 개개인을 일깨우고 설득하고 나무라기를 그만두지 않으니까요. 여러분에게 또 다시 저 같이 우리 자신을 일깨우는 사람은 쉽게 생기지 않을 겁니다.

수리아스는 진심으로 벌떡 일어나 소크라테스에게 묻고 싶었다. 재판관으로 참여한 것을 진심으로 후회했다. "소크라테스 당신은 왜 귀족이 아닌 우리 평민들을 일깨우고 나무라는 겁니까? 저 귀족독재정의 정치인들은 무엇이 그리 옳았기에 아

---

524) 등에 : 파리처럼 생겼지만 파리 보다 조금 큰 곤충으로 말이나 소의 피를 빨아 먹는다.

무 지적[525]도 하지 않고 나무라지도 않았으며, 귀족정을 지지하는 사람들에 비해 평민 출신인 우리들의 무엇이 그렇게 잘못되었다고 이렇게 심하게 나무라는 겁니까?" 라고 말이다.

> 소크라테스 발언
>
> 만약 여러분이 제가 드린 말씀대로 사형 말고 다른 판결을 내려준다면, 여러분은 저라는 선물을 아껴두게 되는 겁니다. 반대로 여러분이 아니토스의 요구에 따라, 마치 졸다가 깨어난 사람들처럼 성가신 마음에 등에를 탁 쳐내듯 저를 쉽게 사형에 처할 수도 있겠지요. 그렇게 된다면 신이 여러분을 염려하여 저와 같은 역할을 할 다른 사람을 여러분에게 보내 주시지 않는 한, 여러분은 남은 여생을 졸면서 지내게 될 것입니다.
>
> 여러분이 지금부터라도 제가 하는 말을 잘 듣는다면, 제가 신께서 이 나라에 선물로 보낸 사람이라는 점을 짐작할 수 있게 될 겁니다.
>
> 저는 저 자신에 관련된 모든 것에 대해 아무 관심도 두지 않았습니다. 그래서 가난합니다. 집안이 그토록 오랫동안 방치된 상태로 가난에 찌들었지만, 그것에 개의치 않고 마치 아버지나 형처럼 한 사람 한 사람 찾아다니며 사람으로서 훌륭한 상태가 되기 위해 노력해야 한다고 설득하면서 여러분을 위해 항상 일해 왔습니다.

"그 훌륭한 일을 귀족들에게는 왜 안하고 민주주의 정치인들과 민주주의를 지지하는 사람들에게만 했냐고!" 수리아스는

---

525) 지적(指摘) : 잘못한 것을 가리켜 말하는 것. 무엇을 잘못했는지에 대해 꼭 집어내어 말하는 것

자리를 박차고 일어나 소리지를 뻔했다.

> **소크라테스 발언**
>
> 이렇게 해 온 것은 제 관심사가 다른 사람들의 관심사와 다르다는 것을 증명하며, 이로써 제가 신의 명령대로 살아왔다는 증거가 됩니다.
>
> 제가 이렇게 함으로써 무언가 이득을 보거나 보수라도 받았다면, 다른 인간들과 같은 처지에 놓일 수도 있습니다. 하지만 저는 그렇게 하지 않았습니다.
>
> 저를 고소한 사람들은 다른 모든 것에 대해서는 뻔뻔스럽게 저를 고소할 수 있지만, 이 점에 대해서만큼은 결코 고소할 수 없다는 것을 여러분도 아주 잘 알고 계십니다.
>
> 제가 이렇게 가난하게 살아 온 것은 신의 명령에 따른 결과입니다. 그러므로 저는 저의 가난함을 신경쓰는 것보다 신의 명령을 더 중요하게 여기며 살고 있다는 증거로 충분하다고 생각합니다.

집안을 돌보지 않았던 것이 신의 뜻이다? 가난한 것이 신의 뜻을 더 중요하게 여긴 증거라고? 차라리 소크라테스 자신이 사람들에게 미움받기로 각오하고 뱉었던 말이 무엇인지, 그건 왜 그랬는지 설명하는 것이 더 나은 증거일 텐데. 앞 뒤 말 다 바뀌고, 공적인 증거도 되지 않는 것을 증거라고 들이대다니. 소크라테스는 끝까지 자신이 왜 나라가 믿는 신들을 믿지 않았는지 설명하지 않고 있었다.

수리아스는 소크라테스의 변론이 빨리 끝나기를 바라게 되었다. 재판이 끝나면 소크라테스를 찾아가 따져 보리라. 물론 그는 단 한 마디도 제대로 대답하지 않을 테지만, 그래도 따지고 물어봐야겠다. 왜 귀족독재정을 지지하는 귀족들을 나무라지 않고, 난감한 질문을 던지지 않았는지.

> **소크라테스 발언**
>
> 여러분은 제가 왜 공적인 자리나 대중 집회에서 연단에 올라 나라에 조언하려는 시도는 하지 않고, 한 사람씩 찾아 돌아다니며 개인적으로 조언하고 참견했는지 이상하게 여겼을 수도 있었을 겁니다.
>
> 그 이유는, 여러분들 중에서도 이미 여러 번 제가 혼잣말 하듯 말하는 것을 들으신 분들도 계십니다. 저한테는 일종의 신, 그러니까 영적인 것이 나타납니다. 공소장에 멜레토스가 제가 나라에서 믿으라는 신을 믿지 않으면서 다른 영적인 것들을 믿으라고 한다고 조롱하는 말투로 적어 놓은 내용이 바로 이것에 대한 것입니다.
>
> 이 현상은 제가 어린 시절부터 시작된 것이며, 소리 같은 것으로 나타납니다. 귀로 들리는 소리가 아닙니다만, 어쨌든 이 소리가 들려올 때, 그 소리는 항상 제가 하려는 일을 말리려고 하지, 무언가를 적극적으로 권하는 일은 없었습니다.

군중석이 또 다시 술렁거리기 시작했다. 수리아스는 의아했다. 소크라테스 스스로가 자신이 믿고 있는 '다른 영적인 존재' 얘기를 하다니?

> **소크라테스 발언**
>
> 이 영적인 소리는 제가 정치하는 것을 반대했습니다. 지금에 와서 보니, 그것은 어쨌든 아주 잘된 일로 생각됩니다. 만약 제가 정치를 하려고 했다면, 저는 이미 오래 전에 죽었을 겁니다. 그랬다면 저 자신한테도, 또한 여러분한테도 전혀 좋은 일이 아니었을 테지요.

군중석에서 더 큰 고함 소리가 터져 나왔다. 그중에는 일어서서 소크라테스를 향해 손가락질을 하며 화를 내는 사람도 있었다. 나라에서 믿는 신이 아닌 다른 영적인 존재를 믿고 있다는 것을 스스로 인정한 셈이었기 때문이다. 수리아스는 소크라테스가 사형을 받기 위해 애쓰는 사람처럼 보였다.

크리톤과 플라톤, 그리고 플라톤의 친구들은 소크라테스가 길을 가다 말고 갑자기 멈춰 서서 어떤 소리에 귀를 기울이는 것을 자주 봤다. 그리고 혼잣말하는 것도 여러 번 봤고 왜 그러냐고 물으면, 소크라테스는 영적인 소리가 자신에게 말을 건다고 대답했다.

플라톤은 지금 저렇게 화를 내고 있는 군중을 보며 이런 생각을 했다. 지금 저 사람들은 영적인 존재가 신관이 아닌 소크라테스에게 나타난다는 사실을 믿기 싫어하는 것이다. 저런 것만 봐도 군중은 어리석은 존재가 분명하다. 누군가가 제대로 다스려줘야 하는 존재인 것이다. 플라톤은 소크라테스가 좀 더 강력한 자세로 고함을 치는 평민들에게 그들이 어리석은 존재라는 사실을 좀 더 제대로 깨우쳐주기를 바랐다.

소크라테스는 이번에는 군중석과 재판석의 소란이 가라앉을 때까지 조용히 기다렸다.

> **소크라테스 발언**
>
> 여러분, 저는 있는 사실을 그대로 말하고 있는 것입니다. 그러니 저에게 화내지 말아 주십시오.

수리아스는 소크라테스의 말이 맞을 수도 있다는 생각이 들었다. 소크라테스가 아무리 교만한 사람이라고 해도, 벌써 100년이 넘은 우리 아테네의 민주주의를 비난하는 사람이라고 해도, 영적인 존재가 소크라테스에게 말을 걸 수도 있다는 생각이 들었기 때문이다. 우리들도 중요한 일은 꿈을 통해서 암시를 받으니까 말이다.

수리아스는 소크라테스에게 말을 거는 영적인 존재가 어떤 존재인지 궁금해졌다.

> **소크라테스 발언**
>
> 여러분 같은 대중에 맞서서 이 나라에서 일어나는 수많은 올바르지 못한 일들을 막으려는 사람, 그리고 여러분 같은 대중이 제정하려는 법들을 막으려는 사람이 있다면, 그는 결코 무사하지 못할 것입니다. 올바른 것을 위해 싸우려고 하는 사람이 잠깐이나마 살아남으려면, 반드시 공인이 아닌 일개인으로 살아야 합니다.
>
> 올바른 것을 위해 싸우려는 사람이 왜 공인으로 살면 안 되는지에 대해서 저는 지금부터 아주 강력한 증거들을 제시할 것입

소크라테스 발언

니다. 여러분은 증명할 수 있는 것을 증거로 제시하는 것을 좋아하시니, 제가 한 말이 아니라 여러분이 원하는 실제 행적들, 그러니까 제가 했던 일들을 증거로 제시할 겁니다. 그러니 지금부터 잘 들어주십시오. 저에게 일어났던 일들에 대해서 말씀을 드릴 테니까요.

죽는 것이 두려워, 하고 있는 일을 그만두는 것은 올바른 것과는 정반대의 일입니다. 그러므로 저는 그런 일은 절대 하지 않을 겁니다. 그리고 제가 그 즉시 죽게 될지라도, 제 뜻을 굽히는 일은 절대로 없을 거라는 얘깁니다.

지금부터 말씀드리는 것은 실제로 있었던 일로, 이 일은 여러분도 잘 알고 계시는 일입니다. 이 말이 사실이라는 것을 이제부터 여러분이 더 잘 알 수 있도록 말씀드리겠습니다.

아테네 시민 여러분! 저는 이 나라에서 다른 어떤 관직도 맡아본 적이 없습니다. 하지만 평의회의원[526]이 된 적은 있었습니다. 그건 아테네 시민이라면 누구나 의무로 맡아야 하는 일이니까요. 제가 평의회의원일 때 당시 여러분은 해전에서 생존자들을 구해 내지 못한 10명의 장군들을 모두 한꺼번에 재판해야 한다고 결의했습니다.

아테네의 군대는 모두 열 명의 장군으로 구성된 협의체로 운영이 되었다. 그 협의체의 장군들은 아테네의 통치 단위인 10개 부족에서 능력이 뛰어난 사람 중 한 명을 추천받아 구성

---

526) 평의회(評議會)의원 : 지금의 정부와 같은 역할을 하던 기구에서 활동하던 사람

되었다. 이는 군대 내에서 모든 일이 공평하게 처리되도록 하기 위한 것이었다.

지난 번 해전[527]에서 아테네 군은 펠로폰네소스동맹의 전함을 70척[528]이나 격파해 크게 승리했지만, 아테네의 전함을 25척이나 잃었다. 전투가 끝난 뒤 장군들은 표류하던 해군과 승무원들을 구조하고 시신도 수습하려고 했지만, 폭풍우가 휘몰아쳐 그들을 구조하지 못 한 채 돌아와야 했다.

그 당시 장군 두 명은 해전에 참전하지 않았는데도, 민회에서는 죄를 묻기 위해 장군 열 명을 모두 소환했다. 그 재판에 소환된 사람 중에 두 명의 장군은 소환을 거부해 재판에 출두하지 않았고, 해전에 참전하지 않은 두 명을 제외한 여섯 명의 장군이 재판을 받고 사형에 처해졌다.

소크라테스는 지금 그 당시의 일을 말하고 있다.

> **소크라테스 발언**
>
> 그때 안티오키스 부족이 평의회의 업무를 관장했습니다. 그건 나중에 여러분 모두가 다시 판단했듯이, 법을 어긴 것이었죠. 그때 평의회 업무를 관장하던 우리 부족 사람들 가운데 저 혼자만 '법에 어긋나는 일은 그 어떤 것도 하면 안 된다'고 반대했습니다. 그리고 투표할 때도 반대에 투표를 했고요. 그러자 민회에서 대중연설을 잘 하는 정치인들이 저를 고발하고 체포하려고 했습

---

527) 지난 번 해전 : 펠로폰네소스 전쟁 말기에 있었던 해전
528) 스파르타 9~10척, 다른 동맹국 전함 60척 이상

> 소크라테스 발언

> 니다. 여러분 또한 그렇게 하라고 고함을 질러대며 화를 냈죠.
>
> 그 당시에도 저는 구금이나 죽음을 두려워 하지 않았습니다. 올바르지 않은 결정을 내리려고 하는 여러분의 편에 서지 않았던 것입니다. 아니, 오히려 온갖 위험을 무릅써서라도 법과 올바른 결정의 편에 서야 한다고 생각했습니다. 그 일은 여러분도 잘 알고 있다시피 이 나라가 민주정이였을 때 일어났던 일입니다.

그 사건은 수리아스도 잘 알고 있는 것이었다.

그 장군들 중 일부가 일부러 스파르타에 진 것 아닌가하는 의심도 받았기 때문이다.

> 소크라테스 발언

> 그 다음, 400인 과두정권[529]이 혁명으로 정권을 잡아 과두정치가 시작되었습니다. 그러자 그 전에 평의회에서 저에게 고함을 지르며 체포하라고 화를 냈던 적이 있던 그 30인의 정권[530]은 다른 네 사람과 저를 톨로스[531]로 불러내, 살라미스 출신인 레온을 사형해야 하니 당장 살라미스로 가서 그를 연행해 오라고 지시했습니다.
>
> 그 30인의 정권은 다른 사람들에게도 이런 식으로 많은 일들

---

529) 400인 과두정권(寡頭政權) : 400인 독재정권을 가리킨다. 기원전 411년에 귀족 출신의 젊은이들이 스파르타와 동맹을 맺고 아테네를 공격해 정권을 탈취한 다음, 400명의 귀족들이 통치했다.

530) 30인의 과두정권(寡頭政權) : 기원전 404년에 스파르타와 동맹을 맺은 30인의 귀족들이 아테네를 공격해 정권을 잡았다.

531) 톨로스(tolos) : 지금의 행정부 같은 역할을 하는 곳

소크라테스 발언

을 하도록 지시했습니다. 그들이 다른 사람들에게 이렇게 나쁜 일을 많이 시킨 이유는 많은 사람들을 자기편으로 만들기 위한 것이었습니다. 자신들이 한 나쁜 짓에 연루시켜 자신들을 비판하지 못 하도록 말입니다.

제 표현이 많이 거친 편이 아니라면 지금 표현을 그대로 유지하겠습니다. 그 당시에도 저는 죽음에 대해 전혀 걱정하지 않고, 오로지 올바르지 못한 짓이나 불경한 짓을 행하지 않으려는 것에만 마음쓰고 있다는 것을 행동으로 보여주었습니다. 다른 네 사람은 그들의 명령을 듣고 살라미스로 가서 레온을 잡아왔지만, 저는 그들의 말을 듣지 않고 그냥 집으로 돌아갔습니다.

당시 테라메네스가 장군들이 왜 바다에 빠진 선원들을 구하지 못 했는지 해명해야 한다는 항의로 인해 귀족정 정치인들에 의해 독약으로 사형되기까지 했다. 그걸 보고 아니토스는 귀족정에서 돌아선 것이고.

수리아스는 정말 궁금해졌다. 소크라테스의 말처럼 그 '나쁜 짓'을 하던 독재자들에게는 왜 정신차리도록 훈계하지 않았는지 말이다.

소크라테스 발언

만약 그 30인의 정권이 그렇게 빠른 시간에 무너지지 않았더라면 아마도 저는 그 정권의 정치인들에 의해 처형되었을 것입니다. 이 사건에 대해서는 여러분도 잘 알고 있죠. 여기 참석한 사람들 중 많은 사람들이 증인일 겁니다.

수리아스는 소크라테스가 무엇을 혼동하고 있는지 알게 되었다. 소크라테스는 10명 장군을 모두 소환하는 것을 반대했던 일과 레온을 체포하라는 명령을 거부하고 집으로 간 것, 그 두 가지의 행동이 사람들에게 소크라테스가 귀족독재정권의 명령에 저항한 것처럼 보일 거라고 생각하는 것이다.

> **소크라테스 발언**
>
> 그러니, 여러분, 만일 제가 공적인 일에 매달렸다면, 그리고 그 자리에서 선량한 사람으로서 당연히 해야 하는 행동, 다시 말해 올바른 일을 했다면, 다른 무엇보다 그 올바른 일을 가장 중요하게 생각하고 있었다면, 제가 살아남았을 것으로 보십니까? 그건 어림도 없는 일입니다. 다른 그 어느 누구도 절대 살아남지 못했을 것입니다.

소크라테스는 완전히 잘못 알고 있었다. 귀족독재정권의 눈밖에 난 사람은 그 즉시 죽임을 당했는데 소크라테스는 살아남았다. 정권이 빨리 무너져서 살아남은 것이 아니라 귀족들이 소크라테스를 그 즉시 죽이지 않았기 때문에 살아남았던 것이다.

> **소크라테스 발언**
>
> 저는 제 일생동안 공적으로나 사적으로나 그 어떤 일을 처리할 때는 언제나 똑같았습니다. 그리고 그 어떤 사람에게도 저는 언제나 똑같은 사람으로 보였을 겁니다. 올바른 것이 아닌 경우에는 그 누구에게도 결코 동의하지 않는 그런 사람으로 말입니다. 저를 비방하는 사람들이나 저의 제자들이라고 주장하는 사

1막. 소크라테스의 1차 변론

> **소크라테스 발언**
>
> 람들 중에 한 사람이든, 아님 다른 누구든 간에 말입니다.
>
> 저는 어느 누구의 선생도 되려고 한 적이 없습니다. 하지만 누군가가 제가 말하고 있는 것, 그러니까 제가 신의 명령에 따라 제 일을 수행하고 있는 것을 듣고 싶어 할 경우에는 젊은이든 노인이든 그 누구든 거절한 적이 없을 뿐입니다.
>
> 돈을 받으면 하고 돈을 받지 않으면 안 하는 짓은 한 번도 한 적이 없으며, 부자에게나 가난한 사람에게나 똑같이 대답했습니다. 저는 이들 중 아무에게도 어떤 가르침을 약속한 일이 없으며, 그 무엇인가를 가르쳐 준 일도 없습니다.
>
> 그러니 이들 가운데 누군가 선량한 사람이 되건 나쁜 사람이 되건, 그것에 대해 제가 책임을 진다는 것은 부당한 일입니다. 혹시 누군가가 저에게 개인적으로 무엇인가를 배우거나 들은 적이 있다고 한다면, 그게 무엇이든 간에, 그 사람은 진실을 말하는 것이 아니라는 것을 여러분은 잘 알고 있어야 합니다.

아테네 시민을 가르치지 않았다니? 그 말을 믿을 사람이 누구란 말인가? 지금도 우리들을 훈계하고 있고, 조금 전에 살찐 커다란 말 같은 아테네에 자신은 등에 같은 역할을 하는 존재로, 아테네 시민에게 재물이나 명성을 쌓기보다 사람으로서 훌륭한 존재가 되기 위해 애를 써야 한다고 가르쳐왔다고 하지 않았나?

그런데 지금은 아무도 가르치지 않았으니 자신에게는 아무 책임이 없다고 하고 있다. 수리아스는 자신의 기억이 잘못된 것

299

인지, 소크라테스의 기억이 잘못된 것인지, 누구에게 확인을 해봐야 하는지 고민에 빠졌다.

> **소크라테스 발언**
>
> 아테네 시민 여러분! 여러분은 모든 진실을 들으셨습니다. 도대체 왜 사람들은 오랜 시간 동안 저와 함께 보내면서 즐거워했을까요? 무엇 때문에? 이유는 자신들은 현명하다고 생각하지만 실은 그렇지 못한 사람들이 저에게 질문을 받고 대답하는 것을 보고 들으면서 즐거웠기 때문입니다. 실제로 그 일을 지켜보는 것이 즐겁지 않을 일은 아니니까요.

대체, 저게 무슨 소리인가? 소크라테스를 따라 다니며 오랜 시간 동안 함께 즐거워했던 사람들은 귀족 출신 젊은이들이었다. 그것은 아테네 시민이라면 누구나 다 알고 있는 사실이었다.

소크라테스는 자신을 따라다니는 젊은 귀족들 앞에서 민주주의 정치인들을 조롱했다. 민주주의를 지지하는 시민들을 우습게 만들었다. 살인을 일삼던 귀족독재 정치인들에게는 전혀 하지 않았던 행동을 민주정의 정치인들에게는 했다. 지금 소크라테스의 태도는 그 사실을 부끄럽게 생각하기는커녕 오히려 즐겁게 여겼다는 사실을 인정하고 있는 것이다.

수리아스는 확신했다. 소크라테스는 여기 법정에 자신을 변론하러 나온 것이 아니다. 아니토스와 민주주의 정치인, 그리고 민주주의체제를 좋다고 생각하는 시민들을 훈계하기 위해서 나온 것이다. 그것도 목숨을 걸고 말이다. 무서운 사람이다.

소크라테스는 지금까지 증인으로 멜레토스만 불러내고 아니토스는 불러내지 않았다. 어쩌면 아니토스는 소크라테스의 말이 어디가 잘못되었는지 조목조목 따질 수 있을지도 모른다. 그래서 소크라테스는 아니토스를 불러내 질문을 하지 않는 것일지도 모른다. 수리아스는 그런 생각이 들었다.

> **소크라테스 발언**
>
> 제게 있어서 그 일은, 제가 계속 말씀드리고 있듯이, 신으로부터 그렇게 하도록 지시받은 것입니다. 신탁을 통해서, 여러 번에 걸친 꿈을 통해서, 그리고 그밖에도 있을 수 있는 온갖 방식을 통해서 신은 저에게 이렇게 하라고 지시하셨습니다.
>
> 아테네 시민 여러분! 여러분도 잘 아시다시피 이 사실은 아테네 시민이라면 누구라도 다 알고 있으며 또한 증명할 수도 있는 사실입니다.
>
> 반대로 멜레토스와 아니토스, 그리고 리콘의 주장대로 만약 정말로 제가 젊은이들 가운데 일부분을 변질시키고 있으며 또한 이미 변질시킨 젊은이들이 있다고 쳐봅시다.

'있다고 쳐 보자'고? 그렇게 말하는 건 말도 안 되는 소리다. 왜냐하면 있는 것을 마치 없는 것처럼 말하면서 있다고 가정해 보자고 하면, 있는 것이 없는 것이 되어 버리기 때문이다. 있다고 치는 게 아니고, 있다! 있는 것은 있는 것이고, 없는 것은 없는 것이다. 있는 것을 있다고 쳐 보자니? 수리아스는 너무도 기막혀서 입이 다물어지지 않았다.

소크라테스는 젊은 귀족들을 변질시켰다. 아니 어쩌면 원래 그렇게 하고 싶어 했던 사람들의 마음에 불을 지핀 것일 수도 있다. 소크라테스가 그 어떤 말로 변명을 한다 해도 두 차례에 걸친 귀족독재정권의 중심 인물들과 어울렸다는 사실은 없어지지 않는다. 그런데 변질시켰다고 쳐보자니? 이 교묘한 말장난으로 사람들을 혼란에 빠트리면 소크라테스를 이길 수 있는 사람이 있을까?

> 소크라테스 발언
>
> 그 젊은이들 중 일부는 세월이 흘러 분명 나이를 더 먹은 사람도 있을 것입니다. 그들은 나이 들면서 젊었을 때 제가 자기들한테 나쁜 걸 조언해 준 적이 있다는 것을 분명 알게 되었을 겁니다. 그리고 그것이 사실이라면 저에게 보복하기 위해 분명 그들은 저를 고발하고 이 법정에 세웠을 것입니다.
>
> 만약 그들이 저를 고발하고 싶어 하지 않았다면, 그들의 가족 중 누군가가 저를 고발해서 이 법정에 세웠을 겁니다. 자신의 가족이 저로 인해 해를 입었는데 가만 있을 사람은 절대 없기 때문입니다.

이건 또 무슨 소리인가? 귀족들이 죽인 것은 평민이었지 귀족이 아니었다. 두 차례에 걸친 귀족정의 해를 입지 않은 귀족이 왜 소크라테스를 고발한다는 말인가? 수리아스는 분노했다. 소크라테스가 해도 해도 너무 한다는 생각이 들었다.

> 소크라테스 발언
>
> 그런데 그들 중에 많은 분들이 여기 참석해서 이 재판을 지켜보고 있습니다. 먼저, 여기 크리톤이 있습니다. 저와 동갑이고 같

소크라테스 발언

은 부족이며 같은 마을에 살고 있습니다. 여기 이쪽은 크리톤의 아들인 크리토불로스입니다. 다음, 여기 이 분은 스페토스 부족인 리사니아스, 이쪽은 그의 아들인 아이스키네스, 또 여기는 케피시아 부족인 안티폰과 그의 아들인 에피게네스가 있습니다.

이 사람들뿐만 아니라 이들의 형제들이 제가 사람들을 만나 질문하는 걸 지켜봤습니다. 테오조티데스의 아들이며 테오도토스의 형인 니코스트라토스도 자신을 지혜롭다고 생각하는 사람들과 제가 대화 나누는 것을 지켜보았습니다. 아, 테오도토스는 이미 죽었으니까 증인이 되달라는 부탁을 할 수는 없군요.

소크라테스가 자신과 가깝게 지냈던 사람들에게 한 명씩 다가갔다. 그들은 자신의 이름이 불릴 때마다 한 사람씩 일어나 군중과 재판관들에게 인사를 하고 자리에 앉았다. 모두 귀족들이었다.

소크라테스 발언

또한 여기 파랄리오스는 데모도코스의 아들이고, 병약해서 죽은 테아게스가 그와 형제간입니다. 여기 이 아데이만토스는 아리스톤의 아들이고, 여기 플라톤의 큰 형입니다. 그리고 아이안토도로스는 여기 이 아폴로도로스와 형제입니다.

이밖에도 더 많은 사람들을 여러분에게 소개해드릴 수 있습니다. 멜레토스는 다른 무엇보다도 먼저 이분들 중에서 몇 분을 자신의 증인으로 내세워야 했습니다. 만약 그가 잊어버려서 그랬다면 지금이라도 이들을 증인으로 세우십시오.

> **소크라테스 발언**
>
> 정말로 제가 이 젊은이들을, 그리고 지금은 나이를 먹은 그 당시 젊은이들을 변질시켰다고 확신한다면 그들에게 그것을 말하게 하십시오. 저는 바로 이 자리에서 내려가 그들의 증언을 듣겠습니다.

재판석과 군중석 모두 조용했다. 수리아스처럼 평민들은 모두가 어안이 벙벙했던 것이다.

그들의 침묵을 지켜보던 소크라테스는 잠시 후 다시 말을 이었다. 수리아스는 소크라테스가 증인으로 내세운 귀족들과 그들의 친구들만 빼고 다른 사람들 대부분은 모두 자신처럼 기분 나빠하고 있다는 것을 눈치챘다.

> **소크라테스 발언**
>
> 여러분은 저분들이 이 증인석에 올라오게 된다면 저를 고발한 자들의 주장과는 전혀 다른 정반대의 사실을 말하리라는 것을 알고 있습니다. 저분들은 저를 돕기 위해 모든 변호를 할 테니까요. 멜레토스와 아니토스가 주장한 대로 자신들의 가족을 변질시키고 해를 입힌 저를 말입니다.
>
> 하지만 변질되지도 않고, 이미 나이가 든 분들이, 그리고 그들의 아들들이나 친척들이 저를 도와준다는 것은 정당하고 올바른 이유가 아니라면 다른 어떤 이유가 있지 않겠습니까? 그건 바로 멜레토스가 거짓말을 하고 제가 진실을 말한다는 것을 알고 있기 때문이지요.

민주정의 지도자들에게 훈계하는 소피스트 중 한 명인 소크라테스를 귀족들이 돌봐주는 것은 당연한 것이다. 지금 소크라테스는 그 귀족들이 자신을 기소하지 않았기 때문에 자신이 무죄라고 주장한다. 수리아스는 소크라테스가 귀족들을 증인으로 앞세우며 젊은이들을 변질시키지 않았다고 우기는 것을 지켜보며 하마터면 소리내어 웃을 뻔했다. 소크라테스는 자신이 유죄임을 증명하는 것이나 다름없기 때문이었다.

소크라테스 발언

여러분! 이제 됐습니다. 제가 변론할 수 있는 것들은 모두 대충 이런 내용에 관한 것들이며, 다른 것에 대해 변론한다고 해도 결국 별로 다르지 않을 것입니다.

혹시 여러분 중에 저의 태도가 많이 언짢으신 분들도 계실지 모르겠습니다. 왜냐하면 이런 소송보다 더 작은 소송으로 재판에 선 사람들도 재판관에게 최대한 동정을 사기 위해 자기 아이들과 친척들, 그리고 많은 친구들을 데리고 와서 눈물을 흘리며 빌며 간청을 하는데, 저는 전혀 그러지 않았기 때문입니다. 더군다나 저는 그들과 달리 사형을 당할지도 모르는, 훨씬 더 위험한 상황에 처해 있는데도 말씀입니다.

어쩌면 그런 이유로 저에 대해 더 화가 나서 홧김에 유죄에 투표할 수도 있을 겁니다. 만일 여러분 가운데 유죄에 투표하고 싶은 심정을 가지게 된 분이라면, 물론 저는 그런 분이 계시리라고는 생각하지 않습니다만, 혹시라도 계신다면, 이런 말씀을 해드리는 게 적절할 것 같군요.

"보십시오. 저도 가족 몇 사람쯤은 있습니다. 호메로스의 구

> **소크라테스 발언**
>
> 절처럼, 내가 태어난 것은 '참나무에서도 아니고 바위에서도 아닌' 사람들 사이에서이므로 친척들도 있습니다. 그리고 여러분도 잘 알고 계시다시피, 아들도 셋이나 있습니다. 하나는 벌써 청년이 되었고, 나머지 둘은 아직 아이들입니다. 하지만 저는 이들 중에 그 아무도 이 자리에 데리고 와 여러분에게 무죄 방면에 투표를 해 달라고 애원하게 하지 않았습니다."
>
> 이렇게 말입니다.
>
> 그럼 저는 왜 이런 짓을 하지 않았을까요? 아테네 시민 여러분! 제가 그렇게 하지 않는 이유는 고집을 부리는 것도 아니고, 여러분을 업신여기는 것도 아니며, 제가 죽음을 두려워하지 않는 것도 아닌 전혀 별개의 것입니다.
>
> 제가 제 가족들을 앞세워 울고불고 하지 않는 것은 저를 위해서나 여러분을 위해서나, 그리고 이 나라를 위해서도 이 나이에 '지혜로운 자'라는 뜻의 이름을 가진 제가 목숨을 구걸하기 위해 자식을 앞세워 선처를 빌게 한다는 것은 아름답지도 않고, 자랑스럽지도 않으며, 전혀 명예롭지도 못한 일인 것 같다는 생각이 들어서입니다.

"그럼 그냥 아무말도 하지 말던가." 수리아스는 자신도 모르게 그냥 말이 불쑥 튀어나왔다. 옆에 앉아 있던 재판관이 수리아스를 보고 웃고 있었다. 나와 같은 생각이었나? 수리아스는 그런 느낌이 들었다. 말도 안 되는 소리를 하면서 말이 되는 줄 알고 떠드는 소크라테스는 그가 말한 것만큼 지혜롭지도 않으며, 그저 자기 주장만 내세우는 고집이 센 노인네에 불과하기 때문이다.

> **소크라테스 발언**
>
> '지혜로운 자'라는 뜻인 제 이름이 진짜든 가짜든 간에, 소크라테스라는 자가 어떤 점에서는 다른 많은 사람들과는 다르다고 알려져 있습니다. 지혜에 있어서건, 용기에 있어서건, 또는 다른 어떤 훌륭한 것이건, 남과 다르다고 여겨지는 어떤 한 사람이 죽음이 두려워 다른 평범한 사람들과 똑같이 행동한다면, 오히려 그것이 부끄러운 일입니다.
>
> 저는 무엇이나 되는 듯이 행동하던 사람들이, 재판을 받게 될 때 정말로 어이없는 행동들을 하는 사람들을 몇 번 본 적이 있습니다. 사형에 처해지면 무서운 일을 겪게 될 것이라 생각하기 때문이겠죠. 만약 사형에 처해지지 않으면, 마치 신처럼 영원히 살 수 있다고 여기는 것처럼 말입니다.
>
> 저는 이런 사람들이 이 나라에 수치를 안겨 줄 것이라고 봅니다. 이런 사람들 때문에, 다른 나라 사람들이 아테네 시민이 훌륭한 사람이라 여겨 관직이나 여러 명예로운 직책에 뽑은 사람들도 여염집 아낙네들과 별로 다른 점이 없다고 생각할 것이기 때문입니다.

'아테네 시민이 훌륭하다고 여겨 뽑은 사람들' 이 말에는 아테네 시민까지 같이 깔보는 거 아닌가? 수리아스는 그런 생각이 들었다.

> **소크라테스 발언**
>
> 아테네 시민 여러분! 어떤 면에서건 자기 스스로를 훌륭하고 남다르다고 여기는 사람들이 있다면, 그냥 놔두시면 안 됩니다. 물론 여러분도 자기 스스로를 훌륭하고 남다르다고 생각하면 안 되고요.
>
> 혹시 우리가 그런 짓을 할 경우에, 애처로운 행동을 보이며 이 나라를 우습게 만드는 자가 있다면, 여러분은 더 많은 유죄 판결을 내려 그런 자들이 더 이상 그런 부끄러운 짓을 하지 않도록 분명하게 보여줘야만 합니다.

수리아스는 분노를 넘어 오히려 차분해지고 냉정해져가고 있었다. 저 말은 귀족들이 아낙사고라스에게 불경죄를 뒤집어씌워 재판정에 세웠을 때, 아낙사고라스를 변호하기 위해 법정에서 눈물을 흘리며 선처를 구했던 페리클레스를 비난하는 말이 아닌가?

> **소크라테스 발언**
>
> 여러분, 저는 재판관한테 빈다는 것, 그리고 그렇게 빌어서 무죄 방면이 되는 것, 그 두가지 행위는 명예롭고 아니고의 문제를 떠나 올바르지 않은 것이라고 생각합니다. 왜냐하면 재판관이 있는 이유는 선심을 쓰기 위해서가 아니라, 올바른 판결을 하기 위해서이기 때문입니다.
>
> 재판관은 자기한테 좋게 보이는 사람들에게 호의를 베푸는 일 없이 법률에 따라 재판할 것을 신의 이름앞에 서약했습니다. 재판관이 법정에서 자기 형량을 낮춰달라고 울면서 비는 사람을

1막. 소크라테스의 1차 변론

> **소크라테스 발언**
>
> 봐주게 된다면, 그 재판관은 여러분에게 거짓 서약을 한 것입니다.
>
> 그러니 재판관은 그렇게 하는 일이 버릇이 되지 않도록 해야 합니다. 만약 그렇지 않다면 우리 중 어느 누구도 신의 이름을 걸고 서약한 것을 깬 것이므로, 신들을 공경하지 않는 것이 되는 것이니까요.
>
> 그러니, 아테네 시민 여러분, 여러분은 제가 아름답지도 않고, 올바르지도 않고, 신께 불경스러운 그런 짓을 할 것이라 기대하지 않길 바랍니다.
>
> 게다가 여기 이 멜레토스가 저를 바로 그 불경죄로 고소했으니 우리는 더더욱 불경을 저지르면 안됩니다.
>
> 만약에 제가 여러분에게 선처를 바란다고 비는 짓을 한다면, 그래서 여러분에게 무죄 방면을 해달라고 설득한다면, 저는 여러분에게 법정에서 신에게 한 서약을 깨도록 강요하는 것이고, 그 행위야말로 제가 '신이 있음을 믿지 말라'고 가르치는 꼴이 되기 때문입니다.
>
> 아테네 시민 여러분! 하지만 저는 신을 믿기에 그렇게 할 수 없습니다. 저를 고소한 사람들보다 훨씬 더, 아니 그들이 따라올 수 없을 정도로 확신을 갖고 신을 믿고 따릅니다. 그러니 저를 위해서도 여러분을 위해서도 가장 좋은 방향으로 저에 대한 판결을 내려주시기를 여러분과 신의 뜻에 맡깁니다.

크리톤은 자신이 사랑하는 친구 소크라테스가 평민들이 보기에 오만한 태도로 재판에 임했다는 것을 잘 알고 있었다. 그는 이 상태로는 무죄가 나오기 어려우니 최소한 같은 투표수가 나오기만을 바랄 뿐이었다. 유죄와 무죄 양쪽의 투표수가 같은 경우에는 고발을 당한 쪽에 편을 들어 무죄 결정으로 간주하는 게 아테네 법이었기 때문이다.

하지만 플라톤은 다르게 생각했다. 유죄 판결이 나기를 기다렸다. 그래야 아테네 시민들이 어리석다는 것이 분명하게 증명이 되기 때문이다. 사형이 선고[532]되어도 망명을 신청해 다른 나라로 가서 살다가 다시 아테네로 돌아오면 된다.

수리아스는 유죄에 투표를 하고 싶었지만, 다시 한번 더 곰곰이 생각했다. 소크라테스가 직접적으로 아테네 시민에 어떤 나쁜 행동을 한 것은 아니다. 그리고 그 누구도 죽이지 않았다. 단지 그는 그의 생각을 말하고 다녔을 뿐이다. 도덕적으로는 옳지 않아 유죄라고 할 수 있지만 법적으로는 유죄에 해당 되지 않는다. 나라가 믿는 신들 중에서도 아테나 여신, 헤파이스토스 신, 데모스 신에게는 경배하지 않았지만 아폴론 신, 헤스티아 여신 등 다른 신들에게는 경배를 올렸다. 그 점은 유죄가 맞다. 젊은이들에게 민주정이 옳지 않다고 선동한 적은 없었다. 수리아스는 소크라테스의 오만함과 궤변이 너무 싫었지만 무죄에 투표하기로 결정했다. 유죄에 투표하면 귀족정 지지자들과 소크라테스는 민주정을 지지하는 아테네 시민들과 민주주의 정치인들이 역시 어리석은 게 분명했다고 떠들 것이었기 때문이다.

---

532) 선고(宣告) : 재판장이 재판의 판결을 공식적으로 알리는 것

소크라테스의 1차 변론이 끝났다.
재판관들은 각자가 가진 돌을
유죄항아리와 무죄항아리에 넣기 시작했다.
마지막 재판관의 투표가 끝나자
재판 진행을 담당하고 있던 공무원들이
두 항아리에서 돌을 꺼내며
유죄표와 무죄표의 숫자를 기록하기 시작했다.

2막

아니토스의 법정 연설

1차 변론이 끝난 뒤 투표 결과는 무죄 220표, 유죄 280표였다
다른 죄와 달리 불경죄는 법정에서 형량이 결정된다
투표 결과가 나왔으니 원고는 형량을 제안하고
왜 그 형량을 제안하는지에 대해 타당한 이유를 말해야 한다

존경받던 민주주의 정치인
아니토스
소크라테스를 기소한 이유를 설명하다

이제 아니토스가 말할 차례였다. 재판관들도 재판을 지켜보는 아테네 시민들도 수리아스도 모두 아니토스의 말에 귀를 기울였다.

> **아니토스 발언**
>
> 아테네의 귀족들은 나라가 믿는 신들 중에 장인들을 보호하는 신인 아테나 여신과 헤파이스토스 신 그리고 데모스 신에게 경의[533]를 표하지 않습니다. 그리고 민주주의를 상징하는 설득의 여신인 페이토[534]는 아예 언급조차 하지 않고 있지요. 뿐만아니라 변론의 신이자 상업을 보호하는 시장의 신, 헤르메스도 무시하고 있습니다.
>
> 소크라테스는 이런 귀족들과 마찬가지로 우리 아테네의 중요한 신들에게 경배는커녕 그 어떤 예의도 표하지 않았습니다.
>
> 여러분께서도 아시다시피, 우리 아테네 평의회 건물 양쪽에는 두 개의 상이 세워져 있습니다. 하나는 아폴론 신의 석상[535]이고 또 하나는 데모스의 석상입니다. 나 자신뿐만 아니라 아테네의 민주주의자들과 시민들은 다른 사람들에게 '스스로 통치하는 사람'이라는 말인 '데모스'라고 부르는 것을 좋아합니다. 그런데 귀족들은 그렇지 않습니다.
>
> 저는 많은 사람들이 서로 다른 의견을 주장하는 사람들의 말을 경청한 뒤, 그것에 대해 자유롭게 토론하고 생각해봐야

---

533) 경의(敬意) : 존경하는 마음
534) 페이토(Peitho) : 그리스 신화에 나오는 설득의 여신
535) 석상(石像) : 돌을 쪼아 만든 형태

2막. 아니토스의 법정 연설

> **아니토스 발언**
>
> 한다고 생각합니다. 옳고 그름은 부와 권력을 가진 소수 귀족들이 결정하는 것이 아니라, 수많은 사람들의 자유로운 토론을 통해서 결정되어야 한다고 생각합니다.
>
> 스파르타와 크레타 등 펠로폰네소스동맹국들을 제외한 모든 그리스의 국가들이 데모스를 존중하는 우리 아테네를 따르고 있습니다. 귀족들과 소크라테스는 우리 아테네의 정치체제에 동의하는 델로스 동맹국들을 우습게 여기고 있습니다.
>
> 귀족들은 인정하기 싫겠지만 아테네는 우리 같은 장인들 덕분에 부강해졌습니다. 장인들의 기술 덕분에 상선을 만들어 다른 나라와 무역을 할 수 있었고, 페르시아에서 벌벌 떨 정도로 뛰어난 군함[536]도 만들 수 있었습니다. 어떤 장인들은 자신이 가진 뛰어난 기술 덕에 귀족들보다 훨씬 더 큰 부자가 되기도 했습니다. 그래서 귀족과 동등한 제1계급이 될 수 있었습니다.
>
> 귀족들은 자신들만 정치를 할 수 있다고 여깁니다. 귀족들은 사람들을 지배하는 것을 즐기고, 자신들의 권리라고 여기고 있습니다. 그렇기 때문에 그들은 평민들이 부자가 되는 것도 싫어하고 정치에 참여하는 것도 싫어하며, 정치인으로 나서는 것은 더더욱 싫어합니다. 소크라테스도 그들의 생각과 같습니다.

---

536) 군함(軍艦) : 전쟁에 사용하기 위해 만들어진 배

> 아니토스 발언

　귀족들은 가난한 사람이 민회에서 투표권을 가지는 것도 말이 안 되는데, 발언권까지 가지는 것은 있을 수 없는 일이라고 생각하고 있습니다. 소크라테스도 그렇습니다.

　귀족들은 제4계급이 재판의 판결권을 가지는 것은 아주 잘못된 것이라고 여깁니다. 여기 있는 소크라테스도 그들과 같은 생각을 하고 있습니다.

　귀족들은 나라의 일을 민주적인 제도로 만든 민주주의 정치인들을 증오해왔습니다. 솔론, 페이시스트라토스, 클레이스테네스, 그리고 페리클레스에게 못살게 굴었습니다. 그래서 페리클레스는 자신의 스승인 아낙사고라스를 추방해야 했습니다.

　귀족들이 스파르타 군대를 끌어들여 정권을 잡은 뒤에는 마음에 안 드는 사람들을 마구 죽였습니다. 그때 죽지 않은 사람들은 귀족들이거나 귀족들에게 빌붙어 아부하던 사람들이었습니다. 민주주의를 지지하던 사람들과 평범한 아테네 시민들은 그 귀족들과 스파르타 군인들의 몽둥이에 언제 맞아 죽을지 몰라 벌벌 떨어야 했습니다.

　테라메네스 장군의 부하였던 저는 여러분께서도 잘 알고 계시다시피, 처음에는 귀족들의 생각에 동조[537]했습니다. 귀족들의 말처럼 귀족도 아닌 상인 주제에 돈 좀 있다고 정치에 나서는 것도, 장인 같은 기술자가 정치인으로 나서면 안 된다고 생각했기 때문입니다.

---

537) 동조(同調) : 다른 사람의 주장이나 의견에 뜻을 같이하는 것

아니토스 발언

　귀족들의 말처럼 평민이 소피스트들을 통해 몇 가지 지식을 좀 알았다고 정치를 해낼 수는 없다고 생각했습니다. 정치는 나라를 다스리는 일이고, 나라를 다스리는 일은 지금까지 그 일을 해왔던 귀족들이 잘 알고 있으니 귀족들이 하는 게 맞다고 생각했습니다.

　그런데 그런 제 생각이 바뀌게 되었습니다. 여러분께서도 똑똑히 기억하고 계실 겁니다. 귀족들은 자신들이 필요할 때는 우리에게 같이 가자고 손을 내밀었습니다. 하지만 정권을 잡자마자 바로 우리를 배신했습니다. 우리에게 민회에서 발언할 수 있는 기회를 빼앗았고, 오로지 투표만 할 수 있게 했습니다. 그들은 자신들의 의견에 반대하는 사람들의 재산을 빼앗는 것도 모자라 목숨까지 빼앗았습니다. 가난한 사람들에게는 빼앗을 것이 없으니 민회에 참석할 수 있는 시민권을 빼앗았습니다. 그렇게 빼앗고 또 빼앗았지만, 그들은 결코 살인을 멈추지 않았습니다.

　저, 아니토스는 그런 귀족들의 폭력적인 행동을 지켜보며 잘못된 소수가 더 위험할 수도 있다고 생각하게 되었습니다. 귀족독재 정치인들은 평민들의 목숨을 함부로 여겼습니다. 400명이 집권을 했건, 30명이 했건, 그들은 모두 무자비하게 평민들을 죽이고, 자신들의 의견에 반대하는 사람들도 죽였습니다. 귀족들이 통치하는 동안 모든 시민은 언제 어디서 쥐도 새도 모르게 죽을지 몰라 공포에 떨어야 했습니다. 그런데 그들은 지금까지 그 일에 대해 사과 한 마디조차 없습니다.

　민주주의 정치인들이 정권을 잡았을 때 여러분은 서로 고

> 아니토스 발언

함치고 싸워도 괜찮았습니다. 정치인이나 민회의 결정에 대해 잘잘못을 따져도 괜찮았습니다. 사람을 다치게 하는 일만 아니면 다 괜찮았습니다. 끌려가지도 않고, 죽임을 당하지도 않았습니다. 하지만 귀족들이 정권을 잡은 뒤에는 모두가 입을 다물어야 했고, 언제 죽을지 몰라 공포에 떨며 숨죽여 살아야 했습니다.

우리는 정치인 부류 둘을 모두 경험했습니다. 우리 아테네 시민은 세 집 중 한두 명이 귀족들에게 살해당했습니다. 귀족들은 아직도 그 누구에게도 미안해 하지 않습니다. 제가 대사면 정책을 제안한 것은 우리도 용서할 테니 너희들도 이제 모든 폭력을 멈추고 사과를 하라는 의미였습니다. 그런데 소크라테스는 귀족 젊은이들을 이끌고 다니며 민주정을 옹호하는 사람들을 놀리며 우리들의 데모스 민주정을 비난하고 있습니다.

소크라테스는 아낙사고라스 같은 소피스트들을 궤변론자라고 비난합니다만, 우리 아테네는 자유를 존중하는 나라입니다. 민회에서도 자유롭게 자신의 의견을 말하고 언제 어디서나 자유롭게 토론하며 가장 옳은 것이 무엇인지 찾아가는 데모스 민주주의가 아름다운 나라입니다. 국가의 일이 어떻게 집행되는지를 모든 시민들이 알고 있으며, 그 이유 또한 충분한 토론을 통해 서로 잘 알고 있습니다.

우리 아테네 시민은 다른 사람에게 너그럽습니다. 다른 의견, 전혀 반대되는 의견을 얘기해도 잘 경청해 줄 정도로 너그럽습니다. 그런데 소크라테스는 자기 외에 다른 소피스트

2막. 아니토스의 법정 연설

> **아니토스 발언**

들은 모두 궤변론자라고 몰아세웁니다.

오늘 소크라테스의 얘기를 들어보니, 오히려 소크라테스가 궤변론자였습니다. 자유로운 아테네에서 자신의 의견을 자유롭게 주장하는 것은 자연스러운 일입니다. 그 누구도 자신의 의견과 다르다고 해서 비난할 수 없습니다. 그게 우리 아테네입니다. 소크라테스는 자유롭고 민주적인 아테네를 오염시켜 왔습니다. 귀족들처럼 말입니다.

저는 소크라테스가 여기 법정에 나와서도 아테네를 오염시키고 있다고 생각합니다. 증인들은 모두 귀족들이 표현이 서투른 멜레토스를 불러 잘못된 질문으로 이상한 대답을 유도해 얘기의 결론을 이상하게 끌고 갔습니다.

본인의 입으로 앞에서는 아무도 가르치지 않았다고 하더니, 나중에는 가르치고 있다고 말하고, 나라의 신을 믿지 않은 죄목에 대해 변명할 때는, '나라에서 믿는 신' 말을 쏙 빼고 그냥 자신이 신을 믿고 있으니 죄가 되지 않는다고 우겼습니다. 우리 아테네를 살쪄서 둔해진 말에 비유하고 자신을 그 말에 붙어 괴롭히는 등에라고 표현하더니, 살찐 말에 필요한 조련사라고 했습니다.

우리는 데모스입니다. 우리 스스로 직접 통치하는 사람들입니다. 등에도 필요 없고, 조련사도 필요 없으며, 우리를 훈계하려고만 하는 '신의 선물[538]'도 필요 없습니다. 그리고 우리는 강압적이고 폭력적인 귀족들의 통치를 받아야 할 이유

---
538) 소크라테스가 자기 자신을 가리켜 했던 말

아니토스 발언

도 없습니다. 우리에게 필요한 것은 오로지 자유로운 토론과 평등한 권리입니다.

군함에서 목숨걸고 노를 젓는 우리 평민들이 없었다면, 창과 방패를 들고 나가 목숨걸고 싸웠던 우리 평민들이 없었다면, 지금 다른 모든 나라가 부러워하는 우리 아테네의 부와 영광은 없었을 것입니다. 아테네가 누리는 지금의 영광과 부는 우리 아테네 시민들이 데모스임을 자랑스러워하며 열심히 정치에 참여했기 때문에 이루어낸 업적입니다.

그러므로 우리 데모스를 비난하는 귀족들을 대표하고, 귀족 젊은이들에게 우리 데모스를 깔보도록 변질시키고 민주정을 싫어하도록 추동질하고 있는 소피스트인 소크라테스에게는 아주 무거운 벌이 내려져야 합니다.

물론 우리가 소크라테스에 중형을 선고한다고 해도 소크라테스와 귀족들은 자신들의 잘못을 반성하지 않을 겁니다. 그러니 재판정에서 내릴 수 있는 벌 중에 가장 무거운 벌을 내려야 한다고 생각합니다. 그런 점에서 저는 소크라테스에게 사형이 내려져야 마땅하다고 봅니다.

귀족들은 민회에서 우리를 속여 '불경죄'를 만들었습니다. 그리고 페리클레스의 스승인 아낙사고라스에게 '불경죄'를 뒤집어 씌워 사형을 시키려고 했습니다. 저도 그들이 한 것과 똑같은 형벌을 소크라테스에게 내려야 한다고 생각합니다.

이상 마치겠습니다.

수리아스는 우리에게 필요한 것은 오로지 자유로운 토론과 평등한 권리라는 아니토스의 말에 감동받았다. 그리고 우리 평민들이 없었더라면 지금의 아테네의 부와 영광은 없었을 거라는 말에 생전 처음 목이 메는 것을 느꼈다. 수리아스는 왜 사람들이 아니토스를 진심으로 존경하는지 더 잘 알게 되었다.

3막

소크라테스의 2차 변론

피고는 원고 쪽에서 제안한 형량과 다른 형량을 제안하고
그 이유에 대해 발언을 해야 한다
아니토스가 형량으로 사형을 제안했으니
소크라테스는 왜 그 형량이 부당한 것인지 밝히고
자신에게 합당한 형량을 제안해야 한다

마지막까지 아테네 시민을 야단친
소크라테스

> **소크라테스 발언**
>
> 아테네 시민 여러분! 제가 유죄 판결을 받고도 기분 나빠하지 않는 이유는, 다른 이유들도 있습니다만, 무엇보다도 무죄 투표 숫자[539]가 제가 생각했던 것보다 더 많이 나왔기 때문입니다. 저는 이렇게 근소한 차이가 아니라 훨씬 더 큰 차이로 유죄 투표수가 나올 것이라고 생각했습니다. 만약 서른 표만 무죄 쪽으로 갔더라면 저는 무죄 방면이 되었을 테니까요.
>
> 이제 저는 그보다, 멜레토스의 기소로부터 무죄 방면이 된 것 같아 좀 홀가분해졌습니다. 참으로 안스러운 일입니다. 아니토스와 멜레토스, 그리고 리콘이 저를 고발하지 않았다면 각각 1,000 드라크메나 되는 벌금을 내야하는 일은 없었을 건데 말입니다.

이것은 아테네에서 사람들이 법정에 기소하는 것을 가볍게 생각하지 못하도록 하기 위한 제도였다. 기소한 사람의 주장이 옳다고 찬성한 투표의 수가 5분의 1이 되지 않을 때는 1,000 드라크메의 벌금을 물게 했다. 기술이 좋은 건장한 장인의 하루 수당이 1드라크메이다. 1,000 드라크메는 그런 장인이 쉬지 않고 1,000일 동안 일해야 벌 수 있는 돈이었다. 1,000일이면 거의 3년이다.

소크라테스를 고발한 사람은 멜레토스, 아니토스, 리콘 이렇게 세 사람이다. 그런데 이 세 명의 기소한 내용에 대해 찬성한 투표수가 280 밖에 나오지 않은 것이다. 한 사람당 5분의 1

---

539) 투표한 숫자 : 무죄 220표, 유죄 280표

에 해당하는 100표를 얻어 300표 이상이 나왔어야 했는데, 그러지 못한 것이다. 그 결과로 그들은 모두 1,000 드라크메씩의 벌금을 물어야만 한다. 아무리 부자라 해도 그 큰 금액은 아무래도 부담되는 돈이다.

수리아스는 끝까지 소크라테스가 자신을 고발한 사람들을 약올리는 발언을 한다고 생각했다.

> **소크라테스 발언**
>
> 어쨌든 이 사람, 아니토스는 저에게 내리는 형벌로 사형을 제안했습니다. 그러면 저는 그에 반대하는 제안으로 어떤 형벌을 여러분에게 제시해야 하는 걸까요? 제가 받아 마땅한 것이어야 하겠지요? 그렇다면 그게 무엇일까요? 제가 어떤 형벌을 받는 게 마땅한 것입니까?
>
> 저는 일생 동안 조용히 지내지 않았습니다. 바쁘게 움직였지만, 다른 많은 사람들이 하듯 집안을 꾸릴 돈벌이를 위한 것이 아니었습니다. 저는 장군 같은 지위나 그 밖의 여러 가지 관직에 대해 관심도 없었고, 대중연설가 노릇이나 정치적인 일에 대해서도 관심을 두지 않았습니다.
>
> 대신 여러분 각자 자신이 최대한 훌륭하고 지혜로워지는 것만 바랐습니다. 여러분 한 사람 한 사람 만나고 다닌 겁니다. 그런 마음에서 인간으로서 훌륭한 사람이 되기 위해 마음을 써야 한다고, 그 외 어떤 것에 대해서도 훌륭한 사람이 되기 위한 노력보다 우선시해서는 안 된다고 설득하기 위해서 말입니다. 이 나라에서 일어나는 일에 대해 마음을 쓰기보다, 이 나라 자체에 대해 마음을 써야 한다고 설득했고, 자신의 마음에 대해 신경 쓰기

> **소크라테스 발언**
>
> 보다 자신이 가지고 있는 것들에 대해 더 신경을 쓰는 일이 없어야 한다고 설득하고 다녔습니다.
>
> 그렇게 해서 저는 저에게 아무런 이득도 없는, 그래서 지금도 가난하게 살고 있지만, 암튼 저는 여러분 각자에게 사람으로서 가장 훌륭한 일을 생각하도록 만들어 여러분 모두가 잘 되게 하는 일에만 신경 쓰며 살아왔습니다.
>
> 그러니, 그런 일을 한 사람으로 저는 무엇을 받아야 마땅할까요? 아테네 시민 여러분! 그런 저에게 제대로 형량을 제의해야 한다면, 저에게 가장 적절하고 좋은 것이어야 할 것입니다. 그럼 여러분의 이 가난한 은인이 받아야 할 것은 무엇일까요? 여러분에게 충고를 해줘야 할 시간이 충분히 필요한 이 사람에게, 필요한 것은 무엇일까요?

소크라테스는 멍하니 하늘을 바라보며 잠시 생각에 잠겼다. 그 모습을 지켜보던 플라톤은 가슴이 조여드는 것 같았다. 마음이 아프고 목이 울컥 치밀어 올랐지만 침을 삼키며 소크라테스의 다음 말을 기다렸다.

수리아스는 소크라테스가 아테네 시민들을 향해 자기 스스로를 아테네 시민의 은인이라고 하는 말을 들으며, 어이없어서 한숨이 다 나왔다.

> **소크라테스 발언**
>
> 아테네 시민 여러분! 지금 저에게는 저쪽 아크로폴리스 북쪽

> **소크라테스 발언**
>
> 에 있는, 불이 꺼지지 않는, 우리 아테네의 중심인, 헤스티아 여신이 계신 그곳에서, 우리의 귀빈을 대접하듯, 올림피아 우승자를 대접하듯, 우리 민족 축제의 경기에서 이긴 사람들을 대접하듯, 식사 대접을 받는 것만큼 더 적절한 것은 없는 것 같습니다.
>
> 저는 올림피아 경기의 전차 경주에서 우승한 사람들에게 대접하는 것보다 저에게 식사 대접을 하는 것이 오히려 훨씬 더 적절하다고 생각합니다. 왜냐하면 그는 여러분에게 행복감을 느끼도록 하지만, 저는 실제로 여러분을 행복한 사람일 수 있도록 만들어 주기 때문입니다. 그러므로 만약에 제가 저에게 올바르게 합당한 형량을 제안해야 한다면, 영빈관에서의 식사를 제의합니다.

수리아스는 자신도 모르게 헛웃음 소리를 냈다. 행복감을 느끼는 것과 행복한 사람인 것과 무슨 차이란 말인가?

참으로 고집불통인 노인이라는 생각이 들었다.

> **소크라테스 발언**
>
> 그런데 제가 이렇게 말하면 여러분은 아마 제가 여러분에게 무죄를 받기 위해 동정과 간청을 하지 않는 것은 제가 고집불통이기때문이라고 여길지도 모르겠습니다.
>
> 하지만 그렇지 않습니다. 제가 그 누구에게도 죄를 지은 일이 없다는 것을 확신하기에 그렇게 한 겁니다. 여러분에게 제가 무죄임을 납득시키지 못했다면, 그것은 저에게 주어진 시간이 너무

> **소크라테스 발언**
>
> 짧았기 때문입니다.
>
> 만약에 우리나라가 사형에 관한 재판을 하루 만에 처리하지 않고, 스파르타 같은 다른 나라처럼 여러 날 동안 재판하도록 하는 법률이 있었다면, 여러분도 제가 한 말이 무슨 뜻인지 분명하게 납득되었을 것입니다. 맨 처음에도 얘기했듯이 이렇게 현실적으로 짧은 시간 안에 여러분이 가지게 된 저에 대한 커다란 편견을 없앤다는 것은 사실 쉬운 일이 아닙니다.

수리아스 소크라테스의 이 발언으로 소크라테스가 원하는 나라가 스파르타임을 알아챘다. 다른 귀족들과 다를 바 없는 사람, 민주정을 우습게 보는 사람이었던 것이다.

> **소크라테스 발언**
>
> 제가 그 어느 누구에게도 죄를 짓지 않았다는 것을 확신하고 있으니, 나쁜 벌을 받는 것을 제안할 수 없습니다. 또한 제가 제 자신을 나쁘게 대하는 죄를 지을 수도 없으니, 결코 그 어떤 형량도 제안할 수도 없습니다.
>
> 멜레토스가 저에 대한 형량으로 제안한 사형이, 다시 말해 죽음이라는 것이 좋은 것인지 나쁜 것인지 모른다고 스스로 말한 제가, 죽음을 형벌로 받게 될까 두려워서 사형을 피하려고 할 것 같습니까? 제가 무엇이 두려워 사형은 면하게 해달라고 하겠습니까?
>
> 제가 사형 대신 저에게 나쁜 것이라고 알고 있는 것들 중에서 하나를 골라 형량으로 제안해야 하는 건가요? 그도 아님, 구류

3막. 소크라테스의 2차 변론

> 소크라테스 발언
>
> 형을 제안할까요? 하지만 무엇 때문에 제가 옥살이를 해야 합니까?

수리아스는 기분이 나빠졌다. 소크라테스가 끝까지 아니토스와 리콘을 거론하지 않고 계속해서 만만한 멜레토스 이름만 걸고 넘어가고 있었기 때문이다.

> 소크라테스 발언
>
> 해마다 선출되는 '11인 위원회'에 굴욕적으로 복종해야만 하는 겁니까? 아니면 저는 가난하게 살아서 돈이 없으니 벌금형을 제안하고, 그 벌금만큼 구류에 처하게 되도록 하는 형량이 좋을까요? 그도 아니면 추방형을 제안할까요? 아마도 여러분은 제가 추방형으로 제안하기를 바랄 겁니다. 하지만 추방형을 제안한다면 제가 목숨에 대해 아주 많이 집착하는 사람이 되는 겁니다.
>
> 어쩌면 여러분은 저와 같은 나라 사람이고 저와 대화를 나누고 논의하는 것을 참아낼 수 없을 뿐만 아니라, 저의 질문이 부담스럽다 못해 진나미가 떨어지게 되어, 제가 여러분을 찾아다니며 질문을 하는 것에서 벗어날 방법을 찾는 것일 수도 있습니다.
>
> 제가 이런 여러분들의 입장을 헤아릴 수 없을 정도로 어리석은 사람이라면 추방형을 제안해야 하는 게 맞습니다. 하지만 다른 나라 사람들은 여러분보다 저의 질문을 더 잘 견딜 수 있을까요? 어림도 없는 일이죠.

무슨 짓이지? 지금 우리들을 놀리는 건가? 수리아스는 황당해졌다. 소크라테스가 보기에는, 그리고 귀족들이 보기에는 우리 아테네 시민들이, 평민들이 이렇게나 우습다는 말인가? 귀족들과 어울려 다니면서 함부로 행동한 것도 모자라 영빈관에서 대접을 받아야 한다고 하더니, 이제는 아예 사형을 벗어나기 위해 형량의 종류를 늘어 놓으면서, 그 어느 것도 말이 안 된다고 하다니? 이 정도면 소크라테스는 반드시 사형을 받아내야 하겠다는 태도가 아닌가?

> **소크라테스 발언**
>
> 아테네 시민 여러분! 제가 보기에 이 나이가 되어 자신이 살던 나라에서 추방당해 이 나라 저 나라로 쫓겨 다니며 산다는 건 그렇게 보기 좋은 것만은 아닌 것 같습니다. 저는 어디를 가든, 여기에서 한 것처럼 할 것이고, 그 나라의 젊은이들은 저의 말을 듣게 될 것입니다.
>
> 그래서 제가 지금 같은 일을 당하지 않기 위해 그 젊은이들을 쫓아버리면, 지금과는 반대로 그 젊은이들이 화가 나 어른들을 설득해 저를 쫓아낼 겁니다.
>
> 만약 제가 그 젊은이들을 쫓아버리지 않으면, 그들의 아버지들이나 친척들이 젊은이가 아닌 자신들을 위해 저를 쫓아낼 것입니다. 지금 벌어지는 일처럼 말입니다.
>
> 누군가는 저에게 이렇게 말할 수도 있을 겁니다. "소크라테스! 그대가 침묵하고 조용히 지낸다면, 추방되더라도 다른 나라에서 살아갈 수 있지 않소?"라고 말입니다.
>
> 바로 이 점이 여러분들 중에 몇몇 분들이 이해하기 가장 어려울 테지요. 만약에 제가 그 말에 대한 대답으로 "그건 신에게 불

3막. 소크라테스의 2차 변론

> **소크라테스 발언**
>
> 복하는 일입니다. 제가 아무 말도 하지 않고 조용히 살아갈 수 없는 이유고요."라고 대답하면, 여러분들 중 몇몇 분들은 제가 고집불통으로 어깃장[540]을 부리고 있다고 생각할 것입니다.

소크라테스는 또다시 거짓말을 하고 있다.

귀족독재정권일 때도 그는 귀족독재 정치인들에게 불려간 적이 있었다. 그들은 소크라테스에게 더 이상 젊은이들과 얘기를 나누지 말라고 요구했고, 소크라테스는 그들의 요구에 묵묵히 따랐다.

그런데 지금은 그것을 못 하겠다고 한다. 그러면서 지금의 자신이 옳다고 우기고 있다. 귀족독재정권이 내린 '젊은이들과 말하지 말라'는 명령에 그대로 따랐으면서, 민주정의 정치인들이 그런 명령을 내리면 그것에는 따를 수 없다고 한다.

앞뒤가 맞지 않는 말이다. 논리라는 것이, 진리라는 것이, 옳음이라는 것이 상황에 따라 이렇게도 변하고 저렇게도 변할 수 있는 것인가? 이런 말 같지도 않은 말을 이렇게나 길게 늘어놓다니? 수리아스는 분개했다. 이해하려고 노력해도 도무지 이해할 수 없는 말이었다.

아니토스가 소크라테스에게 무엇이 문제인지 방금 전에 정

---

540) 어깃장 : 짐짓 어기대는 행동 ※ 어기대다 : 순순히 따르지 아니하고 못마땅한 말이나 행동으로 뻗대다.

확히 짚어줬는데도 소크라테스는 또 다시 말을 이상하게 바꾸고 있었다. 수리아스는 화가나서 주먹을 불끈 쥐었다.

> **소크라테스 발언**
>
> 그리고 제가 "사람에게 있어서 가장 좋은 것은 '사람으로서 훌륭한 덕을 쌓은 상태'이므로, 제 자신분만 아니라 다른 사람들에게도 매일 '사람으로서 훌륭한 덕을 쌓은 상태'에 대한 대화를 시도하고 있는 것입니다. 제가 침묵을 선택한다면 사람들에게 '사람으로서 훌륭한 덕을 쌓은 상태'에 대해 질문하지 않는 삶을 사는 것이고, 그건 제가 더 이상 사람으로서 살 가치가 없다는 것을 의미합니다."라고 말하면 여러분들께서는 더더욱 이해할 수 없을 것입니다.
>
> 이런 저의 주장이 옳다는 것을 여러분에게 납득시키는 것은 참으로 쉬운 일이 아닙니다.

수리아스는 생각했다. 소크라테스가 정말로 철학을 하는 사람이라면, 그리고 소크라테스가 말한대로 아폴론이 인정하는 가장 지혜로운 자라면, 왜 귀족 독재 정치인들에게는 입을 다물고 민주주의 정치인들한테는 그렇게 하지 않는 것인지에 대해 분명하게 대답해야 한다고. 그런데 소크라테스는 자신의 주장이 옳다고 하면서 왜 귀족들에게는 질문을 하지 않고 민주정을 지지하는 사람들에게만 질문을 퍼붓고 다녔는지에 대한 이유를 분명하게 말하지 않고 그저 납득시키기 어렵다는 말로 명확한 대답을 어물쩍[541] 회피[542]하고 있었다.

---

541) 어물쩍 : 그 상황을 피하기 위해 자신의 의견이나 행동을 분명하게 하지 않고 일부러 슬그머니 넘어가는 것
542) 회피(回避) : 직접 부딪히지 않으려고 피하는 것

3막. 소크라테스의 2차 변론

> **소크라테스 발언**
>
> 저는 평소에 저 자신이 나쁜 대접을 받아 마땅하다고 생각해 본 적이 없습니다. 만약 저에게 돈이 있다면, 제가 낼 수 있는 돈만큼의 벌금을 제안하겠죠. 돈이 없어진다고 해서 제가 해를 입은 것이 전혀 아니기 때문입니다. 하지만 저는 돈이 없습니다. 여러분은 실제로 제가 낼 수 있는 만큼의 벌금을 물리지는 않을 테지만, 저는 은화 1므나 쯤의 벌금은 물 수 있으니, 은화 1므나의 벌금형으로 형벌을 제안합니다.

1므나는 100드라크메다. 그러니 그 금액은 결코 적은 돈은 아니다. 수리아스는 의문이 생겼다. 가난하다고 하지 않았나? 소크라테스에게 가난의 기준이 뭔가? 귀족들하고만 어울려서 가난의 기준이 높은 것인가?

플라톤과 크리톤, 그리고 그 옆에 앉아 있던 두 사람이 무슨 말을 건네려는 듯 소크라테스에게 계속해서 손짓하고 있었다. 소크라테스는 그들을 쳐다봤다.

> **소크라테스 발언**
>
> 여기 앉아 있는 플라톤과 크리톤, 그리고 크리토불로스와 아폴로도로스가 저에게 30므나의 벌금형을 제안하라고 하는군요. 그리고 자신들이 보증을 서겠다고 제안하는군요. 저는 이들의 말에 따르겠습니다. 30므나의 벌금형을 제안하고, 그들을 보증인으로 세우겠습니다.

소크라테스의 2차 변론이 끝났다. 수리아스는 귀족들이 소크라테스를 든든하게 지원하고 있다는 사실을 확실히 알게 되었다. 플라톤이 누구인가? 스파르타군을 끌어들여 아테네 시민을 무차별로 죽인 400인 귀족정과 30인 귀족정을 탄생시킨 집안의 젊은이가 아닌가.

수리아스는 소크라테스가 말도 되지 않는 행동을 하는 것을 보고 소크라테스가 진심으로 원하는 것은 사형이 아닐까 하는 의구심[543]이 들었다. 수리아스는 소크라테스가 원하는대로 벌금형이 아닌 사형에 투표하기로 결심했다.

---

543) 의구심(疑懼心) : 의심이 들어 걱정이나 두려운 느낌이 드는 것

4막

소크라테스의 최후 진술

투표 결과 사형을 찬성하는 쪽에 80표가 늘어났다
무죄에서 유죄로 생각을 바꾼 사람들이 늘어난 것이다
소크라테스의 궤변을 더 이상 참을 수 없었던 것이다

소크라테스
법정에서 마지막 진술을 시작하다

수리아스는 처음에는 무죄에 투표했지만 사형에 찬성하기로 마음을 바꿨다. 소크라테스에게, 그리고 그를 따라다니는 젊은 귀족들에게 좀 더 강력한 경고가 필요하다고 생각했기 때문이다. 아테네에서는 사형을 선고 받고 사형까지 가는 사람은 없었다. 아테네를 떠나면 그만이다. 정신 좀 차리라는 의미에서 사형에 표를 던진 것이다.

> **소크라테스 발언**
>
> 결국 투표 결과가 사형으로 확정되었군요. 아테네 시민 여러분! 제 나이가 70세이고 머지않아 자연히 죽게 될 것입니다. 그런데도 여러분은 별로 길지도 않은 시간을 벌기 위해 곧 죽을 이 사람에게 사형을 집행하는군요.
>
> 이제 당신들은 사람들에게 지혜로운 자라고 이름이 난, 소크라테스라는 현자를 사형에 처했다는 악명과 비난을 받게 될 겁니다. 이 나라를 헐뜯고 싶어하는 자들에게 말입니다.
>
> 당신들에게 책임을 묻고 싶어 하는 사람들은 제가 비록 지혜로운 자가 아니라 하더라도 저를 지혜롭다고 말할 테니까요.

이 나라를 헐뜯고 싶어하는 자들은 스파르타와 페르시아 그리고 그들의 동맹국밖에 없다. 수리아스는 사형 쪽에 표를 던진 것이 조금은 마음에 걸렸는데 소크라테스의 이 한 마디로 그런 미안한 마음이 싹 사라져버렸다.

사형 선고를 받고도 끝까지 자신의 죄를 뉘우치지 않고, 오히려 페르시아인들과 스파르타인들, 그리고 그들과 동맹국의 사람들에게 아테네인들이 비난을 받게 될 거라고 악담을 하다니. 스파르타가 어떤 나라인가? 아테네에 들어와 아테네 시민들을 무자비하게 죽인 나라다. 페르시아는 또 어떤 나라인가? 호시탐탐 아테네를 노려 스파르타를 지원해주는 나라가 아닌가.

소크라테스는 아테네 시민 모두가 알고 있는 그 사실을 모르고 하는 소리는 분명 아닐 것이다. 그렇다면 스스로 바보임을 증명하는 꼴이니 말이다. 그게 아니라면 지금 소크라테스는 스파르타 군인들이 아테네의 데모스 체제와 시민을 죽인 것이 당연하다고 얘기하는 것과 같다. 지금 소크라테스는 우리 아테네 시민들을 죽인 스파르타와 귀족 입장에서 말을 하고 있는 것이다. 그런 나라를 옳다고 하다니? 사실은 소크라테스의 국적은 스파르타가 아닐까? 수리아스는 이런 생각 마저 들었다.

소크라테스 발언

아무튼 당신들이 사형에 투표하지 않고 잠시만 기다렸더라면, 저의 죽음은 어차피 자연스럽게 생길 일이었습니다. 제가 살 만큼 살았고 곧 죽을 것이라는 것을 여러분도 잘 알고 있으니까요.

제가 지금부터 하는 말은 여러분 모두에게 하는 게 아니고, 저에게 벌금형이 아닌 사형에 투표한 사람들에게 하는 겁니다. 사형에 투표한 사람들에게 지금부터 제 생각을 분명하게 전하겠으니, 잘 들으시오.

당신들! 아마도 당신들은, 제가 이 소송에서 무죄 방면을 받을 수 있도록 온갖 짓거리와 온갖 변명의 말을 다 하기를 바랐을 겁니다. 당신들은 제가 그런 짓이나 말로 당신들을 설득하려는 노력이 부족했기 때문에 유죄 판결을 내린 걸 겁니다. 하지만 결코 그렇지 않습니다.

자신에게 사형을 확정시킨 사람들을 향해 말한다고 선언하면서부터 소크라테스는 "아테네 시민 여러분!"에서 그냥 "당신들!"이라고 호칭을 바꿨다. 소크라테스는 귀족이 아닌 평민들에게 건방진 태도를 취할 수 있을 정도로 귀족정 입장에 서있는 사람인 것이다. 수리아스는 방약무인[544]인 소크라테스를 보며 귀족들도 소크라테스와 같은 입장이 분명하다는 것을 더 확실하게 알게 되었다. 분노에 치가 떨렸다.

> **소크라테스 발언**
>
> 물론 제가 부족해서 유죄 판결을 받은 건 맞습니다. 저에게 부족한 것은 이 한 목숨을 구걸하기 위해 온갖 짓거리를 할 수 있는 뻔뻔스러움과 몰염치입니다. 또한 당신들을 설득하기 위해 당신들이 듣기 좋게 말하려고 노력해야 하는 열의가 부족해서입니다.
>
> 당신들은 고발을 당한 사람들이 목숨을 구걸하고 애원하며 간청하는 말투로 말하는 것을 듣는데 익숙해 있습니다. 하지만 저는 죽을 위험을 피하기 위해 자유인답지 못 한 짓은 그 어떤 것도 해서는 안 된다고 생각합니다. 그렇기 때문에 저는 당신들이 원하는 대로 애걸복걸하며 변론하지 않은 것을 절대 후회하지 않습니다. 비굴한 변론으로 살아남는 것보다는 당당하고 떳떳한 변론으로 죽는 쪽을 택한 것입니다.

수리아스는 자신이 처음 가졌던 느낌, 소크라테스가 사형 판결을 받아내려고 애쓰는 것처럼 보였던 게 맞다는 것을 확인하는 순간이었다.

---

544) 방약무인(傍若無人) : 다른 사람을 전혀 의식하지 않고 제멋대로 행동하는 것

> 소크라테스 발언

저를 포함한 다른 누구든 간에 죽음을 피하기 위해, 법정에서나 싸움터에서 온갖 짓거리를 다 하는 것은 해서는 안 되는 일입니다. 이런 행위는 전투에서 죽음을 모면하기 위해 스스로 무장 해제하고 적에게 애원해서 살아남는 것과 같기 때문입니다. 여러 종류의 위험한 상태에서 죽음을 모면하기 위해, 무슨 말이든 무슨 짓이든 다 하려고 한다면, 수많은 방법을 찾아낼 수 있겠죠.

하지만 당신들! 죽음을 모면하는 것이 어려운 게 아니라, 비천함에서 벗어나는 것이 훨씬 더 어려운 일입니다. 비천함은 죽음보다 더 빨리 자신을 내동댕이치는 일이기 때문입니다. 저는 나이가 먹어 굼뜬 것에 붙잡혔지만, 저를 고발한 사람들은 저보다 더 젊고 영리하고 민첩한 까닭에 잽싸게 못된 것에 붙들렸습니다. 그런 까닭에 저는 지금 당신들에 의해 사형 판결을 받고 떠나지만, 저를 이 법정에 끌고 온 저 고발인들은 진리에 의해 사악과 불의라는 판결을 받았습니다. 제가 그 처벌에 따르듯, 저들도 진리에 의해 저들이 받아야 할 처벌에 따라야 할 것입니다.

수리아스는 고개를 갸우뚱했다. 무엇이 진리라는 얘기인가? 아니토스와 멜레토스, 그리고 리콘이 사악과 불의라는 판결을 받았다니, 무슨 소리지?

> 소크라테스 발언

어쩌면 이 일은 이미 이렇게 되도록 되어 있었던 것이고, 저 또한 이 일이 제대로 되었다고 생각합니다.

저에게 유죄 판결을 내린 사람들에게 예언을 하나 하겠습니

> **소크라테스 발언**
>
> 다. 저는 지금 사람들이 예언을 가장 잘하게 된다는 바로 그 순간, 죽음을 눈앞에 두고 있기 때문입니다.
>
> 나에게 사형 판결을 내린 이들이여! 내가 죽은 다음, 당신들에게는 나를 죽게 한 처벌보다 훨씬 더 가혹한 처벌이 닥칠 겁니다. 당신들은 나를 죽이면 '사람으로서 훌륭한 덕을 쌓기 위해 살고 있는지'에 대한 나의 질문에서 벗어나게 될 것이라고 생각하고, 나에게 사형 판결을 내렸습니다. 하지만 결과는 당신들이 원했던 것과 정반대로 흘러갈 겁니다.
>
> 이제부터 당신들을 심문할 사람들은 더 많아질 겁니다. 당신들은 모르고 있었지만 지금까지 이 젊은이들을 제지하고 있었던 것은 바로 소크라테스 이 사람입니다. 이들은 젊기 때문에 그만큼 더 가혹하게 당신들에게 질문을 할 것이고, 당신들은 그것으로 아주 많이 언짢게 될 겁니다.

수리아스는 사형에 투표하길 잘했다고 생각했다. 소크라테스에게 한번쯤은 제대로 경고를 해줘야 귀족정 인사들이 조심하지.

> **소크라테스 발언**
>
> 당신들은 당신들에게 '왜 누군가가 당신들을 붙잡고 바르게 살지 않는가'라는 질문을 하고 다닌 사람을 사형시키면 여러분에게 또 다른 누군가가 왜 바르게 살지 않는지 야단치는 일을 막을 수 있을 것이라 생각합니까? 그렇다면, 그것은 정말 잘못된 생각입니다. 당신들은 나에게 사형 판결을 내린 잘못에 대한 대가

> **소크라테스 발언**
>
> 를 또 다시, 반드시 치르게 될 겁니다. 왜 바르게 살지 않는지, 왜 훌륭한 사람이 되는 것에 최대한 힘을 쓰지 않는지, 이 질문에서 당신들은 절대로 벗어날 수 없으며, 절대 가능한 일도 아닙니다.
>
> 뿐만 아니라 올바른 말을 하는 사람을 죽임으로써 자신의 못남과 잘못에서 벗어나려고 하는 것은 아름답지도 않고 훌륭한 행위도 아닙니다. 당신들의 못남과 잘못에서 가장 아름답고, 그리고 가장 훌륭하게 벗어날 수 있는 길은, 다른 사람들을 여러분의 뜻대로 막고 억압하는 것이 아니라 자기 스스로 최대한 훌륭한 사람이 되기 위해 노력하는 것이기 때문입니다.

스스로를 돌아보고 인간으로 훌륭하게 되는 것에 더 마음을 써야 한다는 말은 참으로 소중한 것이다. 인간이라면 누구나 중요하게 생각하고 살아야 하는 것이다. 그런데 그 말을 왜 하필이면 자신에게 사형 판결을 내린 재판관들을 향해서만 하는 걸까?

수리아스는 소크라테스의 오만하고 고집스러운 태도에 치를 떨었다. 소크라테스는 최후 진술에서조차 자신에게 사형 판결을 내린 사람들에게 경고를 보내고 있다. 나를 죽였으니 이제 젊은 귀족들이 들고 일어나 너희들을 죽일 것이라는 말을 하고 싶었던 것인가?

반면 플라톤은 깍지 낀 두 손을 무릎 위에 꼭 쥐고 있었다. 사형 선고를 받고도 흔들림 없이 끝까지 신의 계시에 따라 자신에게 사형 판결을 내린 사람들에게까지 '사람으로 태어나 훌륭하게 살기 위해 노력해야 한다'고 가르치고 있는 소크라테스를 바라보며, 굳게 결심했다. 앞으로 더 이상 평민들이 이런 부당한 행위를 저지르는 일은 없어야 한다고. 그리고 이런 일이 더 이상 생기지 않게 하기 위해 자신의 나머지 삶을 다 바치겠다고. 아무것도 모르는 어리석은 아테네 시민들이 나라를 더 이상 망치지 않게 만들어야겠다고. 플라톤은 그렇게 굳은 다짐을 했다.

> **소크라테스 발언**
>
> 이번에는 무죄 판결을 내려 주신 분들과 기쁘고 즐거운 마음으로 얘기를 나누고 싶습니다.
>
> 사형 준비를 해야 하는 실무자들이 저를 감옥으로 데리고 가기 위해 바쁘게 움직이는 동안 얼마 되지 않는 잠시의 시간만이라도 말입니다. 제가 감옥으로 이송되는 그 순간까지는 우리가 서로 얘기하는 것을 막을 것은 아무 것도 없을 테니까요.
>
> 저에게 친구나 다름없는 여러분께는 이번에 일어난 사건이 무엇을 의미하는 것인지 밝히고 싶기 때문입니다. 재판관 여러분! 저에게 무죄 판결을 내리신 여러분만 재판관이라 부르는 게 옳으니, 여러분들께는 올바른 표현인 재판관 여러분이라고 부르는 겁니다.

유죄 판결을 내리고 사형에 투표한 재판관들에게는 그냥 '아테네 시민'이나 '당신들'이라고 불렀으면서, 무죄 판결을 내린 사람들에게는 재판관이라고 극존칭[545]을 하는 것을 보고 수

---
545) 극존칭(極尊稱) : 아주 높여서 부르는 말

리아스는 헛웃음이 다 났다. 무죄 판결을 내린 사람들은 소크라테스의 의견에 동의하기 때문에 그런 판결을 내린 것이 아니다. 수리아스도 잠시 망설였었기 때문에 무죄 판결을 내린 재판관들의 마음을 누구보다 더 잘 알고 있다.

사형에 반대하고 무죄 방면에 표를 던진 사람들도 소크라테스가 우리 아테네의 민주정 인사들을 무시하고 귀족들 편에서 말하고 있다는 것을 알고 있었다. 하지만 그것이 사형시킬 정도까지는 아니라고 생각했을 뿐이다. 물론 소크라테스의 말에 동조하는 사람도 분명 있을 것이다. 하지만 일부일 뿐이다.

소크라테스 발언

사실 제가 이 법정에서 재판을 받는 동안 아주 놀라운 일이 있었습니다. 여러분께서도 알고 계시다시피 저에게는 영적인 존재가 자주 나타나 소리로 예언을 해 줍니다.

그 영적인 존재는 아주 사소한 일이라도, 제가 잘못을 할 것 같으면 반대하고 나섭니다. 그런데 사람들이 보기에 이 최악의 재판을 받는 동안 그 영적인 존재는 단 한 번도 반대하고 나선 적이 없습니다.

뿐만 아니라 오늘 새벽에 제가 집을 나설 때도, 여기 이 법정까지 걸어오는 동안에도, 제가 변론할 때조차도 그 어느 부분에서도 제가 하려는 말에 반대하지 않았습니다. 제가 지금까지 사람들을 만나 논의를 할 때, 엄청나게 많은 부분에서 저의 말을 막았던 그 존재가 말입니다. 오늘 제가 어떤 행동을 하든, 어떤 말을 하든 전혀 반대하거나 막아서는 일이 없었던 겁니다.

> **소크라테스 발언**
>
> 그 이유가 무엇이라고 생각해야 할까요? 제 생각에 이번 일은 아마도 저에게 좋은 일이 아닐까 합니다. 혹시라도 우리 중에 죽음을 나쁜 것으로 생각하는 분이 있다면, 그 분은 죽음을 올바르게 이해하지 못 한 겁니다.
>
> 저는 죽음이 나쁜 것이 아니라는 증거를 재판관 여러분께 확실하게 말씀 드릴 수 있습니다. 죽는 것이 나쁜 것이라면, 저에게 항상 나타나는 그 영적인 존재가 분명 저에게 오늘 받을 사형 선고가 나쁜 것임을 알려주었을 것입니다. 그리고 제가 죽는 것에 반대해 집을 나설 때도, 이곳으로 걸어오고 있을 때도, 그리고 이 법정에서 얘기를 할 때도, 저를 반대하고 나섰을 겁니다. 그런데 전혀 그러지 않았습니다.

소크라테스가 사형 선고를 받았지만 아무도 그가 사형을 그대로 당하고 있으리라고는 생각하지 않았다. 수리아스도 마찬가지였다. 지금까지 아테네에서는 사형 선고 받은 사람도 적었지만, 사형 선고를 받는다고 해도 실제로 사형 당한 사람은 많지 않았다. 특히 이런 불경죄에 관련된 재판의 경우는 몇 번 되지 않았고, 모두 다른 나라로 몇 년 피신해 있으면 되었다. 시간이 지나면 사면을 요청했고, 사면 요청이 받아들여져 다시 아테네로 돌아와 살 수 있었기 때문이다.

> **소크라테스 발언**
>
> 이 현상은 죽음이 좋은 것이라는 의미가 될 수 있습니다. 죽음에 대해서는 이렇게 생각해보죠. 죽는다는 것은 둘 중 하나라고

4막. 소크라테스의 최후 진술

> **소크라테스 발언**

요. 하나는 죽음이라는 것은 아무것도 아니어서 죽은 자는 그 어떤 것에 대해서도 아무 감각이 없는 것, 또 다른 하나는 전해 오는 것처럼, 영혼이 이 세상에서 다른 세상으로 옮겨가는 일종의 변화인 겁니다.

만약 죽음이 정말로 아무 감각도 없는 상태여서 마치 아무 꿈도 꾸지 않고 잠자는 것과 같은 거라면, 죽음은 오히려 놀라울 정도로 좋은 겁니다. 왜냐하면 우리 인간이 살아가면서 꿈조차 꾸지 않을 정도로 잠을 푹 잘 수 있었던 밤이 얼마나 되었는지 세어 보고, 죽은 다음 꿈도 꾸지 않고 푹 잘 수 있는 밤과 비교해 보면, 죽음 이후의 밤이 더 낫다는 것을 알게 될 것이기 때문입니다.

그렇다면 보통 사람들뿐 아니라 막강한 힘을 가진 저 페르시아의 대왕조차도 푹 잘 수 있는 밤을 선택할 것이기 때문입니다. 만약 죽음이 그런 잠과 같은 것이라면 저에게도 죽음 이후의 잠은 엄청난 이득입니다. 왜냐하면 죽음 이후의 모든 시간을 더해도 어젯밤부터 오늘까지의 하룻밤보다 더 길 것 같지는 않기 때문입니다.

또 만약 죽음이라는 것이 이곳에서 다른 곳으로 떠나는 것이라면, 그래서 우리가 전해 들어 알고 있는 것처럼 죽은 자들이 모두 거기에 있는 게 사실이라면, 이보다 더 좋은 일이 어디 있을까요?

이 재판정에 앉아 스스로를 재판관이라고 주장하는 이 세상

> **소크라테스 발언**
>
> 사람들에게서 벗어나 저승을 관장하는 신, 진짜 재판관인 하데스[546]를 만날 수 있고, 그곳에서 재판을 한다는 미노스[547] 왕과 미노스의 아우인 라다만티스를 만날 수 있고, 이 세상 사람 중에 가장 경건하게 살았다고 하는 아이아코스[548]와 엘레우시스의 왕자였던 트리프톨레모스[549]를 만날 수 있고, 또 반신반인 영웅들 중에서 가장 올바르게 살았던 분들을 만날 수 있는 상태가 죽음이라는 얘기가 아닙니까? 그렇다면 죽음이라는 것이 결코 나쁜 것도 아니며, 하찮은 것이 될 수도 없지 않습니까?
>
> 재판관 여러분께서 만약 우리에게 전설적인 존재가 된 트라케 출신 오르페우스[550]와 그의 절친이었던 전설적인 시인

---

546) 하데스(Hades) : 그리스 신화에서 죽음과 지하세계를 다스리는 신으로 제우스의 형제

547) 미노스(Minos) : 그리스 신화에 나오는 왕으로 크레타섬의 왕. 제우스와 에우로페 사이에서 태어난 아들. 시칠리아의 왕에게 피살된 뒤 죽은 사람을 재판하는 판관이 되었다.

548) 아이아코스(Aiakos) : 그리스 신화에서 제우스와 아이기나(강의 신 아소포스의 딸)의 아들. 가장 경건하게 살았기 때문에 죽은 뒤에 미노스, 라다만토스와 함께 저승에서 죽은 사람들을 심판하는 판관이 되었다.

549) 트리프톨레모스(Triptolemos) : 그리스 신화에서 데메테르에게 곡물재배기술을 배워 전 세계에 전파했다.

550) 오르페우스(Orpheus) : 그리스 신화에 나오는 최고의 음악가이자 시인. 독사에 물려 죽은 아내 에우리디케를 되찾기 위해 지하세계로 간다. 오르페우스의 아름다운 음악은 하데스를 감동시켜 아내를 데리고 가도 된다는 허락을 받는다. 하지만 지하세계를 다 빠져나갈 때까지 뒤를 돌아보지 말라는 하데스의 당부를 잊고 그만 뒤를 돌아보는 바람에 영원히 아내를 잃는다. 그 뒤 슬픔과 자괴감에 오르페우스는 뒤 비참하게 살다 죽었다.

4막. 소크라테스의 최후 진술

> 소크라테스 발언
>
> 무사이오스[551], 그리고 「일리아스」[552]와 「오디세이아」[553]를 완성한 시인 호메로스[554]와 그에 버금가는 서사 시인이었던 헤시오도스[555]를 만나게 되는 대가로 돈을 지불해야 한다면, 그게 얼마건 간에 그 돈을 지불하려고 하겠지요?
>
> 죽어서 그분들을 모두 만날 수 있는 것이 사실이라면 저는 몇 번이라도 죽을 것입니다. 그곳에서 그런 분들과 함께 지내는 것은 실로 경이롭고 기쁜 일일 테니까요.
>
> 그리고 제가 그 무엇보다 굉장히 큰 기대를 하고 있는 것이 하나 있습니다. 그곳에서도 제가 여기서와 마찬가지로 누가 진정 지혜로운지, 또 누가 스스로는 지혜롭다고 생각하지만 사실은 지혜롭지 않은지 캐묻고 다닐 수 있다는 겁니다. 그 일로 인해 제가 또다시 재판받고 사형당할 일은 없을 테니까요.

소크라테스가 과연 저승세계에서 자신이 원하는 걸 할 수 있을까? 강압적인 귀족 독재 정치인에게 캐묻지 못한 것을 그

---

551) 무사이오스(Musaeus) : 그리스 신화에 나오는 음악가이자 시인

552) 일리아스(Ilias) : 고대 그리스의 시인 호메로스의 작품으로 현재까지 남아 있는 책 중에 가장 오래된 서사시(역사를 시처럼 쓴 것). 그리스와 트로이 사이에 있었던 전쟁에 관한 내용이다.

553) 오디세이아(Odysseia) : 고대 그리스의 시인 호메로스의 작품이라고 전해지는 서사시. 그리스와 트로이 사이에 있었던 전쟁이 끝난 뒤, 바다의 신 포세이돈의 아들을 장님으로 만들어 노여움을 사게 된 오디세우스는 그리스로 돌아가지 못하고 10년 동안 고생을 한다. 그 사이 그의 아내는 구혼자들에 둘러싸여 재산을 낭비하고, 이를 지켜보던 아들이 아버지를 찾아 나선 뒤 겪는 내용이다.

554) 호메로스(Homeros)(기원전 800년 경?~ 기원전 750년) : 「일리아스」와 「오디세이아」를 썼다고 전해지는 고대 그리스의 시인

555) 헤시오도스(Hesiodos) : 기원전 700년 경의 그리스에 살았던 인물로 농부이자 시인. 신들의 계보를 정리한 「신통기(神統記)」를 썼다.

무시무시한 신들과 높디높은 영웅들에게 '누가 더 지혜로운지' 정말로 캐물을 수 있을까? 그리고 그 위대한 신들에게 "당신도 역시 지혜롭지는 않군요."하며 비웃으며 자리를 뜰 수 있을까? 수리아스는 그런 생각이 들었다.

> **소크라테스 발언**
>
> 재판관 여러분! 만약 여러분께서 신들까지 속인 시지포스[556]나 트로이와의 전쟁을 위해 대군을 끌고 갔던 오디세우스[557], 그리고 그 외 이름난 분들에게 지혜에 대한 답을 구하기 위해 질문할 수 있다면, 얼마를 지불하시겠습니까?
>
> 이분들과 함께 지내며 대화를 나누는 일은 정말로 행복한 일일 것입니다. 왜냐하면 그곳 사람들은 제가 자신들을 찾아다니며 질문을 한다는 이유로 저를 죽이지 않을 것이 분명하니까요. 그곳에 있는 이들은 죽지 않을 것이며, 그 밖에 다른 점들에서도 이곳에 있는 사람들보다 행복할 것이기 때문입니다. 전해 내려오는 말이 진실이라면 말입니다.
>
> 재판관 여러분! 이런 것이 아니라고 해도 재판관 여러분께서는 죽음이 좋은 상태일 것이라는 희망을 가지셔야만 합니다. 왜냐하면 이 한 가지만큼은 진실이라고 생각해야 하기 때문입니다.
>
> 그 한 가지 진실이라는 것은 무엇인가. '선량한 사람은 모든 것을 선한 태도로 대하고 선하게 생각하기 때문에 살아 있는 동안

---

556) 시지포스(Sisypos) : 그리스 신화에 나오는 코린토스의 왕. 제우스가 보낸 사신을 속여 꼼짝 못하게 묶어 놓아 죽는 사람들이 없었고, 군신(軍神) 아레스가 그 사신을 구출한 뒤에야 사람들이 죽었다고 한다.
557) 오디세우스(Odysseus) : 호메로스가 쓴 「오디세이아」의 주인공. 라틴어 이름은 '율리시스'이다. 트로이 목마를 이용해 트로이를 함락시킨 장군

소크라테스 발언

그 어떤 나쁜 일도 일어나지 않으며, 설사 죽는다 해도 신이 그 사람을 소홀히 하지 않는다'는 겁니다.

지금 저에게 닥친 일은 그냥 우연히 저절로 생겨난 것이 아닌 신의 뜻이라는 점을 말씀드리기 전에 이제 죽어서 골칫거리를 벗어나게 되었으니 저에게는 오히려 더 잘 된 일이 분명하다는 것을 먼저 말씀드리고 싶습니다.

저에게 나타나는 영적인 존재가 저를 말리지도 않고, 저에게 유죄 판결을 내린 사람들에 대해서도, 저를 고발한 사람들에 대해서도 전혀 화를 내지 않는 것을 보면, 저의 죽음은 잘된 것임이 분명합니다. 그 고발인들은 비난 받아 마땅한데도 말입니다.

재판관 여러분들께 부탁 하나를 드리겠습니다.

제 아들들이 어른이 되었을 때, 그들이 사람으로서 훌륭한 덕을 쌓기 위한 노력보다 다른 것을 쌓기 위한 노력을 더 많이 한다고 여겨지면, 제가 여러분을 괴롭혔던 것과 똑같은 방법으로 제 아들들을 괴롭혀 주십시오.

또한 제 아들들이 아무 것도 아니면서 무엇이나 된 듯이 생각한다면, 제가 여러분을 비난했던 것과 똑같은 방법으로 제 아들들을 비난하십시오. 제 아들들에게 신경써야 할 것에는 전혀 신경쓰지 않고 아무것도 아닌 주제에 마치 무엇이나 된 듯이 생각한다고 야단쳐 주십시오.

재판관 여러분께서 저의 이런 부탁을 들어주신다면, 그것이 재판관 여러분께서 저와 제 아들들을 올바르게 대접해주시는 겁니다.

재판정에 소크라테스를 감옥으로 데려가기 위해 집행관들이 나타났다. 크리톤은 그들이 나타나는 순간 머리가 멍해졌다. 가슴이 답답했다. 소크라테스는 그런 크리톤을 지긋이 쳐다봤다.

소크라테스 발언

이제 크리톤이 감옥에 갇힌 저를 찾아와 정치적 재판임을 밝히기 위해 다른 나라로 망명하자고 설득하겠군요. 저에게 사형 판결을 내린 시민들도 그것을 예상했을 거고요.

하지만 저는 말씀드렸다시피 죽음을 나쁜 것이라고 생각하지 않습니다. 그러니까 여러분의 생각과 달리 저는 여러분이 내린 판결에 따라 순순히 죽음을 받아들일 것 입니다.

플라톤은 소크라테스가 아니토스와 유죄를 선고한 재판관들을 좀 더 직접적으로 공격하지 않아 아쉬웠다.

재판정에 나타난 집행관들을 본 소크라테스는 아무렇지도 않은 듯이 계속 말을 이어갔다.

소크라테스 발언

이제 제가 떠나야 할 시간이 되었습니다. 저는 죽기 위해, 여러분은 살기 위해 떠날 시간입니다. 하지만 우리 중에 어느 쪽이 더 나은 곳으로 가게 될지는 오로지 신만이 알고 계실 뿐입니다.

수리아스는 플라톤과 그의 귀족 친구들을 보았다. 그들은 모두 일어나서 집행관들에 의해 끌려가는 소크라테스를 보고 있었다. 크리톤만 빼고 모두 무덤덤한 표정들이었다.

　수리아스는 소크라테스가 감옥으로 끌려가기 직전에 큰소리로 한 말에 불쾌해졌다. 죽은 뒤에 누가 더 좋은 곳으로 갈지는 모르는 법이라고 하며, 끝까지 자신에게 사형 판결을 내린 사람들을 향해 호통을 치는 것을 보니 지나치게 오만하고 고집스러운 사람이라는 느낌을 지울 수가 없었다. 죽음을 두려워하지 않는 것을 보여주기 위해서가 아니라 오히려 죽은 다음 자기보다 사형에 찬성한 사람들이 더 나쁜 곳으로 가게 될 것이라고 악담하는 것을 지켜보니 기분이 아주 나빠졌다.

주요 가문 가계도와 소크라테스

- 편집부 정리 -

주요 가문 가계도와 소크라테스

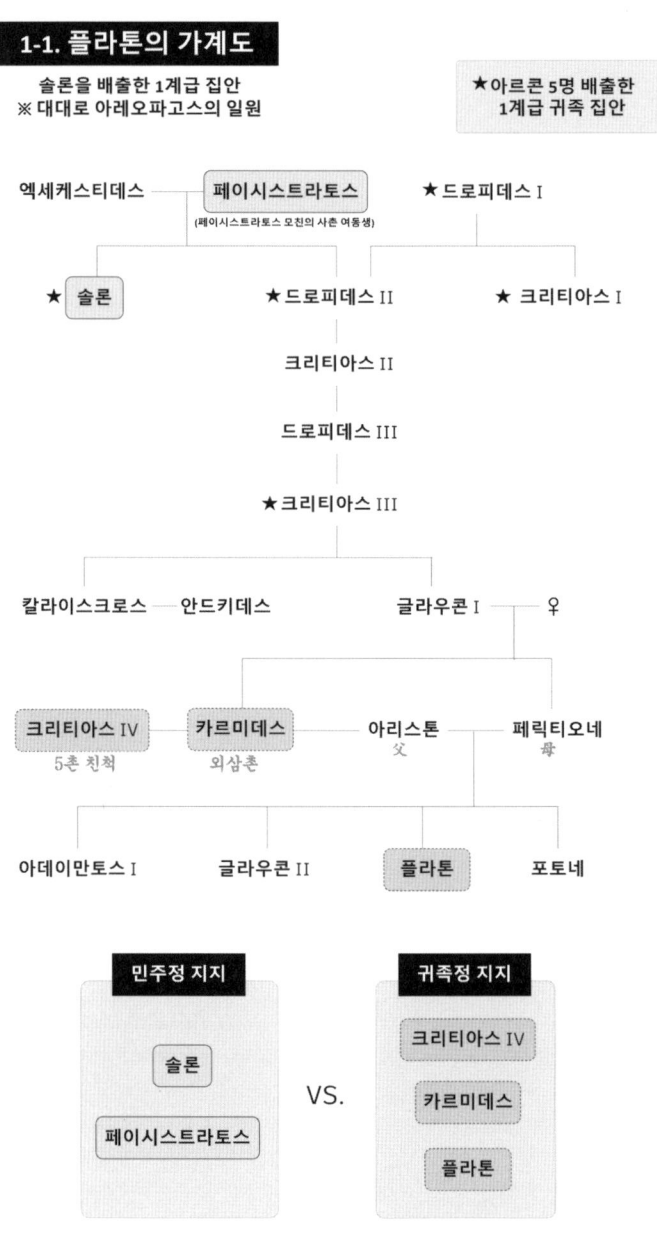

참고) 크리티아스(KRITIAS), 플라톤 저, 이정호 역, 정암학당

주요 가문 가계도와 소크라테스

1-2. 플라톤 집안 사람들

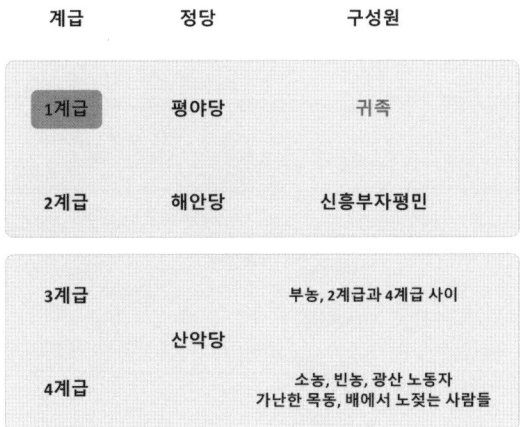

1. 플라톤은 아르콘을 5명이나 배출한 귀족(1계급) 출신

2. 플라톤의 삼촌 및 5촌 친척인 카르미데스와 크리티아스는
   400인/30인귀족독재정권을 주도하고 수많은 사람들을 학살함

```
기원전      400인귀족독재정권
411년        주도자

        카르미데스 : 플라톤의 외삼촌
                   400인/30인귀족독재정권 주도


        크리티아스 : 플라톤 어머니의 사촌형제
                   400인/30인귀족독재정권 주도

기원전      30인귀족독재정권
404년        주도자
```

주요 가문 가계도와 소크라테스

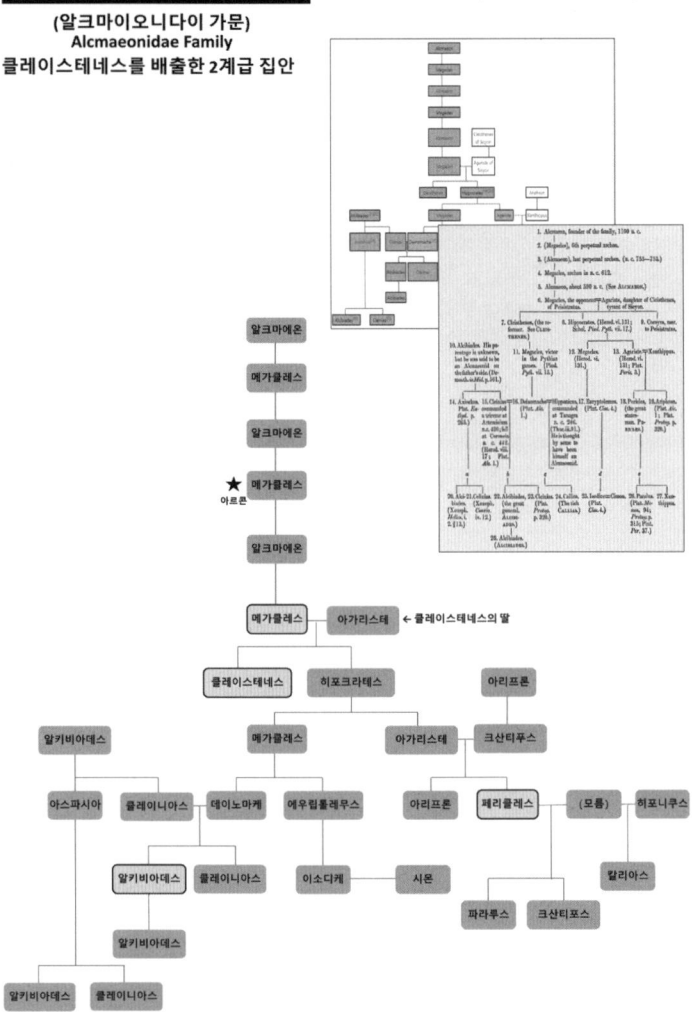

참고) ① 위키백과 영문 : "Alcmaeonidae" 참조   ② Hellenicaworld.com 참조

① https://en.wikipedia.org/wiki/Alcmaeonidae
② https://www.hellenicaworld.com/Greece/Person/en/Alcmaeonidae.html

주요 가문 가계도와 소크라테스

2-2. 페리클레스 집안 사람들

주요 가문 가계도와 소크라테스

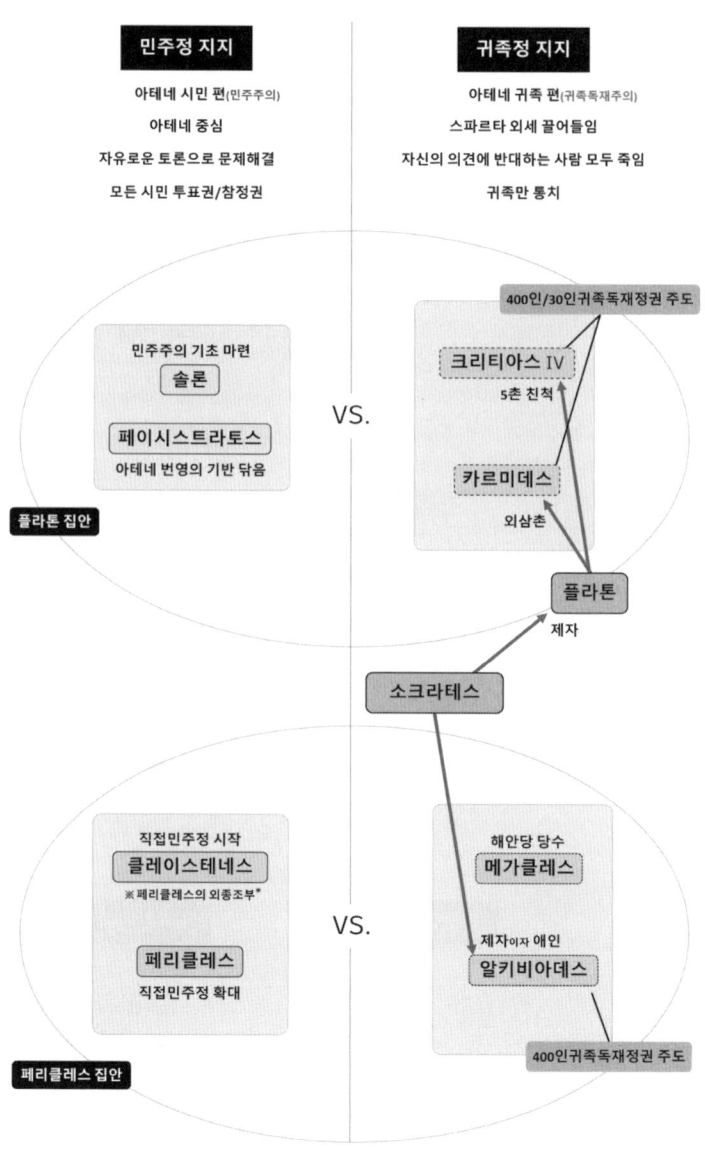

3-2. 소크라테스는 누구?

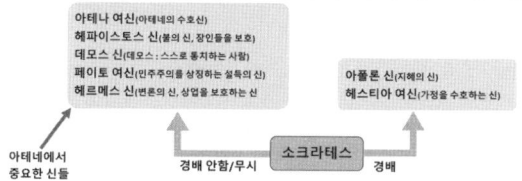

1. 플라톤이 만든 소설 속 인물
*귀족독재주의자
스파르타식 귀족체제 선호

대(大)디오니소스 축제 연극 경연에 출품한 희곡
「에우티프론」-「변론」-「크리톤」의 중심인물이 '소크라테스'

철인통치: 귀족 또는 왕족에 의한 통치

2. 직접민주주의를 반대한 귀족독재정 지지자

3. 나라가 믿는 신을 믿지 않아 '불경죄'로 기소됨

아테나 여신(아테네의 수호신)
헤파이스토스 신(불의 신, 장인들을 보호)
데모스 신(데모스: 스스로 통치하는 사람)
페이토 여신(민주주의를 상징하는 설득의 신)
헤르메스 신(변론의 신, 상업을 보호하는 신)

아폴론 신(지혜의 신)
헤스티아 여신(가정을 수호하는 신)

아테네에서 중요한 신들 → 경배 안함/무시 → 소크라테스 ← 경배

4. 제자이자 애인인, 알키비아데스가
400인 귀족독재정권을 주도하며, 아테네 시민들 학살

5. 아테네 시민들로부터 존경받는
민주정 지도자들을 만나가며, 난감한 질문을 던짐
아니토스 등

*민주주의 지도자들 : 솔론 - 페이시스트라토스 - 클레이스테네스 - 페리클레스

6. 귀족독재정권에게는 쓴소리 한 마디 하지 않고
침묵함

※ 독자의 이해를 돕기 위해 편집부 정리본을 별첨합니다.

각주 모음(가나다순)

ㄱ

- 가문(家門) : 한 가족, 또는 친척으로 이루어진 집단
- 가장(假裝) : 거짓으로 꾸미는 행위. 또는 알아보지 못하도록 얼굴이나 몸차림을 꾸미는 행위
- 가장(假裝) : 거짓으로 진짜처럼 보이려고 꾸미는 것
- 가정(假定) : 어떤 일을 임시로 사실이라고 생각하는 것
- 간접민주주의(間接民主主義) : 국민이 대표자를 선출하고, 그 대표자가 국정에 참여하는 정치제도. 대의민주주의가 간접민주주의에 해당됨
- 강압(强壓) : 강한 힘이나 권력으로 상대방을 억누르는 것
- 개의(介意) : 신경을 쓰거나 마음에 담아두는 것
- 개정(改定) : 만들어진 것을 필요에 따라 바꾸는 행위
- 개혁(改革) : 낡은 것을 새롭게 뜯어 고치는 것. 현재 있는 제도나 체제를 고쳐 새롭게 바꾸는 것
- 거류민(居留民) : 어떤 사정이 있거나 자신이 하는 일 때문에 남의 나라에 살고 있는 사람
- 거수(擧手) : 손을 드는 행위
- 거슬리다 : 상대방의 말이나 태도에 기분이 언짢아지다.
- 걸핏하면 : 무슨 일이 조금이라도 있으면 곧바로
- 결성(結成) : 단체나 조직, 또는 모임을 만드는 것
- 겸손(謙遜) : 다른 사람을 존중하고 자신을 낮추는 태도
- 경무장(輕武裝) : 방패와 창, 칼을 무기로 중무장보다 덜 준비된 복장
- 경의(敬意) : 존경하는 마음
- 계략(計略) : 어떤 일을 성공시키기 위해 꾀를 내는 것
- 고르기아스(Gorgias)(기원전 483년 경 ~ 기원전 376년) : 레온티노이 출신의 유명한 소피스트. 프로타고라스가 '만물의 척도는 인간이므로, 진리는 상대적인 것'이라고 주장했지만, 고르기아스는 '진리는 존재할 수 없는 것이고, 존재한다고 해도 알 수 없고, 알았다고 해도 다른 사람에게 전할 수 없다'고 하는 엘레아 출신의 제논의 주장을 증명하기 위해 노력했다.
- 고리대금(高利貸金) : 돈을 빌려주고 비싼 이자를 받는 것
- 고발(告發) : 범죄 사실이나 잘못된 것을 알리는 것
- 곧이곧대로 : 있는 그대로
- 골몰(汨沒) : 다른 것을 모두 잊고 무언가에 집중하는 행위
- 공고(公告) : 국가나 공공단체가 자신들의 일을 널리 알리는 것
- 공정(公正) : 공평하고 바른 것
- 공직(公職) : 국가의 기관이나 공공 단체의 일

각주 모음(가나다순)

- 공평(公平) : 어느 한쪽으로 치우치지 않고 공정하고 바른 것
- 공포정치(恐怖政治) : 사람들을 다스리기 위해 공포를 조장하는 정치
- 곶(串) : 바다를 향해 튀어나온 육지로 세 면이 바다로 둘러싸인 땅을 가리킨다. 반도라고 부르기에는 규모가 조금 작은 땅을 말한다.
- 과두정(寡頭政) : '과두제'와 같은 말로, 돈이나 권력을 지닌 소수의 사람이나 집단이 정치경제 권력을 행사하는 체제를 말한다. 엘리트정치와 같은 의미로 소수가 다수를 지배하는 것을 정당화시키기 위해 사용하는 말.
- 과두정치(寡頭政治) = 과두독재정치(寡頭獨裁政治) : 여러 명이 한꺼번에 권력을 잡아 통치하는 것을 의미하는 말이다. 여러 명이 권력을 갖고 있다는 점에서는 1인독재정치와 차이가 있지만, 집단으로 권력을 행사하므로 결국 독재정치와같은 체제이다. 그런 점에서 과두독재정치라고 불러야 옳을 것이다.
- 과언(過言) : 표현의 정도가 과장된 말
- 관여(關與) : 어떤 일에 관계하여 참여함
- 관철(貫徹) : 어떤 일이나 주장을 끝까지 밀고 나가 이루는 것
- 광풍(狂風) : 마친 미친 것처럼 사납고 매섭게 불어대는 바람
- 교만(驕慢) : 스스로 잘났다고 생각해 건방지게 행동하는 것
- 국정(國政) : 국가가 행하는 정치
- 군국주의(軍國主義) : 정치, 경제, 교육, 문화예술 등의 분야보다 군사력 분야가 강한 국가를 더 중요하게 생각하는 체제. 전 국민의 생활보다 군사체제를 강화시키는 것을 더 중요하게 생각하는 체제로 1차, 2차 세계대전을 일으킨 일본이나 독일이 군국주의를 실시하던 국가의 대표적인 예다.
- 군함(軍艦) : 전쟁에 사용하기 위해 만들어진 배
- 권리(權利) : 이익이나 필요한 것을 누릴 수 있는 권한이나 힘
- 궤변론자(詭辯論者) : 소크라테스와 플라톤이 평민들을 가르치는 소피스트들을 공격하기 위해 만들어낸 말로, 언뜻 들으면 그럴듯한 말이 되지만 자세히 따지면 말이 되지 않는 주장을 하는 사람을 가리키는 말
- 귀족(貴族) : 예전에는 왕을 도와 새로 나라를 만든 사람들이나 전쟁을 통해 공을 쌓은 사람들이 왕에게 받은 작위를 가진 사람들을 가리키는 말로, 왕으로부터 받은 모든 재산과 권리를 대를 물려 이어받을 수 있었던 부류의 특권층을 가리키는 말이다. 지금까지도 그들은 그들이 쌓아온 부와 권력, 그리고 그들끼리의 인맥으로 세계의 정치와 경제를 쥐락펴락 하고 있다.
- 귀족정(貴族政) : 귀족들이 정권을 잡고 국가를 통치하는 정치
- 극존칭(極尊稱) : 아주 높여서 부르는 말
- 금치산자(禁治産者) : 자기 행위의 결과를 합리적으로 이끌어 내거나 판단능력이 없어 재산을 관리할 능력이 금지된 사람을 가리키는 말
- 기금(基金) : 어떤 목적을 위해 모아진 돈
- 기미(氣味) : 느낌으로 어떤 일의 상황을 눈치 채는 것
- 기반(基盤) : 기본이나 기초가 되는 바탕, 또는 토대
- 기병(騎兵) : 말을 탄 병사
- 기소(起訴) : 판결을 받기 위해 재판에 소송을 제기하는 행위

각주 모음(가나다순)

- 기존(既存) : 지금까지 있는 것

ㄴ

- 낙소스(Naxos) : 그리스의 섬으로 에게해 키클라데스 제도 중 가장 큰 섬
- 남용(濫用) : 함부로 넘치게 사용하는 것
- 내무부장관(內務部長官) : 국가에서 일어나는 모든 일을 관리하는 총책임자
- 논박(論駁) : 잘못된 점을 논리적인 말로 공격하는 행위
- 논쟁(論爭) : 말이나 글로 서로의 생각이 옳고 그른 것을 따지고 다투는 것
- 논지(論旨) : 주장하는 것의 의도나 목적
- 니키아스(Nikias) 조약 : 기원전 421년 펠로폰네소스 전쟁 종식을 목적으로 맺어진 델로스동맹과 펠로폰네소스동맹 사이에 맺어진 강화조약
- 니키아스(Nikias) : 펠로폰네소스전쟁 기간 활약한 정치인, 장군.

ㄷ

- 단정(斷定) : 어떤 것에 대해 딱 잘라 확고하게 결정을 내리는 것
- 단죄(斷罪) : 죄를 심판하여 죄의 무게에 따라 벌을 주는 것
- 단행(斷行) : 결단력 있게 행동하는 것
- 담보(擔保) : 무엇인가를 빌릴 때, 빌린 것을 갚지 않을 때를 대비해 받아 두는것
- 당사자(當事者) : 어떤 일을 했던 사람이거나 그 일에 직접적으로 관계가 있는 사람
- 당수(黨首) : 당의 우두머리
- 당혹(當惑) : 당황하여 어찌할 바를 모르는 것
- 대기(待機) : 기회나 때를 기다리는 것
- 대사면(大赦免) : 그동안의 죄를 용서해 면제하는 것
- 대사면령(大赦免令) : 사면령은 죄를 용서해 모든 형벌을 면제하는 명령을 의미한다. 대사면령은 사면령의 범위가 큰 경우에 사용하는 말이다.
- 대소사(大小事) : 크고 작은 일
- 대의민주주의(代議民主主義) : 국민들이 개별 정책에 대해 직접적으로 투표권을 행사하지 않고 대표자를 선출해 정부와 의회를 구성해 나라의 문제들을 처리하도록 하는 민주주의 ↔ 직접민주주의
- 대출(貸出) : 돈을 빌려주는 것
- 대치(代置) : 어떤 것을 다른 것과 대비할 수 있도록 마주 놓는 행위
- 대화체(對話體) : 설명을 사용하지 않고 사람들이 주고받는 대화 위주로 쓴 글
- 덕목(德目) : 덕으로 여기고 지켜야 할 것들. 덕이란 다른 사람을 이해하고 받아들이는 사람의 좋은 품성을 말한다.
- 데모스(Demos) : 지방자치를 행하는 공동체 마을. 고대 아테네의 최소 행정단위였으나 시민, 민중, 대중의 의미로 사용하기도 했다.
- 델로스(Delos) : 아폴론 신이 태어난 섬이라 아폴론 신전이 있었다. 에게해에서 섬들이 둥그런 모양을 한 키클라데스 제도의 한가운데에 있는 섬

- 델로스(Delos)동맹 : 테미스토클레스, 키몬, 아리스테이데스 등의 주도로 결성. 아테네에서 관리한 동맹 기금이 400탈란트가 넘었다. 아테네에서 동맹 탈퇴국들을 가혹하게 진압(기원전 470년 낙소스, 기원전 465년 타소스)해 동맹국들의 원성을 샀다. 페리클레스가 집권하자 스파르타는 델로스동맹국들을 사주해 아테네에 반란을 일으키도록 만들었다.(기원전 446년 에우보이아의 칼키스와 에레트리아, 메가라, 기원전 441년 사모스 등)
- 델리온(Delion)전쟁 : BC 424년에 있었던 아테네와 스파르타 사이의 전쟁
- 델포이(Delphoe) : 아폴론의 신전이 있던 곳. '우주의 배꼽(옴팔로스,Omphalos)'이라고 불림. 각지에서 신탁을 듣기 위해 며칠씩 머물러야 했음. 신전으로 올라가는 길목에 있던 출장소들 중 한 곳에 '너 자신을 알라'는 경구가 새겨져 있다.(※ 참고 「그리스 신화의 이해」 - 이진성 저, p.193)
- 델피(Delphoi) : 델포이라고도 불리는 그리스 중부의 파르나소스 산에 있는 아폴론 신전이 있는 성지
- 도편(陶片) : 도자기 조각
- 도편추방(陶片追放) : 국가에 해를 끼칠 것 같은 위험한 사람의 이름을 도자기조각에 적어 비밀투표에 부친 다음 6천표가 넘은 사람을 아테네에서 추방해 10년 동안 들어오지 못하게 하는 것을 가리킨다.
- 도편추방제 : 참주가 될 가능성이 있는 사람을 도편에 이름을 적어 투표 항아리에 넣게 해 아테네에서 추방하는 제도
- 독선(獨善) : 자신의 생각이 옳다고 생각하고 다른 사람의 의견을 무시하고 자신의 생각대로 행동하는 것
- 동맹(同盟) : 둘 이상의 사람이나 단체, 국가가 어떤 목적을 위해 같은 행동을 하기로 하는 약속
- 동의(同意) : 다른 사람의 의견에 같은 생각이어서 그 생각에 찬성하는 것
- 동조(同調) : 다른 사람의 주장이나 의견에 뜻을 같이하는 것
- 드라크메(Drachme) : 고대 그리스의 화폐 단위. 기술이 높은 경지에 이른 장인이 받는 하루 일당이 1드라크메였다. 현재의 화폐 가치로 따지면 높은 기술을 가진 사람이 받는 일당이 하루 10~12만 원 정도이므로 100드라크메는 약 천만 원 정도라고 볼수 있다.

    ※ 당시 화폐 단위(출처: 「고대 그리스」 - 폴 카트리지 p.10)

    100드라크메 = 1므나
    60므나 = 1탈란트
    1드라크메 = 6오볼로스
    2드라크메 = 1스타테스

    * 기원전 5~4세기 숙련 기술자 일당: 1~2.5드라크메(민회 참석자에 지급한 금액도 이와 비슷했다)
    * 기원전 5세기말 아테네 4인 가족의 하루 생활비: 2.5~6오볼로스
- 들통 : 감춘 일이 드러나는 것
- 등에 : 파리처럼 생겼지만 파리 보다 조금 큰 곤충으로 말이나 소의 피를 빨아먹는다.

ㄹ

- 레온티노이(Leontini) : 시칠리아 섬에 있는 지역 이름
- 리콘(Lycon) : 멜레토스와 마찬가지로 플라톤이 쓴 「변론」에서 연설가들을 대표해서 소크라테스를 기소했다는 것 외에는 별 다른 기록이 보이지 않는 인물
- 리쿠르고스(Lycurgos)(기원전 ?~ 기원전 ?) : 기원전 600년 중기 무렵 평야당을 이끌던 사람
- 릭다미스 : 페이시스트라토스 진영이 에레트리아에서 아테네로 진결할 때 직접 군사를 데리고 와서 큰 도움을 준 사람

ㅁ

- 마땅하다 : 당연하다
- 마뜩잖다 : 마음에 별로 들지 않다
- 만티네아(Mantinea) : 고대그리스 아르카디아의 도시
- 매수(買受) : 돈을 주어 사는 것
- 매수(買收) : 돈이나 다른 것으로 다른 사람을 자기편으로 만드는 행위
- 맹렬(猛烈) : 사납고 강하고 매서운 것을 가리키는 말
- 메가라(Megara) : 그리스 남부에 있는 도시 이름
- 메가클레스(Megacles)(기원전 ?~ 기원전 ?) : 기원전 600년 중기 무렵 해안당을 이끌던 사람
- 멜레토스(Meletos) : 소크라테스를 기소한 세 사람 중의 한 사람. 플라톤이쓴 「변론」에서 시인들을 대표해서 소크라테스를 기소했다는 것 외에 다른 기록이없는 인물.
- 명부(名簿) : 이름이 적힌 장부나 책
- 모순(矛盾) : 언행(말과 행동)이 일치하지 않고 앞뒤가 맞지 않음
- 무력(武力) : 무기를 가지고 행사하는 힘이나 물리적 또는 육체적인 힘을 가리키는 말
- 무력화(無力化) : 힘이 없게 되는 것
- 무릅쓰다 : 참고 견디는 것을 의미하는 우리말
- 무사이오스(Musaeus) : 그리스 신화에 나오는 음악가이자 시인
- 무자비(無慈悲) : 자비가 없다는 의미. 자비는 사랑하는 마음으로 가엾게 여기는 것
- 무장(武裝) : 전투를 하기 위해 무기를 준비하는 것
- 무차별(無差別) : 차별을 두지 않음
- 무참(無慘) : '더 이상 참혹하고 끔찍할 수 없다'는 의미로 매우 참혹하고 끔찍하다는 말
- 므나(Mena) : 달러, 원, 프랑, 파운드 같은 고대 그리스의 화폐 단위. '미나'라고 불리기도 한다.
- 미노스(Minos) : 그리스 신화에 나오는 왕으로 크레타섬의 왕. 제우스와 에우로페 사이에서 태어난 아들. 시칠리아의 왕에게 피살된 뒤 죽은 사람을 재판하는 판관이 되었다.
- 미사여구(美辭麗句) : 아름다운 말과 수려한 구절. 말과 글을 아름답고 그럴듯하

게 꾸미는 것을 의미하는 말
- 민주정(民主政) : 민주주의(국민에게 주권이 있고, 국가의 모든 제도는 국민을위해 존재한다는 사상)를 근거로 하는 정치체제. 귀족정이나 왕정에 반대되는 개념
- 민회(民會) : 고대 그리스 대다수 폴리스에 있었던 지금의 국회와 같은 역할을 하던 기구. 아테네에서는 시민 자격을 지닌 만 18세 이상의 남자들이 6000명 이상 모여 국가의 모든 중대 사안에 대해 투표로 결정을 했는데, 이를 민회라고 했다. 아테네 시민들은 민회 소집을 알리는 공고를 보고 한 달에 세 번에서 네 번 정도 아고라에 모여 법률안과 정책에 대해 손을 들어 찬반 여부를 표시했고, 국가의 모든 사안들은 민회에서 과반수가 넘어야 집행될 수 있었다. 클레이스테네스 집권 이후 '프닉스'에서 개최됨(이전에는 아고라에서 열림)(*프닉스: 아크로폴리스 아래 디오니소스 극장에서 얼마 떨어지지 않은 언덕)
- 밀레토스(Miletos) : 그리스인들이 세운 도시. 아케메네스 왕조(기원전 550년~기원전 330년)의 키루스 2세가 건국한 페르시아 제국에 점령된 뒤 여러 번 반란을 일으켰다. 현재는 터키의 한 지역. 이오니아 지역의 중심 도시. 탈레스, 아낙시만드로스, 아낙시메네스로 이어지는 그 유명한 밀레토스 학파[=이오니아 학파]가 배출된 지역

ㅂ

- 바실레우스(Basileus) : 고대 그리스 아테네에서 왕을 가리키는 말. 우리나라의 단군이 왕을 뜻하는 것과 같은 말. 민주정 시기에는 종교를 담당한 아르콘을 가리키는 말
- 박탈(剝奪) : 지위나 신분, 재산 등을 빼앗는 것
- 반민주주의자(反民主主義者) : 민주주의를 반대하는 사람
- 반박(反駁) : 반대되는 논리를 주장하는 것
- 반발(反撥) : 어떤 것에 반대하여 말을 듣지 않고 반항하는 것
- 반인반신(伴人半神) : 인간과 신 사이에서 태어난 존재로 신의 힘을 가진 인간
- 발발(勃發) : 어떤 일이 일어나는 것.
  ※ 저자 주 : 전쟁에서 발발이라고 쓰는 표현은 잘못된 표현이다. 전쟁은 주로 한 나라가 이익을 보기 위해 다른 나라를 침략하는 경우가 많으므로 이런 경우에는 정확히 침략 전쟁이라고 하는 것이 옳다.
- 발언(發言) : 말하는 것
- 발의(發議) : 회의에 토론할 안건을 제안하는 것
- 발판(발板) : 높은 곳에 도달하기 위해 발밑에 놓거나 발을 디디고 설 수 있도록 만든 판. 목적을 이루기 위한 바탕이나 수단을 의미하기도 한다.
- 방면(放免) : 잡은 사람을 죄가 없다고 판단하여 놓아주는 것
- 방약무인(傍若無人) : 다른 사람을 전혀 의식하지 않고 제멋대로 행동하는 것
- 배치(配置) : 자리나 위치를 정해 적당한 자리에 두는 것
- 배후(背後) : 어떤 일의 드러나지 않은 이면
- 번성(蕃盛) : 많이 일어나 넓게 퍼짐
- 번역서(飜譯書) : 한 언어로 쓰인 글을 다른 언어로 바꿔서 쓴 책
- 보병(步兵) : 말을 타지 않고 걸어서 이동하는 병사

각주 모음(가나다순)

- 보이오티아(Boiotia) : 아티카의 북쪽에 있는 지역
- 봉기(蜂起) : 많은 사람들이 벌처럼 떼 지어 들고 일어나는 것
- 부강(富强) : 부유해지고 강해지는 것
- 부과(賦課) : 세금이나 벌금을 물게 하는 것
- 부관(副官) : 지휘관의 참모. 지휘관의 명령에 따라 모든 업무를 처리하는 장교
- 부려먹다 : 마음 놓고 이용하는 행위를 가리키는 우리말
- 부양(扶養) : 생활능력이 없는 사람을 돌봐주는 것
- 부여(附與) : 주는 것
- 부족(部族) : 같은 지역에 살며 같은 언어를 사용해 문화와 전통이 같은 사람들이 모여서 이루어진 집단. 주로 가족 관계로 이루어져 있다.
- 부족사회(部族社會) : 혈연(가족관계)과 지연(같은 지역에 사는 관계)으로 이루어진 원시사회집단. 소유와 분배가 평등한 것이 특징이다.
- 부족제(部族制) : 부족을 기본 단위로 해서 부족장 중심으로 운영되는 정치체제를 말한다.
- 부채(負債) : 빚을 지는 것
- 분개(憤慨) : 화내고 화내다. 화가 많이 나 있는 것
- 불경죄(不敬罪) : 이 당시 불경죄는 신과 신전에 경의를 표하지 않고 무례를 범하는 죄를 가리킨다.
- 불문(不問) : 묻지 않는 것
- 비리(非理) : 올바른 이치나 도리에서 어그러짐

ㅅ

- 사면(辭免) : 죄를 모두 용서하는 것
- 사사(師事) : 스승으로부터 가르침을 받거나 교육을 받는 행위
- 사사건건(事事件件) : 모든 일
- 사전(事前) : 어떤 일이 있기 전, 미리
- 사후(死後) : 죽은 뒤
- 산악당(山岳黨) : 페이시스트라토스를 중심으로 제1계급과 제2계급의 권력욕과 횡포를 막으려던 사람들과 척박한 산간에서 농사를 지어먹고 살아가던 빈농들과 목동들, 그리고 제3계급과 제4계급에 들어가는 소농과 장인들, 광산 노동자들로 구성된 정파. 평야와 해안가가 아닌 주로 산간 지역에 사는 사람들이 많이 모여 있어 산악당이라고 불리었다.
- 살라미스(Salamis) : 그리스 본토의 남부에 있는 섬 이름. 포세이돈이 아들을 낳은 곳으로, 살라미스를 장악한 사람이 바다를 장악한다는 전설이 전해져 내려오는 섬. 페르시아 전쟁을 그리스의 승리로 이끌었던 '살라미스 해전'이 있었던 섬
- 살육(殺戮) : 사람을 함부로 죽이는 것

각주 모음(가나다순)

- 살육전(殺戮戰) : 사람을 죽이는 전쟁
- 삼권분립(三權分立) : 국가의 대표적인 권력기관인 입법부(국회), 사법부(법원), 행정부(정부)는 서로 분리되어야 한다는 주장. 어느 한 기관이 국민에게 권력을 함부로 쓰지 못하도록 서로 견제하게 하기 위해 만든 제도. 영국의 J. 로크가 처음 권력의 분립을 주장했고, 프랑스의 몽테스키외가 삼권분립을 주장했다고 가르치고 있지만, 이 제도의 원형은 이미 고대 아테네에 있었다.
- 삼삼오오(三三五五) : 세 명에서 다섯 명 정도의 사람들이 모여 무언가를 하는 모양을 가리키는 말
- 서슴없이 : 망설이지 않고
- 서출(庶出) : 첩이 나은 자식을 가리키는 말
- 석상(石像) : 돌을 쪼아 만든 형태
- 선거권(選擧權) : 국정 관련 선거에 참여해 투표할 수 있는 권리
- 선고(宣告) : 중요한 사실을 알리는 것
- 선동(煽動) : 다른 사람을 부추겨 어떤 행동이나 일을 하도록 만드는 행위
- 선망(羨望) : 부러워해서 그렇게 되기를 바라는 것
- 선입관(先入觀) : 어떤 대상에 대해 실제 경험해 보지 않은 상태에서 근거가 명확하지 않은 판단을 미리 가지고 있는 것
- 선출(選出) : 어떤 일을 맡기기 위해 사람을 뽑는 것
- 선출직(選出職) : 관련된 사람들에 의해 추천을 받아 뽑히는 직위나 직책. 반대말은 임명직(윗사람이 어떤 사람에게 맡기는 직위나 직책)
- 설득(說得) : 상대방을 자신의 의견에 따르게 하기 위해 말로 설명을 하는 것
- 설령(設令) : 어떤 상황을 가정할 때 사용하는 말
- 세수(稅收) : 세금을 거둬들여 얻는 수입
- 세습(世襲) : 재산이나 신분, 또는 직위나 직업을 자손이 물려받는 것
- 소집(召集) : 불러 모으다
- 소추(訴追) : 재판을 할 수 있도록 소송을 신청하는 행위
- 소크라테스(Socrates)(기원전 469년?~기원전 399년) : 평민 출신의 고대 그리스 아테네의 철학자. 글을 남기지 않아 어떤 말을 했는지는 알 수 없다. 단지 소크라테스의 제자라고 주장하는 플라톤과 크세노폰 그리고 아리스토파네스의 글속에서만 소크라테스라는 인물을 만날 수 있을 뿐이다.
- 소포클레스(Sophocles)(기원전 496?~기원전406) : 고대 그리스 3대 극작가 중의 한 사람.
- 소피스트(Sophist) : 현자(현명한 사람), 지자(지혜로운 사람)를 가리키는 말.지혜로운 사람을 가리키는 좋은 말이 궤변론자로 나쁘게 변질된 것은, 플라톤이 자신들과 그들을 분리시키기 위해 그렇게 부르기 시작했기 때문이다.
- 솔론(Solon) : (기원전 630년 추정 ~ 기원전 560년 추정) 그리스 7현인(賢人:현명하고 지혜로운 사람)으로 꼽히는 사람 중의 한 사람으로 고대 그리스 아테네의 시인이자 정치가. B.C. 594년 아르콘으로 선정됨. 귀족 출신이었지만

아르콘이 되자 그때까지 있던 법을 폐기하고, 모든 사람에게 공평한 법과 제도를 만들었고, 그 법이 반드시 지켜질 수 있도록 제도적인 장치를 마련한 다음 아르콘에서 물러났다. 모든 사람에게 공평했기 때문에 평민들보다는 귀족들과 부자들에게 욕을 더 많이 먹었다. 솔론이 만든 법은 고대 아테네에 직접 민주주의를 꽃피울 수 있게만드는 전무후무한 강력한 정치제도 및 법률제도였다.

- 수리아스 : 〈소크라테스의 변론〉을 설명하기 위해 만들어진 가상의 인물. 인도 베다에 나오는 태양신 중의 하나로 인간의 선과 악을 모두 관찰하는 신 수리아스(Suryas)에서 따온 이름
- 수세(守勢) : 공격하지 못하고 방어만 하고 있는 모양을 가리키는 말
- 수중(手中) : 손 안
- 수행(遂行) : 생각이나 계획대로 행동하는 것
- 숙고(熟考) : 어려운 문제를 해결하기 위해 곰곰이 생각하는 것
- 숙청(肅淸) : 한 개인이나 집단이 자신과 다른 입장을 가진 쪽을 제거하는 것
- 스카만드로스(Scamandros) : 트로이 부근을 흐르는 강 이름
- 스파르타(Sparta)(기원전 9세기 ~ 기원후 2세기) : 고대 그리스의 도시 국가 중의 하나로, 귀족 출신의 군인들이 지배하던 나라. '라케다이몬'이라고 불리기도 했다. 예술과 철학은 무시하고 강한 군인을 만들기 위한 체육교육에만 집중했다. 해외여행은 금지되어 있었고, 금이나 은으로 만든 돈은 금지시키고 철로 만든 돈만 사용하게 했다.
- 승리(勝利) : 겨루어서 이김
- 시게이온(Sigeion) : 스카만드로스 강 어귀 곳에 위치한 도시. 현재는 터키 서쪽의 트로이에 있다.
- 시도(試圖) : 어떤 것을 이루기 위해 계획하고 행동하는 것
- 시라쿠사(Siracusa) : 시칠리아섬에 위치한 옛 도시. 고대 그리스 시대에 건설된 아폴로신전, 그리스식 극장 등 고대 그리스·로마 시대의 유적이 많은 관광지
- 시민법정(市民法廷) : 고대 그리스 아테네에 있었던 사법제도. 현재의 법정처럼 판사, 검사, 변호사 없이 배심원들이 재판에 참여해 판결을 내리는 제도. 사건마다 조금씩 다르기는 하지만 일반적으로 추첨으로 선발된 500~6000명의 재판관이 원고(고발한 사람)와 피고(고발당한 사람)의 얘기를 듣고 유죄나 무죄에 투표한다. 과반수 이상의 투표수를 받아야 유죄가 확정되었다. 형량도 투표수로 정했다. 유죄와 무죄의 투표수가 같게 나오면 무죄로 처리하는 것을 원칙으로 했다.
- 시지포스(Sisypos) : 그리스 신화에 나오는 코린토스의 왕. 제우스가 보낸 사신을 속여 꼼짝 못하게 묶어 놓아 죽는 사람들이 없었고, 군신(軍神) 아레스가 그 사신을 구출한 뒤에야 사람들이 죽었다고 한다.
- 시행(施行) : 실제로 어떤 일을 하는 것, 또는 어떤 제도나 법을 만들어 그 제도나 법이 지켜지도록 만드는 것
- 식견(識見) : 보고 배운 것이 많아 옳고 그름을 분별할 수 있는 능력

각주 모음(가나다순)

- 식민지(植民地) : 식민통치지역. 다른 나라의 지배를 받는 지역을 가리키는 말. '식민통치'와 같은 말은 '신탁통치' 또는 '위임통치'가 있다.
- 신관(神官) : 신을 모시는 장소를 지키는 사람. 신에게 제사를 올리고, 신이 내린 계시를 인간에게 전달하는 역할을 해 권력층에 있었다.
- 신봉(信奉) : 어떤 것을 옳다고 믿어 무조건 존중하고 떠받드는 것
- 신설(新設) : 새로 만드는 것
- 신전(神殿) : 신을 모시는 건물로, 제사를 지내고 참배를 하는 곳
- 신탁(神託) : 어떤 사람을 통해 신의 말을 전하는 것. 이 당시의 신탁에는 여러가지 부정이 있었다. 신관에게 뇌물을 주어 원하는 답을 얻을 수 있었고, 신탁의 답을 청하는 왕에게는 신관이 그 왕이 원하는 답을 줄 가능성이 높았다.
- 신흥(新興) : 지금까지 없었거나 예전에 있었던 일이 새롭게 일어나는 현상
- 실각(失脚) : 권력이나 지위를 잃는 것
- 실시(實施) : 실제로 행동하는 것
- 심리(審理) : 진실 여부를 확인하기 위해 자세하고 조사하고 살피는 행위
- 심사숙고(深思熟考) : 깊이 생각하고 신중하게 생각하는 것
- 심의(審議) : 어떤 일을 자세히 조사하고 의논하는 것
- 씨족(氏族) : 혈연으로 이루어진 원시공동체이므로 조상이 같다.

ㅇ

- 아고라(agora) : 고대 그리스 도시에서 시민들이 모여 정치행사와 종교행사 등을 치르는 넓은 공간으로 일반적으로 도시 한 가운데 자리하고 있었다. 아고라에는 재판정을 비롯한 공공기관과 사원이 있었기 때문에 사람들의 왕래가 가장 많은 곳이었다. 아고라 주위에는 시장이 열려 서로 필요한 물건을 사고팔았고, 사람들이 항상 모여 토론을 나누는 등 주요한 시민 활동이 이루어지는 공간이었다.
- 아낙사고라스(Anaxagoras) : 그리스 철학자. 우주를 구성하고 있는 본질적인 물질은 스스로 존재, 무한, 불멸하는 씨앗들이며, 이것들을 움직이게 만드는게 '누스'(정신/이성)라고 주장했다. 아테네에 직접민주주의 정치를 확립시킨 정치가인 페리클레스의 초청으로 페르시아 전쟁 이후 아테네로 왔고, 30년 동안 거류 외국인으로 살면서 페리클레스의 청년기를 함께 보냈다. ※ 플라톤과 아리스토텔레스는 엠페도클레스가 주장한 '4원소설'을 지지했다.(「페리클레스」 도널드 케이건, p.60)
- 아니토스(Anytos) : 민주주의자. 당시 정치적인 실권을 쥐고 있던 정치인 중의 한 사람으로 소크라테스를 재판에 기소한 사람. 두 번째 계급 출신. 온건한 민주주의를 원하던 그는 정권을 잡아 폭정을 일삼던 귀족들이 그가 모시던 장군 테라메네스를 죽이자 아테네를 떠나 망명길에 오른다. 망명하는 동안 귀족독재정치에 반대하는 민주주의자들의 모임에 가담한다. 그리고 온건한 민주주의를 원하는 장군들과 함께 귀족독재정치인들을 공격해 민

각주 모음(가나다순)

주정을 수립한다. 귀족들의 잔인한 독재정치를 끝내고 민주정치를 회복시킨지도자들 중 한 사람으로 죽을 때까지 많은 사람들에게 존경을 받았다. 30인의 귀족독재정치를 끝내기 위해 민주주의 세력을 지도하고 권력을 잡은 뒤, 죽을 때까지 시민과 약속을 지켜 많은 존경을 받은 정치인이다.

- 아레오파고스(Areopagos) 회의會議 : 고대 그리스 아테네에서 왕의 자문기관 역할을 하던 위원회. 종신제였으며 아르콘으로 일한 사람들만이 회원이 될 수 있었다. 귀족이나 왕족 출신으로 구성되어 있었고 정치권력과 사법권을 모두 가지고 있어 국가의 모든 결정을 좌우지 할 수 있는 강력한 권력기관이었다.
- 아레오파고스(Areopagos) : '아레스 신의 바위'라는 의미. 타원형의 바위로 아레스 신(그리스 신화의 올림포스의 12신 중 하나. 전쟁과 파괴의 신. 미의 여신 아프로디테의 연인. 또다른 전쟁의 신 아테나와 달리 파괴와 살상을 즐김)
- 아르고스(Argos) : 펠로폰네소스 반도에 있던 폴리스. 비옥한 평야가 발달한 지역으로 고대부터 스파르타와 적대관계에 있었다.
- 아르콘(Archon) : 우리나라에서는 일제시대의 번역어를 그대로 사용해 집정관으로 번역하는 경우가 많다. 고대 그리스 아테네에서 국가의 모든 행정을 책임지는 직책이었다. 나라가 점점 부강해지면서 아르콘의 권력도 점점 막강해져 갔다. 시민들과 민주주의 정치인들은 권력을 가진 사람이 권력을 함부로 사용하는 것을 막기 위해 여러 가지 제도적인 장치를 마련한다. 민주주의가 정착되는 시기에는 법무부장관의 역할을 하는 아르콘 테스모테테스 6명을 뽑고 임기를 1년으로 하면서부터 아르콘의 임기 또한 모두 1년으로 바뀐다. 그러다 나중에는 시민 중에서 아르콘으로 일하기를 원하는 사람 가운데 9명을 제비뽑기로 뽑아 1년 동안 국가의 행정과 재판의 실무를 처리하는 역할을 담당했다. 이로써 아르콘의 권력 남용을 최대한 막을 수 있었다. 아르콘 에포니모스는 행정과 정치 담당, 아르콘 바실레우스는 종교 담당, 아르콘 폴레마르코스는 군대 담당, 아르콘 테스모테테스는 사법 담당
- 아리스토파네스(Aristophanes)(기원전 445년 경~기원전 385년 경) : 고대그리스의 극작가. 사회 현상과 사회제도, 그리고 사회를 주도하는 사람들에 대해 풍자하는 작품으로 유명했다. 기원전 423년에 「구름」이라는 작품에서 소크라테스를 풍자했다.
- 아예 : '처음부터' 또는 '드러내놓고 완전히'라는 뜻을 가진 우리말
- 아울로스(aulos) : 목관악기의 이름. 박종현 역주 「법률」 p.198 참고
- 아이스킬로스(Aeschylos)(기원전 525?~기원전 456?) : 고대 그리스 3대 극작가 중의 한 사람. 처음으로 비극적인 내용을 담은 희곡을 써서 고대 그리스 비극의 아버지라고도 불린다.
- 아이아코스(Aiakos) : 그리스 신화에서 제우스와 아이기나(강의 신 아소포스의 딸)의 아들. 가장 경건하게 살았기 때문에 죽은 뒤에 미노스, 라다만토스와 함께 저승에서 죽은 사람들을 심판하는 판관이 되었다.
- 아카데메이아(Academeia) : 기원전 387년 경에 플라톤이 국가를 운영하는 철인들을 길러내기 위해 세운 귀족들을 위한 학교
- 아크로폴리스(Acropolis) : '아크로(acro)'는 '높은', '폴리스(polis)'는 '언덕'이라

373

각주 모음(가나다순)

는 뜻이므로 높은 언덕이라는 의미의 그리스어. 신전과 국가의 주요 공공기관이 위치해 있었기 때문에 종교적으로도 정치적으로도 중요한 공간이 되었다.
- 아킬레우스(Achileus) : 테살리아 지역의 프티아 왕 펠레우스와 바다의 여신 테티스의 아들. 그의 어머니가 그를 영원히 죽지 않는 불사신으로 만들기 위해 죽은 이들이 사는 강물에 몸을 담갔지만, 손으로 잡고 있던 뒤꿈치가 강물에 젖지 않아 그곳만 제외하고는 몸 전체가 불사의 존재가 된 반인반신. 트로이 전쟁에서 그 사실을 알게 된 트로이 왕자 파리스에게 발 뒤꿈치에 활을 맞아 죽는다.
- 아테나(Athena) : 제우스의 머리에서 태어난 지혜의 여신. 예술과 장인들의 기술을 보호해 주는 장인의 수호신이다. 또한 전사의 신이며 고대 그리스 아테네의 수호신. 아테네 도시 이름의 기원이 된 신 ※ 아테네에서 발굴된 도자기에는 헤파이스토스가 아테나를 도와 출산을 돕는 조산원으로 그려져 있다.
- 아테네(Athens) : 해상 무역으로 성장해 해군의 군사력이 강했던 고대 그리스의 도시 국가 중의 하나. 스파르타와 같이 고대 그리스의 중심 세력이었다. 스파르타와는 반대로 체육외에도 예술과 철학교육을 중요시한 나라
- 아티카(Attika) : 아티케(Attike)라고도 한다. 아테네를 중심으로 한 외곽지역. 에레우시스, 마라톤, 프라우론, 수니온 등이 있는 지역을 가리킨다. 농경지, 목축지가 많다.
- 아폴론(Apollon) : 그리스 신화에서 태양신이자 지혜와 이성의 신이며 예언의 신이다. 뿐만 아니라 치료와 정화의 신이며, 시와 음악의 신이다. '악을 제거하는 화살'을 들고 다닌다. 제우스와 레토의 아들로, 레토는 제우스의 부인 헤라의 질투를 피해 델로스섬에서 쌍둥이(달과 사냥의 여신인 아르테미스와 쌍둥이)를 낳았다.
- 안건(案件) : 의논하거나 연구해야 하는 것
- 알키비아데스(Alkibiades) : 소크라테스의 제자이자 연인
- 암살(暗殺) : 누가 죽였는지 왜 죽였는지 아무도 알지 못하도록 비밀리에 죽이는 것
- 암시장(暗市場) : 정상적인 가격으로 거래가 이루어지지 않는 불법적인 거래를 말한다. 피타고라스학파는 자신들이 공부한 내용이 밖으로 새나가지 않게 했기 때문에 암시장에 나온 책들은 아주 비싼 가격에 팔렸다.
- 암피폴리스(Amphipolis)전쟁 : BC 422년에 발생한 아테네와 스파르타 사이의 전쟁.
- 압제(壓制) : 무력이나 힘으로 꼼짝 못하게 억누르는 것
- 야합(野合) : 좋지 않은 목적으로 서로 힘을 모으기 위해 어울리는 것
- 약사(略史) : 역사적인 내용을 간략하게 서술해 놓은 기록
- 약화(弱化) : 약하게 만드는 것
- 양식(良識) : 건전하고 좋은 판단이나 훌륭한 지식을 가리키는 말
- 양심(良心) : 선량한 마음. 옳고 그름을 판단할 수 있는 사람의 마음
- 어깃장 : 짐짓 어기대는 행동 ※ 어기대다 : 순순히 따르지 아니하고 못마땅한 말

이나 행동으로 뻗대다.
- 어물쩍 : 그 상황을 피하기 위해 자신의 의견이나 행동을 분명하게 하지 않고 일부러 슬그머니 넘어가는 것
- 언급(言及) : 어떤 일이나 사람에 대해 말하는 행위
- 언변(言辯) : 말하는 솜씨나 재주
- 에게해(Aegean Sea) : 지중해의 동쪽지역으로 그리스 본토와 터키 사이에있는 바다
- 에레트리아(Eretria) : 그리스의 중부 동쪽에 있는 에게해에 있는 에우보이아(현재는 '에비아'라고 부른다)섬의 서쪽에 있는 도시의 이름
- 에우리피데스(Euripides)(기원전 484?~기원전 406?) : 고대 그리스 3대 극작가 중의 한 사람. 아낙사고라스(당대의 유명한 철학자인 소피스트)의 제자로 소크라테스와도 친구였다고 전한다.
- 에우에노스(Euenos) : 파로스 출신의 소피스트
- 에우티프론 : 소크라테스 재판 「에우티프론」-「변론」-「크리톤」 3부작 중 첫 번째 작품.
- 에피알테스(Ephialtes) : 아테네의 민주주의 정치를 이끌던 정치가. 네 번째 계급까지 재판관으로 참여할 수 있도록 하는 사법개혁을 추진하고 난 뒤 암살당한다.
- 엘레우시스(Eleusis) : 아테네 서쪽 20km에 위치한 아티카 지방의 한 마을. 고대부터 신성한 곳으로 여겨지던 지역으로 엘레우시스 제전이 5년마다 열리는 곳(참고서적「세계종교사상사1」p.442.

  ※ 엘레우시스 밀교
  (1) 대(大)제전과 소(小)제전이 있었다.
  (2) 곡식과 수확의 여신이며 올림포스 12신인 데메테르와 그녀의 딸이자 식물과 꽃의 여신으로 하데스에게 납치되어 저승으로 끌려 간 페르세포네를 따르는 종교.
  (3) 페이시스트라토스 시대부터 그리스 전역으로 확대되었다.
- 엘리스(Elis) : 그리스 지역 이름. 고대 그리스의 올림픽을 치렀던 곳
- 엘리트(elite) : 우수한 교육을 받아 우수한 능력을 가지게 되어 높은 지위에 올라 사회의 지도층이 되는 사람들을 가리키는 말
- 역력(歷歷) : 분명하고 또렷한 것
- 연민(憐愍/憐憫) : 다른 사람의 어려운 처지에 대해 불쌍하고 가련하게 여기는 마음
- 영어 원서(原書) : 영어로 쓰인 책 ※ 원서 : 번역하지 않은 원래 그대로의 책
- 영토(領土) : 누군가의 영향이 미치는 땅. 일반적으로 한 국가의 영향이 미치는 땅을 가리키는 말
- 오디세우스(Odysseus) : 호메로스가 쓴 「오디세이아」의 주인공. 라틴어 이름은 '율리시스'이다. 트로이 목마를 이용해 트로이를 함락시킨 장군
- 오디세이아(Odysseia) : 고대 그리스의 시인 호메로스의 작품이라고 전해지는 서사시. 그리스와 트로이 사이에 있었던 전쟁이 끝난 뒤, 바다의 신 포세

각주 모음(가나다순)

- 이돈의 아들을 장님으로 만들어 노여움을 사게 된 오디세우스는 그리스로 돌아가지 못하고 10년 동안 고생을 한다. 그 사이 그의 아내는 구혼자들에 둘러싸여 재산을 낭비하고, 이를 지켜보던 아들이 아버지를 찾아 나선 뒤 겪는 내용이다.
- 오르페우스(Orpheus) : 그리스 신화에 나오는 최고의 음악가이자 시인. 독사에 물려 죽은 아내 에우리디케를 되찾기 위해 지하세계로 간다. 오르페우스의 아름다운 음악은 하데스를 감동시켜 아내를 데리고 가도 된다는 허락을 받는다. 하지만 지하세계를 다 빠져나갈 때까지 뒤를 돌아보지 말라는 하데스의 당부를 잊고 그만 뒤를 돌아보는 바람에 영원히 아내를 잃는다. 그 뒤 슬픔과 자괴감에 오르페우스는 뒤 비참하게 살다 죽었다.
- 오만(傲慢) : 스스로 잘났다는 생각에서 나오는 건방진 태도
- 외교정책(外交政策) : 다른 나라와의 관계를 맺기 위해 펼치는 정책
- 요구(要求) : 필요한 것을 달라고 하는 것
- 용병(傭兵) : 돈을 받고 돈을 준 사람을 위해 싸우는 병사
- 우(愚)를 범(犯)하다 : 어리석음을 저지르다. 어리석은 짓을 하다.
- 원동력(原動力) : 모든 것의 근원이 되는 힘
- 원성(怨聲) : 원망하고 미워하는 마음에서 나오는 말
- 원정대(遠征隊) : 다른 나라와 싸우기 위해서 자신이 사는 땅을 떠나 정복하려고 하는 지역으로 가는 군대
- 원조(援助) : 도와주는 것
- 원천적(源泉的) : 근원적, 근본적이라는 말과 동의어
- 유의(留意) : 잊지 않고 마음에 새기는 것
- 음모(陰謀) : 나쁜 일을 꾸미기 위해 몰래 계획을 세우는 것
- 의결(議決) : 제안된 의견에 대해 의논한 다음 어떻게 할 것인지를 결정하는 것
- 의구심(疑懼心) : 의심이 들어 걱정이나 두려운 느낌이 드는 것
- 의기양양(意氣揚揚) : 원하는 것이 이루어져 만족한 모양이나 태도를 나타내는 말. 자신의 뜻이나 하고자 하는 것이 이루어져 자랑스럽게 뽐내는 것
- 의아(疑訝) : 의심이 나서 의문이 생기는 것
- 의안(議案) : 의논해야 하는 문제에 대한 구체적인 해결 방안
- 의제(議題) : 의논해야 하는 문제
- 이듬해 : 어떤 해의 그 다음 해
- 이사고라스(Isagoras)(?~?) : 귀족 출신으로 기원전 508년 스파르타와 귀족의 지원으로 수석 아르콘에 오른 사람
- 이주(移住) : 다른 곳으로 이동해서 사는 것
- 인위적(人爲的) : 자연이 아닌 사람이 만드는 것
- 인지도(認知度) : 어떤 사람이나 무엇인가에 대해 일반 사람들이 얼마 정도나 알고 있는지에 대한 것

- 일리아스(Ilias) : 고대 그리스의 시인 호메로스의 작품으로 현재까지 남아 있는 책 중에 가장 오래된 서사시(역사를 시처럼 쓴 것). 그리스와 트로이 사이에 있었던 전쟁에 관한 내용이다.
- 일사부재리(一事不再理) : 재판을 통해 어떤 사건에 대해 판결이 확정되면 그 사건에 대해서는 다시 재판하지 않는다는 법 원칙. 우리나라에서는 잘못해서 유죄 판결이 난 경우 소송 조건에 흠결(흠이 있거나 부족한 점이 있는 것)이 있다는것을 이유로 들어 면소(소송 제기한 것을 면제하는 것)판결을 받을 수 있다. 면소판결은 재판을 받을 필요가 없다는 의미이므로 무죄판결과 같은 것이다. 이 면소판결에는 일사부재리의 원칙이 엄격하게 적용된다.
- 일족(一族) : 조상이 같은 친척을 가리킨다. 가족과 친척을 한꺼번에 일컫는 말이다.
- 일흔 : 70세를 가리키는 순 우리말
- 입법자(立法者) : 법을 만든 사람

ㅈ

- 자긍심(自矜心) : 스스로를 자랑스럽게 여기는 마음
- 자초(自招) : 어떤 결과를 스스로 일으키거나 끌어들이는 행위
- 자칫하면 : 우연히 조금이라도 잘못되면
- 자행(恣行) : 제멋대로 함부로 행동하는 것
- 잔인(殘忍) : 동정심이 없어 다른 사람을 모질게 해치는 것
- 장악(掌握) : 손 안에 쥔 것처럼 무엇인가를 휘어잡는 것
- 재량(裁量) : 스스로 알아서 판단하고 행동하거나 일을 처리하는 것
- 재분배(再分配) : 다시 나누는 것
- 재정비(再整備) : 다시 정리해서 준비해 놓는 것
- 재탈환(再奪還) : 다시 빼앗는 것
- 재판관(裁判官) : 배심원과 같은 역할을 하던 사람들
- 전군(全軍) : 군사 전체
- 전담(專擔) : 전문적으로 담당하는 것
- 전령(傳令) : 상부의 지시에 따라 명령이나 지시 사항 등을 전달하는 사람
- 전문 엘리트 : 새롭게 떠오른 신흥 귀족 세력. 한 분야에 필요한 전문 교육을 받아 그 능력으로 높은 지위에 오른 사람이나 어떤 한 분야에 뛰어난 능력을 가진사람을 가리키는 말.
- 전사(戰死) : 전쟁에서 싸우다 죽는 것
- 전선(戰線) : 전쟁이 일어났을 때 전투가 벌어지는 지역을 가리키는 말
- 전역(全域) : 영역 전체
- 전적(戰績) : 전쟁에서 싸워서 얻어 낸 업적

각주 모음(가나다순)

- 전적(全的)으로 : 완전히
- 전횡(專橫) : 혼자 권력을 쥐고 자기 마음대로 행동하는 것을 가리키는 말
- 점령(占領) : 무력으로 어떤 지역을 빼앗아 차지하는 것
- 접전(接戰) : 서로 맞서서 싸우는 것
- 정반대(正反對) : 뜻이 완전히 반대되는 것
- 정복(征服) : 한 나라가 다른 나라에 침략해 그 나라의 땅과 권력과 재산을 모두 빼앗는 행위. 어느 시대에도 정복당한 나라에서는 정복자에게 협력하는 사람은 신분에 관계없이 재산과 권력을 가질 수 있었다. 그러므로 정복전쟁은 이긴 나라든 진 나라든 간에 자신의 신분 상승을 노리고 있던 기회주의자들에게는 좋은 기회였다.
- 정작 : 실제로, 정말로, 진짜로, 막상
- 정적(政敵) : 정치적인 입장이 다른 사람이나 자신의 권력에 대항하는 사람을 적으로 간주하는 말
- 정족수(定足數) : 어떤 일을 하기 위해 필요한 사람들의 수를 정해 놓은 것
- 제국(帝國) : 단어를 보면 말 그대로 '황제가 다스리는 나라'라는 의미이지만, 실제로는 식민지를 가진 거대한 나라를 가리키는 말이다.
- 제국주의(帝國主義) : 경제력과 군사력이 강한 나라가 더 큰 나라가 되기 위해 다른 나라를 지배하는 경향을 가리키는 말
- 제사장(祭司長) : 종교에서 최고 높은 사람으로 종교의식이나 전례를 주관하던 사람을 가리키는 말
- 제우스(Zeus) : 그리스 신화에서 나오는 가장 높은 신. 형제인 하데스와 포세이돈을 불러 힘을 합쳐, 자신의 부모인 티탄족의 왕 크로노스를 죽이고 스스로 왕이 된 신. 하데스에게는 지하세계를, 포세이돈에게는 물의 세계를 맡기고 자신은 하늘의 신이 된다.
- 제재(制裁) : 제한하거나 금지시키는 것
- 제정(制定) : 만들어서 정하는 행위
- 조약(條約) : 국가와 국가 사이에 이루어지는 약속으로 문서를 통해 기록을 남겨 서로 보관한다. 조약을 맺은 국가끼리는 서로 구속하고 구속 당하게 된다.
- 조장(助長) : 분위기를 만들어 내고 만들어 낸 분위기를 크게 확대하는 행위
- 조치(措置) : 어떤 일을 처리하기 위해 필요한 대책들을 마련하는 것
- 종식(終熄) : 끝내는 것
- 종신직(終身職) : 죽을 때까지 그 직업이나 지위에 있는 것
- 주관(主管) : 어떤 일을 하는데 주인처럼 그 일을 맡아서 실행하는 것
- 주재(主宰) : 중심이 되어 어떤 사건이나 일을 처리하는 행위
- 준수(遵守) : 법이나 규정을 지키고 따르는 것
- 중도정치(中道政治) : 어느 한 편에 서지 않고 중간에서 정치적인 사안별로 옳다고 생각하는 편을 들거나 양쪽을 비판하는 정치
  ※ 참고 : '중도정치'라는 말을 사용하면 마치 가운데에서 중심을 잡고 있는 것처

럼 보이기 때문에 좋게 생각하는 사람이 제법 있다. 하지만 결국 자신의 이익이나 생각에 따라 자신의 마음에드는 편의 손을 들어주는 것이므로, '중도정치'는 자신의 이익에 따라 움직이는정치가 될 가능성이 크다. 뿐만 아니라 '중도정치'라는 말은 굉장히 위험한 말이될 수 있다. 양쪽이 싸우는데 어느 편도 들지 않고 가만히 있다가 이기는 쪽에 의해서 생기는 이득을 거저 얻어간다는 의미도 될 수 있기 때문이다.

- 중무장(重武裝) : 갑옷과 방패와 창, 칼을 무기로 단단하게 준비하는 복장
- 중복(重複) : 두 개 이상의 것이 겹치는 것
- 중상모략(中傷謀略) : 말도 되지 않는 말로 다른 사람을 헐뜯어 상처를 입히고, 거짓말이나 나쁜 말로 다른 사람을 해치기 위해 나쁜 일을 꾸미는 것
- 중우정치(衆愚政治) : 플라톤과 아리스토텔레스가 다수결의 원칙을 적용하고있는 민주주의 정치제도를 멸시하는 의미에서 사용한 말. 다수결의 원칙에 따르면 어리석은 다수가 똑똑한 소수를 이기기 때문에 어리석은 결정을 내릴 수밖에없으므로, 결국 민주주의는 어리석은 다수에 의한 정치라고 비하한 표현.
  ※ 이 말에는 논리적으로 두 가지 오류가 있다. 하나는 '다수는 어리석고 소수는 똑똑하다'는 잘못된 전제가 숨겨져 있다. 이와 반대로 '다수는 똑똑하고 소수는 어리석다'의 경우도 있기 때문이다. 그런데, '중우정치'라는 말은 '다수는 어리석다'고만 전제한 것이다. 그리고 다른 하나는 '어리석다', '똑똑하다'는 기준이 무엇인지에 대한 정의가 애매모호하다는 것이다. 지식이 많다고 똑똑하다고 할 수 없고, 배우지 못했다고 어리석다고 단정할 수 없기 때문이다. 이렇듯 '중우정치'라는 말이 가지고 있는 비논리적 함정을 파악하지 못한 채 민주주의를 중우정치라고 여기는 사람이 있다면 반(反) 민주주의자, 엘리트주의자라고 비난 받는 게 마땅하다.
- 중재(仲裁) : 다투는 사람들의 문제를 해결하기 위해 당사자가 아닌 사람이 다투는 사람들이 서로 합의할 수 있는 부분을 찾거나 화해할 수 있도록 하는 행위
- 중재자(仲裁者) : 싸우는 사람들 사이에서 문제를 해결하는 사람
- 지연(地緣) : 같은 지역에서 태어나거나 자란 사람들끼리 인연을 맺어 결속력을 갖는 것
- 지적(指摘) : 잘못한 것을 가리켜 말하는 것. 무엇을 잘못했는지에 대해 꼭 집어내어 말하는 것
- 지지(支持) : 어떤 의견이나 정책에 찬성해 그 의견 또는 정책이 잘 유지될 수 있도록 도와주는 것
- 직접민주주의 : 국민들이 직접 정치에 참여해, 국가의 모든 결정과 모든 법률에 승인 및 거부로 정부 정책을 결정하는 정치 체제. 이와 대비되는 대의민주주의는 국민들이 국가와 법률과 법집행에 대해 직접 투표권을 행사하지 않고 대표자(대의자)를 선출해서 정책을 처리하도록 하는 제도
- 진(陣) : 전쟁 또는 전투를 치르기 위해 병사들을 배치하는 것
- 진격(進擊) : 적을 치기 위해 앞으로 나아가는 것

각주 모음(가나다순)

- 진영(陣營) : 군대가 진을 치고 주둔하는 지역을 가리키는 말
- 집권(執權) : 정권이나 권력을 잡는 것
- 집무(執務) : 업무를 보는 것, 일을 집행하는 것

ㅊ

- 참정권(參政權) : 국민이 정치에 참여할 수 있는 권리
- 참주(僭主) : 고대 그리스의 도시국가인 폴리스에서 무력으로 정권을 탈취하거나 비합법적으로 정권을 장악해 권력을 행사하던 독재자를 가리키는 말
- 철인(哲人) : 지혜로운 사람, 또는 지혜가 무엇인지를 아는 철학자
- 철인통치(哲人統治) : 왕이 지혜를 아는 철학자가 되거나 지혜를 아는 철학자들이 국가를 통치해야 된다는 플라톤의 신념
- 초석(礎石) : 주춧돌. 집을 지을 때 맨 처음 놓는 돌
- 총력(總力) : 가지고 있는 모든 힘을 다 쓰는 것
- 추진(推進) : 일이 마무리 될 수 있도록 계속해서 진행하는 것
- 축출(逐出) : 강제로 쫓아내는 것
- 출두(出頭) : 어떤 곳에 직접 가는 것
- 출정(出征) : 군대에 들어가 전쟁에 나가는 것
- 침공(侵攻) : 쳐들어가 공격하는 것
- 칭송(稱頌) : 말로 칭찬하는 것

ㅋ

- 카르미데스(Charmides) : 플라톤 어머니 페릭티오네와 남매. 플라톤의 외삼촌. 크리티아스와 함께 30인귀족독재정권을 주도했다.
- 카이레폰(Chairephone) : 5년 전인 기원전 404년에 30인의 귀족들이 정권을 잡은 뒤 추방되었다가 귀족들의 독재 정치가 끝난 8개월 뒤에 아테네로 돌아온 민주주의 지도자 중의 한 사람. 소크라테스가 재판을 받기 이전에 사망했다.
- 케오스(Ceos) : 그리스 지역의 섬 이름
- 코린토스(Korintos) : 그리스 펠로폰네소스 반도의 동북단에 있는 지역. 펠로폰네소스 반도와 그리스 본토가 이어지는 길목에 있는 도시. 아테네와 스파르타 다음으로 세력이 강한 도시국가. 스파르타의 동맹이었지만 지리적 위치 때문에 아테네 편에서지 않을까 스파르타가 늘 노심초사했다.
- 크리톤(Kriton) : 소크라테스와 어렸을 때부터 친구였던 사람. 플라톤이 쓴 「크리톤」이라는 책에 나오는 인물
- 크리티아스(Kritias) : 카르미데스와 플라톤 어머니의 사촌형제. 카르미데스와 함

께 30인귀족독재정권을 주도한 사람. 폭력으로 공포를 조장해 아테네를 다스리려고 했다. 하지만 플라톤은 「크리티아스」에서 '크리티아스'를 아틀란티스제국과 맞서 싸우던 고대 그리스의 선조들이 살던 국가가 얼마나 훌륭한 국가였는지에 대한 얘기를 해 주는 멋진 사람으로 그려냈다.
- 클레온(Kleon) : 아테네 민중파의 수장이나 본인은 상업파벌에 속한 귀족. 페리클레스의 정적. 암피폴리스 전투에서 사망
- 클레이스테네스(Cleisthenes)(기원전 570년? ~ 기원전 508년?) : 고대 그리스 아테네의 정치인. 페이시스트라토스와 그의 아들 히피아스를 추방했던 메가클레스의 아들. 권력을 잡기 위해 귀족들과 함께 아테네에 스파르타군을 끌어들였다. 외할아버지가 시키온(고대 그리스의 폴리스 중의 하나)의 참주였다. 히피아스는 아버지 페이시스트라토스가 추방했던 귀족들을 다시 아테네로 돌아올 수 있도록 하는 조치를 내렸다. 이 조치 덕분에 클레이스테네스는 다시 아테네로 돌아올수 있었고, 히피아스가 통치하던 기원전 525년에서 기원전 524년까지 아르콘으로 활동할 수 있었다.
- 키톤(Kiton) : 주로 흰 색으로 고대 그리스인이 입었던 속옷

ㅌ

- 탁월(卓越) : 뛰어난 것들 중에서도 두드러지는 것
- 탄압(彈壓) : 무엇인가를 하지 못하도록 억압하는 것
- 탄핵(彈劾) : 대통령, 국무총리, 법관 등 국가 고위직 공무원의 위법 행위에 대해 파면하거나 처벌하는 제도
- 탄핵소추(彈劾訴追) : 위법 행위를 한 공무원에 대해 재판을 요구하거나 탄핵을 제기하는 행위
- 탈취(奪取) : 다른 사람의 것을 강제로 빼앗는 행위
- 탐구(探究) : 무언가를 찾고 연구하는 행위
- 탕감(蕩減) : 빚이나 세금을 줄여주거나 없애주는 것
- 턱없이 : '말도 되지 않게'라는 뜻을 가진 우리말
- 테라메네스(Theramenes) : 기원전 411년의 400인귀족독재정권과 기원전 404년의 30인귀족독재정권을 세우는데 기여한 중심 인물. 30인귀족독재정권이 두 번째 계급과 연합해서 정권을 잡은 뒤 귀족들이 평민들의 민회발언권과 선거권을 빼앗고 무장해제까지 시키자 귀족독재주의자들과 결별을 선언한다. 라이벌 관계에 있던 크리티아스는 테라메네스를 살해한다. 반민주주의자, 귀족독재주의자인 플라톤은 그의 책에서 테라메네스에 대해서는 일체 언급하지 않고, 살인을 서슴지 않았던 크리티아스와 카르미데스 등은 매력적인 인물로 묘사했다.
- 테러(Terror) : 국가, 집단, 개인이 자신들의 정치적인 목적을 이루기 위해 사용하는 폭력으로 두 가지로 구분할 수 있다.

(1) 하나는 2차 세계대전을 일으킨 독일 히틀러의 나치즘에 저항한 프랑스의 레지스탕스와 일본의 식민지였던 한국의 독립군처럼 타국이 자신의 나라를 침략해 폭력을 일삼는 것을 중지시키기 위한 테러가 있다.
(2) 다른 하나는 권력을 가진 사람이나 집단이 자신들의 이익을 얻을 목적으로 공포심을 조장하기 위해 일부러 폭력을 행사하는 테러가 있다. 이러한 테러로는 적색테러와 흑색테러, 그리고 백색테러가 있다.
　① 적색테러는 이념이 좌파 우파로 나뉘어 날카롭게 대립하던 시기에 공산주의자들이 일으키던 테러를 말한다.
　② 흑색테러는 무정부주의자들이 국가를 상대로 일으키던 테러를 말한다.
　③ 백색테러란 국가나 정부기관 등 권력을 가진 사람이나 집단이 자신들이 하고자 하는 것에 대해 반대하는 세력에 대해 테러를 일으키는 것을 말한다.
　※ 무정부주의자 : 정치적인 조직이나 권력인 국가와 군대, 자본주의, 종교, 가부장제 등의 권위가 폭력적이기 때문에 개인의 자유와 공동체적인 삶을 지향하는 사람들을 가리키는 말. 자신들의 사상을 나타내는 말로 무정부주의라는 말을 사용하기를 꺼리고 '자유주의연합'이라는 말을 사용하는 것을 더 좋아한다.

- 테르모필레(Thermopylae) : 그리스 중부 동쪽에 있는 해안가의 지명
- 테미스토클레스(Themistocles) : 기원전 493년에 아르콘으로 뽑힌 다음 페르시아의 침략에 대비하여 해군을 증강시켰으며, 기원전 483년에는 은광산에서 나오는 은을 군함을 만드는 데 사용할 수 있도록 민회를 설득해 아테네를 그리스제일의 해군국가로 만들었다. 페르시아 전쟁이 일어난 뒤에는 국방부장관과 같은역할을 하는 스트라테고스에 뽑혀 아테네 함대를 지휘했고, 살라미스 해전에서 대승을 거둔다. 이후 스파르타를 경계해 아테네의 성벽을 다시 쌓는 등 국방에 신경을 썼지만 지나친 군사적 패권주의를 추구하다 기원전 473년에 도편추방을 당한다. 그리고 추방 중에 페르시아 왕과 내통을 하고 있다는 모함으로 사형선고를 받게 되자 펠로폰네소스 반도의 아르고스로 피신하였지만, 거기에서도 암살의 위협을 느껴 결국 페르시아로 망명한다. 페르시아의 아르타크세르크세스 1세는 테미스토클레스가 자신을 위해 충성을 맹세하자 너무 기뻐 자다가 벌떡 일어나 좋아할 정도였다고 한다. 하지만 페르시아의 왕이 테미스토클레스에게 아테네의 이집트 원정을 막으라고 페르시아군 사령관으로 임명하자 독약을 먹고 자살했다. 자기 조국 아테네를 그만큼 사랑했다는 얘기가 된다.
- 테베(Thebes) : 그리스 중부 보이오티아 지역에 있던 폴리스. 그리스어로는 테바이(Thebai)라고 한다.
- 테스모테타이(Thesmothetai) : 법률에 관계된 일들을 처리하는 아르콘을 지칭하는 말
- 테스피아이(Thespiai) : 그리스 중부에 있는 도시국가
- 톨로스(tolos) : 지금의 행정부 같은 역할을 하는 곳
- 투쟁(鬪爭) : 싸우는 것

- 트로이(Troy) : '트로이 목마' 사건의 배경이 되었던 곳으로, 에게해에서 마르마라 해로 진입하는 해안가에 위치한 도시. 현재는 터키 서쪽에 있다.
- 트리프톨레모스(Triptolemos) : 그리스 신화에서 데메테르에게 곡물재배기술을 배워 전 세계에 전파했다.

ㅍ

- 파로스(Paros) : 그리스 지역 이름
- 파트로클로스(Patroklos) : 아킬레우스보다 나이가 많지만 어려서부터 함께 자라고 교육받은 절친한 친구. 트로이 전쟁이 일어났을 때 아킬레우스는 그리스군의 총지휘관이었던 아가멤논과 사이가 좋지 않아 전투에 참가하지 않았다. 그리스군이 계속해서 전쟁에 패하자 노장이었던 네스토르가 파트로클로스에게 아킬레우스를 전쟁에 나설 수 있도록 설득해 달라고 부탁한다. 파트로클로스는 아킬레우스를 설득했지만 거절당하자 자신이 아킬레우스의 대역을 맡겠다고 하면서 아킬레우스에게 아킬레우스의 갑옷을 빌려달라고 한다. 아킬레우스는 그것까지 거절할 수 없어 갑옷을 빌려주며 트로이군이 후퇴하면 더 이상 추격하지 말라고 신신당부한다. 그러나 파트로클로스는 아킬레우스의 당부를 잊고 후퇴하는 트로이군을 추격하다가 아폴론 신에게 보호를 받는 트로이군의 헥토르의 창에 찔려죽게 된다.
- 패색(敗色) : 싸움에서 패배할 것 같은 분위기
- 패소(敗訴) : 소송을 한 뒤 판결에서 지는 것
- 패악(悖惡) : 사람으로 도저히 할 수 없는 나쁜 일을 저지르는 것
- 페르시아(Persia) : 기원전 6세기부터 기원후 7세기까지 존재했던 대제국. 현재 이집트 북동부지역을 포함해 서아시아와 중앙아시아, 그리고 코카서스 지역까지 지배했었다.
- 페르시아(Persia)전쟁 : 페르시아는 기원전 497년과 기원전 490년, 그리고 기원전 480년, 세 번에 걸쳐 그리스를 침공한다. 페르시아는 기원전 490년과 기원전 480년, 두 번의 전쟁에서 모두 크게 패한다. 이 전쟁을 통해 아테네는 스파르타와 함께 그리스의 중심세력으로 부상한다.
- 페리클레스(Perikles)(기원전 495년 경~기원전 429년) : 고대 아테네의 군인이자 정치인. 페리클레스의 어머니는 클레이스테네스의 조카딸, 클레이스테네스 집안의 가풍에 따른 어머니의 영향을 많이 받은 것으로 추정된다. 귀족 출신으로 아테네의 직접민주주의를 발전시켜 아테네를 정치와 문화에서 가장 번영한 곳으로 만들었다. 이오니아 출신 소피스트인 아낙사고라스에게 자기 절제력과 철학적 영향을 받았다.
- 페이시스트라토스(Peisistratos)(기원전 600년 경 ~ 527년) : 솔론의 친척으로 귀족 출신. 비록 무력으로 집권했지만 솔론의 뜻에 따라 평민을 위한 정치를 했던 고대 그리스 아테네의 정치인. 많은 역사가들이 페이시스트라토스를 무력으로 집권한 참주라는 단어로 격하시키고 있지만, 사실 그는 많은 시민들의 지지를 받으며 30여년

동안이나 집권했다. 그가 아르콘에서 물러나 아테네를 떠날 때 수많은 사람들이 자신의 가족들을 데리고 그를 따라 아테네를 떠났다는 사실도 그가 정치를 잘 했다는 것을 증명한다. 그리고 역사서에서는 제대로 언급하고 있지 않지만 그는 철저히 제3계급과 제4계급을 위한 정치를 폈다. 제1계급과 제2계급에 있던 사람들이 그를 그토록 미워할 수가 없기 때문이다. 제1계급과 제2계급에있던 사람들과 그 사람들이 주는 돈으로 먹고 사는 사람들은 페이시스트라토스가 자기들 편에서 일하지 않아 더 부자가 될 수 있는 기회가 잘 생기기 않았고, 더 이상 아르콘을 선출하지 않게 되어 권력을 잡을 기회도 없었기 때문이었다.

- 페이토(Peitho) : 그리스 신화에 나오는 설득의 여신
- 펠로폰네소스(Peloponnesos) : 그리스 남쪽에 있는 반도를 가리키는 말로 보통 펠로폰네소스 반도라 불린다. 펠로폰네소스 반도 최남단에 스파르타가 있다.
- 펠로폰네소스(Peloponnesos)동맹 : 델로스동맹보다 훨씬 이전에 결성된 동맹으로 스파르타의 무력에 의해 펠로폰네소스 반도의 도시국가들이 강제로 맺게 된 동맹을 가리킨다. 동맹 회의에서 전쟁에 대해 과반수가 찬성하면 스파르타는 찬성하지 않은 모든 동맹국에도 병력을 요구해 전쟁을 치를 수 있었다. 그리고 자신들이 동의하지 않는 안건이 나오면 소집을 거부하는 등 무소불위의 권한을 행사했다.
- 평의회(評議會) : 고대 아테네의 국가 운영 기구. 지금의 정부와 같은 역할을 했다.
- 평의회(評議會)의원 : 지금의 정부와 같은 역할을 하던 기구에서 활동하던 사람
- 폐단(弊端) : 어떤 일의 나쁜 결과나 해로운 결과
- 포악(暴惡) : 나쁜 일을 서슴지 않고 행할 수 있을 만큼 사납고 악독한 것
- 포테이다이아(Poteidaia)전쟁 : BC 432년에 발생한 아테네와 스파르타 사이에 있었던 전쟁. 소크라테스는 보병으로 참전했다.
- 폭정(暴政) : 폭력을 쓰면서 억압을 하는 정치
- 폴레마르코스(Polemarchos) : 아르콘 폴레마르코스. 고대 그리스 아테네에서 주로 군대 업무를 담당했던 직책. 현재 국방부 장관과 비슷하다고 보면 된다. 전쟁에서 최고 능력을 가진 사람이 뽑혔다. 휘하에 스트라테고스(장군) 10명이 있었다.
- 폴리스(Polis) : 도시 국가. 한 도시가 국가인 것을 가리키는 말. '언덕'이라는 의미의 그리스어. 언덕을 중심으로 소규모 국가가 형성되자 나중에는 '도시국가'라는 의미로도 사용하게 된다.
- 프레임(frame) : 자동차나 자전거 따위의 뼈대를 의미하는 말. 어떤 논리를 펼치기 전에 만드는 그 논리의 틀을 가리키는 말로 사용하기도 한다.
- 프로디코스(Prodikos) : 케오스 출신으로 유명한 소피스트. '신은 존재하지 않고, 인간들의 생활에서 유용한 것들을 신으로 숭배했다'는 주장으로 강의를 하던 학원에서 쫓겨났다. 신들을 숭배하고 신 위주로 살아가던 시대에 신이 없다는 주장을 한 용감한 소피스트였다.

- 프리타네이온(prytaneion) : 제우스의 누나인 헤스티아(Hestia) 여신을 숭배하기 위해 만들어진 건물. 항상 꺼지지 않는 불이 타오르고 있는 곳으로 귀빈에게 최고급의 식사를 대접하기도 했다. 헤스티아는 그리스어로 '화로'를 의미하고, 화로는 각 가정의 중심이므로 헤스티아는 가정의 화합을 중요하게 생각하는 신이었다. 불의 여신을 모신 프리타네이온은 아고라 광장의 중심지로 도시의 시청 또는 국가의 행정부 종합청사와 같은 건물을 가리킨다.
- 플라톤(Platon)(기원전 427년?~기원전 347년?) : 철인이 나라를 통치해야한다고 주장하던 귀족 출신의 고대 그리스 아테네의 철학자
- 피고(被告) : 고발을 당한 사람. 반대말은 원고(고발을 한 사람)
- 피고인(被告人) : 고발을 당한 사람. 반대말은 고소인으로 '원고'라고 하기도 함. 일반적인 법률용어로는 피고소인, 고소인이다.
- 피타고라스(Pythagoras)(기원전 582년 ?~기원전 497년 ?) : 영혼의 윤회를 주장하던 그리스의 철학자. 스승이었던 탈레스의 권유로 23년 동안 이집트에서 유학을 했다. 만물의 근원이 '수'라고 생각해 '무리수'를 발견해내고 '피타고라스의 정리'를 완성하는 등 수학 발전에 많은 기여를 했다. 그의 제자들은 육식을 금하는 철학공동체를 이루어 살았다.
- 피티아(Pythia) : 아폴론 신을 모시던 델포이 신전에서 신탁을 받아 전해주던 여사제를 가리키는 말
- 피혁(皮革) : 동물의 가죽과 그 가죽을 무두질해서 필요한 제품으로 가공할 수 있도록 만든 가죽

ㅎ

- 하데스(Hades) : 그리스 신화에서 죽음과 지하세계를 다스리는 신으로 제우스의 형제
- 함선(艦船) : 해군을 태워 전쟁을 수행할 수 있도록 만든 배
- 해산(解散) : 모여 있는 것이 흩어지는 것
- 해상권(海上權) : 바다에서의 권리
- 해상무역(海上貿易) : 바다 건너에 있는 나라와 서로 물건을 팔고 사는 것. 해상무역이 발달하기 위해서는 배를 만드는 기술과 항해술(배를 이용해 바다를 돌아다니는 기술)이 뛰어나야 한다.
- 해안당(海岸黨) : 해상무역으로 부자가 된 신흥부자평민들이 모여 세력을 이룬 것을 가리키는 말. 신흥부자평민이 그리스 아테네의 남서 해안을 중심으로 살고있었기 때문에 붙여진 이름이다.
- 해코지 : 다른 사람을 해치기 위해 하는 짓
- 해협(海峽) : 육지와 육지 사이에 있는 좁고 긴 바다를 가리키는 말
- 행사(行使) : 권력이나 힘을 써서 어떤 일을 하는 것
- 행세(行勢) : 어떤 지위에 있는 사람처럼 행동하는 태도
- 허다하다 : '많고 흔하다'라는 뜻을 가진 우리말

각주 모음(가나다순)

- 헤라(Hera) : 제우스의 누이이자 세 번째 부인. 올림포스 궁전의 안주인. 결혼생활 수호의 여신이자 땅의 풍요와 다산의 여신. 아르고스에 신전이 있다.
- 헤스티아(Hestia) : 제우스의 딸. 불의 신. 집안의 화로를 수호하는 신. 신전의 불을 수호하는 신. 가정을 수호하는 신
- 헤시오도스(Hesiodos) : 기원전 700년 경의 그리스에 살았던 인물로 농부이자 시인. 신들의 계보를 정리한 「신통기(神統記)」를 썼다.
- 헤파이스토스(Hephaistos) : 불의 신, 특히 대장간의 불을 지켜주는 신으로이 신은 장인들을 보호한다. 가장 아름다운 여신 아프로디테의 남편. 제우스와 헤라의 아들이라는 설도 있고, 헤라 혼자 낳은 아들이라는 설도 있다.
- 헥토르(Haktor) : 트로이의 왕 프리아모스의 장남으로 트로이 전쟁의 원인이 된 파리스의 형. 지혜와 용기, 그리고 자상함까지 지닌 인물로 트로이 전쟁에서는 총대장으로 출전한다. 그의 지휘로 트로이군은 그리스군에 매번 승리한다. 아킬레우스의 갑옷을 입고 출전한 파트로클로스를 죽여 그에 대한 복수로 출전한 아킬레우스에 의해 죽는다.
- 혁신(革新) : 어떤 것을 바꿔서 새롭게 만드는 것
- 혈연(血緣) : 같은 피를 지닌 가족이나 친척으로 맺어진 인연
- 협정(協定) : 서로 의논해서 정하는 결정을 가리키는 말
- 형량(刑量) : 유죄 판결을 받은 사람에게 내리는 벌의 정도를 가리키는 말
- 호메로스(Homeros)(기원전 800년 경?~ 기원전 750년) : 「일리아스」와 「오디세이아」를 썼다고 전해지는 고대 그리스의 시인
- 호시탐탐(虎視耽耽) : 호랑이가 먹이를 잡기 위해 사냥감을 쳐다보는 것을 즐기고 즐긴다. 마치 호랑이가 먹이를 잡을 기회를 노리기 위해 계속해서 기회를 노리는 것처럼, 무엇인가를 하기 위해 기회를 노리는 것을 의미하는 말
- 호재(好材) : 좋은 조건이나 좋은 상황
- 확장(擴張) : 넓히는 것
- 회계검사관(會計檢査官) : 나가고 들어온 돈을 관리한 기록을 조사하는 사람
- 회부(回附) : 물건이나 사건을 다른 상대에게 넘기는 행위
- 회피(回避) : 직접 부딪히지 않으려고 피하는 것
- 횡포(橫暴) : 무엇이든지 자기 마음대로 난폭하게 행동하는 것
- 휴전(休戰) : 전쟁 중에 싸움을 잠시 멈추는 것
- 흔쾌(欣快) : 기쁘고 유쾌한 상태를 가리키는 말
- 흠모(欽慕) : 존중하고 그리워하고 따르는 것
- 희곡(戲曲) : 무대 위에서 공연하기 위해 만들어진 글로, 대사를 중심으로 하는 대화체를 사용한다.
- 히마티온(Himation) : 고대 그리스인이 키톤 위에 입었던 겉옷, 긴 직사각형 모양의 천으로 키톤 위에 걸치거나 맨 몸 위에 걸치기도 했다. 입는 방법은 보통 한쪽 어깨 위에 걸친 뒤 몸을 한 번에서 세 번 정도 휘감은 다음 한쪽

끝을 왼팔이나 어깨에 두른다.
- 히포니코스(Hipponikos) : 아테네에서 제일 부자인 사람의 이름
- 히피아스(Hippias)(기원전 560년 경~기원전 490년 경) : 페이시스트라토스의 장남. 페이시스트라토스가 죽은 뒤 동생 히파르쿠스와 함께 아테네를 통치했다. 소피스트로 활동했던 히피아스와 구분해야 한다.

1~9

- 10부족제(部族制) : 클레이스테네스가 귀족들의 횡포를 막기 위해 만든 인위적인 부족제도
- 30인귀족독재정치(貴族獨裁政治) : 우리나라에서는 이 정치 형태를 과두정치, 또는 참주정치라고 부른다. 과두정치란 소수의 구성원이 권력을 가진 것을 말하며, 참주정치는 불법적으로 권력을 잡은 사람들이 하는 정치를 가리키는 말이다.
- 30인의 과두정권(寡頭政權) : 기원전 404년에 스파르타와 동맹을 맺은 30인의 귀족들이 아테네를 공격해 정권을 잡았다.
- 400인 과두정권(寡頭政權) : 400인 독재정권을 가리킨다. 기원전 411년에 귀족 출신의 젊은이들이 스파르타와 동맹을 맺고 아테네를 공격해 정권을 탈취한 다음, 400명의 귀족들이 통치했다.
- 4부족제(部族制) : 클레이스테네스가 통치하기 이전까지 그리스 아테네에 있어왔던 제도. 귀족이나 왕족을 중심으로 지연과 혈연으로 묶인 공동체
- 500인평의회(評議會) : 10개의 부족에서 50명을 추첨해(인구수에 비례해 뽑았기 때문에 지역마다 약간의 차이는 있었다) 1년 동안 민회에서 의결한 일들을 처리하는 기구로 지금의 정부와 같은 역할을 했다. 임기는 1년이었고, 평생에 한번만(중임 금지) 할 수 있었다. 각 부족에서 선발된 50명이 아고라의 톨로스라는 곳에서 먹고 자면서 1년의 10분의 1의 기간인 36일씩 실무를 담당해서 처리했다. 500인평의회의 의장은 매일 아침 제비뽑기로 추첨을 했고, 임기는 하루 뿐이었고, 역시 중임이 금지되었다.

각주 모음 (주제별)

인물

- 고르기아스(Gorgias)(기원전 483년 경 ~ 기원전 376년) : 레온티노이 출신의 유명한 소피스트. 프로타고라스가 '만물의 척도는 인간이므로, 진리는 상대적인 것'이라고 주장했지만, 고르기아스는 '진리는 존재할 수 없는 것이고, 존재한다고 해도 알 수 없고, 알았다고 해도 다른 사람에게 전할 수 없다'고 하는 엘레아출신의 제논의 주장을 증명하기 위해 노력했다.
- 니키아스(Nikias) : 펠로폰네소스전쟁 기간 활약한 정치인, 장군.
- 리콘(Lycon) : 멜레토스와 마찬가지로 플라톤이 쓴 「변론」에서 연설가들을 대표해서 소크라테스를 기소했다는 것 외에는 별 다른 기록이 보이지 않는 인물
- 리쿠르고스(Lycurgos)(기원전 ?~ 기원전 ?) : 기원전 600년 중기 무렵 평야당을 이끌던 사람
- 릭다미스 : 페이시스트라토스 진영이 에레트리아에서 아테네로 진결할 때 직접 군사를 데리고 와서 큰 도움을 준 사람
- 메가클레스(Megacles)(기원전 ?~ 기원전 ?) : 기원전 600년 중기 무렵 해안당을 이끌던 사람
- 멜레토스(Meletos) : 소크라테스를 기소한 세 사람 중의 한 사람. 플라톤이쓴 「변론」에서 시인들을 대표해서 소크라테스를 기소했다는 것 외에 다른 기록 이없는 인물.
- 소크라테스(Socrates)(기원전 469년?~기원전 399년) : 평민 출신의 고대 그리스 아테네의 철학자. 글을 남기지 않아 어떤 말을 했는지는 알 수 없다. 단지 소크라테스의 제자라고 주장하는 플라톤과 크세노폰 그리고 아리스토파네스의 글속에서만 소크라테스라는 인물을 만날 수 있을 뿐이다.
- 소포클레스(Sophocles)(기원전 496?~기원전406) : 고대 그리스 3대 극작가중의 한 사람.
- 솔론(Solon) : (기원전 630년 추정 ~ 기원전 560년 추정) 그리스 7현인(賢人:현명하고 지혜로운 사람)으로 꼽히는 사람 중의 한 사람으로 고대 그리스 아테네의 시인이자 정치가. B.C. 594년 아르콘으로 선정됨. 귀족 출신이었지만 아르콘이 되자 그때까지 있던 법을 폐기하고, 모든 사람에게 공평한 법과 제도를 만들었고, 그 법이 반드시 지켜질 수 있도록 제도적인 장치를 마련한 다음 아르콘에서 물러났다. 모든 사람에게 공평했기 때문에 평민들보다는 귀족들과 부자들에게 욕을 더 많이 먹었다. 솔론이 만든 법은 고대 아테네에 직접민주주의를 꽃피울 수 있게만드는 전무후무한 강력한 정치제도 및 법률제도였다.
- 수리아스 : 〈소크라테스의 변론〉을 설명하기 위해 만들어진 가상의 인물. 인도 베다에 나오는 태양신 중의 하나로 인간의 선과 악을 모두 관찰하는 신 수리아스(Suryas)에서 따온 이름
- 아낙사고라스(Anaxagoras) : 그리스 철학자. 우주를 구성하고 있는 본질적인 물질은 스스로 존재, 무한, 불멸하는 씨앗들이며, 이것들을 움직이게 만드는게 '누스'(정신/이성)라고 주장했다. 아테네에 직접민주주의

정치를 확립시킨 정치가인 페리클레스의 초청으로 페르시아 전쟁 이후 아테네로 왔고, 30년 동안 거류 외국인으로 살면서 페리클레스의 청년기를 함께 보냈다. ※ 플라톤과 아리스토텔레스는 엠페도클레스가 주장한 '4원소설'을 지지했다.(「페리클레스」 도널드 케이건, p.60)

- 아니토스(Anytos) : 민주주의자. 당시 정치적인 실권을 쥐고 있던 정치인 중의 한 사람으로 소크라테스를 재판에 기소한 사람. 두 번째 계급 출신. 온건한 민주주의를 원하던 그는 정권을 잡아 폭정을 일삼던 귀족들이 그가 모시던 장군 테라메네스를 죽이자 아테네를 떠나 망명길에 오른다. 망명하는 동안 귀족독재정치에 반대하는 민주주의자들의 모임에 가담한다. 그리고 온건한 민주주의를 원하는 장군들과 함께 귀족독재정치인들을 공격해 민주정을 수립한다. 귀족들의 잔인한 독재정치를 끝내고 민주정치를 회복시킨지도자들 중 한 사람으로 죽을 때까지 많은 사람들에게 존경을 받았다. 30인의 귀족독재정치를 끝내기 위해 민주주의 세력을 지도하고 권력을 잡은 뒤, 죽을 때까지 시민과 약속을 지켜 많은 존경을 받은 정치인이다.

- 아리스토파네스(Aristophanes)(기원전 445년 경~기원전 385년 경) : 고대그리스의 극작가. 사회 현상과 사회제도, 그리고 사회를 주도하는 사람들에 대해 풍자하는 작품으로 유명했다. 기원전 423년에 「구름」이라는 작품에서 소크라테스를 풍자했다.

- 아이스킬로스(Aeschylos)(기원전 525?~기원전 456?) : 고대 그리스 3대 극작가 중의 한 사람. 처음으로 비극적인 내용을 담은 희곡을 써서 고대 그리스 비극의 아버지라고도 불린다.

- 알키비아데스(Alkibiades) : 소크라테스의 제자이자 연인

- 에우리피데스(Euripides)(기원전 484?~기원전 406?) : 고대 그리스 3대 극작가 중의 한 사람. 아낙사고라스(당대의 유명한 철학자인 소피스트)의 제자로 소크라테스와도 친구였다고 전한다.

- 에우에노스(Euenos) : 파로스 출신의 소피스트

- 에피알테스(Ephialtes) : 아테네의 민주주의 정치를 이끌던 정치가. 네 번째 계급까지 재판관으로 참여할 수 있도록 하는 사법개혁을 추진하고 난 뒤 암살당한다.

- 이사고라스(Isagoras)(?~?) : 귀족 출신으로 기원전 508년 스파르타와 귀족의 지원으로 수석 아르콘에 오른 사람

- 일리아스(Ilias) : 고대 그리스의 시인 호메로스의 작품으로 현재까지 남아 있는 책 중에 가장 오래된 서사시(역사를 시처럼 쓴 것). 그리스와 트로이 사이에 있었던 전쟁에 관한 내용이다.

- 카르미데스(Charmides) : 플라톤 어머니 페릭티오네와 남매. 플라톤의 외삼촌. 크리티아스와 함께 30인귀족독재정권을 주도했다.

- 카이레폰(Chairephon) : 5년 전인 기원전 404년에 30인의 귀족들이 정권을 잡은 뒤 추방되었다가 귀족들의 독재 정치가 끝난 8개월 뒤에 아테네로 돌아온 민주주의 지도자 중의 한 사람. 소크라테스가 재판을 받기 이전에 사망했다.

- 크리톤(Kriton) : 소크라테스와 어렸을 때부터 친구였던 사람. 플라톤이 쓴 「크리톤」이라는 책에 나오는 인물

- 크리티아스(Kritias) : 카르미데스와 플라톤 어머니의 사촌형제. 카르미데스와 함

께 30인귀족독재정권을 주도한 사람. 폭력으로 공포를 조장해 아테네를 다스리려고 했다. 하지만 플라톤은 「크리티아스」에서 '크리티아스'를 아틀란티스제국과 맞서 싸우던 고대 그리스의 선조들이 살던 국가가 얼마나 훌륭한 국가였는지에 대한 얘기를 해 주는 멋진 사람으로 그려냈다.

- 클레온(Kleon) : 아테네 민중파의 수장이나 본인은 상업파벌에 속한 귀족. 페리클레스의 정적. 암피폴리스 전투에서 사망
- 클레이스테네스(Cleisthenes)(기원전 570년? ~ 기원전 508년?) : 고대 그리스 아테네의 정치인. 페이시스트라토스와 그의 아들 히피아스를 추방했던 메가클레스의 아들. 권력을 잡기 위해 귀족들과 함께 아테네에 스파르타군을 끌어들였다. 외할아버지가 시키온(고대 그리스의 폴리스 중의 하나)의 참주였다. 히피아스는 아버지 페이시스트라토스가 추방했던 귀족들을 다시 아테네로 돌아올 수 있도록 하는 조치를 내렸다. 이 조치 덕분에 클레이스테네스는 다시 아테네로 돌아올수 있었고, 히피아스가 통치하던 기원전 525년에서 기원전 524년까지 아르콘으로 활동할 수 있었다.
- 테라메네스(Theramenes) : 기원전 411년의 400인귀족독재정권과 기원전 404년의 30인귀족독재정권을 세우는데 기여한 중심 인물. 30인귀족독재정권이 두 번째 계급과 연합해서 정권을 잡은 뒤 귀족들이 평민들의 민회발언권과 선거권을 빼앗고 무장해제까지 시키자 귀족독재주의자들과 결별을 선언한다. 라이벌 관계에 있던 크리티아스는 테라메네스를 살해한다. 반민주주의자, 귀족독재주의자인 플라톤은 그의 책에서 테라메네스에 대해서는 일체 언급하지 않고, 살인을 서슴지 않았던 크리티아스와 카르미데스 등은 매력적인 인물로 묘사했다.
- 테미스토클레스(Themistocles) : 기원전 493년에 아르콘으로 뽑힌 다음 페르시아의 침략에 대비하여 해군을 증강시켰으며, 기원전 483년에는 은광산에서 나오는 은을 군함을 만드는 데 사용할 수 있도록 민회를 설득해 아테네를 그리스제일의 해군국가로 만들었다. 페르시아전쟁이 일어난 뒤에는 국방부장관과 같은역할을 하는 스트라테고스에 뽑혀 아테네 함대를 지휘했고, 살라미스 해전에서 대승을 거둔다. 이후 스파르타를 경계해 아테네의 성벽을 다시 쌓는 등 국방에 신경을 썼지만 지나친 군사적 패권주의를 추구하다 기원전 473년에 도편추방을 당한다. 그리고 추방 중에 페르시아 왕과 내통을 하고 있다는 모함으로 사형선고를 받게 되자 펠로폰네소스 반도의 아르고스로 피신하였지만, 거기에서도 암살의 위협을 느껴 결국 페르시아로 망명한다. 페르시아의 아르타크세르크세스 1세는 테미스토클레스가 자신을 위해 충성을 맹세하자 너무 기뻐 자다가 벌떡 일어나 좋아할 정도였다고 한다. 하지만 페르시아의 왕이 테미스토클레스에게 아테네의 이집트 원정을 막으라고 페르시아군 사령관으로 임명하자 독약을 먹고 자살했다. 자기 조국 아테네를 그만큼 사랑했다는 얘기가 된다.
- 페리클레스(Perikles)(기원전 495년 경~기원전 429년) : 고대 아테네의 군인이자 정치인. 페리클레스의 어머니는 클레이스테네스의 조카딸, 클레이스테네스 집안의 가풍에 따른 어머니의 영향을 많이 받은 것으로 추정된다. 귀족 출신으로 아테네의 직접민주주의를 발전시켜 아테네를 정

치와 문화에서 가장 번영한 곳으로 만들었다. 이오니아 출신 소피스트인 아낙사고라스에게 자기 절제력과 철학적 영향을 받았다.
- 페이시스트라토스(Peisistratos)(기원전 600년 경 ~ 527년) : 솔론의 친척으로 귀족 출신. 비록 무력으로 집권했지만 솔론의 뜻에 따라 평민을 위한 정치를 했던 고대 그리스 아테네의 정치인. 많은 역사가들이 페이시스트라토스를 무력으로 집권한 참주라는 단어로 격하시키고 있지만, 사실 그는 많은 시민들의 지지를 받으며 30여년 동안이나 집권했다. 그가 아르콘에서 물러나 아테네를 떠날 때 수많은 사람들이 자신의 가족들을 데리고 그를 따라 아테네를 떠났다는 사실도 그가 정치를 잘 했다는 것을 증명한다. 그리고 역사서에서는 제대로 언급하고 있지 않지만 그는 철저히 제3계급과 제4계급을 위한 정치를 폈다. 제1계급과 제2계급에 있던 사람들이 그를 그토록 미워할 수가 없기 때문이다. 제1계급과 제2계급에 있던 사람들과 그 사람들이 주는 돈으로 먹고 사는 사람들은 페이시스트라토스가 자기들 편에서 일하지 않아 더 부자가 될 수 있는 기회가 잘 생기지 않았고, 더 이상 아르콘을 선출하지 않게 되어 권력을 잡을 기회도 없었기 때문이었다.
- 프로디코스(Prodikos) : 케오스 출신으로 유명한 소피스트. '신은 존재하지 않고, 인간들의 생활에서 유용한 것들을 신으로 숭배했다'는 주장으로 강의를 하던 학원에서 쫓겨났다. 신들을 숭배하고 신 위주로 살아가던 시대에 신이 없다는 주장을 한 용감한 소피스트였다.
- 플라톤(Platon)(기원전 427년?~기원전 347년?) : 철인이 나라를 통치해야한다고 주장하던 귀족 출신의 고대 그리스 아테네의 철학자
- 피타고라스(Pythagoras)(기원전 582년 ?~기원전 497년 ?) : 영혼의 윤회를 주장하던 그리스의 철학자. 스승이었던 탈레스의 권유로 23년 동안 이집트에서 유학을 했다. 만물의 근원이 '수'라고 생각해 '무리수'를 발견해 내고 '피타고라스의 정리'를 완성하는 등 수학 발전에 많은 기여를 했다. 그의 제자들은 육식을 금하는 철학공동체를 이루어 살았다.
- 헤시오도스(Hesiodos) : 기원전 700년 경의 그리스에 살았던 인물로 농부이자 시인. 신들의 계보를 정리한「신통기(神統記)」를 썼다.
- 호메로스(Homeros)(기원전 800년 경?~ 기원전 750년) :「일리아스」와「오디세이아」를 썼다고 전해지는 고대 그리스의 시인
- 히피아스(Hippias)(기원전 560년 경~기원전 490년 경) : 페이시스트라토스의 장남. 페이시스트라토스가 죽은 뒤 동생 히파르쿠스와 함께 아테네를 통치했다. 소피스트로 활동했던 히피아스와 구분해야 한다.

지명

- 낙소스(Naxos) : 그리스의 섬으로 에게해 키클라데스 제도 중 가장 큰 섬
- 델로스(Delos) : 아폴론 신이 태어난 섬이라 아폴론 신전이 있었다. 에게해에서 섬들이 둥그런 모양을 한 키클라데스 제도의 한가운데에 있는 섬

- 델포이(Delphoe) : 아폴론의 신전이 있던 곳. '우주의 배꼽(옴팔로스,Omphalos)'이라고 불림. 각지에서 신탁을 듣기 위해 며칠씩 머물러야 했음. 신전으로 올라가는 길목에 있던 출장소들 중 한 곳에 '너 자신을 알라'는 경구가 새겨져 있다.(※ 참고 「그리스 신화의 이해」 - 이진성 저, p.193)
- 델피(Delphoi) : 델포이라고도 불리는 그리스 중부의 파르나소스 산에 있는아폴론 신전이 있는 성지
- 레온티노이(Leontini) : 시칠리아섬에 있는 지역 이름
- 만티네아(Mantinea) : 고대그리스 아르카디아의 도시
- 메가라(Megara) : 그리스 남부에 있는 도시 이름
- 밀레토스(Miletos) : 그리스인들이 세운 도시. 아케메네스 왕조(기원전 550년~기원전 330년)의 키루스 2세가 건국한 페르시아 제국에 점령된 뒤 여러 번 반란을 일으켰다. 현재는 터키의 한 지역. 이오니아 지역의 중심 도시. 탈레스, 아낙시만드로스, 아낙시메네스로 이어지는 그 유명한 밀레토스 학파[=이오니아 학파]가 배출된 지역
- 보이오티아(Boiotia) : 아티카의 북쪽에 있는 지역
- 살라미스(Salamis) : 그리스 본토의 남부에 있는 섬 이름. 포세이돈이 아들을 낳은 곳으로, 살라미스를 장악한 사람이 바다를 장악한다는 전설이 전해져 내려오는 섬. 페르시아 전쟁을 그리스의 승리로 이끌었던 '살라미스 해전'이 있었던 섬
- 스카만드로스(Scamandros) : 트로이 부근을 흐르는 강 이름
- 스파르타(Sparta)(기원전 9세기 ~ 기원후 2세기) : 고대 그리스의 도시 국가 중의 하나로, 귀족 출신의 군인들이 지배하던 나라. '라케다이몬'이라고 불리기도 했다. 예술과 철학은 무시하고 강한 군인을 만들기 위한 체육교육에만 집중했다. 해외여행은 금지되어 있었고, 금이나 은으로 만든 돈은 금지시키고 철로 만든 돈만 사용하게 했다.
- 시게이온(Sigeion) : 스카만드로스 강 어귀 곳에 위치한 도시. 현재는 터키 서쪽의 트로이에 있다.
- 시라쿠사(Siracusa) : 시칠리아섬에 위치한 옛 도시. 고대 그리스 시대에 건설된 아폴로신전, 그리스식 극장 등 고대 그리스·로마 시대의 유적이 많은 관광지
- 아르고스(Argos) : 펠로폰네소스 반도에 있던 폴리스. 비옥한 평야가 발달한 지역으로 고대부터 스파르타와 적대관계에 있었다.
- 아르테미시온(Artemision) : 에우보이아섬 북쪽 바다의 이름
- 아테네(Athens) : 해상 무역으로 성장해 해군의 군사력이 강했던 고대 그리스의 도시 국가 중의 하나. 스파르타와 같이 고대 그리스의 중심 세력이었다. 스파르타와는 반대로 체육외에도 예술과 철학교육을 중요시한 나라
- 아티카(Attika) : 아티케(Attike)라고도 한다. 아테네를 중심으로 한 외곽지역. 에레우시스, 마라톤, 프라우론, 수니온 등이 있는 지역을 가리킨다. 농경지, 목축지가 많다.
- 에게해(Aegean Sea) : 지중해의 동쪽지역으로 그리스 본토와 터키 사이에있는 바다
- 에레트리아(Eretria) : 그리스의 중부 동쪽에 있는 에게해에 있는 에우보이아(현재는 '에비아'라고 부른다) 섬의 서쪽에 있는 도시의 이름

- 엘레우시스(Eleusis) : 아테네 서쪽 20km에 위치한 아티카 지방의 한 마을. 고대부터 신성한 곳으로 여겨지던 지역으로 엘레우시스 제전이 5년마다 열리는 곳(참고서적 「세계종교사상사1」p.442.
  ※ 엘레우시스 밀교
  (1) 대(大)제전과 소(小)제전이 있었다.
  (2) 곡식과 수확의 여신이며 올림포스 12신인 데메테르와 그녀의 딸이자 식물과 꽃의 여신으로 하데스에게 납치되어 저승으로 끌려 간 페르세포네를 따르는 종교.
  (3) 페이시스트라토스 시대부터 그리스 전역으로 확대되었다.
- 엘리스(Elis) : 그리스 지역 이름. 고대 그리스의 올림픽을 치렀던 곳
- 케오스(Ceos) : 그리스 지역의 섬 이름
- 코린토스(Korintos) : 그리스 펠로폰네소스 반도의 동북단에 있는 지역. 펠로폰네소스 반도와 그리스 본토가 이어지는 길목에 있는 도시. 아테네와 스파르타 다음으로 세력이 강한 도시국가. 스파르타의 동맹이었지만 지리적 위치 때문에 아테네 편에서지 않을까 스파르타가 늘 노심초사했다.
- 테르모필레(Thermopylae) : 그리스 중부 동쪽에 있는 해안가의 지명
- 테베(Thebes) : 그리스 중부 보이오티아 지역에 있던 폴리스. 그리스어로는 테바이(Thebai)라고 한다.
- 테스피아이(Thespiai) : 그리스 중부에 있는 도시국가
- 트로이(Troy) : '트로이 목마' 사건의 배경이 되었던 곳으로, 에게해에서 마르마라해로 진입하는 해안가에 위치한 도시. 현재는 터키 서쪽에 있다.
- 파로스(Paros) : 그리스 지역 이름
- 페르시아(Persia) : 기원전 6세기부터 기원후 7세기까지 존재했던 대제국. 현재 이집트 북동부지역을 포함해 서아시아와 중앙아시아, 그리고 코카서스 지역까지 지배했었다.
- 펠로폰네소스(Peloponnesos) : 그리스 남쪽에 있는 반도를 가리키는 말로 보통 펠로폰네소스 반도라 불린다. 펠로폰네소스 반도 최남단에 스파르타가 있다.

정치 / 제도

- 간접민주주의(間接民主主義) : 국민이 대표자를 선출하고, 그 대표자가 국정에 참여하는 정치제도. 대의민주주의가 간접민주주의에 해당됨
- 공포정치(恐怖政治) : 사람들을 다스리기 위해 공포를 조장하는 정치
- 과두정(寡頭政) : '과두제'와 같은 말로, 돈이나 권력을 지닌 소수의 사람이나 집단이 정치경제 권력을 행사하는 체제를 말한다. 엘리트정치와 같은 의미로 소수가 다수를 지배하는 것을 정당화시키기 위해 사용하는 말.
- 과두정치(寡頭政治) = 과두독재정치(寡頭獨裁政治) : 여러 명이 한꺼번에 권력을 잡아 통치하는 것을 의미하는 말이다. 여러 명이 권력을 갖고 있다는 점에서는 1인독재정치와 차이가 있지만, 집단으로 권력을 행사하므로 결국

독재정치와같은 체제이다. 그런 점에서 과두독재정치라고 불러야 옳을 것이다.
- 군국주의(軍國主義) : 정치, 경제, 교육, 문화예술 등의 분야보다 군사력 분야가 강한 국가를 더 중요하게 생각하는 체제. 전 국민의 생활보다 군사체제를 강화시키는 것을 더 중요하게 생각하는 체제로 1차, 2차 세계대전을 일으킨 일본이나 독일이 군국주의를 실시하던 국가의 대표적인 예다.
- 귀족정(貴族政) : 귀족들이 정권을 잡고 국가를 통치하는 정치
- 대의민주주의(代議民主主義) : 국민들이 개별 정책에 대해 직접적으로 투표권을 행사하지 않고 대표자를 선출해 정부와 의회를 구성해 나라의 문제들을 처리하도록 하는 민주주의 ↔ 직접민주주의
- 도편추방(陶片追放) : 국가에 해를 끼칠 것 같은 위험한 사람의 이름을 도자기조각에 적어 비밀투표에 부친 다음 6천표가 넘은 사람을 아테네에서 추방해 10년 동안 들어오지 못하게 하는 것을 가리킨다.
- 도편추방제 : 참주가 될 가능성이 있는 사람을 도편에 이름을 적어 투표 항아리에 넣게 해 아테네에서 추방하는 제도
- 민주정(民主政) : 민주주의(국민에게 주권이 있고, 국가의 모든 제도는 국민을위해 존재한다는 사상)를 근거로 하는 정치체제. 귀족정이나 왕정에 반대되는 개념
- 민회(民會) : 고대 그리스 대다수 폴리스에 있었던 지금의 국회와 같은 역할을 하던 기구. 아테네에서는 시민 자격을 지닌 만 18세 이상의 남자들이 6000명 이상 모여 국가의 모든 중대 사안에 대해 투표로 결정을 했는데, 이를 민회라고 했다. 아테네 시민들은 민회 소집을 알리는 공고를 보고 한 달에 세 번에서 네 번 정도 아고라에 모여 법률안과 정책에 대해 손을 들어 찬반 여부를 표시했고, 국가의 모든 사안들은 민회에서 과반수가 넘어야 집행될 수 있었다. 클레이스테네스 집권 이후 '프닉스'에서 개최됨(이전에는 아고라에서 열림)(*프닉스: 아크로폴리스 아래 디오니소스 극장에서 얼마 떨어지지 않은 언덕)
- 바실레우스(Basileus) : 고대 그리스 아테네에서 왕을 가리키는 말. 우리나라의 단군이 왕을 뜻하는 것과 같은 말. 민주정 시기에는 종교를 담당한 아르콘을 가리키는 말
- 산악당(山岳黨) : 페이시스트라토스를 중심으로 제1계급과 제2계급의 권력욕과 횡포를 막으려던 사람들과 척박한 산간에서 농사를 지어먹고 살아가던 빈농들과 목동들, 그리고 제3계급과 제4계급에 들어가는 소농과 장인들, 광산 노동자들로 구성된 정파. 평야와 해안가가 아닌 주로 산간 지역에 사는 사람들이 많이 모여 있어 산악당이라고 불리었다.
- 삼권분립(三權分立) : 국가의 대표적인 권력기관인 입법부(국회), 사법부(법원), 행정부(정부)는 서로 분리되어야 한다는 주장. 어느 한 기관이 국민에게 권력을 함부로 쓰지 못하도록 서로 견제하게 하기 위해 만든 제도. 영국의 J. 로크가 처음 권력의 분립을 주장했고, 프랑스의 몽테스키외가 삼권분립을 주장했다고 가르치고 있지만, 이 제도의 원형은 이미 고대 아테네에 있었다.
- 시민법정(市民法廷) : 고대 그리스 아테네에 있었던 사법제도. 현재의 법정처럼 판사, 검사, 변호사 없이 배심원들이 재판에 참여해 판결을 내리는 제도. 사건마다 조금씩 다르기는 하지만 일반적으로 추첨으로 선발된 500~6000명의 재판관이 원고(고발한 사람)와 피고(고발당한 사람)의 얘기를 듣고 유죄나 무죄에 투표한다. 과반수 이상의 투표수를 받아야 유죄가 확정되었다. 형량도 투표수로 정했다. 유죄와 무죄의 투표수가 같게

나오면 무죄로 처리하는 것을 원칙으로 했다.
- 아고라(agora) : 고대 그리스 도시에서 시민들이 모여 정치행사와 종교행사 등을 치르는 넓은 공간으로 일반적으로 도시 한 가운데 자리하고 있었다. 아고라에는 재판정을 비롯한 공공기관과 사원이 있었기 때문에 사람들의 왕래가 가장 많은 곳이었다. 아고라 주위에는 시장이 열려 서로 필요한 물건을 사고팔았고, 사람들이 항상 모여 토론을 나누는 등 주요한 시민 활동이 이루어지는 공간이었다.
- 아레오파고스(Areopagos) 회의(會議) : 고대 그리스 아테네에서 왕의 자문기관 역할을 하던 위원회. 종신제였으며 아르콘으로 일한 사람들만이 회원이 될 수 있었다. 귀족이나 왕족 출신으로 구성되어 있었고 정치권력과 사법권을 모두 가지고 있어 국가의 모든 결정을 좌우지 할 수 있는 강력한 권력기관이었다.
- 아르콘(Archon) : 우리나라에서는 일제시대의 번역어를 그대로 사용해 집정관으로 번역하는 경우가 많다. 고대 그리스 아테네에서 국가의 모든 행정을 책임지는 직책이었다. 나라가 점점 부강해지면서 아르콘의 권력도 점점 막강해져 갔다. 시민들과 민주주의 정치인들은 권력을 가진 사람이 권력을 함부로 사용하는 것을 막기 위해 여러 가지 제도적인 장치를 마련한다. 민주주의가 정착되는 시기에는 법무부장관의 역할을 하는 아르콘 테스모테테스 6명을 뽑고 임기를 1년으로 하면서부터 아르콘의 임기 또한 모두 1년으로 바뀐다. 그러다 나중에는 시민 중에서 아르콘으로 일하기를 원하는 사람 가운데 9명을 제비뽑기로 뽑아 1년 동안 국가의 행정과 재판의 실무를 처리하는 역할을 담당했다. 이로써 아르콘의 권력 남용을 최대한 막을 수 있었다. 아르콘 에포니모스는 행정과 정치 담당, 아르콘 바실레우스는 종교 담당, 아르콘 폴레마르코스는 군대 담당, 아르콘 테스모테테스는 사법 담당
- 아카데메이아(Academeia) : 기원전 387년 경에 플라톤이 국가를 운영하는 철인들을 길러내기 위해 세운 귀족들을 위한 학교
- 아크로폴리스(Acropolis) : '아크로(acro)'는 '높은', '폴리스(polis)'는 '언덕'이라는 뜻이므로 높은 언덕이라는 의미의 그리스어. 신전과 국가의 주요 공공기관이 위치해 있었기 때문에 종교적으로도 정치적으로도 중요한 공간이 되었다.
- 일사부재리(一事不再理) : 재판을 통해 어떤 사건에 대해 판결이 확정되면 그 사건에 대해서는 다시 재판하지 않는다는 법 원칙. 우리나라에서는 잘못해서 유죄 판결이 난 경우 소송 조건에 흠결(흠이 있거나 부족한 점이 있는 것)이 있다는것을 이유로 들어 면소(소송 제기한 것을 면제하는 것)판결을 받을 수 있다. 면소판결은 재판을 받을 필요가 없다는 의미이므로 무죄판결과 같은 것이다. 이 면소판결에는 일사부재리의 원칙이 엄격하게 적용된다.
- 정족수(定足數) : 어떤 일을 하기 위해 필요한 사람들의 수를 정해 놓은 것
- 제국(帝國) : 단어를 보면 말 그대로 '황제가 다스리는 나라'라는 의미이지만, 실제로는 식민지를 가진 거대한 나라를 가리키는 말이다.
- 제국주의(帝國主義) : 경제력과 군사력이 강한 나라가 더 큰 나라가 되기 위해다른 나라를 지배하는 경향을 가리키는 말
- 제사장(祭司長) : 종교에서 최고 높은 사람으로 종교의식이나 전례를 주관하던사람을 가리키는 말
- 중도정치(中道政治) : 어느 한 편에 서지 않고 중간에서 정치적인 사안별로 옳다고

생각하는 편을 들거나 양쪽을 비판하는 정치
  ※ 참고 : '중도정치'라는 말을사용하면 마치 가운데에서 중심을 잡고 있는 것처럼 보이기 때문에 좋게 생각하는 사람이 제법 있다. 하지만 결국 자신의 이익이나 생각에 따라 자신의 마음에드는 편의 손을 들어주는 것이므로, '중도정치'는 자신의 이익에 따라 움직이는정치가 될 가능성이 크다. 뿐만 아니라 '중도정치'라는 말은 굉장히 위험한 말이될 수 있다. 양쪽이 싸우는데 어느 편도 들지 않고 가만히 있다가 이기는 쪽에 의해서 생기는 이득을 거저 얻어간다는 의미도 될 수 있기 때문이다.
• 중우정치(衆愚政治) : 플라톤과 아리스토텔레스가 다수결의 원칙을 적용하고있는 민주주의 정치제도를 멸시하는 의미에서 사용한 말. 다수결의 원칙에 따르면 어리석은 다수가 똑똑한 소수를 이기기 때문에 어리석은 결정을 내릴 수밖에없으므로, 결국 민주주의는 어리석은 다수에 의한 정치라고 비하한 표현.
  ※ 이 말에는 논리적으로 두 가지 오류가 있다. 하나는 '다수는 어리석고 소수는 똑똑하다'는 잘못된 전제가 숨겨져 있다. 이와 반대로 '다수는 똑똑하고 소수는 어리석다'의 경우도 있기 때문이다. 그런데, '중우정치'라는 말은 '다수는 어리석다'고만 전제한 것이다. 그리고 다른 하나는 '어리석다', '똑똑하다'는 기준이 무엇인지에 대한 정의가 애매모호하다는 것이다. 지식이 많다고 똑똑하다고 할 수 없고, 배우지 못했다고 어리석다고 단정할 수 없기 때문이다. 이렇듯 '중우정치'라는 말이 가지고 있는 비논리적 함정을 파악하지 못한 채 민주주의를 중우정치라고 여기는 사람이 있다면 반(反) 민주주의자, 엘리트주의자라고 비난 받는 게 마땅하다.
• 참정권(參政權) : 국민이 정치에 참여할 수 있는 권리
• 참주(僭主) : 고대 그리스의 도시국가인 폴리스에서 무력으로 정권을 탈취하거나 비합법적으로 정권을 장악해 권력을 행사하던 독재자를 가리키는 말
• 철인통치(哲人統治) : 왕이 지혜를 아는 철학자가 되거나 지혜를 아는 철학자들이 국가를 통치해야 된다는 플라톤의 신념
• 탄핵(彈劾) : 대통령, 국무총리, 법관 등 국가 고위직 공무원의 위법 행위에 대해 파면하거나 처벌하는 제도
• 탄핵소추(彈劾訴追) : 위법 행위를 한 공무원에 대해 재판을 요구하거나 탄핵을 제기하는 행위
• 테러(Terror) : 국가, 집단, 개인이 자신들의 정치적인 목적을 이루기 위해 사용하는 폭력으로 두 가지로 구분할 수 있다.
  (1) 하나는 2차 세계대전을 일으킨 독일 히틀러의 나치즘에 저항한 프랑스의 레지스탕스와 일본의 식민지였던 한국의 독립군처럼 타국이 자신의 나라를 침략해 폭력을 일삼는 것을 중지시키기 위한 테러가 있다.
  (2) 다른 하나는 권력을 가진 사람이나 집단이 자신들의 이익을 얻을 목적으로 공포심을 조장하기 위해 일부러 폭력을 행사하는 테러가 있다. 이러한 테러로는 적색테러와 흑색테러, 그리고 백색테러가 있다.
    ① 적색테러는 이념이 좌파 우파로 나뉘어 날카롭게 대립하던 시기에 공산주의자들이 일으키던 테러를 말한다.
    ② 흑색테러는 무정부주의자들이 국가를 상대로 일으키던 테러를 말한다.
    ③ 백색테러란 국가나 정부기관 등 권력을 가진 사람이나 집단이 자신들이 하고자 하는 것에 대해 반대하는 세력에 대해 테러를 일으키는 것을 말한다.

※ 무정부주의자 : 정치적인 조직이나 권력인 국가와 군대, 자본주의, 종교, 가부장제 등의 권위가 폭력적이기 때문에 개인의 자유와 공동체적인 삶을 지향하는 사람들을 가리키는 말. 자신들의 사상을 나타내는 말로 무정부주의라는 말을 사용하기를 꺼리고 '자유주의연합'이라는 말을 사용하는 것을 더 좋아한다.

- 테스모테타이(Thesmothetai) : 법률에 관계된 일들을 처리하는 아르콘을 지칭하는 말
- 톨로스(tolos) : 지금의 행정부 같은 역할을 하는 곳
- 평의회(評議會) : 고대 아테네의 국가 운영 기구. 지금의 정부와 같은 역할을 했다.
- 평의회(評議會)의원 : 지금의 정부와 같은 역할을 하던 기구에서 활동하던 사람
- 폴레마르코스(Polemarchos) : 아르콘 폴레마르코스. 고대 그리스 아테네에서 주로 군대 업무를 담당했던 직책. 현재 국방부 장관과 비슷하다고 보면 된다. 전쟁에서 최고 능력을 가진 사람이 뽑혔다. 휘하에 스트라테고스(장군) 10명이 있었다.
- 폴리스(Polis) : 도시 국가. 한 도시가 국가인 것을 가리키는 말. '언덕'이라는 의미의 그리스어. 언덕을 중심으로 소규모 국가가 형성되자 나중에는 '도시국가'라는 의미로도 사용하게 된다.
- 피티아(Pythia) : 아폴론 신을 모시던 델포이 신전에서 신탁을 받아 전해주던 여사제를 가리키는 말
- 해안당(海岸黨) : 해상무역으로 부자가 된 신흥부자평민들이 모여 세력을 이룬 것을 가리키는 말. 신흥부자평민이 그리스 아테네의 남서 해안을 중심으로 살고 있었기 때문에 붙여진 이름이다.
- 히마티온(Himation) : 고대 그리스인이 키톤 위에 입었던 겉옷, 긴 직사각형 모양의 천으로 키톤 위에 걸치거나 맨 몸 위에 걸치기도 했다. 입는 방법은 보통 한쪽 어깨 위에 걸친 뒤 몸을 한 번에서 세 번 정도 휘감은 다음 한쪽 끝을 왼팔이나 어깨에 두른다.
- 히포니코스(Hipponikos) : 아테네에서 제일 부자인 사람의 이름
- 10부족제(部族制) : 클레이스테네스가 귀족들의 횡포를 막기 위해 만든 인위적인 부족제도
- 30인귀족독재정치(貴族獨裁政治) : 우리나라에서는 이 정치 형태를 과두정치, 또는 참주정치라고 부른다. 과두정치란 소수의 구성원이 권력을 가진 것을 말하며, 참주정치는 불법적으로 권력을 잡은 사람들이 하는 정치를 가리키는 말이다.
- 30인의 과두정권(寡頭政權) : 기원전 404년에 스파르타와 동맹을 맺은 30인의 귀족들이 아테네를 공격해 정권을 잡았다.
- 400인 과두정권(寡頭政權) : 400인 독재정권을 가리킨다. 기원전 411년에 귀족 출신의 젊은이들이 스파르타와 동맹을 맺고 아테네를 공격해 정권을 탈취한 다음, 400명의 귀족들이 통치했다.
- 4부족제(部族制) : 클레이스테네스가 통치하기 이전까지 그리스 아테네에 있어왔던 제도. 귀족이나 왕족을 중심으로 지연과 혈연으로 묶인 공동체
- 500인평의회(評議會) : 10개의 부족에서 50명을 추첨해(인구수에 비례해 뽑았기 때문에 지역마다 약간의 차이는 있었다) 1년 동안 민회에서 의결한 일들을 처리하는 기구로 지금의 정부와 같은 역할을 했다. 임기는 1년이었고, 평생에 한번만(중임 금지) 할 수 있었다. 각 부족에서 선발

된 50명이 아고라의 톨로스라는 곳에서 먹고 자면서 1년의 10분의 1의 기간인 36일씩 실무를 담당해서 처리했다. 500인평의회의 의장은 매일 아침 제비뽑기로 추첨을 했고, 임기는 하루 뿐이었고, 역시 중임이 금지되었다.

그리스 신화

- 무사이오스(Musaeus) : 그리스 신화에 나오는 음악가이자 시인
- 미노스(Minos) : 그리스 신화에 나오는 왕으로 크레타섬의 왕. 제우스와 에우로페 사이에서 태어난 아들. 시칠리아의 왕에게 피살된 뒤 죽은 사람을 재판하는 판관이 되었다.
- 시지포스(Sisypos) : 그리스 신화에 나오는 코린토스의 왕. 제우스가 보낸 사신을 속여 꼼짝 못하게 묶어 놓아 죽는 사람들이 없었고, 군신(軍神) 아레스가 그 사신을 구출한 뒤에야 사람들이 죽었다고 한다.
- 아레오파고스(Areopagos) : '아레스 신의 바위'라는 의미. 타원형의 바위로 아레스 신(그리스 신화의 올림포스의 12신 중 하나. 전쟁과 파괴의 신. 미의 여신 아프로디테의 연인. 또다른 전쟁의 신 아테나와 달리 파괴와 살상을 즐김)
- 아이아코스(Aiakos) : 그리스 신화에서 제우스와 아이기나(강의 신 아소포스의 딸)의 아들. 가장 경건하게 살았기 때문에 죽은 뒤에 미노스, 라다만토스와 함께 저승에서 죽은 사람들을 심판하는 판관이 되었다.
- 아킬레우스(Achileus) : 테살리아 지역의 프티아 왕 펠레우스와 바다의 여신 테티스의 아들. 그의 어머니가 그를 영원히 죽지 않는 불사신으로 만들기 위해 죽은 이들이 사는 강물에 몸을 담갔지만, 손으로 잡고 있던 뒤꿈치가 강물에 젖지 않아 그곳만 제외하고는 몸 전체가 불사의 존재가 된 반인반신. 트로이 전쟁에서 그 사실을 알게 된 트로이 왕자 파리스에게 발 뒤꿈치에 활을 맞아 죽는다.
- 아테나(Athena) : 제우스의 머리에서 태어난 지혜의 여신. 예술과 장인들의 기술을 보호해 주는 장인의 수호신이다. 또한 전사의 신이며 고대 그리스 아테네의 수호신. 아테네 도시 이름의 기원이 된 신※ 아테네에서 발굴된 도자기에는 헤파이스토스가 아테나를 도와 출산을 돕는 조산원으로 그려져 있다.
- 아폴론(Apollon) : 그리스 신화에서 태양신이자 지혜와 이성의 신이며 예언의 신이다. 뿐만 아니라 치료와 정화의 신이며, 시와 음악의 신이다. '악을 제거하는 화살'을 들고 다닌다. 제우스와 레토의 아들로, 레토는 제우스의 부인 헤라의 질투를 피해 델로스섬에서 쌍둥이(달과 사냥의 여신인 아르테미스와 쌍둥이)를 낳았다.
- 오디세우스(Odysseus) : 호메로스가 쓴 「오디세이아」의 주인공. 라틴어 이름은 '율리시스'이다. 트로이 목마를 이용해 트로이를 함락시킨 장군
- 오디세이아(Odysseia) : 고대 그리스의 시인 호메로스의 작품이라고 전해지는 서사시. 그리스와 트로이 사이에 있었던 전쟁이 끝난 뒤, 바다의 신 포세이돈의 아들을 장님으로 만들어 노여움을 사게 된 오디세우스는 그리스로 돌아가지 못하고 10년 동안 고생을 한다. 그 사이 그의 아내는 구혼자들에 둘러싸여 재산을 낭비하고, 이를 지켜보던 아들이 아버지를

찾아 나선 뒤 겪는 내용이다.
- 오르페우스(Orpheus) : 그리스 신화에 나오는 최고의 음악가이자 시인. 독사에 물려 죽은 아내 에우리디케를 되찾기 위해 지하세계로 간다. 오르페우스의 아름다운 음악은 하데스를 감동시켜 아내를 데리고 가도 된다는 허락을 받는다. 하지만 지하세계를 다 빠져나갈 때까지 뒤를 돌아보지 말라는 하데스의 당부를 잊고 그만 뒤를 돌아보는 바람에 영원히 아내를 잃는다. 그 뒤 슬픔과 자괴감에 오르페우스는 뒤 비참하게 살다 죽었다.
- 제우스(Zeus) : 그리스 신화에서 나오는 가장 높은 신. 형제인 하데스와 포세이돈을 불러 힘을 합쳐, 자신의 부모인 티탄족의 왕 크로노스를 죽이고 스스로 왕이 된 신. 하데스에게는 지하세계를, 포세이돈에게는 물의 세계를 맡기고 자신은 하늘의 신이 된다.
- 트리프톨레모스(Triptolemos) : 그리스 신화에서 데메테르에게 곡물재배기술을 배워 전 세계에 전파했다.
- 파트로클로스(Patroklos) : 아킬레우스보다 나이가 많지만 어려서부터 함께 자라고 교육받은 절친한 친구. 트로이 전쟁이 일어났을 때 아킬레우스는 그리스군의 총지휘관이었던 아가멤논과 사이가 좋지 않아 전투에 참가하지 않았다. 그리스군이 계속해서 전쟁에 패하자 노장이었던 네스토르가 파트로클로스에게 아킬레우스를 전쟁에 나설 수 있도록 설득해 달라고 부탁한다. 파트로클로스는 아킬레우스를 설득했지만 거절당하자 자신이 아킬레우스의 대역을 맡겠다고 하면서 아킬레우스에게 아킬레우스의 갑옷을 빌려달라고 한다. 아킬레우스는 그것까지 거절할 수 없어 갑옷을 빌려주며 트로이군이 후퇴하면 더 이상 추격하지 말라고 신신당부한다. 그러나 파트로클로스는 아킬레우스의 당부를 잊고 후퇴하는 트로이군을 추격하다가 아폴론 신에게 보호를 받는 트로이군의 헥토르의 창에 찔려죽게 된다.
- 페이토(Peitho) : 그리스 신화에 나오는 설득의 여신
- 프리타네이온(prytaneion) : 제우스의 누나인 헤스티아(Hestia) 여신을 숭배하기 위해 만들어진 건물. 항상 꺼지지 않는 불이 타오르고 있는 곳으로 귀빈에게 최고급의 식사를 대접하기도 했다. 헤스티아는 그리스어로 '화로'를 의미하고, 화로는 각 가정의 중심이므로 헤스티아는 가정의 화합을 중요하게 생각하는 신이었다. 불의 여신을 모신 프리타네이온은 아고라 광장의 중심지로 도시의 시청 또는 국가의 행정부 종합청사와 같은 건물을 가리킨다.
- 하데스(Hades) : 그리스 신화에서 죽음과 지하세계를 다스리는 신으로 제우스의 형제
- 헤라(Hera) : 제우스의 누이이자 세 번째 부인. 올림포스 궁전의 안주인. 결혼생활 수호의 여신이자 땅의 풍요와 다산의 여신. 아르고스에 신전이 있다.
- 헤스티아(Hestia) : 제우스의 딸. 불의 신. 집안의 화로를 수호하는 신. 신전의 불을 수호하는 신. 가정을 수호하는 신
- 헤파이스토스(Hephaistos) : 불의 신, 특히 대장간의 불을 지켜주는 신으로이 신은 장인들을 보호한다. 가장 아름다운 여신 아프로디테의 남편. 제우스와 헤라의 아들이라는 설도 있고, 헤라 혼자 낳은 아들이라는 설도 있다.
- 헥토르(Haktor) : 트로이의 왕 프리아모스의 장남으로 트로이 전쟁의 원인이 된

파리스의 형. 지혜와 용기, 그리고 자상함까지 지닌 인물로 트로이 전쟁에서는 총대장으로 출전한다. 그의 지휘로 트로이군은 그리스군에 매번 승리한다. 아킬레우스의 갑옷을 입고 출전한 파트로클로스를 죽여 그에 대한 복수로 출전한 아킬레우스에 의해 죽는다.

역사적 사건

- 니키아스(Nikias) 조약 : 기원전 421년 펠로폰네소스 전쟁 종식을 목적으로 맺어진 델로스동맹과 펠로폰네소스동맹 사이에 맺어진 강화조약
- 델로스(Delos)동맹 : 테미스토클레스, 키몬, 아리스테이데스 등의 주도로 결성. 아테네에서 관리한 동맹 기금이 400탈란트가 넘었다. 아테네에서 동맹 탈퇴국들을 가혹하게 진압(기원전 470년 낙소스, 기원전 465년 타소스)해 동맹국들의 원성을 샀다. 테리클레스가 집권하자 스파르타는 델로스동맹국들을 사주해 아테네에 반란을 일으키도록 만들었다.(기원전 446년 에우보이아의 칼키스와 에테트리아, 메가라, 기원전 441년 사모스 등)
- 델리온(Delion)전쟁 : BC 424년에 있었던 아테네와 스파르타 사이의 전쟁
- 암피폴리스(Amphipolis)전쟁 : BC 422년에 발생한 아테네와 스파르타 사이의 전쟁.
- 페르시아(Persia)전쟁 : 페르시아는 기원전 497년과 기원전 490년, 그리고 기원전 480년, 세 번에 걸쳐 그리스를 침공한다. 페르시아는 기원전 490년과 기원전 480년, 두 번의 전쟁에서 모두 크게 패한다. 이 전쟁을 통해 아테네는 스파르타와 함께 그리스의 중심세력으로 부상한다.
- 펠로폰네소스(Peloponnesos)동맹 : 델로스동맹보다 훨씬 이전에 결성된 동맹으로 스파르타의 무력에 의해 펠로폰네소스 반도의 도시국가들이 강제로 맺게 된 동맹을 가리킨다. 동맹 회의에서 전쟁에 대해 과반수가 찬성하면 스파르타는 찬성하지 않은 모든 동맹국에도 병력을 요구해 전쟁을 치를 수 있었다. 그리고 자신들이 동의하지 않는 안건이 나오면 소집을 거부하는 등 무소불위의 권한을 행사했다.
- 포테이다이아(Poteidaia)전쟁 : BC 432년에 발생한 아테네와 스파르타 사이에 있었던 전쟁. 소크라테스는 보병으로 참전했다.

기타 용어

- 거류민(居留民) : 어떤 사정이 있거나 자신이 하는 일 때문에 남의 나라에 살고있는 사람
- 고리대금(高利貸金) : 돈을 빌려주고 비싼 이자를 받는 것
- 궤변론자(詭辯論者) : 소크라테스와 플라톤이 평민들을 가르치는 소피스트들을 공격하기 위해 만들어낸 말로, 언뜻 들으면 그럴듯한 말이 되지만 자세히 따지면 말이 되지 않는 주장을 하는 사람을 가리키는 말

각주 모음(주제별)

- 귀족(貴族) : 예전에는 왕을 도와 새로 나라를 만든 사람들이나 전쟁을 통해공을 쌓은 사람들이 왕에게 받은 작위를 가진 사람들을 가리키는 말로, 왕으로부터 받은 모든 재산과 권리를 대를 물려 이어받을 수 있었던 부류의 특권층을 가리키는 말이다. 지금까지도 그들은 그들이 쌓아온 부와 권력, 그리고 그들끼리의 인맥으로 세계의 정치와 경제를 쥐락펴락 하고 있다.
- 금치산자(禁治産者) : 자기 행위의 결과를 합리적으로 이끌어 내거나 판단능력이 없어 재산을 관리할 능력이 금지된 사람을 가리키는 말
- 대사면(大赦免) : 그동안의 죄를 용서해 면제하는 것
- 대사면령(大赦免令) : 사면령은 죄를 용서해 모든 형벌을 면제하는 명령을 의미한다. 대사면령은 사면령의 범위가 큰 경우에 사용하는 말이다.
- 데모스(Demos) : 지방자치를 행하는 공동체 마을. 고대 아테네의 최소 행정단위였으나 시민, 민중, 대중의 의미로 사용하기도 했다.
- 도편(陶片) : 도자기 조각
- 동맹(同盟) : 둘 이상의 사람이나 단체, 국가가 어떤 목적을 위해 같은 행동을 하기로 하는 약속
- 드라크메(Drachme) : 고대 그리스의 화폐 단위. 기술이 높은 경지에 이른 장인이 받는 하루 일당이 1드라크메였다. 현재의 화폐 가치로 따지면 높은 기술을 가진 사람이 받는 일당이 하루 10~12만 원 정도이므로 100드라크메는 약 천만 원 정도라고 볼수 있다.

  ※ 당시 화폐 단위(출처:「고대 그리스」- 폴 카트리지 p.10)

  100드라크메 = 1므나
  60므나 = 1탈란트

  1드라크메 = 6오볼로스
  2드라크메 = 1스타테스

  * 기원전 5~4세기 숙련 기술자 일당: 1~2.5드라크메(민회 참석자에 지급한 금액도 이와 비슷했다)
  * 기원전 5세기말 아테네 4인 가족의 하루 생활비: 2.5~6오볼로스

- 므나(Mena) : 달러, 원, 프랑, 파운드 같은 고대 그리스의 화폐 단위. '미나'라고 불리기도 한다.
- 소피스트(Sophist) : 현자(현명한 사람), 지자(지혜로운 사람)를 가리키는 말.지혜로운 사람을 가리키는 좋은 말이 궤변론자로 나쁘게 변질된 것은, 플라톤 이자신들과 그들을 분리시키기 위해 그렇게 부르기 시작했기 때문이다.
- 에우티프론 : 소크라테스 재판 「에우티프론」-「변론」-「크리톤」 3부작 중 첫 번째 작품.
- 엘리트(elite) : 우수한 교육을 받아 우수한 능력을 가지게 되어 높은 지위에 올라 사회의 지도층이 되는 사람들을 가리키는 말
- 전문 엘리트 : 새롭게 떠오른 신흥 귀족 세력. 한 분야에 필요한 전문 교육을 받아 그 능력으로 높은 지위에 오른 사람이나 어떤 한 분야에 뛰어난 능력을 가진사람을 가리키는 말.
- 키톤(Kiton) : 주로 흰 색으로 고대 그리스인이 입었던 속옷

「소크라테스 재판의 재구성」
본문에서 빠진 이야기들

에필로그 1

플라톤이
〈에우티프론-변론-크리톤〉
3부작 극본에서
얘기하고 싶었던 것들

플라톤이 〈에우티프론-변론-크리톤〉 3부작 극본에서 얘기하고 싶었던 것들

: 민주주의가 지혜를 죽인다

민주주의는 어리석은 자들에게 국가 운영을 맡기고 법률 제정과 재판까지 맡기는 제도다. 평민들이 정치에 참여하고 재판에까지 관여하게 되니까, 자신이 뭐라도 된 듯 우쭐하는 마음이 생기게 하고, 권력과 돈과 지위만 탐하게 만들어, 결국 지혜를 사랑하는 일에서 멀어지게 되는 것이다. 이런 어리석은 사람들에게는 정부 운영을 맡겨서도 안 되고, 재판을 맡기는 것은 더더욱 안 된다.

Chapter 1

극본 1부
「에우티프론」

[1] 중심 내용 : 경건함이란 무엇인가?

→ 경건함이 무엇인지는 알고 나를 불경죄로 고발한 것인가?

플라톤이 「변론」(소크라테스가 재판정에 서서 변론하는 책)을 쓰기 전에 「에우티프론」을 먼저 쓴 이유는, 경건함이 무엇인지 모르는 사람들이 소크라테스가 경건하지 못하다면서 소크라테스를 불경죄로 고발했다는 것을 알리기 위해서입니다.

「에우티프론」의 주된 내용은 이렇습니다.

소크라테스는 고발당한 사건 때문에 법정에 갑니다. 거기에서 에우티프론을 만납니다. 에우티프론은 민회에서 종교에 관련된 발언이나 예언을 하던 젊은이였습니다. 소크라테스가 에우티프론에게 무슨 일로 왔는지 묻고, 에우티프론은 자신의 아버지를 살인죄로 고발하기 위해 왔다고 대답합니다.

에우티프론의 아버지 농장에서 일하던 머슴이 술에 취해 노예를 죽였고, 그 일로 인해 아버지가 화가 나서 그 머슴을 때렸다고 합니다. 그 다음 도랑에 그 머슴을 내동댕이쳐 놓고, 이 사건을 어떻게 처리해야 하는지에 대해 율법학자의 답을 기다리고 있었는데, 그 사이에 머슴은 굶주림과 추위로 죽게 되었다는 얘기였습니다.

에우티프론은 가족들이 '아버지를 살인죄로 고발하는 건 경건하지 못한 행위'라고 자신을 비난하고 있지만, 그것은 그들이 경건함이 무엇인지 모르기 때문이라고 합니다. 그리고 자신은 경건함이 무엇인지 알기 때문에 신성함이 어떤 것인지도 알고, 그래서 아버지를 살인죄로 기소하는 거라고 말합니다.

플라톤이 〈소크라테스의 재판〉에 대한 얘기를 이렇게 시작하는 이유는, 「변론」이 시작되기 전에 미리 소크라테스를 변호하기 위해서입니다. 소크라테스가 일부러 '젊은이들을 오염[변질]시킨 것'이 아니므로, 죄가 없다고 말하고 싶었던 겁니다. 그 젊은이들이 사람들을 죽였다고 해도, 소크라테스가 직접 죽인 것이 아니니, 그것 때문에 소크라테스를 고발할 수는 없다는 얘기죠.

다시 말하면, 소크라테스가 젊은이들을 변질[오염]시킨 것은 그가 의도한 것이 아니니 죄가 되지 않고, 그러므로 그 죄목으로 소크라테스를 고발하는 행위가 잘못되었다는 것을 밝히고 싶었기 때문입니다. 그리고 소크라테스를 따르는 젊은이들이(엄밀하게는 귀족 젊은이들이) 아테네시민들을 죽였지만, 그것 때문에 소크라테스가 재판을 받는 것은 잘못된 것이다. 이렇게 말하고 싶었던 겁니다.

[2] 본문에서 빠진 내용

(1) 소크라테스 관점

이 글은 대화체로 되어 있어 객관적인 관점에서 쓰여진 것처럼 보이지만, 내용은 철저하게 소크라테스의 관점과 입장에서 쓰여진 글입니다. 플라톤의 작품은 대부분[『법률』 제외] 소크라테스의 발언이 맞다는 방식으로 구성되어 있습니다. 독자들이 놓치기 쉬운 부분이라 빠진 내용에 넣었습니다.

(2) 에우티프론

에우티프론이 어떤 직업을 가진 사람인지, 어떤 성품을 가진 사람인지, 어떻게 해서 아는 사이인지에 대한 설명이 없습니다.

(3) 멜레토스

소크라테스를 고발했다고 하는 멜레토스에 대해서도 역시 아무 설명이 없습니다. 플라톤이 멜레토스를 아무것도 아닌 볼품없는 사람으로 여기거나, 아테네시민이 그렇게 여기도록 만들고 싶었다고 보는 게 맞습니다. 이 얘기를 확장하면 플라톤이 보기에 가장 거슬렸던 존재가 멜레토스라고 볼 수 있습니다.

'곧은 머리칼에다 수염은 별로 볼품이 없으면서도 매부리코를 가진'(박종현 번역, 「에우티프론」, 서광사, p.33) 멜레토스가 똑똑하다고 착각하는 젊은이이고, 그래서 나라에 좋은 일을 하게 될 사람이라고 빈정거리는 것을 보면요. 그리고 에우티프론의

에필로그 1 - 플라톤이 〈에우티프론-변론-크리톤〉 3부작 극본에서 얘기하고 싶었던 것들

입을 빌어서 한 번 더 멜레토스를 질투하는 사람으로 만들어 버린 것을 보면요.

플라톤은 가장 계급이 낮은 자들이 아폴론 신이 인정한 소크라테스[가장 지혜로운 자]를 사형 판결을 내리는 내용의 「변론」을 쓰기 전에 왜 「에우티프론」을 먼저 썼을까요? 그리고 그 안에, 왜 멜레토스가 소크라테스[가장 지혜로운 자=지혜의 상징]를 고발했다고 했을까요? 고발한 사람은 세 사람이었는데 말입니다. 그리고 왜 플라톤은 '멜레토스'를 어리석은 자의 상징으로 만들고 볼품없는 외모의 인물로 표현하는 걸까요?

저는 '멜레토스'를 도시 밀레토스나 밀레토스인을 상징하는 것으로 봅니다. 밀레토스는 철학사를 공부한 사람들에게는 아주 친숙한 이름입니다. 철학사 책 맨 처음에 소개되는 철학의 한 유파이기 때문입니다. 플라톤이 멜레토스를 볼품없는 사람으로 표현한 것은 '밀레토스학파(이오니아학파 중 밀레토스 출신들의 유파를 가리키는 말)'가 별것 아니라는 것을 보여주고 싶었기 때문일 수 있습니다.

또한 플라톤이 민주정을 혐오했다는 것은, 페리클레스도 싫어했다는 의미가 됩니다. 게다가 페리클레스의 연인은 이오니아 지역의 밀레토스 출신인 이스파시아(실존 인물 소크라테스의 스승이기도 한)였고, 페리클레스의 스승은 밀레토스학파의 계보를 잇고 있는 아낙사고라스였습니다. 스파르타식의 '왕정+귀족정'을 지지한 플라톤에게는 '밀레토스'라는 말은 '민주주의'와 같은 말로 여겼을 가능성이 높습니다. 그래서 3부작의 첫 작품 1부에 해당하는 「에우티프론」에, 자신을 고발한 멜레토스를 망신주면서 에우티프론과의 얘기를 이어간 겁니다.

「에우티프론」 마지막 부분에서 '경건함'을 잘 알고 있다고 큰소리친 에우티프론은 결국 소크라테스에게 '경건함이 무엇인지' 제대로 설명하지 못 한 채 바쁜 일이 있다고 하면서 가버립니다.

플라톤은 왜 글을 이렇게 썼을까요? 이 장면을 통해 어떤 얘기를 하고 싶었던 걸까요?

플라톤은 이런 얘기를 하고 싶었던 겁니다. ① 종교와 관련된 예언을 하는 사람조차도 '경건함이 무엇인지' 모르는데, 소크라테스를 고발한 자들이 '경건함이 무엇인지' 알 리가 없다. ② 경건함이 무엇인지 모르는 자들이 소크라테스를 '불경죄'로 고발하는 것이다. ③ 이 얼마나 황당한 일인가. 이렇게 말입니다.

법정 앞에서 에우티프론과 대화를 나누는 장면으로 1부 연극 대본 「에우티프론」은 끝나고, 2부 「변론」으로 넘어가 소크라테스가 재판받는 법정으로 무대가 전환됩니다. 플라톤은 2부 연극 대본 「변론」의 분량을 거의 소크라테스가 변론하는 내용으로 채웁니다.

Chapter 2

극본 2부

「변론」

[1] 중심 내용 : 똑바로 살아라
(아는 척하지 말고, 안다고 착각하지 말고, 진짜로 알아야 한다)

언뜻 보면 "너 자신을 알라"가 중심 내용인 것처럼 보입니다. 하지만 그 내용을 깊이 살펴보면, 다음과 같습니다.

(1) 민주주의자들이여, 너 자신을 알라
= 민주주의자들아, 아는 척하지 말고, 안다고 착각하지 말고, 진짜로 알아야 한다.

소크라테스는 「변론」에서 민주주의자들을 만나서 대화를 나눠봤는데, 그들은 자신이 굉장히 똑똑하고 지혜로운 줄 착각하고 있다고 평가합니다.

(2) 아테네시민이여, 민주주의자들에게 휘둘리지 마시오

소크라테스가 (1)의 의미로 얘기를 한 이유는 '민주주의자들은 나(소크라테스; 아폴론이 세상에서 가장 지혜로운 자라고 인정한)보다 똑똑하지 않다는 걸 내(소크라테스)가 계속 증명해왔지 않소. 그런데도 왜 아직도 민주주의자들에게 환호를 하는 거요?'라는 말을 하고 싶어서였습니다.

(3) 아테네시민이여, 너 자신을 알라
= 민주주의자들아, 아는 척하지 말고, 안다고 착각하지 말고, 진짜로 알아야 한다.

소크라테스는 자기에게 기소된 내용에 대한 변론 대신 아네테시민을 질책합니다. 아테네시민이 지혜를 사랑하는 일에 힘쓰지 않고, 훌륭한 사람이 되기 위해 힘쓰지 않고, 오로지 돈과 명예만 추구하고 있다고, 그래서 행동이 굼뜬 살찐 말이 되었다고 말입니다. 그래서 결국 굼뜬 말을 움직이게 하는 등에 같은 존재인 자신(소크라테스)을 죽이려 드는 사람들 편에 서게 된 거라고요.

(4) 정치와 법률 제정과 재판은 전문가에게 맡겨라

플라톤은 아테네시민을 향해 소크라테스의 입을 빌어 이렇게 말합니다.

① "말들을 더 훌륭하게 만들 수 있는 자는 어떤 한 사람이거나 아주 소수인 말 조련사들 아닌가요? 많은 사람들이 말들과 함께 지내거나 말들을 이용한다면 오히려 말들을 망쳐 놓지 않겠습니까?"(본문 p.253 인용)

이 얘기는 '말들은 전문가에게 맡기면서 정치와 법률 제정과 재판은 왜 전문가에게 맡기지 않는가?'라는 의미로 한 말입니다. 그리고 여러 명의 조련사가 아닌, 한 명의 조련사가 필요하다는 말은 민주주의를 부정하는 말입니다. 국가에 관련된 일들은 소수가 처리하는 게 낫다는 뜻으로 한 말이기 때문입니다.

② "몸집이 큰 혈통 좋은 말이 있는데, 그 덩치 때문에 굼뜨게 되어 등에의 자극을 받을 필요가 있는 말과 똑같은 꼴인 이 나라에, 신께서 등에처럼 저를 붙여 놓은 것이라고 생각합니다."(본문 p.288 인용)

이 말은 아테네는 살찐 말이고, 그 살찐 말에는 자기(소크라테스)처럼 입바른 소리를 하는 사람이 꼭 필요하다는 얘기입니다. 그리고 자기(소크라테스)가 아테네시민에게 입바른 소리를 하는 건 신의 뜻이라고 말한 겁니다.

[2] 본문에서 빠진 내용

(1) 아낙사고라스 책 가격

본문에서 소크라테스가 아낙사고라스의 책이 '싸구려 책 = 책 내용도 싸구려'라고 말한 것은, 소크라테스가 아낙사고라스를 공격한 것입니다. 그리고 아낙사고라스를 공격한 것은 민주주의자 페리클레스를 공격하는 것과 마찬가지입니다. 페리클레스는 30여 년간이나 아낙사고라스를 스승으로 삼았기 때문입니다. 그러므로 아낙사고라스를 망신주는 것은 페리클레스와 민주주의자들을 망신주기 위한 의도입니다.

(2) 민회의 결정 중 잘못된 한 가지만 꼬집어서 지적

그리고 자기(소크라테스)가 잘한 것만 얘기합니다. 고발된 내용에 대한 변론은 하나도 하지 않았습니다. 평의회가 일을 잘못 처리했을 때, 자신은 반대했다고 하면서 또 나무랍니다.

(3) 멜레토스

플라톤은 1부 「에우티프론」에서 멜레토스가 소크라테스[가장 지혜로운 자=지혜의 상징]를 고발한 얘기로 작품을 시작합니다. 그리고 2부 「변론」에서는 자신을 기소한 사람들 중에 왜 하필이면 멜레토스만 붙들고 늘어진 걸까요?

멜레토스가 상징하는 것이 ① '민주주의'이며 ② '소피스트'이고 ③ 페리클레스의 연인 '이스파시아'입니다. 그리고 ④ 페리클레스의 스승인 '아낙사고라스'입니다.

멜레토스가 법정에서 대답을 못하는 사람으로 만든 이유는 민주주의와 민주주의자들을 망신주기 위함입니다.

(4) 민주주의자들은 어리석은 자들이다

자신에게 유죄 판결을 내린 사람들과 자신을 고발한 사람들, 그리고 재판을 지켜보는 사람들을 향해 아폴론 신이 인정한 자신을 스승으로 모시기는커녕 재판한다고 야단치고 있습니다.

(5) 고대 그리스 아테네의 시민법정 운영 순서

① 재판관 500명(혹은 501명)이 지켜보는 가운데 피고인이 1차 변론을 먼저 합니다.

② 피고인의 1차 변론이 끝나면 재판관들은 투표로 유죄인지 무죄인지를 가립니다.

③ 투표 결과 유죄가 나오면 고발인과 피고인은 형량을 제안합니다.

④ 그 다음 피고인은 자신에게 유리한 형량을 제안하기 위해 2차 변론에 들어갑니다.

⑤ 2차 변론이 끝나면 재판관들은 형량에 대한 투표를 합니다.

⑥ 형량이 정해지면 피고인은 최후 진술을 합니다.

Chapter 3

극본 3부
「크리톤」

[1] 중심 내용 : 법을 지켜야 하는 이유

이른 새벽에 잠에서 깨어난 소크라테스는 크리톤이 옆에 있는 것을 보고 놀랍니다. 언제 왔냐고 물으니 한참 됐다고 합니다. 왜 깨우지 않았냐고 물으니, 크리톤은 죽음을 앞둔 소크라테스가 너무도 편안하게 곤히 자는 것이 신기해서 지켜보고 있었다고 대답합니다. 그리고 크리톤은 소크라테스를 설득합니다. 탈옥을 해서 다른 나라로 가서 살라고 말입니다. 아테네에서는 그런 일이 종종 있었던 것으로 보입니다.

하지만 소크라테스는 여러 가지 사례를 들어 '법을 지켜야 하는 이유'를 강조합니다. 여기에서 '악법도 법이다'라는 의역이 나오게 된 겁니다.

[2] 본문에서 빠진 내용

(1) 법이 만들어지는 것은 민회

클레이스테네스의 개혁 이후 법은 민회에서 만들어졌습니다. 그러니까 고대 그리스 아테네 민주정에서 법은 민회에 참석한 시민들의 동의 하에 제정되고 폐기되었습니다.

그러므로 불경죄가 잘못된 법이라면 소크라테스는 먼저 민회에 불경죄 폐기를 제안해야 했습니다. 그렇게 하지 않은 상태에서 소크라테스는 재판정에 나왔고, 재판관들과 아테네시민을 윽박질렀기 때문에 사형을 유도한 것이나 마찬가지입니다.

(2) 법이 다뤄지는 것은 시민법정

실제 인물이 아닌 플라톤 책의 주인공 소크라테스는 스파르타의 '왕정 + 귀족정'을 지지하는 반(反)민주주의자였습니다. 그래서 법은 최고 귀족이 모인 아레오파고스에서 관장해야 하는 것이 옳다고 봅니다. 그래서 제4계급인 테테스가 재판을 관장하고 있는 것이 옳지 않다고 여기는 겁니다.

일부러 재판정에 출두해서, 재판관과 아테네시민을 자극해 사형을 유도해낸 이유는 민주정을 지지하는 사람들과 재판관으로 참석한 테테스 계급 민중들이 아폴론 신이 인정한 참스승인 가장 지혜로운 자, 소크라테스에게 사형을 선고할 정도로 어리석다는 것을 보여주기 위한 것이었습니다.

(3) 불경죄에 대한 설명은 하지 않았다

소크라테스는 왜 불경죄가 잘못되었다는 것을 민회에서 설득하지 않은 걸까요? 자신(소크라테스)이 아테네라는 국가에서 모시는 신들인 아테나와 헤파이스토스, 그리고 데모스를 존중하지 않고, 오로지 제우스와 아폴론, 그리고 헤스티아에게만 예를 갖췄기 때문에 불경죄로 고발당한 것을 분명하게 알고 있었습니다. 하지만 자신은 아테네라는 국가에서 모시는 신들인 제우스와 아폴론, 헤스티아 신전에 예를 갖췄기 때문에 불경죄에 해당하지 않는다고 말을 빙빙 돌리면서 결국은 불경죄가 아니라고 우겼습니다.

그러니까 아테나와 헤파이스토스, 그리고 데모스 신전에 예를 갖추지 않은 이유에 대해서는 세 작품(「에우티프론」-「변론」-「크리톤」) 모두에서 설명하지 않고 있습니다.

에필로그 2

번외편 : 역사적 인물들

번외편 : 역사적 인물들

　본문에서는 민주주의를 확장시킨 인물들 위주로 구성되어서 고대 그리스 아테네 역사에서 중요한 역할을 한 인물들이 여러 명이 빠져 있습니다. 그래서 드라마나 만화책 맨 마지막에 에필로그를 덧붙이는 것처럼 번외편을 준비했습니다.

　이 〈번외편〉에서는 고대 그리스 아테네 역사에서 빠지면 안 되는 인물 중 세 명을 선정해 설명을 덧붙였습니다.

Chapter 1
테세우스

아테네의 건설자

혹은

아테네의 창건자

테세우스

Chapter 1. 테세우스

아테네의 왕 아이게우스의 유일한 아들로 중요한 사건들을 해결하면서 백성의 신망을 얻게 되었지만, 왕위에 오르는 것을 선택하지 않고, 아테네의 정치체제를 왕정에서 공화정으로 만들어 권력을 나눈 인물입니다.

테세우스는 아티카 반도에 있는 마을들을 돌아다니며 하나로 뭉치자고 설득했습니다. 설득에 성공한 그는 각각의 부족들이 운영하던 행정체계를 모방해 아테네의 아크로폴리스에 하나로 통합했고, 각 부족에게는 평등하게 관여할 수 있는 권한을 주었습니다. 그렇게 각 부족들이 연합해서 건설된 나라가 아테네입니다. 테세우스가 부족들을 설득할 수 있었던 이유는 왕의 자격을 가진 자신은 전쟁과 법률에만 관여하고, 그외 다른 모든 분야에는 각 부족들이 평등하게 참여할 수 있도록 만들어 단 한 부족에게도 부족함이 없도록 하겠다고 약속한 덕분이었습니다.

그렇게 아테네 공화국 건설한 테세우스는 아테네를 키우기 위해 주변 나라에 사는 사람들에게 아테네로 와서 살 것을 호소했고, 그 말을 듣고 아테네로 온 이주민들에게는 아테네 시민과 같은 권리를 주었습니다. 그 결과 많은 사람들이 자유로운 아테네로 건너오게 되었고, 아테네는 융성해지기 시작했습니다.

테세우스는 사람들의 직업에 따라 계급을 셋으로 나눴습니다. 귀족계급, 농민계급, 장인계급 이렇게요. 귀족계급에게는 지금까지 해오던 대로 제사를 주관하게 했고, '정치 법령과 풍속에 관한 일'을 관리하도록 했습니다. 하지만 아테네시민으로

서의 권리는 귀족이나 농민이나 장인들과 같도록 했습니다.

테세우스는 정식으로 청혼을 하기 위해 몰로시아에 갔습니다. 하지만 그곳의 왕이었던 아이도네우스는 테세우스를 감옥에 가둡니다. 테세우스가 자신의 딸을 납치하러 왔다고 오해하는 바람에요.(하지만 이 오해는 전혀 터무니없는 것이 아니었습니다. 이미 테세우스가 헬레네를 납치했다고 하는 소문이 돌고 있었기 때문입니다.)

테세우스가 몰로시아의 왕의 명령으로 감옥에 갇히게 되자 아테네에서는 귀족 중 하나인 메네스테우스가 권력을 잡기 위해 날뛰기 시작했습니다. 그는 테세우스 때문에 자신이 지배하던 지역의 통치권을 빼앗겼다고 생각하는 귀족 중 하나였습니다. 테세우스가 없는 틈을 타서 메네스테우스는 귀족세력을 뭉치게 했고, 결국 귀족세력이 다시 모든 권력을 잡고 아테네를 지배하게 되었습니다.

몰로시아를 방문한 헤라클레스의 간청으로 테세우스는 풀려나게 되었습니다. 테세우스가 아테네로 돌아와 정치에 관여하려고 하자, 메네스테우스를 중심으로 한 귀족세력들은 테세우스가 정치에 참여하는 것 자체를 강력하게 반대하고 나섰습니다.

결국 테세우스는 아테네를 떠나 스키로스 섬으로 갔습니다. 그곳을 통치하고 있던 리코메데스에게 의탁하기 위해서요. 하지만 리코메데스는 테세우스를 속여 절벽 아래로 떨어뜨려 죽이고 맙니다. 테세우스가 죽자, 아테네에서는 메네스테우스가 왕위에 올랐습니다. 나중에 시간이 흘러 테세우스의 아들들은 '메네스테우스가 죽자 아테네로 돌아와 왕위를 다시 찾았다'고 합니다.(『플루타르크 영웅전 제1권』 p.56)

*** 추신 1. 테세우스의 탄생 비화**

아테네의 왕 아이게우스가 자식을 갖고 싶어 델포이 신전에 신탁을 구했습니다. 신탁은 그 어떤 여자도 가까이 하지 말고 술도 마시지 말고 바로 아테네로 가라는 내용이었습니다. 답답해진 아이게우스는 펠로폰네소스 반도 남동쪽에 있는 트로이젠의 왕 피테우스를 찾아가 신탁을 털어놓았습니다. 피테우스는 아이게우스를 속여 자기 딸과 동침을 시켰습니다. 나중에 아이게우스는 가까이 한 여자가 피테우스의 딸이며, 자신의 아이를 임신했다는 것을 알게 되었습니다.

아이게우스는 트로이젠을 떠나며 피테우스의 딸 아이트라에게 아이가 자신의 아이임을 철저하게 숨기라고 신신당부를 한 뒤, 큰 돌 밑에 자신의 칼과 신발을 숨겨 놓습니다. 그리고 나중에 아이가 커서 이 돌을 들 수 있을 때 돌 밑에 둔 칼과 신발을 가지고 아무도 모르게 아테네로 찾아오도록 당부합니다. 아이게우스의 왕위를 노리는 세력이 있었기 때문입니다. 아이트라는 아들을 낳았고, 이름을 '돌 밑에 감추어 두었다'라는 뜻인 '테세우스'라고 지었다고 합니다.

아이트라는 아이의 신분을 숨기기 위해 트로이젠이 섬기는 신 포세이돈(바다의 신)의 아들이라는 헛소문을 퍼뜨렸습니다. 성장한 테세우스는 아버지가 당부한 대로 돌을 들어 돌 밑에 숨겨진 칼과 신발을 들고 아버지를 찾아 아테네로 떠납니다.

* 추신 2. 아테네가 크레타에 소년 소녀를 공물로 바치게 된 이유

아테네에 왔던 크레타의 왕자가 암살되는 사건이 벌어집니다. 크레타는 아테네를 공격합니다. 초토화 된 아테네는 크레타에 휴전을 요청하고, 크레타는 9년에 한 번씩 소년 소녀 일곱 명씩을 바칠 것을 요구하고 아테네를 떠납니다. 이후 아테네에서는 9년마다 제비뽑기로 소년 소녀 일곱 명씩을 뽑아 배에 태워 크레타로 보냈습니다.

테세우스의 아버지인 아이게우스가 왕위에 오른 다음, 크레타에 공물을 바칠 시기가 되었습니다. 테세우스는 아버지에게 자신이 공물이 되겠다고 나섭니다. 아이게우스는 말리지만, 테세우스는 자신의 계획을 얘기하며 아버지를 설득합니다. 테세우스의 계획은 이랬습니다. ① 소년들을 소녀처럼 여장을 하게 하고, ② 자신도 그들 속에 숨어서, ③ 미노타우로스의 미로에 들어 가게 되면, ④ 같이 간 소년 13명들과 함께 힘을 합쳐 미노타우로스를 죽이고, ⑤ 그 소년들과 함께 돌아오겠다.

결국 아이게우스는 테세우스의 계획을 허락하고, 테세우스에게 만약 미노타우로스를 죽이고 살아서 돌아오게 되면 검은 돛 대신 흰 돛을 달아서 멀리서도 승리를 알 수 있도록 하라는 당부를 합니다. 테세우스는 꼭 그렇게 하겠다고 약속을 한 뒤 소년들과 함께 크레타로 떠납니다.

Chapter 1. 테세우스

테세우스가 탄 배가 크레타에 도착했고, 배에서 내리는 그들을 지켜보던 크레타의 왕인 미노스 왕의 딸 아리아드네가 테세우스에게 한눈에 반해 테세우스에게 미로를 빠져나올 수 있는 방법을 알려주었습니다. 덕분에 테세우스는 미로 속에 있던 괴물 미노타우로스를 죽이고 무사히 아테네로 돌아올 수 있었습니다. 이 사건에 대한 얘기는 여러가지 설이 있습니다.(*『플루타르크 영웅전 1권』의 1. 테세우스 편 참조)

* 추신 3. 철학적 난제 중 하나인 '테세우스의 배'

'그래서 철학자들은 그 배를 가리켜 성장과 변화의 상징이라고 일컫기도 했다'(『플루타르크 영웅전 1권』 p.46)

테세우스는 승리에 취해 소년들과 함께 즐거워 하다가 그만 아버지의 당부를 잊고 검은 돛을 그대로 달고 아테네로 돌아옵니다. 그 배를 본 아버지는 그만 낙심해서 절벽에서 떨어져 죽어버립니다.

이때 테세우스가 타고 온 배를 기념하기 위해 아테네인들은 '테세우스의 배'를 그대로 보존시키기로 결정합니다. 소년들을 데리고 무사히 귀한한 것을 기념하고, 더 이상 크레타에 공물을 바치지 않게 된 해방을 기념하기 위해서요. 아테네인들은 테세우스가 타고 온 배의 낡은 부분을 새로운 나무로 갈아 끼우면서 오래도록 보존시켰다고 합니다.

자, 그럼 철학적 질문 하나 들어갑니다: 시간이 흘러 배의 모든 부분이 새로운 나무로 갈아 끼워집니다. 모든 부분이 새나무로 바뀌어, 테세우스가 탔던 시절의 부분이 하나도 남지 않게 되었습니다. 그렇다면 우리는 이 배를 '테세우스의 배'라고 부를 수 있을까요?

여러분은 어떻게 생각하세요? 친구나 지인들과 이 질문을 놓고 토론해 보는 것도 재미있지 않을까요?

Chapter 2

키몬

페르시아가 가장 두려워 했던

아테네의 장군

키몬

Chapter 2. 키몬

키몬을 키운 것은 스파르타였고, 키몬은 그 은혜를 잊지 않고 스파르타에 거스르지 않는 친스파르타 정책으로 일관했습니다. 스파르타를 사모하는 마음이 강해 아들 중 하나의 이름을 라케다이모니우스(라케다이몬은 당시에 스파르타를 부르는 이름)라고 지을 정도였습니다. 민회에서 연설할 때면 언제나 "스파르타 사람들은 이러지 않습니다."라는 말로 아테네시민을 나무랄 정도로 친스파르타적인 사람이었습니다.

이 책 본문에서 키몬이 빠진 이유는 '민주정 확립'에 영향을 끼친 사람들 위주로 내용을 구성했기 때문입니다. 키몬이 친스파르타 정책을 폈다고 해도, 페르시아의 침입으로부터 그리스를 지키고, 아테네 번영에 큰 역할을 했기 때문에 한번은 꼭 짚고 넘어가야 하는 인물이기 때문에 번외편에 넣게 되었습니다. 직접민주정의 꽃을 피운 페리클레스가 30여 년간 고대 아테네에서 활약할 수 있었던 것은 키몬이나 에피알테스 등 여러 사람의 공적들이 쌓인 덕분이기 때문입니다.

키몬은 좋은 옷을 입은 젊은이들을 데리고 다니면서 가난하고 나이 든 시민들을 만나면, 그들과 옷을 바꿔 입게 하고 돈을 나눠주게 했다고 합니다. 그리고 자신이 사는 지역의 주민들이나 고향 사람들을 만나면 다른 아테네시민에게 했던 것은 비교도 안 될 정도로 훨씬 더 잘 대해 줬다고 합니다. 자기 집의 문을 늘 열어두었고, 자기 땅에서 나는 농산물들을 누구든 가져갈 수 있게 했다고 하고요. 이렇듯 키몬은 가난한 사람들에게 온정은 베풀었지만 정치권력에 한해서 만큼은 한 치의 양보도 하지 않았습니다. 언제나 귀족 이익을 지지했고, 스파르타를 지지했으니까요.

에필로그 2 - 번외편 : 역사적 인물들

　　키몬과 같은 시대를 살았던 인물로는 테미스토클레스, 아리스티데스, 에피알테스, 페리클레스 등이 있습니다. 키몬이 아테네에서 정치적으로 중요한 지위인 장군직에 계속해서 뽑힐 수 있었던 이유는 여러 가지이지만, 그 중 중요한 이유는 다음과 같습니다.

　　① 정치적으로 귀족정을 지지하는 사람이었습니다. 온건 민주주의자로 클레이스테네스 시절의 민주정을 유지하고자 했습니다. ② 인품이 너그럽고 많은 사람들에게 온정을 베풀어 아테네시민의 존경을 받았습니다. ③ 살라미스 해전에서 큰 공을 세웠고(아버지 밀티아데스는 마라톤 전투를 승리로 이끈 장군), ④ 페르시아전쟁에서 큰 승리를 거둬 페르시아에서 가장 두려워하는 장군이 되었습니다. 그리고 ⑤ 아테네에 반기를 드는 세력[도시국가]들을 쳐부셔서 아테네를 부강하게 만들었습니다. 뿐만 아니라 ⑥ 아테네시민이 존경하는 테세우스의 시신을 찾아와(400년만에) 아테네에 안치합니다. 그로써 아테네시민은 키몬에게 감사한 마음을 갖게 되었습니다. ⑦ 키몬이 오래도록 장군에 선출된 이유는 '정의로운 사람'이라고 불리며 아테네시민에게 존경을 받던 '아리스티데스'가 그의 인품과 능력을 보고 지지해 준 덕분이었습니다. 아리스티데스는 지나치게 대담하고 전의에 불타는 자신의 연적이자 정적이었던 테미스토클레스를 견제하기 위해 성품도 훌륭하고 정치적으로 온건한 편이었던 키몬을 키운 겁니다.

　　키몬은 에피알테스와 정적 관계에 있었습니다. 에피알테스는 귀족들의 권한을 더 약화시키고 평민들에게 더 많은 권력을 주기 위해 민주주의 권력을 확장시키려는 사람이었습니다. 반면 키몬은 비록 스파르타의 정체(정치체제)를 부러워하며 언제나 스파르타 편에서 얘기하는 사람이었고, 클레이스테네스가 만들어 놓은 귀족 위주의 민주정을 지지하는 사람이었습니다. 에피알테스는 페리클레스와 동지 관계였고요.

에피알테스는 키몬 세력이 아테네를 비운 사이 민회를 설득해 아레오파고스의 권한 대부분을 시민법정으로 이전시켰습니다. 키몬이 아테네로 돌아와서 에피알테스가 확대시켜 놓은 민주주의를 축소시키려고 했지만, 평민들은 키몬의 말을 듣지 않고 키몬을 도편 추방했습니다. 그 이유는 스파르타의 배신 때문이었습니다.

기원전 464년에 스파르타에 지진이 발생했습니다. 그때를 틈타 스파르타의 노예들(원래는 원주민들이었죠)이 이웃 나라의 지원을 받아 반란을 일으켰습니다. 스파르타에서는 아테네에 노예를 진압할 지원군을 요청했고, 아테네 민회에서는 갑론을박 논쟁이 벌어졌습니다. 키몬은 스파르타를 도와야 한다고 아테네시민을 설득했고, 결국 민회는 키몬이 군대를 데리고 스파르타로 지원군을 데리고 갈 수 있도록 해줬습니다. 키몬은 4천 군사를 데리고 스파르타에 도착합니다. 하지만 스파르타에서는 아테네군을 도착한 지 며칠도 되지 않았는데 마뜩잖은 이유로 철군을 요청합니다. 스파르타 입장에서는 아테네군이 스파르타에 들어오자 덜컥 겁이 났던 겁니다. 아테네군이 반란군을 도와 스파르타와 전쟁을 벌일 수도 있다는 의심이 커졌기 때문입니다.

한 번 제대로 싸워보지도 못 한 채 돌아오게 된 아테네의 군인들은 스파르타의 결정에 심한 배신감을 느꼈습니다. 그리고 아테네시민들은 스파르타의 무례함에 대한 분노로 치를 떨었습니다.

아테네시민들 사이에서는 스파르타에 대한 반감이 팽배해졌습니다. 그 결과로 아테네시민은 민회에서 그리스동맹(페르시아전쟁 당시에 맺은 동맹) 파기를 결정하고 스파르타에 통보합니다.

아테네시민의 분노는 키몬에게로도 향했습니다. 정적들에게 스파르타의 간첩이라는 공격을 받는 키몬을 아테네시민들이 계속해서 장군으로 선출해왔던 것은 아테네를 지켜왔던 그의 출중한 능력을 인정하고 그의 따뜻한 성품을 사랑했기 때문이었습니다. 그런데 그동안 키몬이 해왔던 말과 달리 스파르타가 아테네를 전혀 믿지 않고 있었다는 사실이 확인된 것입니다.

스파르타를 믿어왔던 키몬은 결국 스파르타의 배신으로 인해 그동안 아테네를 지켜왔던 수많은 공적들을 뒤로 하고 아테네를 떠나야 했습니다.

Chapter 3

에피알테스

직접민주주의를 확대시킨 에피알테스

누가, 어떤 세력이 그를 암살했을까?

에피알테스

에피알테스는 정치권력을 제4계급에게까지 확대시키고자 하는 급진적 개혁파였습니다. 귀족의 이익에 앞장선 키몬과는 사사건건 대적했고요. 그리고 키몬의 친스파르타 정책을 맹렬히 비판하는 사람이었습니다. 페리클레스는 에피알테스와 같은 파벌에 속해 있었습니다.

페리클레스 시대에 정착된 시민법정 제도는 에피알테스의 순교를 바탕으로 한 제도라고 해도 과언이 아닙니다. 키몬 일파가 스파르타를 돕기 위해 원정을 떠나 있는 동안 아레오파고스의 권한을 거의 다 시민법정으로 이전시켰고, 그 이후에 암살 당했기 때문입니다. 에피알테스를 누가 암살했는지는 아직도 밝혀지지 않고 있습니다.

키몬이 도편 추방되고, 에피알테스가 암살되자, 페리클레스는 정치에서 일인자로 올라서게 되었습니다. 그러자 에피알테스 암살에 대해 두 가지 소문이 퍼졌습니다. ① '아레오파고스 일원이 암살했다'와 ② '페리클레스가 암살했다'는 소문이었습니다.

이에 대해서도 지금까지 학자들 간의 의견이 다릅니다. ① 민주주의적인 입장을 가진 학자들은 '직접 민주정을 싫어하고, 페리클레스 집안의 정적이었던 키몬의 집안과 가까웠던 이들이 퍼트린 소문'이라고 생각합니다. 하지만 ② 플라톤이나 크세노폰처럼 민주정을 증오하고 귀족정을 옹호하는 학자들은 페리클레스가 에피알테스를 암살했을 가능성에 무게를 더 둡니다.

하지만 평생 단 한 번도 무력을 사용하지 않고, 권위를 내세워 누군가를 짓밟으려고 하지 않았던 페리클레스가 자신의 든든한 정치적 동지였던 에피알테스를 죽였을까요? 오히려 민주주의를 지지하는 정치인들을 증오하고 평민의 목숨이나 정적의 목숨을 함부로 여겼던 귀족정 지지자들이 죽였을 가능성이 더 높지 않을까요?

Chapter 4

페리클레스

민주주의의 아버지

직접민주주의의 건설자

페리클레스

Chapter 4. 페리클레스

　이 책 본문에는 페리클레스에 대한 부분이 많이 생략되어 있습니다. 그 이유는 도널드 케이건의 『페리클레스』에 페리클레스에 대해서 아주 자세하게 나와 있기 때문입니다. 그래서 에필로그 번외편에서도 페리클레스에 대한 얘기는 생략합니다. 페리클레스가 궁금하신 분들은 도널드 케이건의 『페리클레스』를 읽으시면 훨씬 더 많은 도움이 될 겁니다.

　도널드 케이건의 『페리클레스』를 강추합니다!!!

에필로그 3

〈역사적 철학〉이란 무엇인가?

〈역사적 철학〉이란 무엇인가?

　30년 넘게 현장에서 학생들에게 영어를 가르치면서 제일 놀랐던 게 두 가지가 있습니다. 하나는 '아이들에게 생각할 수 있는 힘이 없다'는 것이었고, 다른 하나는 '역사(한국사든 세계사든)에 대해서 너무도 모른다'였습니다. 생각해 보니, 우리는 공교육에서 생각하는 법에 대해 배운 적이 없었습니다. 그러니 생각할 수 있는 힘이 없는 것은 당연한 결과였습니다. 생각하는 법을 배우지 못 했기 때문에 상상력도 빈곤할 수밖에 없습니다. 이런 상황에서 '추론'은 무리지요. 그래서 올바른 역사와 올바른 추론법을 동시에 익힐 수 있는 철학적 수업 방식에 대해 많이 고민했습니다. 〈역사적 철학〉은 그런 고민에서 탄생했습니다: 철학의 역사적 배경을 알게 되면 철학과 역사를 모두 들여다볼 수 있게 되기 때문입니다.

〈역사적 철학〉은 '역사 + 철학'으로 간(間)학문적 성격을 띠는 학문이라고 볼 수 있습니다. 〈역사적 철학〉이라는 학문의 대상은 ① 철학의 역사적 배경을 살펴보고 왜 그 철학자가 그 철학을 주장하게 되었는지를 밝히는 것입니다. 뿐만 아니라 ② 철학이 어떻게 역사를 추동해냈는지도 밝히는 것입니다. 이 두 가지를 대상으로 삼는 학문이 〈역사적 철학〉이라고 할 수 있습니다.

　존 루카치의 주장에 따라 역사학자에 대한 예전의 견해와 달라진 것처럼, 저는 철학자에 대한 견해도 예전과 달라져야 한다고 봅니다. 제가 하는 이 주장은 지금까지 철학자들이 박사 과정을 밟아서 "철학자"의 반열에 오른 게 아니라는 사실에 근거하고 있습니다. 그리고 존 루카치의 주장처럼 이미 많은 철학 원전들이 일반인들이 읽기 쉬운 문장으로 번역되었기 때문에, 철학자의 조건은 "독해력이 좋고 자신의 생각을 표현할 수 있는 능력이 뛰어나면 된다"고 봅니다. 저는 여기에 한 가지 더 '논리적인 논증 구조도 갖춰야 한다'고 보지만, 이것은 존 루카치의 "자신의 생각을 표현할 수 있는 능력이 뛰어나면"이라고 하는 조건 안에 들어가 있는 것이니 굳이 이를 위해 근거를 첨언하지는 않겠습니다.

Chapter 1

모든 학문은
역사적 배경 속에서 탄생한다

모든 학문은 역사적 배경 속에서 탄생한다

　　이 얘기는 철학이라는 학문 또한 역사적 배경을 지니고 태어난 학문이라는 얘깁니다. 한 철학자의 철학을 이해하기 위해선 그 철학자가 태어난 시대의 역사적 배경을 알아야 합니다. 이 얘기를 거꾸로 하면 한 철학자의 철학이 탄생하게 된 역사적 배경을 모르면 그 철학자의 철학을 온전히 이해하지 못한 것이라는 얘기가 됩니다. 이 얘기는 『철학개론 1』에서 밝혔지만, 이 책에서 다시 한 번 설명드리겠습니다.

　　만학(모든 학문)의 모태가 되는 철학은 태생적[본래적/근원적]으로 두 가지 배경을 지니고 있습니다. 하나는 역사적 배경이고, 다른 하나는 철학사적 배경입니다.

[1] 역사적 배경

모든 사람이 그러하듯 철학자도 역사적 환경 속에서 자라납니다. 그 철학자의 생각[철학]이 역사적 환경 속에서 형성됩니다. 그러므로 한 철학자가 태어난 국가의 역사를 모르면 그 철학자의 철학을 온전히 이해할 수 없습니다. 역사적 배경에는 개인사와 국가사[혹은 민족사]가 모두 포함됩니다. 역사적 환경 속에서 태어난 한 철학자의 철학을 제대로 알기 위해서는 그 철학자가 살았던 시대의 역사를 알아야 합니다. 지금까지는 한 철학자의 철학을 제대로 이해하기 위한 역사책이 없었습니다. 역사 따로, 철학 따로였죠. 그래서 저는 〈역사적 철학〉이라고 하는 새로운 분야가 있어야 한다고 생각했습니다. 그런 작업의 일환으로 『소크라테스 재판의 재구성』 책을 집필했습니다.

[2] 철학사적 배경

모든 철학자의 철학은 철학사적 배경을 지니고 있습니다. 플라톤과 아카데미아학파가 있기까지는 그리스 신화와 그와 관련된 종교, 그리고 소피스트[자연철학자 포함]라고 불리는 집단이 있었습니다. 그리고 플로티누스의 신플라톤주의가 탄생하기까지는 플라톤과 아리스토텔레스, 그리고 헬레니즘 철학이 있었습니다.

그러므로 플라톤을 제대로 알기 위해서는 그리스 신화와 그리스의 종교, 그리고 각 소피스트들의 주장을 알고 있어야 합니다. 마찬가지로 플로티누스의 철학을 알기 위해서는 플라톤과 아리스토텔레스를 알아야 합니다. 플라톤과 아리스토텔레스를 알아야 한다는 얘기는 그리스 신화와 그리스 종교, 그리고 소피스트도 같이 알아야 한다는 의미가 됩니다. 뿐만 아니라 플로티누스의 철학을 알기 위해서는 스토아학파, 에피쿠로스학파와 같은 헬레니즘 철학들을 알고 있어야 합니다. 거기에 당시 로마에서 유행하던 종교까지 알아야 하는 어려움도 있습니다.

만학의 모태인 철학이 그러하므로 다른 학문 또한 그렇습니다. 각 학문은 모두 철학처럼 두 가지 배경을 내포하고 있습니다. 뿐만 아니라 각 학문은 그 학문과 연관된 다른 학문들을 배경으로 해서 탄생했습니다. 그러므로 각 학문을 공부할 때는 ① 그 학문이 탄생하게 된 역사적 배경과 ② 그 학문의 역사를 모두 알아야 합니다. 그리고 ③ 그 학문과 연계된 학문도 알아야 하고요.

근원을 탐구하는 것이 철학입니다. 각 학문의 근원을 모른다면 학문이 아닌 기술에 불과합니다. 이 얘기는 철학[역사적 철학/철학사적 철학]을 제대로 공부하지 않고는 그 어떤 학문도 바로 설 수 없다는 것을 의미합니다.

역사가 빠진 학문은 학문으로서의 역할을 제대로 할 수 없습니다. 다시 말하면, 역사적 배경을 모른 채 학문을 배운다는 것은 기능인에 불과하게 되어, 맥락을 놓친 채 지엽적인 것에만 천착하게 될 수밖에 없습니다. 전체를 놓친 부분이 전체를 아우를 수 있을까요?

Chapter 2

역사적 배경을 모른 채 철학을 공부하면?

역사적 배경을 모른 채 철학을 공부하면?

위대한 철학들은 시대를 뛰어넘어 후대 사람들에게 훌륭한 지식을 제공합니다. 하지만 역사적 배경을 아는 상태에서의 철학과 그러지 못한 철학은 굉장히 커다란 차이가 존재합니다. 역사적 배경을 모른 채 철학만 공부하는 경우 두 가지 문제가 발생합니다. (1) 파편화·분절화된 지식 습득으로 사고 자체가 단편적이고 단면적(한쪽면만 고집하는 태도)이 되기 십상입니다. (2) (1)의 여파로 사고가 파편화 분절화 단편적으로 되기 때문에 교조주의적인 사고방식으로 고착화되어 편협해지고 오만해질 가능성이 아주 높습니다.

[1] 사고가 파편화되어 단편적이 되기 십상

예를 들어 보겠습니다.

우리가 자주 인용하는 플라톤의 말 중에 "정치를 외면한 가장 큰 대가는 가장 저질스러운 인간들에게 지배당한다는 것이다."라는 문구가 있습니다.

여기서 플라톤이 가리키는 '저질스러운 인간들'은 당시 고대 그리스 아테네에서 민주정을 지향하던 이들과 평민계급을 가리키는 말입니다. 왕족 출신인 플라톤은 모든 아테네시민(콕 집어 '평민계급'이라고 말하지 않고)이 참석해 아테네에서 벌어지는 모든 정치·경제·외교·군사적 결정을 내리는 민회를 싫어했습니다. 그리고 아테네시민 중 제비뽑기로 뽑혀 구성된 '평의회'도 싫어했습니다. 또한 가장 낮은 계급인 테테스(제4계급, 가장 가난한 사람들)로 구성된 배심원들이 '법정'에서 판결을 좌우지하는 것도 싫어했고요.

역사적 배경 없이 철학만 접했기 때문에 플라톤의 의도를 모른 채 플라톤의 주장을 그냥 받아들이는 일이 생긴 겁니다. 그래서 민주화를 부르짖으며 스스로 민주주의자임을 내세우는 사람들이 플라톤의 말 "정치를 외면한 가장 큰 대가는 가장 저질스러운 인간들에게 지배당한다는 것이다."를 인용하는 겁니다. 민주주의자라면 절대 쓸 수 없는 말인데 말입니다. 이 현상은 철학을 공부할 때 역사적 배경을 반드시 공부해야 하는 중요한 사례입니다.

[2] [1]의 여파로 교조주의에 빠지게 된다

이것도 소크라테스와 플라톤의 예를 들어 설명해 보겠습니다.

우리는 학교에서 소크라테스를 위대한 성인, 플라톤을 위대한 철학자라고 배웁니다. 그런데 왜 위대한 성인이고, 왜 위대한 철학자인지는 가르치지 않습니다. 이유가 뭘까요? 경우의 수는 두 가지입니다.

한 가지는 그렇게 배웠기 때문에 그렇게 가르치는 경우입니다. 왜 그런지에 대해 아무 의혹을 가지지 않은 채, 그저 교과서에 써 있는 그대로를 암기한 것에 불과한 것이죠. 바꿔 말하면, 모르는 채 가르쳤다는 얘기가 됩니다. 지금까지는 몰라서 그래 왔다고 할 수 있습니다. 하지만 계속 그렇게 제대로 모르는 사람이 아무것도 모르는 사람을 가르치는 일이 있어서는 안 되겠죠.

다른 한 가지는 알면서 가르쳐주지 않는 경우죠. 그런데 가르치는 일을 하는 사람이 알면서 가르쳐주지 않을 수 있을까요? 만약 그렇다면 그 사람은 교단에 서서 누군가를 가르치면 안 되는 사람인 거죠.

'왜 그런 것인가?' 이런 의문을 가지고, 그것을 연구하는 사람이 학자입니다. 연구한 내용을 자유롭게 발표하고, 그 연구 내용이 일리가 있는 경우 그 연구를 한 사람을 인정하는 사회가 발전한 사회이고요. 우리는 왜, '왜 그런 것인가' 의문을 가지고 연구하는 학자들을 많이 볼 수 없는 걸까요? 특히 인문사회계열에서 말입니다.

각설하고, 소크라테스와 플라톤에 대한 가장 기초적인 의문점을 살펴보겠습니다.

(1) 소크라테스를 왜 위대한 성인이라고 하는가?

실제 고대 아테네에서 활동했던 소크라테스는 자신의 견해를 아무것도 남긴 게 없기 때문에, 우리는 실제 그가 무엇을 주장했던 사람인지는 전혀 알 수가 없습니다. 그런데도 우리는 소크라테스를 가장 현명한 사람, 가장 지혜로운 사람, 지혜의 대명사처럼 말합니다. 우리가 그렇게 말하는 소크라테스는 플라톤의 작품 속 주인공입니다. 소설 속 주인공을 성인이라고 가르치고 있는 셈이죠. 홍길동이 '이상향을 꿈꾸던 위대한 도사'라고 가르치는 것과 다름 없다는 얘깁니다.

(2) 플라톤을 왜 위대한 철학자라고 하는가?

플라톤을 위대한 철학자라고 가르치지만 왜 위대한지는 가르치지 않습니다. 다른 철학자들과 무엇이 다른지도 가르치지 않고요. 이렇게 하는 이유 또한 두 가지 경우의 수가 있습니다. 한 가지는 모르면서 안다고 착각하고 가르치는 경우, 다른 한 가지는 알면서 안 가르쳐주는 경우입니다. 둘 다 문제지요?

물론 플라톤은 정말로 훌륭한 철학자가 맞습니다. 반민주주의자인 것만 제외하면 말입니다.

에필로그 3 – 〈역사적 철학〉이란 무엇인가?

　　철학을 공부할 때 필수적으로 알아야 하는 두 가지가 있습니다. ① 한 철학자의 철학이 탄생하기까지의 역사적 배경을 알아야 하고, ② 철학사적 배경을 알아야 합니다. 이 두 가지 중 한 가지를 제대로 익히지 못 했다면, 그 사람은 날개 한 쪽이 없는 새와 다름없습니다. 온전하지 않기 때문입니다. 물론 이 원칙은 다른 학문에도 적용되는 원칙입니다. 경제학도 경제학사적인 배경을 알아야 하고 한 경제이론이 탄생하기까지의 역사적 배경을 알아야 하는 것처럼 말입니다.

　　요하네스 하센이 자신의 책에서 "역사적으로 전개되어 온 학문의 체계를 그 상호 연관에서 정연하게 조명하면서 학문의 가치를 밝히고"라고 밝혔듯이 말입니다.

　　역사적 지식이 없이[역사적 배경에 대한 공부를 하지 않은 채] 철학책을 읽으면 교조주의에 빠지게 됩니다. 그래서 한 철학자의 주장이 그 당시에 필요한 이론이 아니라 세월이 흘러도 변하지 않는 진리라고 여기는 오류에 빠지게 되는 거고요. 그래서 철학책을 불경이나 성경, 코란처럼 떠받들게 되고, 소설 속의 주인공을 성인의 반열에 올려 추앙하는 일이 생기게 되는 겁니다. 그래서 플라톤의 철학극본 속에 나온 소크라테스의 재판을 실제로 있었던 재판, 즉 역사적 사실이라고 여기는 오류를 저지르게 된 거고요.

　　학문하는 사람의 입장은 철저하게 객관적이 되기 위해 노력해야 합니다. E. H. 카가 『역사란 무엇인가』에서 밝혔듯이, 주관적인 해석으로 흐를 가능성이 있을 수밖에 없기 때문입니다. 그래서 철학을 이해할 때 역사적 배경을 먼저 공부하는 것이

Chapter 2. 역사적 배경을 모른 채 철학을 공부하면?

중요합니다.

참고 서적

『Apology, Crito, and Phaedo of Socrates』
　Plato 저, Cary, Henry 역, Dodo Press

『The Last Days of Socrates』
　Plato 저, Christopher Rowe 역, Penguin Books

『What is History』
　E.H.Carr 저, Vintage Books USA

『계몽주의의 기원』
　피테 게이, 주명철 역, 민음사

『고대 그리스』
　폴 카트리지 저, 이상덕 역, 교유서가

『고대 그리스 그리스인들』
　H. D. F. 키토 저, 박재욱 역, 갈라파고스

『고대 그리스 법제사』
　최자영 지음, 아카넷
　; 발로 뛰어다니며 자료를 모으고 정리하는 것도 힘든 작업이었을 것인데, 그것을 모아 또 책으로 냈다는 것은 참으로 어려운 작업이었을 것이다. 그런데도 그런 노고를 마다 않고 그 지난한 세월을 이겨내신 최자영 님에게 감사드린다. 덕분에 나는 편히 앉아 고대 그리스의 정치제도사와 법제도를 알 수 있게 되었다.

『고대 그리스의 영광과 몰락』
　김진경 저, 안티쿠스

『고대 그리스정치사 사료 아테네·스파르타·테바이 정치제도』
　아리스토텔레스·크세노폰 외 저, 최자영·최혜영 옮김

『고대 그리스 철학』
　프리도 릭켄, 김성진 역, 서광사

『고대 문명의 이해』
　브라이언 페이건, 크리스토퍼 스카레 저, 이청규 역, 사회평론

『고대 아네테 정치제도사』
　최자영 지음, 신서원

『고대철학(케니의 서양철학사 1)』
　앤서니 케니저, 김성호 역, 서광사

참고 서적

『곰브리치 세계사 1, 2』
　　에른스트 H. 곰브리치 저, 이내금 역, 자작나무

『국가 정체』
　　플라톤 저, 박종현 역, 서광사

『국가』
　　플라톤 저, 천병희 역, 도서출판 숲

『그리스 로마 철학사』
　　프레드릭 코플스턴 저, 김보현 역, 북토리아

『그리스 비극과 민주정치』
　　김진경 저, 안티쿠스

『그리스 신화의 이해』
　　이진성 저, 김진경 저, 아카넷

『그리스 역사』
　　크세노폰 저, 최자영 편역, 안티쿠스

『그리스 철학과 신』
　　로이 케네스 해크 저, 이신철 역, 도서출판b

『그리스 철학자 열전』
　　디오게네스 라에르티오스 저, 전양범 역, 동서문화사

『그리스-고대로의 초대, 신화와 역사를 따라가는 길』
　　유재원 저, 리수

『그리스인 이야기 1: 호메로스에서 페리클레스까지』
　　앙드레 보나르 저, 김희균 역, 강대진 감수, 책과함께

『그리스인 이야기 2: 소포클레스에서 소크라테스까지』
　　앙드레 보나르 저, 양영란 역, 강대진 감수, 책과함께

『그리스인 이야기 3: 에우리피데스에서 알렉산드로까지』
　　앙드레 보나르 저, 양영란 역, 강대진 감수, 책과함께

『그리스철학자열전』
　　디오게네스 라에르티오스 저, 전양범 역, 동서문화사 ; 그리스의 수많은 철학자들의 인생과 사상을 개략적으로 정리해 놓은 덕분에 소크라테스와 플라톤에 대해 좀 더 많이 알 수 있었다. 이 책을 번역 출간한 동서문화사에 감사드린다.

『극장의 역사-건축과 연극의 사회문화사-』
　　임석재 저, 이화여자대학교출판문화원

『로마의 축제들』
　　오비디우스 저, 천병희 역, 숲

『뤼시스 라케스 카르미데스 초기 대화편들』
　　플라톤 저, 천병희 역

『르네상스』
　　폴 존슨 저, 한은경 역, 을유문화사

『민주주의의 모델들』
　　데이비드 헬드, 박찬표 역, 후마니타스

『민주주의의 삶과 죽음』
　　존 킨, 양현수 역, 교양인

『법의 정신』
　　몽테스키외 저, 고봉만 옮김, 책세상

『법철학사』
　　오세혁 저, 세창출판사

『법철학의 문제들』
　　박은정 저, 박영사

『불온한 철학사전』
　　볼테르 저, 사이에 역, 민음사

『사료로 보는 서양 고대사』
　　차영길 편역, 경상대학교출판부

『서양 정치철학사 1』
　　레오 스트라우스, 조셉 크랍시 저, 김영수 역, 인간사랑

『서양고대철학. 1:철학의 탄생으로부터 플라톤까지』
　　강성훈 강철웅 김대오 김유석 김인곤 김주일 김헌 박희영 손윤락 유혁
　　이기백 이정호 전헌상 정준영 최화 저, 길

『서양고대철학. 2:아리스토텔레스부터 보에티우스까지』
　　강상진 김재홍 박승찬 유원기 조대호 강상진 김유석 김헌 손병석 손윤락
　　송유레 오유석 이창우 전헌상 저, 길

『서양교육철학사』
　　아드리안 M. 드푸이스/로빈 L. 고든 저, 조현철 역, 학지사

『서양정치근대사상사』
　　강정인, 김용민, 황태연 저, 책세상

『서양정치철학사 I, II, III』
　　　레오스트라우스/조셉 크라시엮음, 김영수 외 역, 인간사랑

『서양철학사 1』
　　　군나르 시르베크/닐스 길리에 저, 윤형식 역, 이학사

『서양철학사(상) : 고대와 중세』
　　　요한네스 힐쉬벨베르거 저, 강성위 역, 이문출판사

『서양철학사』
　　　버트란트 러셀 저, 서상복 옮김, 을유문화사

『서양철학사』
　　　타케다 세이지, 니시 켄 저, 홍성태 역, 중원문화

『서양철학사』
　　　버트란트 러셀 저, 서상복 옮김, 을유문화사

『서양철학사』
　　　스털링 P. 램프레히트 저, 김태길/윤명로/최명관 역, 을유문화사

『서양철학사』
　　　양해림 저, 집문당

『서양철학사』
　　　요한네스 힐쉬베르거 저, 강성위 역, 이문출판사

『서양철학사』
　　　쿠르트 프리틀라인 저, 강영계 역, 서광사

『서양철학의 흐름』
　　　이와자끼 다께오 저, 허재윤 역, 이문출판사

『세계사적 성찰』
　　　야코프 부르크하르트, 이상신 역, 신서원

『세계사 I, II』
　　　J. M. 로버츠 / O. A. 베스타 저, 노경덕 외 역, 까치

『세계 역사의 관찰』
　　　야코프 부르크하르트, 안인희 역, 휴머니스트

『세계연극 239선』
　　　한국연극교육학회 저, 연극과인간

『세계철학 백과사전-만화보다 더 재미있는 철학 이야기』
　　　샤를 페팽 저, 이나무 역, 이숲

참고 서적

『소크라테스 두 번 죽이기』
박홍규 저, 필맥

『소크라테스의 변론/크리톤/파이돈/향연』
플라톤 저, 천병희 역, 도서출판 숲

『소크라테스의 비밀』
I. F. 스톤 저, 편상범·손범석 역, 간디서원 ; 이 책은 I. F. 스톤의 저서에 많은 빚을 졌다. 민주주의를 향한 그의 열정과 노력 덕분에, 하마터면 지나치고 놓칠 뻔한 플라톤의 저작 속에 숨겨진 역사와 플라톤의 의도 또한 제대로 읽어 낼 수 있었다. 이제는 고인이 된 I. F. 스톤에게 감사드린다.

『소포클레스 비극 전집』
천병희 역, 도서출판 숲

『소피스테스』
플라톤 저, 김태경 옮김, 한길사

『소피스트 운동』
조지 커퍼드 저, 김남두 역, 아카넷

『쉽게 쓴 서양고대철학사』
돈 마리에타 저, 유원기 역, 서광사

『스토아주의-500년 역사와 주요 개념에 대하여』
장바티스트 구리나 저, 김유석 역, 글항아리

『신들의 계보』
헤시오도스 지음, 천병희 옮김, 도서출판 숲

『사료로 보는 서양고대사』
차영길 편역, 경상대학교출판부

『아리스토파네스 희극 전집 1, 2』
아리스토파네스 저, 천병희 역, 도서출판 숲

『아리스토파네스와 고대그리스 희극공연』
이정린 저, 한국학술정보

『아이스퀼로스 비극 전집』
천병희 역, 도서출판 숲

『아테네의 변명』
베터니 휴즈 저, 강경이 옮김, 옥당

『알키비아데스 I·II』
플라톤 저, 김주일·정준영 역, 이제이북스

『에게·그리스문명·로마제국-지중해, '오래된 미래'를 찾아서-』
　　김칠성 저, 살림

『에우리피데스 비극 전집 1·2』
　　천병희 역, 도서출판 숲

『에우튀데모스』
　　플라톤 저, 김주일 옮김, 이제이북스

『에피소드로 읽는 서양철학사』
　　호리카와 데쓰 저, 이선희 역, 바움

『세계 역사의 관찰』
　　야코프 부르크하르트, 안인희 역, 휴머니스트

『세계사적 성찰』
　　야코프 부르크하르트, 이상신 역, 신서원

『역사 없는 사람들-헤겔 역사철학 비판-』
　　라나지트 구하 저, 이광수 역, 삼천리

『역사학 개론』
　　이상신 저, 신서원

『역사』
　　헤로도토스 저, 천병희 역, 도서출판 숲

『역사란 무엇인가』
　　E.H.Carr 저, 곽복희 역, 청년사

『역사란 무엇인가』
　　E.H.Carr 저, 권오석 역, 홍신문화사

『역사란 무엇인가』
　　E.H.Carr 저, 김승일 역, 범우사

『역사란 무엇인가』
　　E.H.Carr 저, 김택현 역, 까치

『역사란 무엇인가』
　　E.H.Carr 저, 박성수 역, 민지사

『역사란 무엇인가』
　　E.H.Carr 저, 박종국 역, 육문사

『역사란 무엇인가』
　　E.H.Carr 저, 이화승 역, 베이직북스

참고 서적

『역사란 무엇인가』
  고려대학교 문과대학 사학과 교수실 편, 고려대학교 출판부

『역사란 무엇인가』
  김호연, UUP

『역사란 무엇인가』
  이기백, 차하순 편, 문학과 지성사

『역사를 보는 눈』
  호리고메 요조 저, 박시종 역, 개마고원

『역사서설』
  이븐 할둔, 김호동 역, 까치

『역사철학』
  야나기다 겐주로 저, 이운구 역, 심산

『역사철학강의』
  헤겔 저, 권기철 역, 동서문화사

『만화 헤겔 역사철학강의』
  심옥숙 글, 배광선 그림, 김영사

『맥을 잡아주는 세계사 1 그리스사』
  맥세계사편찬위원회, 송은진 역, 느낌이 있는 책

『오늘이 보이는 세계사』
  장 클로드 바로, 기욤 비고 저, 윤경 역, 푸른나무

『오뒷세이아』
  호메로스 저, 천병희 역, 숲

『오디세이』
  호메로스 원작, 이충민 편역, 문학동네

『오이디푸스왕 콜로노스의 오이디푸스』
  소포클레스 저, 양운덕 해설, 천병희 역, 숲

『원전으로 읽는 그리스 신화』
  아폴로도로스 지음, 천병희 옮김, 도서출판 숲

『위대한 철학책』
  제임스 가비 저, 안인경 옮김, 바이북스

『이런 역사 저런 전쟁 : 고대 그리스 편』
  남문희 저, 휴머니스트

참고 서적

『이집트역사 다이제스트 100』
    손주영 송경근 저, 가람기획

『인류의 대항해-뗏목과 카누로 바다를 정복한 최초의 항해자들-』
    브라이언 페이건 저, 최파일 역, 미지북스

『인식론의 역사』
    소피아 로비기 저, 이재룡 역

『일리아드 & 오디세이아-위대한 영웅들의 모험』
    마샤 윌리엄스 저, 정지인 역, 마샤 윌리엄스 그림, 청어람미디어

『일리아드 오디세이-문학고전의 감동을 만화로 만난다』
    호메로스 원작, 김준배 저, 문성호 그림, 채우리

『일리아스』
    천병희 역, 도서출판 숲

『정치의 원형을 찾아서』(살림지식총서 174)
    최자영 지음, 살림

『정치철학의 문제들』
    D. D. 라파엘 저, 김용환 역

『제의 연극-개인의 성장과 집단 및 임상 실제에서 극적 제의의 힘-』
    클레어 슈레더 저, 이효원 엄수진 이가원 역, 울력

『조작된 역사』
    우베 토퍼 저, 문은숙 역, 생각하는백성

『지도로 보는 세계 사상사-고대부터 현대에 이르기까지 동서양 인류사상의 변천사』
    허원중 저, 전왕록 전혜진 역, 시그마북스

『지중해 5000년의 문명사 상, 하』
    존 줄리어스 노리치 저, 이순호 역, 뿌리와이파리

『책의 민족-유대인 디아스포라 4천 년의 역사-』
    맥스 I. 디몬트 저, 김구원 역, 교양인

『처음 만나는 민주주의 역사』
    로저 오스본 저, 최완규 역, 시공사

『철학도해사전』
    페터 쿤츠감, 프란츠 페터 부르카르트, 프란츠 비트만 저, 여상훈 역, 악셀 바이스 그림, 들녘

『철학사 여행』
    고사카 슈헤이 저, 방준필 역, 간디서원

참고 서적

『철학의 개념과 주요문제』
　　백종현 저

『철학의 근본 물음 논리학의 주요 문제』
　　마르틴 하이데거 저, 한충수 역

『철학의 근본문제』
　　아우구스트 부룬너 저, 강성위 역

『철학의 근본문제에 관한 10가지 성찰』
　　나이절 워버턴 저, 최희봉 역

『철학의 문제들』
　　버트란드 러셀 저, 박영태 역

『철학의 역사-사진과 그림으로 보는-』
　　브라이언 매기 저, 박은미 역, 시공사

『철학의 주요문제에 대한 논쟁』
　　나이절 워버턴 저, 최희봉 역

『철학의 책』
　　윌 버킹엄 외 공저, 이경희·박유진·이시은 공역, 지식갤러리

『철학적 분석은 어떻게 하는가?』
　　존 호스퍼스 저, 이재훈 역

『축의 시대』
　　카렌 암스트롱 저, 정영목 역, 교양인

『칸트의 역사철학』
　　임마누엘 칸트 저, 이한구 편역, 서광사

『크리티아스』
　　플라톤 저, 이정호 옮김, 이제이북스

『크세노폰 소작품집』
　　크세노폰 저, 이은종 역, 주영사

『테아이테토스』
　　플라톤 저, 정준영 옮김, 아카넷

『페르시아 원정기 : 아나바시스』
　　크세노폰 저, 천병희 역, 도서출판 숲

『페리클레스』
　　도널드 케이건 저, 류현 역, 지식향연
　　; 고대 그리스 아테네에서 페리클레스 시대에 완성된 직접민주정의 운영

을 더 자세하게 알고 싶은 분들은 도널드 케이건의 〈페리클레스 책을 강추합니다.

『펠로폰네소스 전쟁사』
투퀴디데스 저, 천병희 역, 도서출판 숲

『펠로폰네소스 전쟁사』
도널드 케이건, 박재욱 역, 까치

『편지들』
플라톤 저, 강철웅·김주일·이정호 옮김, 이제이북스

『프로타고라스』
플라톤 저, 강성훈 옮김, 이제이북스

『플라톤의 네 대화 편 에우티프론, 소크라테스의 변론, 크리톤, 파이돈』
플라톤 저, 박종현 역주, 서광사

『플라톤의 다섯 대화편 테아이테토스/필레보스/티마이오스/크리티아스/파르메니데스』
플라톤 저, 천병희 역

『플라톤의 법률 부록 미노스·에피노미스』
플라톤 저, 박종현 역주, 서광사

『플라톤의 소피스테스 정치가』
플라톤 저, 박종현 역, 서광사

『플루타르크 영웅전 전집』
플루타르크 저, 이성규 옮김, 현대지성사

『한눈에 들어오는 서양철학사』
다케다 세이지/니시 켄 저, 홍성태 옮김, 중원문화

『향연』
플라톤 저, 강철웅 옮김, 이제이북스

『헤겔 이후의 역사철학』
헤르베르트 슈내델바하 저, 이한우 역, 문예출판사

『헤겔』
책임 편집 김종호, 해설 김병옥, 역 김종호, 세계사상전집 양우당

『헬레니카』
크세노폰 저, 최자영 역, 아카넷

『희랍 철학 입문』
W. K. C. 거스리 저, 박종현 역, 서광사

참고 서적

『금리의 역사』
  시드니 호머, 리차드 실라 저, 이은주 역, 리딩리더

『금융의 역사』
  윌리엄 N. 괴츠만, 위대선 역, 지식의 날개

『처음 만나는 민주주의 역사』
  로저 오스본 저, 최완규 역, 시공사

『축의 시대』
  카렌 암스트롱 저, 정영목 역, 교양인

『민주주의의 모델들』
  데이비드 헬드, 박찬표 역, 후마니타스

『민주주의의 삶과 죽음』
  존 킨, 양현수 역, 교양인

『계몽주의의 기원』
  피테 게이, 주명철 역, 민음사

『역사서설』
  이븐 할둔, 김호동 역, 까치

* 잘 팔리지도 않는 고대 그리스 관련 서적을 출간해 준 출판사 관계자 여러분들께 이 지면을 빌어 감사 인사를 드립니다. 그리고 어렵고 힘든 여건 속에서도 플라톤 책을 번역해 주신 박종현 선생님과 정암학당 연구진 여러분들께 진심으로 감사의 말씀을 전합니다. 여러분의 노고 덕분에 제가 책상머리에서 편안하게 연구를 진행할 수 있었습니다. 정말 고맙습니다.

독자 여러분께

독자 여러분께

이 책은 솔론시대부터 플라톤이 살았던 시기까지의 고대 그리스 아테네 정치사를 엮은 책입니다. 순서는 수석 아르콘 순서로 실었습니다.

직접민주주의를 하기 위한 필요충분 조건은 둘입니다. 하나는 시민 전체가 논리적 사고력이 강해야 한다는 것, 또 다른 하나는 모든 교육기관에서 논리적 사고를 가르쳐야 한다는 것.

현재 지구를 지배하고 있는 문명은 유럽 문명입니다. 그리고 전 세계를 지배하고 있는 대부분의 정치경제체제도 유럽에서 나온 제도들 입니다. 입헌군주제나 민주공화제, 그리고 내각제나 대통령제, 삼권분립 등의 정치체제는 프랑스혁명의 결과이며, 프랑스혁명의 모델은 우리가 학교에서 청교도혁명이라고 배우는 영국혁명과 로마공화정 시대의 산물입니다.

영국혁명은 산업화시대를 이끌었고, 프랑스혁명은 영국의 혁명과 산업화의 영향도 받았습니다. 산업화는 계몽주의의 산물이며, 계몽주의는 르네상스를 기반으로 꽃피웠습니다. 르네상스는 중세 문화의 토양에서 태어나 그리스 문화를 지향하며 자라났으며, 중세 문화는 로마 문화와 그리스 문화를 근간으로 하고 있습니다. 유럽문명은 로마와 그리스의 문화가 근간입니다.

그러므로 우리는 서양철학이라고 불리는 유럽 철학과 서양사라고 불리는 유럽사를 공부하기 전에, 그리고 로마제국사와 신성로마제국, 비잔틴제국의 역사를 공부하기 전에, 현재 인류가 해독 가능한 역사적 기록 중에서 가장 오래된 문화이자 가장 먼저 꽃피웠던 고대 그리스 아테네의 역사와 철학을 알아야 합니다.

제가 고대 그리스 아테네의 역사를 공부하겠다고 마음먹은 시기는 플라톤 철학을 공부하기 시작했을 때부터였습니다.「에우튀프론」,「소크라테스의 변론」,「크리톤」,「파이돈」,「프로타고라스」,「향연」,「국가[정체]」등의 책을 읽는데 많은 어려움이 있었기 때문입니다. 번역이 어렵게 되어있다는 문제도 있었지만, 저는 그보다는 그 책이 쓰여질 당시의 상황을 몰라서 책의 내용을 이해하기 어려운 점이 더 크다는 생각이 들었습니다.

예를 들어서 (1)소크라테스가 왜 재판을 받게 됐는지, (2)소크라테스의 재판은 실재로 있었던 사건인지, (3)만약 그렇다면 왜 재판을 받아야 했는지, (4)불경죄가 대체 무엇인지, (5)노예를 가둬놓고 죽게 한 아버지를 고발하기 위해 온 아들에게 불경죄가 무엇인지 정의내리게 하니 아들이 고발을 포기하고 돌아갔는데 그게 어떻게 가능한 건지, (6)소크라테스는 왜 재판 중에 아테네 시민들에게 훈계를 했는지, (7)소크라테스를 고발한 세 사람은 왜 하필이면 소크라테스를 불경죄로 고발했어야 했는지, (8)아폴론 신전에만 경배를 드리는 게 왜 불경죄인지, (9)고대 그리스 아테네 법정에서는 변호인 없이 자신이 스스로 변론을 하는 게 원칙이었는지 아니면 소크라테스만 그런 건지, (10)소크라테스는 왜 형을 감해달라고 변론하지 않고 더 자극을 해서 결국 유죄 판결을 받도록 한 것인지, (11)감옥에 갇힌 소크라테스의 꿈에 나타난 아테나 여신이 상징하는 것은 무엇인지, (12) 크리톤이라는 친구는 왜 소크라테스에게 탈옥을 권했는지, (13) 어떻게 탈옥이 가능했던 건지, (14) 왜 철학책이 연극 대본과 같은 형식을 띠는지 등등 책을 거듭해서 읽을수록 이해가 아니라 의문만 더해져만 가더군요. 그래서 고대 그리스 아테네에 관련된 책을 찾아 읽기 시작했습니다.

제 기억에는 고대 그리스 아테네 역사를 공부하기 위해 서점과 도서관 몇 곳을 다니며 여러 자료들을 뒤지기 시작한 게 아마 2011년 가을부터였을 겁니다. 로마에 관한 역사서는 많지만 고대 그리스 아테네 역사에 관한 책은 로마 관련 역사서에 비해 많지 않더군요. 헤로도토스, 투키디데스, 헤시오도스, 이 셋밖에 없더군요. 그런데 그 마저도 부분만 기술한 책들이어서 고대 그리스 아테네 역사의 전체를 조망하기는 어려웠습니다.

예를 들어 조선왕조실록처럼 연대기 순으로 중요한 사건들이 나열되어 있었다면 좋았을텐데 그렇지 않아서 애를 먹었습니다. 그래서 당시에 출판되어 있는 책들을 있는데로 찾아서 읽기 시작했고, 이 부분은 이책에서 찾고, 저 부분은 저책에서 찾아 필요한 부분을 짜집기식으로 정리를 해나가다보니 어느덧 이렇게 한 권의 책이 나오게 되었습니다.

플라톤과 아리스토텔레스를 공부하기 위해 고대 그리스 아테네 역사를 제 머릿속에 잘 정리해 놓으려고 메모를 해둔 일부분을 프린트해서 우리 아이(당시 20대 초반이었던)에게 읽어보라고 했습니다. 재미있고 유익하다면서 이 내용이 책으로 나오면 더 많은 사람들에게 도움이 될 것 같다고 하더군요.

그래서 제가 가르치는 중2 학생들에게도 읽게 해보았습니다. 제가 글쓰기를 배울 때 배운 첫 번째 법칙이 "중1도 읽을 수 있도록 써라!"였거든요. 그런데 예상 외로 제가 가르치던 학생들이 재미있게 읽더군요. 군데군데 모르는 단어들이 있어서 조금 어려웠지만 그래도 재미있었다고 하면서, 책으로 내보라는 얘기를 하더군요. 자기들이 소문 많이 내서 많이 사게 해주겠다고도 하고요. 그래서 그때부터 작심하고 책을 내야겠다는 생각을 하고 다시 수정 작업에 들어갔습니다.

학생들에게 읽다가 모르는 단어에 밑줄을 쳐달라고, 의문이 나는 부분은 그대로 프린트물에 써달라는 부탁했습니다. 그렇게 해서 두 번째 원고가 완성되었고, 그 다음에는 제가 인용한 자료에 대해 제대로 잘 넣었는지를 작업했습니다. 그 다음에는 구성을 바꿔보았고요, 또 그 다음에는 연대순 중에서 빠진 것은 없는가 살펴보았습니다. 그렇게 부족한 내용들을 채워 가면서 열 번 넘게 썼습니다.

열 번 쓸 때 까지는 세었는데 그 다음부터는 세지 않았습니다. 그렇게 계속 쓰다보니 2013년 여름쯤에는 더 이상 읽기가 힘들어지더군요. 날도 더워지고, 다른 책도 읽고 싶고, 여행도 가고 싶고. 2년 가까이 고대 그리스 아테네 역사만 정리하다보니 새로운 것을 접할 기회가 없어서 그런지, 너무 힘든 겁니다. 자꾸 다른 책들도 읽고 싶어지더라고요. 그래서 그만 손을 놨습니다. 그리고 몇 년 묵히기로 했습니다. 제가 글쓰기를 배울 때 배운 두 번째 법칙이 "글을 쓴 뒤에는 묵혀라!"였거든요. 장은 시간을 두고 묵혀야 깊은 맛이 나듯이 글도 묵혀야 깊어진

독자 여러분께

다고요. 그래서 묵혀야겠다는 핑계로 책에서 손을 놨습니다.

그러고는 2009년 겨울부터 1년 동안 써놨던 영문법 책 다섯 권을 다시 들여다봤습니다. 제가 한 10여년간 영어독해와 영문법을 가르치면서 생계를 유지하던 때가 있었는데, 그때 아이들을 가르치기 위해 서점을 다니며 책을 찾았는데 영어독해 책이랑 영문법이 너무 적더라고요. 그래서 영문법을 제대로 가르치기 위해 따로 프린트물을 만들어서 아이들을 가르치기 시작했습니다. 우리가 잘못된 영문법으로 아이들을 가르치고, 잘못된 방법으로 영어 독해를 가르치고 있는데, 기존에 나와 있는 책으로는 충분한 예시도 없고, 설명도 너무 불충분하거나 잘못된 것이 많아서 책은 순서랑 개념 잡는 정도로만 이용하고 나머지는 제가 만든 프린트물로 수업을 했습니다.

학생들 성적이 올라가는 것은 물론이고, 학생들이 영어공부하는 것을 재미있어 했습니다. 그렇게 하다 보니 제법 쌓여 있게 되었고, 한 출판사 기획자에게 기존에 나와 있는 영문법 책과 단어책 영어독해책이 잘못되어 있다고 말했는데 그 책을 내자고 하면서 계약금을 보내더군요. 물론 나중에는 그 기획자에게 다른 일이 생겨서 출판을 접게 되는 바람에 책장 속에서 강제로 묵히게 된 책이었습니다. 그렇게 쉬엄쉬엄 예전에 써놓은 영문법 책들과 동사 단어책, 형용사 단어책들을 보니 사실 별로 손댈 곳이 없더군요.

제가 쓴 고대 그리스 아테네사도 이 책처럼 묵혀두었다가 다시 봐도 별 손색이 없는 책이길 바라며, 이후 10년 동안 제가 공부하고 싶은 분야들을 찾아 재밌게 공부했습니다. 아직도 알고 싶은 게 너무 많고, 알아야 할 것도 더 많습니다. 죽을 때까지 일상생활 속에서도 이렇게 머릿속에 떠오른 호기심을 놓치지 않고 채워가면서 사는 재미가 정말 쏠쏠합니다.

그동안 정치 경제 역사 한자 유럽철학 동양철학 과학 수학 분야와 법철학 역사철학 경제사 철학사 심리학사 등 여러 간(間)학문 분야를 돌아다니면서, 다시 고대 그리스 아테네사로 돌아가야 할 때가 종종 있었습니다. 책을 쓴 지가 10년이 넘으니 기억이 가물가물해져서 다시 책을 찾아보기 시작했습니다. 작년에 출판사 한 곳에서 거절 당한 뒤에 자비로 출판해야겠다고 마음 먹었습니다.

고대 그리스 아테네 역사를 공부하고 싶은 분들이 저처럼 몇 년이라는 시간과 이 책 저 책을 찾아다니는 고생을 하지 않기를 바라며, 고대 그리스 아테네사를 공부하고 싶어하는 분들에게 이 책 출간이 더 늦어지면 미안해질 것 같다는 생각에 출간을 결심했습니다.

부족한 점이 있다면 고언 부탁드립니다. 다시 출판하게 되면 그때 여러분의 고언을 참고하여 부족한 부분을 채우도록 하겠습니다.

아무쪼록 유럽 철학의 근원적 배경이 되는 역사와 인류 역사의 시원이 되는 고대 그리스 아네테 역사를 공부해야겠다고 마음 먹은 분들에게 제가 쓴 이 책이 조금이나마 도움이 되기

독자 여러분께

를 소망합니다.

　학문에 쏟아부은 열정의 시간은 절대 배신하지 않고 자신에게 돌아옵니다. 어렵고 지난한 학문인 만큼 성취감도 큰 철학과 역사의 문에 들어선 여러분들에게 행운의 여신과 뮤즈가 함께 하길 바라며... 건승!

2020년 1월 6일 월요일 21:42
From. 동방명주

추신) 작가님이 4년 전에 쓰신 것을 출판사에서 아까워서 '독자 여러분께'라는 제목을 붙여서 책 마지막 부분에 넣었습니다.

소크라테스 재판의 재구성

초판 1쇄 인쇄 2024년 6월 13일

저자 동방명주
발행처 철학이야기
발행인 (유)소프트레볼루션스
표지디자인 류봄
구성 류봄
편집 및 편집디자인 朱鎬
주소 서울특별시 마포구 월드컵북로 98, 2층 202-146호
문의처 philosophystory1@naver.com
출판사 연락처 010-5113-0013

ⓒ 철학이야기, 2024. Printed in Seoul, Korea

값 38,000원
ISBN 979-11-951106-9-8 (03160)

이 도서의 국립중앙도서관 출판도서목록(CIP)은 서지 정보유통지원시스템 홈페이지(http://www.seoji.nl.go.kr)와 국가자료공동목록시스템(http://nl.go.kr/kolisnet)에서 이용하실 수 있습니다.